HOWARD HUGHES,
L'HOMME AUX SECRETS

Du même auteur

La Manducation, Ramsay, 1981.

Blue Moon, Éditions de l'Olivier, 1993.

101 nanars, une anthologie du cinéma affligeant (mais hilarant), Denoël, 1996.

Le Retour des 101 nanars, une nouvelle anthologie du cinéma navrant (mais désopilant), Denoël, 1997.

François FORESTIER

HOWARD HUGHES, L'HOMME AUX SECRETS

Michel LAFON

7-13, boulevard Paul-Émile-Victor – Île de la Jatte
92521 Neuilly-sur-Seine Cedex

– Souvenez-vous, Bob. Il n'y a pas un homme sur terre que je ne puisse détruire ou acheter.

(Bob MAHEU et Richard HACK, *Next to Hughes*, 1992.)

– Écoutez, Peters. Je me fous de ce que le monde pense de moi. Je fais les choses pour moi-même. Pourquoi devrais-je me soucier de l'opinion des masses alors que je me fous de ce que les individus pensent de moi ? Je suis seul depuis mon enfance, depuis que mes parents sont morts. Je suis entouré de gens qui ne veulent qu'une chose, mon argent. Quand ils apprennent que je suis Howard Hughes, ils me regardent comme une bête curieuse, et je ne peux plus vivre ma vie.

– Donc vous préférez passer le plus clair de votre temps à inventer des façons compliquées de vous cacher ? Plus vous en faites une montagne, de vos secrets et de vos cachotteries, plus les gens veulent savoir ce que vous cachez. Ma profession, c'est de dénicher les secrets. Je sais de quoi je parle.

– C'est mon affaire.

– Peut-être que vous aimez être l'homme aux secrets. L'homme que personne ne connaît.

(Stuart KAMINSKY, *The Howard Hughes Affair*, 1979.
Trad. : *Le Fondu déchaîné*, Série Noire.)

PROLOGUE

MORT D'UN FANTÔME

La seringue tombe par terre. John T. Conover, pâle et émacié, est trop faible pour s'injecter lui-même sa drogue. Il demande à l'un de ses aides, il le supplie, de ramasser l'objet. Une fois calmé par le mélange de codéine et de Valium, le vieillard s'endort. Il est nu, sale, avec une barbe engluée de bave, allongé sur une chaise longue en Skaï blanc, le corps recouvert de Kleenex. Dans la chambre, au dernier étage de l'un des palaces les plus luxueux au monde, l'Acapulco Princess, au Mexique, John T. Conover vit dans une véritable décharge : les mouchoirs en papier usagés traînent partout, les journaux s'empilent, la poussière se dépose, les rideaux sont tirés. L'homme n'a pas vu la lumière du jour depuis des années. Il se contente de regarder des films, de se droguer, de manger parfois, et, deux fois par mois, de déféquer péniblement. Il est sourd et, à soixante-dix ans, ressemble à une momie inca. La veille, il a écrit un mot à ses valets mormons : « Laissez-moi tranquille. » Il dérive doucement.

Sous l'identité de John T. Conover se cache l'un des hommes les plus riches de la planète : Howard Hughes. Le bruit court qu'il est mort en secret, il y a longtemps.

Son empire industriel, qui vaut trois à cinq milliards de dollars, qui rapporte 75 000 dollars à l'heure, est laissé à vau-l'eau. Ses usines sont tombées sous la coupe d'hommes d'affaires sans scrupules ; ses casinos sont pillés par la Maffia ; certains de ses aides travaillent pour la CIA. Mais Howard Hughes n'en a cure : il est en train de mourir.

Autrefois, riche à millions, il faisait valser les femmes : il a séduit Ava Gardner, Rita Hayworth, Gene Tierney, Cyd Charisse, Joan Crawford, Linda Darnell, Yvonne De Carlo, Jean Harlow, Susan Hayward, Katharine Hepburn, Gina Lollobrigida, Ida Lupino, Elizabeth Taylor, Marilyn Monroe, Ginger Rogers, Jane Russell, Lana Turner, et des centaines d'autres. À Hollywood, il s'est constitué un véritable harem, surveillé par une police privée omniprésente : version Big Brother de la polygamie. Puis il a fait le tour du monde en avion, battu des records de vitesse, construit des appareils révolutionnaires, avant de sombrer dans une indécision maladive. Toute sa vie, il n'a eu peur que de deux choses : les impôts et les microbes.

Ce 4 avril 1976, il gît, immobile, seul. Il n'a pas d'ami, pas d'épouse, pas d'enfant. Il ne possède rien, même pas un vêtement. Howard Hughes n'a jamais acheté une maison, un tableau, un livre ou, simplement, un porte-clés. C'est un ermite milliardaire. Il part comme il est venu : nu et fripé.

Il ferme les yeux. Il voit une bicyclette rouge, un soir de Noël, dans son enfance, et s'endort comme un moissonneur sous un noyer. Howard Hughes n'a jamais cru en Dieu. Il a vécu dans des mystères sans fin : on ne pouvait pas le contredire vivant, on ne pourra plus le contredire mort. Il a une âme de despote fou.

On décide de le transporter en hâte dans un avion, pour le rapatrier au Texas, où il est né en 1905. On coupe ses cheveux, qui sont sales depuis si longtemps. Un serviteur taille ses ongles, très longs, courbes et jaunes. Quand on le soulève de son grabat, dont les draps n'ont pas été changés depuis deux mois, on peut apercevoir des escarres sur son dos, des traces de piqûres sur les bras et à l'aine.

À peine est-il en route que les valets mormons se mettent à détruire tous les documents laissés sur place, journaux de bord, factures, lettres, mémos, courrier administratif. Leur chef, Bill Gay, qui a pris les rênes de l'Empire Hughes, voudrait être le prince héritier : cet ancien chauffeur du milliardaire a placé ses hommes partout. Il est impératif, pour lui, que son patron ne meure pas sur le sol mexicain : les problèmes légaux seraient monstrueux. Tandis que le petit Graf Jet survole la Sierra Madre, dans un ciel d'une pureté absolue, Howard Hughes, aviateur, séducteur, homme d'affaires, inventeur et artisan de sa propre prison, agonise.

Voici la lettre que sa mère a jadis écrite à son père : « Je te pardonne totalement. » Voici les fleurs que Hughes a envoyées à Billie Dove, son premier amour à Hollywood. Voici les avions qu'il a achetés pour son grand film, *Hell's Angels*, en 1929. Voici Robert Mitchum, qui le traite de « branleur sourd ». Voici encore les bijoux qu'Ava Gardner lui a jetés au visage, avant de lui casser deux dents. L'avion suit la houle délicate des courants, là-haut, vers le Rio Grande. Une odeur d'octobre envahit la cabine.

Hughes n'a jamais fumé un cigare, dégusté un repas fin ou récité des vers sous les étoiles. En levant les yeux vers le ciel, la nuit, il voyait des avions. Howard Hughes connaissait la poésie des boulons, pas celle des mots. Il méprisait le monde. Un jour, il s'est déshabillé, a cessé de se laver, s'est mis à pisser par terre dans sa chambre, et a vécu ainsi, l'entrejambe recouvert d'un napperon rose, pendant vingt ans, en mangeant des petits pois finement calibrés. Il n'a pas visité l'Asie, n'a jamais parlé à une plante, écouté un concert ou possédé un animal de compagnie. L'art l'ennuyait, pour lui les femmes étaient jetables, l'argent, un grand fleuve impérieux qui guidait tout. Hughes a haï la censure, mais l'a pratiquée. Il a été un patriote enragé, mais n'a jamais payé d'impôts. Il a acheté des présidents, mais refusait de voter. Il a été timide et d'une arrogance violente. L'Ange de la Folie l'a recouvert de ses ailes, et il ne lui reste plus que la rumeur intime des souvenirs.

Quand il arrive au Texas, Howard Hughes est mort. Il est étiqueté N-76-92, et autopsié. On trouve sept aiguilles brisées dans son bras ; dans son corps des organes atrophiés et un cœur hypertrophié : trois fois le poids normal. Le cadavre de Howard Hughes pèse quarante-six kilos pour une taille de deux mètres, sa peau, qui n'a pas été exposée au soleil depuis trente ans, est parcheminée, sa tempe gauche est déformée par une tumeur saignante, son épaule gauche est disloquée. Son sang contient 1,96 microgramme de codéine par litre, un chiffre bien au-delà du seuil fatal. Qui peut l'identifier, de façon légale ? Sa tante, Annette Gano Lummis, ne l'a pas vu depuis trente-neuf ans. On procède au relevé des empreintes digitales. Nul proche, nul cousin, nulle connaissance ne s'enquiert du lieu de la cérémonie funéraire. Howard Hughes est oublié, oblitéré de la mémoire de ceux qui ont connu cet égoïste absolu. Puis on l'enterre sous un chêne centenaire, dans un cercueil d'une tonne, au Glenwood Cemetery de Houston, près de sa mère bien-aimée. Une maigre troupe assiste aux funérailles, si clairsemée que le croque-mort, Otis Jeffocat, observe : « J'ai l'impression qu'il y a beaucoup de gens qui n'ont pas pu se libérer. » L'homélie dure dix minutes. « Nous venons sans rien en ce monde, et nous en partons sans rien », dit le pasteur.

Personne ne relève le fait que la dernière piqûre a forcément été administrée par quelqu'un d'autre.

CHAPITRE 1

L'ENFANCE D'UN CHEF

Howard Hughes était un bon à rien. Un vrai. Il était séduisant, amusant, un peu mondain, bon vivant. Il aimait les femmes et le bourbon. Toujours à l'affût de la meilleure combine, il allait de ville en ville, gagnant sa vie comme Doc Holliday, le pistolero tuberculeux de *Règlement de comptes à O.K. Corral* : avec un jeu de cartes à la main. Dans les saloons du Texas, on connaissait Howard : il apparaissait avec son melon, sa bonne humeur et ses manchettes impeccables, s'asseyait à une table, et distribuait les cartes. La honte de sa famille, en quelque sorte : son père était un avocat célèbre, son frère un écrivain réputé, sa sœur une cantatrice de renom. Howard Hughes, lui, traînait sans le sou, de bouge en bouge.

Howard Hughes Senior, s'entend. Le père de Howard Hughes Junior, futur aviateur de génie, futur producteur inconstant, futur fantôme.

Vaguement avocat lui-même, Howard Hughes Sr avait quitté la triste maison paternelle pour faire fortune sur les routes. L'aventure lui semblait jouable : attiré par le pittoresque de la vie de dandy des grands chemins, il s'était forgé une légende. Il avait été opérateur de télégraphe dans l'Ohio, journaliste au Colorado, mineur dans le

Missouri. Il ne lui restait de toutes ces expériences de voyage qu'un flair consommé pour repérer les filles faciles et un air bonhomme qui facilitait les petites escroqueries, en attendant la grande. Descendant de Jesse Hughes, immigrant gallois qui avait fait souche en Virginie en 1607, il ressemblait physiquement aux Hughes qui l'avaient précédé : long, osseux, affublé de grandes oreilles, de grands bras et de longues jambes.

La famille s'était établie en 1853 dans le Missouri. Le grand-père de Howard Hughes Sr, Joshua W. Hughes, avait vaillamment combattu les Indiens pour les envoyer *ad patres* au Pays des Grandes Chasses. Pour services rendus, il s'était vu attribuer quelques hectares de terre à Scotland County. Son fils Felix – le père de Howard Hughes Sr – s'engagea dans l'armée du Nord pendant la guerre de Sécession, puis épousa Jean Amelia Summerlin. Prompte à la discussion, enfiévrée et violemment sudiste, Jean Amelia était à la fois romantique, lunaire et vive. Felix Hughes, lui, était terre à terre, sombre et entièrement dévoué à sa tâche : la loi. Jean Amelia imaginait des faunes dans la prairie et des romances au balcon, Felix lisait le journal officiel. Elle admirait avec ferveur les gens qui donnaient corps à leurs rêves, il n'avait qu'une seule ambition : réussir. Ils étaient dissemblables, ce qui est le gage des divorces retentissants et des mariages en béton armé. Jean Amelia et Felix restèrent mariés cinquante ans. À eux deux, ils transmirent à leurs enfants leur seule valeur commune : le désir d'excellence.

Greta Hughes, la première-née (en 1867), voulait être chanteuse d'opéra. Elle le devint. Rupert (né en 1872) projetait d'être poète. Il fut l'un des auteurs les plus connus des années 1920. Felix Jr, qui vit le jour en 1874, partit faire des études en Europe, et finit juriste. Tous étaient visiblement dressés pour viser de hautes destinées. Ils parvinrent à leurs fins, car l'ambition était le sang de la famille. L'Histoire est injuste : nul ne se souvient d'eux, ni même de Felix Sr, le père de la tribu, qui allait devenir maire de sa ville, Keokuk (Iowa), puis juge. On ne se souvient que des canards boiteux. Howard Hughes Sr, né en 1869, en était un, un vrai. Un glandeur.

Il aimait les oiseaux et les ballades, les rouages de montres et les boulons de machines. Désordonné, un peu rebelle, il essayait de gagner quelques sous en organisant des combats de coqs, se bagarrait dans les arrière-cours et faisait l'admiration de sa mère, qui le trouvait suprêmement beau. Quand son père le pria, avec une insistance franchement déplacée, de se trouver un job, Howard Hughes Sr se décida à étudier le droit, qu'il laissa tomber rapidement : « La loi est une maîtresse trop exigeante. » La vingtaine atteinte, il fit sa valise, et se lança sur les routes. C'était l'âge d'or des mines. On forait le sol pour trouver du zinc, de l'argent, de l'or, pour voir l'autre face du globe ou, simplement, pour vérifier si le Diable n'y était pas. En Europe, c'était une frénésie de tunnels et de canaux. Aux États-Unis, c'était la ruée vers le centre de la Terre. Pic en main, certains étaient devenus riches, d'autres s'étaient pendus. Howard Hughes Sr rêvait, le nez au sol, de découvrir le filon qui ferait sa fortune. Il traînait. Bien lui en prit : à force de voir des mineurs, des galeries de mines, des puits, des hommes-taupes ravagés par la silicose et les faux espoirs, il acquit une chose, sans le savoir : la connaissance du forage.

Faire des trous allait le rendre fabuleusement riche. Il aurait pu aller jusqu'au noyau dur de la planète. Il allait devenir le prince du percement, le king de la tête rotative. Il allait gagner au jeu de la vie. Mais, alors que le siècle s'achevait, il n'était encore qu'un médiocre arnaqueur. « J'ai tout été, et je suis tout devenu d'un coup : mineur, bouseux, promoteur, capitaliste et pigeon. » Il fut tout, mais son fils, Howard Hughes Jr, le dépassa mille et mille fois. Howard Hughes Sr était excentrique. Howard Hughes Jr fut cinglé. Le père était pittoresque, le fils fut grand.

Reprenons : en 1901, Howard Hughes Sr se retrouve dans une mine de plomb à Joplin, Missouri, pays du blues. Dans un saloon crasseux, il entend parler d'une découverte *fa-bu-lo-so. Fabuloso* ? Il ne connaît pas le mot, mais il en comprend la signification. De quoi s'agit-il ? On lui raconte : au Texas, près de Beaumont, on a découvert du pétrole. L'heureux propriétaire du terrain, le capitaine Anthony Lucas, a percé un trou, et a regardé le liquide noir jaillir sur une hauteur de vingt mètres pendant neuf jours, sans savoir quoi faire. La nouvelle se répand comme une traînée de poudre. Tous les vagabonds, les crève-la-faim, les songe-creux, les ventres vides et les chômeurs se précipitent au Texas. Ça fait du monde. Quand Howard Hughes arrive à Beaumont, la ville est en éruption. L'odeur du pétrole est partout. Le whisky sent le naphte. Les rues sont noires de boue pétrolière. On marche, on dort, on se lave dans la puanteur du fuel. « Même les âmes étaient tachées de pétrole », dira plus tard Howard, dans un bel effet de manches. Il se lance dans l'aventure. Il cherche des « spots », des lieux où il est facile de forer, et regarde les autres s'user les ongles. Il gagne de l'argent, le dépense aussi vite. « J'ai entendu la clameur de Joplin », répète Howard Hughes Sr, avec des accents bibliques. Comme s'il avait ouï le Grand Oumpatah sur le mont Ararat.

Un soir, plein aux as, il va danser dans un hôtel chic à Dallas. Là, parmi les jeunes filles de la bonne société en robes blanches, il repère une élégante : Allene Gano. Elle est ravissante, bien élevée et son air rêveur rappelle celui de maman Hughes. Howard Sr, en bon coureur de dot, se place. Et se renseigne : Allene est la petite-fille d'un général, la fille d'un juge, et sa famille remonte aux huguenots. L'un des aïeux de la belle a même converti le général George Washington : il en a fait un baptiste convaincu. Bonne pioche. Howard Hughes Sr épouse la jeune fille. La famille Gano tique un peu, car Howard n'a « pas de futur précis », mais que diable, il emmène son épouse en Europe, lui tourne la tête, dépense deux mille dollars par jour. Quand le couple rentre au Texas, les valises pleines de costumes et de toilettes élégantes, il ne lui reste plus un sou. En outre, Allene est enceinte.

Selon la légende, le 24 décembre 1905, Allene s'évanouit. Neuf heures de travail plus tard, elle donne naissance, le jour de Noël, à un garçon. Puis elle se met à perdre du sang. Les médecins la sauvent, mais elle ne pourra plus jamais enfanter. Howard Robard Hughes, dit Junior, sera fils unique. Unique, en effet. Est-il un enfant de Noël ? Qui sait ? Il ne reste pas trace d'un certificat de naissance.

Howard Hughes Sr contemple son fils, l'élève à la lumière. Il déborde de joie. Il est le roi du monde, comme tous les pères. Il est temps qu'il fasse quelque chose de sa vie. Mais quoi ? Dans le doute, il se précipite à la caserne des pompiers, où, souvent, il joue au poker. Il distribue des cigares aux hommes du feu, ouvre quelques bouteilles, fait retentir les sirènes et tape le carton. Tandis qu'il distribue, il se dit que oui, décidément, il est temps de devenir sérieux : « Combien de cartes ? »

Les mois passent. Les Hughes changent de maison. Big Howard cherche de l'argent. Il file en Louisiane, où personne ne l'attend, mais où il rencontre un ingénieur, Walter Sharp. Celui-ci est obsédé par l'idée qu'il faut inventer un système de forage permettant de traverser les roches les plus dures. En général, les foreuses en service à l'époque se transforment en plumeaux dès qu'elles heurtent le granit. Or, sous le granit, la fortune. Comment percer ce bouclier ? Walter Sharp tempête. Howard Hughes l'écoute, et lui propose une association. Ce sera le mariage du renard et de la poule.

En 1908, le tandem Hughes-Sharp rencontre un ouvrier venu du Mississippi. Celui-ci, un dénommé Humason, qui traîne dans les bars de Shreveport, en Louisiane, prétend avoir inventé un système parfait. Devant un verre de bourbon, il montre son invention à Howard : c'est une tête de forage en bois, constituée de deux cônes juxtaposés, qui tournent en sens contraire et broient tout.

– J'ai eu l'idée en faisant du café moulu, le matin.

– Vous avez essayé de vendre votre invention ?

– Oui, mais personne ne veut m'écouter.

– Montrez-moi comment ça marche. Barman, une autre tournée !

Howard Hughes examine le machin. Il soupèse ses chances et, diable, que risque-t-il ? achète l'engin pour 150 dollars. Humason, fou de joie, dépense immédiatement un tiers de sa fortune pour célébrer l'événement. Hughes montre sa trouvaille à Sharp, qu'il convainc d'investir 1 500 dollars. Howard Hughes, se frottant les mains, rentre. À Keokuk, chez sa maman.

C'est qu'il a une idée en tête. Papa Felix est juriste, il

saura déposer et protéger le brevet. Pendant des jours, Howard s'enferme dans son atelier de Keokuk, pendant que sa femme et son fils l'attendent au Texas. Il pressent quelque chose. Il jongle, il fignole, il dessine. Il boulonne, dévisse, lime, graisse. Quand finalement il émerge de son antre, il a en main un dossier descriptif et un objet à trois cônes, comportant 166 facettes. On dirait trois navets dentelés qui s'agitent ensemble. C'est moche, mais efficace. Hughes dépose le brevet le 20 novembre 1908, sous son seul nom. Et repart vers le Texas. Là, avec Walter Sharp, il s'évertue à passer du rêve à la réalité. C'est bien la première fois. Les deux associés fondent de l'acier de la meilleure qualité pour fabriquer l'objet, et, en juin 1909, procèdent aux premiers tests. Ils posent leur machine sur une plaque de granit de trente centimètres d'épaisseur, et font rouler la foreuse. Celle-ci traverse la plaque comme du beurre, puis la table et le plancher en béton. C'est le pitbull des foreuses. Il faut passer aux essais grandeur nature. On choisit un bled perdu, Goose Creek, un endroit réputé pour la dureté de sa roche. Plusieurs puisatiers s'y sont cassé les dents, et ont abandonné les derricks. Howard Hughes sort son « invention » enveloppée dans des chiffons, la fixe sur un puits abandonné et lance les opérations. La foreuse atteint le granit très vite. Le mordra-t-elle ? Les observateurs en doutent. Le derrick tremble.

Or, onze heures plus tard, le forage continue. Trois mètres de rocher ont été transpercés. L'engin est intact. Ses cônes en acier broient la roche, au lieu de l'égratigner. On le baptise « mange-roche ». En quelques mois, la tête de forage va connaître un succès inouï. En 1914, elle est utilisée dans onze États et dans treize pays étrangers. S'il y avait des têtes de platine, comme il y a aujourd'hui des disques de platine pour les chansons imbéciles, la foreuse

Sharp-Hughes figurerait au top ten. Au bout de dix ans, les trois quarts des puits de pétrole sont équipés de la foreuse. Un siècle plus tard, elle sera toujours en service. Hughes Sr ne s'arrête pas là : emporté par le succès, il raffine, améliore, fignole. Il met en route un programme expérimental de recherche d'une valve en acier pour les forages à très haute pression. Il perfectionne ses foreuses, les diversifie. C'est un homme en mouvement.

C'est alors qu'intervient le génie de Howard Hughes Sr. Il se manifeste en deux temps : d'abord, le goût du secret. Personne, personne, personne ne doit voir la machine avant qu'elle ne soit prête. Obsédé par la crainte d'être escroqué (ce qui est le propre des escrocs), Hughes ne se déplace qu'avec un sac bien fermé dans lequel l'objet est emballé, à l'abri des regards, dans des chiffons huilés. Lorsqu'il procède à une démonstration, il demande aux observateurs et aux curieux de reculer, et fixe l'appareil lui-même. Il ne laisse ce soin à personne. Quand le forage commence, il paie un surveillant, qui reste sur place toute la nuit pour empêcher qui que ce soit d'approcher. Il s'entoure d'avocats. Son fils héritera des mêmes manies, multipliées par cent. Le secret et les avocats, il n'y a rien de mieux. Howard Sr donnera un autre conseil à Howard Jr :

– N'aie jamais d'associé.

– Pourquoi, père ?

– Ils n'apportent que des ennuis.

Howard Hughes Jr enregistre.

Deuxième trait de génie de Howard Sr : tandis que son associé, Walter Sharp (qui ne lui cause aucun souci, précisons-le), prospecte de nouveaux terrains pétrolifères, il décide de se charger de l'aspect commercial de leur entreprise, baptisée la Sharp-Hughes Tool Company. Il réfléchit, et adopte une stratégie commerciale inédite : au lieu de vendre des têtes de forage, il va les louer. Oui, les louer. Prix de location : 30 000 dollars par puits. Dans ces années-là, c'est une fortune. Ses clients auront beau dénoncer l'arnaque pure et simple, le chantage absolu, rien n'y fera. Howard Sr tient bon. Il ne vend pas, il ne donne pas, il ne prête pas, il loue. Ses concurrents, eux, crient au meurtre, à l'égorgement atroce. Mais, derrière la pratique commerciale impitoyable, ils reconnaissent une idée de maître. Des années plus tard, un journaliste osera demander à Howard Jr :

– Est-il vrai que vous soyez en situation de monopole total ?

– Bien sûr que non.

– Comment ça ?

– Les gens qui veulent faire des forages sans utiliser notre foreuse peuvent toujours utiliser une pelle et une pioche.

La première usine de fabrication Sharp-Hughes Tool Company sort de terre en 1909. C'est un bâtiment sombre, en briques, sur le fronton duquel la tête de forage, la fameuse tête, est peinte, en dimensions géantes. 1909, c'est aussi l'année où Howard Sr se penche sur l'avenir de son fils, et dicte un testament. Si malheur arrive, Allene héritera de tout. Un quart de la fortune paternelle reviendra néanmoins à Howard Jr, pour son vingt et unième anniversaire. Howard Sr confie ses craintes à sa sœur, Annette :

– Je ne veux pas que cet enfant devienne un play-boy gâté.

Autrement dit : comme son père. Il le deviendra pourtant : bon sang ne saurait mentir.

En attendant cette mort qu'il prévoit mais à laquelle il ne croit guère, Howard Sr s'amuse. Il voyage, fréquente les casinos, sort avec les petites femmes, et ne se mêle pas de l'éducation de son fils, totalement abandonné à Allene. Celle-ci couvre d'affection cet enfant unique. Le gamin dort avec sa mère, ne quitte jamais son regard. Au moindre signe de rougeur, de maladie, de mal de gorge ou de pâleur, Allene Gano Hughes fait accourir les médecins, les infirmiers, le ban et l'arrière-ban, à n'importe quelle heure du jour ou de la nuit. Pour un peu, elle convoquerait les rebouteux, les sorciers et les magnétiseurs. Tous les matins, elle exige que son fils se mette au garde-à-vous, nu, et elle inspecte en détail ses oreilles, ses dents, ses rotules, sa robinetterie intime. Puis elle se penche sur les crottes de son fils pour en observer les circonvolutions, la matière, l'odeur. Allene Gano Hughes a de la médecine une conception un tantinet retardataire : elle croit lire les selles de Louis XIV. Elle bourre son fils d'huile de foie de morue et le contraint à prendre des bains au savon noir. Elle traque le germe virulent, le microbe odieux, le virus hypocrite, la saloperie la plus vénielle. Son fils sera pasteurisé.

Toujours en 1909, la famille s'installe à Houston, et prend ses aises : on fréquente l'élite, à la Christ Church Cathedral, au Country Club (pas de Noirs, pas de Juifs), et on inscrit le gamin à la Prosso's Academy, le fin du fin. Après tout, papa Hughes gagne désormais 500 000 dollars par an – une fortune – et, coup de chance, Walter Sharp meurt en 1912, à quarante-deux ans. Sa veuve, Estelle, plonge son nez dans les comptes, et découvre que les dépenses de Howard Sr dépassent de loin les bénéfices de la société. Au chapitre des notes de frais, il y a de tout : des réceptions, des voitures, du champagne, la location de tout un hôtel pour une soirée ou l'envoi du yacht *Rollerbit* par voie ferrée. Le délit d'abus de biens sociaux n'existe pas encore, heureuse époque. Effrayée, Mrs Sharp vend sa part à un ami, Ed Prather, pour 65 000 dollars. Prather, au bout de trois ans, jette l'éponge. En 1918, persuadé que son associé va faire chavirer l'affaire dans le rouge, puis dans le noir, et que tout cela va se terminer devant les tribunaux, il revend pour une bouchée de pain ses actions à Howard Hughes Sr. Désormais, la société se nomme « Hughes Tool Company » et n'aura qu'un seul actionnaire. Encore une fois, la leçon ne sera pas perdue pour le futur héritier, qui, toute sa vie, voudra être seul maître à bord et ne reconnaîtra jamais, jamais, l'une des règles de base du capitalisme : l'actionnariat. Pour Howard Hughes Jr, les actionnaires seront toujours faits pour être traités avec moins d'égards que la poussière de ses chaussures. L'actionnariat, c'est la démocratie. Et la démocratie, flanquez-moi ça à la poubelle.

L'éducation du gamin se passe en deux épisodes : l'épisode papa est simple. Howard Sr dit les choses, et ne répète pas. Il exige une exécution immédiate, pas de discussion. Puis il quitte la maison pendant des mois, allant courir la gueuse et taquiner les cartes. L'épisode maman est encore plus simple : tout est permis, sauf les microbes. Parfois, l'enfant entre dans le dressing-room de son père, pour contempler les costumes coupés à Londres, les chemises en drap fin, les boutons de manchettes en diamant, les chaussures polies à l'os. Il y a les vêtements, certes, mais son père est absent. Maman, en revanche, traite son fils comme le prince consort. Quand ils reviennent d'un pique-nique, le petit Howard est censé dire devant les invités : « Merci, mère, de cette journée si distrayante. » Les mères sont admiratives, mais les copains sont hilares, évidemment. Lorsqu'il a dix ans, sa mère fait couronner son petit Howard « Roi de Mai » au carnaval. Les autres gamins se moquent de ce fils à maman. Howard Jr suit les conseils de sa mère : il méprise. Solitaire, ultra-timide, il se retranche dans une attitude hautaine. Il calcule. Il calcule tout. La surface du ciel, le revenu moyen d'un puits de pétrole, la courbe maximum d'une balançoire. Quand il joue avec un ballon, il évalue l'énergie nécessaire pour le propulser dans la cage du gardien. Quand il tire une bille, il connaît la résultante de la force de projection. La vie est une mécanique, l'univers une géométrie. Simple. Il suffit d'appuyer sur un côté de la balance pour que l'autre côté s'élève. Ce sera la conception du pouvoir qu'aura Howard Hughes, plus tard. Il faut peser sur le mécanisme, le reste n'a aucune importance. Le vote, l'institution, l'avis des autres ? Pffft. C'est le coup de pouce qui compte.

À onze ans, Howard Jr fabrique une TSF et se met à envoyer des messages aux bateaux en mer. Il apprend le morse en une journée (dit la légende), décide de jouer du saxophone, et se construit un atelier où il s'enferme des après-midi entiers. Son père lui donne sa bénédiction, à condition que l'endroit soit nickel. Pas une trace de cambouis. Marché conclu. Howard Jr sera le Monsieur Propre des bricoleurs.

À douze ans, le gamin assemble un vélo motorisé – une sorte de pétrolette. Et pose avec son engin pour le journal local. Ce sera la dernière fois qu'il donnera quelque chose à la presse. Pendant ce temps, son père acquiert des brevets, vend ses machines dans treize pays étrangers, se noie dans le champagne. Un jour de 1919, alors qu'il est en voyage, il reçoit un coup de téléphone. C'est le concessionnaire des automobiles Stutz.

– Excusez-moi, monsieur Hughes. Ici Jack Horner, de la concession Stutz de Houston. C'est à propos de votre fils.

– Quoi donc, mon fils ?

– Il vient de nous rendre visite et...

– Et ?

– Il vient de commander une voiture.

– Mais il n'a que quatorze ans, il n'a pas le droit de conduire !

– Il assure que ce n'est pas pour conduire. C'est pour...

– Allez, allez, dites-moi tout !

– Il veut la démonter pour l'étudier, puis la remonter.

– Pas bête.

– C'est que...

– Oui ?

– C'est que... c'est notre modèle de luxe, la Bearcat, la plus rapide.

– Elle fait combien ?

– 7 000 dollars, monsieur.

– Non, non. Quelle vitesse ?

– 120 kilomètres/heure.

– Ah, très bien. Livrez-la à mon fils. Je paierai.

Un mois plus tard, la voiture aura été démontée et remontée. Howard Jr, interrogé par un ami, affirme : « Je ne suis pas comme les autres. Les autres aiment étudier les gens, moi j'aime étudier la science, la nature, la terre et les minéraux. »

Le jeune Howard Hughes n'est pas comme les autres, en effet. Il ne lit rien, ne fait pas de sport, ne court pas les filles. Quand il va chez le dentiste, il est fasciné par la roulette et les instruments. Quand il souffle dans son sax, il est plus intéressé par le jeu des pistons, des clayettes et des souffles que par la mélodie. D'ailleurs, quand il joue, on confond souvent sa musique avec le barrissement des éléphants. Sa mère continue à le couver. Quand papa Howard déraille trop avec une bimbo de passage, Allene Gano Hughes lui envoie un télégramme : « Fils souffrant », et le père rentre dare-dare. Très vite, le gamin comprend le jeu : sois malade, et tu auras ce que tu veux. Il est frêle, pâle, souffreteux et joue avec les nerfs de sa mère. En même temps, quel meilleur moyen de se protéger du monde et de ses brutalités ? Malade, on reste au lit. À côté de maman. Papa, quand il est là, est contraint de s'exiler dans une chambre d'amis. Allô, docteur Freud ? Un jour, le petit Howard se réveille paralysé. Panique à bord. Le fils chéri, le petit darling, ne peut plus marcher. Allene Gano, affolée, téléphone au Rockefeller Institute à New York. Un spécialiste, le docteur Chickering, est dépêché au Texas. Il se perd en conjectures. La mère soupçonne la diphtérie, l'horrible polio, la fièvre jaune et la méningite, successivement puis simultanément. Pourquoi pas le béri-béri et le mildiou galopant ? Le médecin, lui, se forge une opinion : Howard Jr est un simulateur. Plus tard, il posera un diagnostic sévère : « paralysie hystérique ». Néanmoins, il soigne, traite, analyse, et colle son patient dans une chaise roulante, où l'enfant reste deux mois. Au bout de soixante jours, il se lève. Affaire classée. Que s'est-il passé ? Nul ne le saura jamais.

Même quand Howard Jr est expédié en camp de vacances, chez les boy-scouts, sa mère ne le lâche pas. Elle exige qu'on lui communique le résultat de l'examen de ses selles, qu'on le brosse, qu'on le bouchonne, qu'on le parfume. Si une mauvaise grippe rôde, elle demande qu'on isole son fils, qu'on mette en quarantaine son « petit poussin ». Elle entend parler d'une épidémie de polio, et fait rapatrier l'enfant immédiatement. Quand il arrive à la maison, sa mère lui décrit, avec un luxe de détails inouï, les horreurs de la polio : elle en dresse un tableau à la Hieronymus Bosch, un festival d'horreurs suppurantes, de moelles verdies. Terrifié, Howard Hughes Jr imprime ces détails dans le disque dur de sa mémoire. Pour le réconforter, Howard Sr offre un somptueux cadeau à son fils : il lui fait faire un tour en avion. À New London, Connecticut, où se déroule une traditionnelle course d'aviron, Howard Sr réserve deux places à cinq dollars dans un hydravion Curtis. Tandis que l'appareil s'élève, Howard Jr reste médusé : les gens semblent petits comme des fourmis. Ce sont des fourmis. Là-haut, paix et sérénité. Et, dans le ciel, se trouve l'aventure. En 1920, les aviateurs sont des héros. Ils sont jeunes, séduisants, ils ont un look d'enfer, et tutoient les nuages. Howard Jr est transporté.

On l'inscrit dans une nouvelle école, à Ojai, en Californie. Dans cette petite vallée à une centaine de kilomètres de Los Angeles – donc, notez-le bien, à proximité d'Hollywood – rien n'a changé. Aujourd'hui, les habitants sont prompts à vous louer le calme de l'endroit, précisant qu'une place au cimetière n'est pas chère : 386 dollars. La seule activité d'Ojai, ce sont les écoles. Il y en a de toutes sortes, des grandes, des petites, des religieuses, des libres, des modernes, des classiques : Nordhoff High School, Sunset Elementary School, Matilija Junior High, Mira Monte Elementary, Meiners Elementary, Doniphan Oaks School... L'endroit sent la secte et la gentillesse sucrée. Pour le voyageur qui échoue là, Ojai, à vrai dire, n'a qu'un seul intérêt : une librairie extraordinaire, « Bart's Corner », qui est constituée de plusieurs cours délimitées par des planches, où sous des arbres centenaires, on peut s'asseoir pour lire n'importe quoi : des traités d'échecs, des récits de voyages, des romans de quat'sous, des *comics*. Quand la pluie tombe, les livres prennent l'eau. Aucune importance : sur les dix mille bouquins présents, pas un n'a la moindre valeur. Mais l'endroit est génial. Bart, le patron, un barbu baba, a l'air de se foutre de tout.

Est-ce là, par hasard, chez le prédécesseur de Bart, que Little Howard tombera sur l'un des rares bouquins qu'il lira, et qui formera sa pensée ?

Le livre s'intitule *The Glands Regulating Personality*. C'est un volume austère, sombre, dont le sous-titre est révélateur : « A study of the glands of internal secretion in relation to the types of human nature ». Inutile de traduire, n'est-ce pas ? L'auteur, Louis Berman, est médecin (associé à Columbia University, section chimie biologique ; médecin à la Special Health Clinic du Lenox Hill Hospital). L'ouvrage débute par ces mots d'une rare originalité : « Homme, connais-toi toi-même » et se termine, deux cent quatre-vingt-onze pages plus tard, par l'assurance que « les glandes sont les agents les plus prometteurs de l'esprit humain. Elles ouvrent des perspectives infinies pour l'amélioration de la race. Si nous ne pouvons atteindre l'Utopie, nous pouvons, au moins en abolissant les anormaux et les infra-normaux qui forment l'ensemble de notre société constituée d'esclaves et de carriéristes, rendre la race humaine moins méprisable et plus divine ».

Dans les années 1930 et 1940, Howard Hughes Jr, devenu le nabab et le play-boy de la société américaine, citera constamment le livre du bon docteur Berman. Surtout pour impressionner ses conquêtes. Combien d'actrices connues, séduites par le côté silencieux et absent de leur interlocuteur (qu'elles considéraient comme romantique), ont-elles entendu les théories démentes développées dans ce livre ? Page 212, l'auteur distingue la femme « normale », petite, chic, émotive, « qui épouse les héros », de la femme « post-pituitaire », instable, hyperactive, surexcitée. Puis il enchaîne sur l'homme qui possède une glande pituitaire antérieure dominante : c'est le type viril idéal. Il est grand, avec des os longs, de grandes mains, des bras velus... (Howard Hughes se reconnaît dans ce portrait, sans nul doute.) N'oublions pas, souligne Berman page 288, que la thyroïde joue un rôle important. « Il suffit de regarder le visage d'un Nègre ou d'un Mongol, et de le comparer avec le faciès d'un crétin pour tout comprendre. » D'ailleurs, pour faire bonne mesure, notre théoricien ajoute que les Chinois et les Bushmen sont frappés d'idiotie. Les Blancs, eux, ont un avantage net grâce à leur suprématie dans les domaines pituitaire, adrénalien, gonadien et thyroïdique. Pour résumer, les hommes (blancs) sont faits pour dominer et imposer leur volonté aux femmes (de préférence blanches). Le reste de l'humanité est un magma tout juste bon à entrer dans la composition du Kitekat.

L'humanité, l'amour, la colère, l'émotion, tout est affaire de mécanique glandulaire. L'hypophyse et les couilles, voilà le secret. Seuls les Blancs en ont. La théorie plaira à Howard Hughes Jr.

Toute sa vie, il haïra les « nègres ».

Un rappel, pour situer le livre dans son contexte. Cinq ans avant sa parution, le 22 août 1917, un officier noir s'était fait maltraiter et battre par des policiers blancs, à

Houston. Le lendemain, une centaine de soldats noirs se mutinèrent. La situation internationale est alors tendue : la guerre fait rage en France, on utilise des gaz mortels à Ypres ; les Russes tentent de se réorganiser sous la houlette de Kerenski ; nègres ou pas, l'armée a besoin de tous ses hommes. Le 23 août, les soldats noirs avancent sur Houston, après avoir razzié l'armurerie du bataillon. Seize Blancs sont tués. La mutinerie durera quelques heures. La rumeur, dévastatrice, précède les barbares : les fermiers racontent que les nègres volent, violent, pillent, massacrent. L'ombre de la guerre de Sécession n'est pas lointaine : chacun s'arme. La ville entière est atteinte de fièvre raciste. Treize soldats noirs sont arrêtés, exécutés.

Un demi-siècle plus tard, quand Howard Jr s'installera à Las Vegas, il interdira expressément l'emploi de nègres, à n'importe quel poste.

Mais la vie de Howard Hughes Jr va bientôt changer, brutalement. Il va découvrir en même temps les femmes, le cinéma, Hollywood, la mort. Et cet élément essentiel, ce fluide vital, ce machin magique pour lequel il se condamnera à une vie de forçat, à une existence de fantôme : l'argent.

Le 29 mars 1922, Allene Gano Hughes meurt.

CHAPITRE 2

1922,
L'ANNÉE DE TOUS LES CHANGEMENTS

L'année 1922 s'était pourtant annoncée tranquille.

À la Thacher School, dans la petite vallée d'Ojai, Howard Hughes Jr ne se départ pas de sa timidité naturelle. Solitaire, il se promène à cheval dans les collines environnantes. Les professeurs demandent à leurs élèves (il n'y en a que soixante, au total) de décrire le job de leurs rêves. Howard répond : « voyou ». Un autre jour, il faut rédiger des « pensées heureuses ». Le « voyou » écrit : « Il n'y en a pas. » Ça promet. Comme d'habitude, sa mère s'inquiète. Elle écrit au directeur, Sherman Day Thacher : « C'est très dur, me semble-t-il, pour un enfant unique, de s'adapter... » Le directeur, un ancien joueur de football américain, incite ses élèves à vivre en plein air, pour se forger le caractère. Mais c'est compter sans le tempérament de poule couveuse de Mme Hughes. Quand elle apprend que son fils s'est égratigné, elle dépêche de nouveau le docteur Chickering de New York. Celui-ci envoie un petit mot : « Howard n'a rien. Il est heureux. » En fait, c'est Allene Gano Hughes qui ne va pas bien : son mari absent, elle est à la dérive. Howard Sr, dans son train privé, sillonne le pays pour vendre ses têtes de forage et tourner la tête des petites femmes de passage. Quand il arrive à Los Angeles, c'est son frère Rupert qui l'accueille. Le poète est devenu romancier et scénariste à succès. Rupert Hughes, qui ressemble à un hibou gai, vit dans une maison extravagante, un palais de maharajah. Il reçoit beaucoup. Il écrit encore plus. Il brûle la vie par les deux bouts. Et il présente à Howard Sr deux stars du muet : Mae Murray et Eleanor Boardman. La première, qui va jouer dans *Jazzmania* et dans *Mademoiselle Midnight*, entrera dans l'histoire du cinéma pour son rôle dans *La Veuve joyeuse* d'Erich von Stroheim (1925). Quant à Eleanor Boardman, une ravissante jeune femme, son nom restera lié, à jamais, à celui de King Vidor, son mari, qui la mettra en scène dans un chef-d'œuvre, *La Foule*, en 1928.

Mais en 1922, elle n'est qu'une jeune comédienne qui se bat pour de bons rôles, et qui fait craquer Howard Hughes Sr.

Cette année-là, deux scandales hollywoodiens vont changer l'esprit du cinéma, pour toujours. Le premier concerne Roscoe « Fatty » Arbuckle, un gros acteur jovial, célèbre pour ses gags faciles. Ses films connaissent alors un succès immense. Accusé d'avoir provoqué la mort d'une jeune fille après l'avoir violée (en perforant ses organes internes) avec le goulot d'une bouteille lors d'une soirée de débauche, il devra subir trois procès qui, finalement, l'innocenteront, mais sa carrière sera ruinée. L'autre scandale, c'est celui de William Desmond Taylor, cinéaste réputé, retrouvé nu, assassiné d'un coup de revolver. Taylor, s'apercevra-t-on, avait plusieurs maîtresses à la fois, menait une double vie sous un faux nom et fréquentait des vedettes droguées. Le crime ne sera jamais élucidé. Les deux affaires frappent le public : Hollywood, désormais, sera l'antre de l'immoralité, l'antichambre du crime. Il y a là une odeur de sang et de sexe. En réaction, un « code » de censure sera imposé, sous la direction du triste ex-ministre des Postes, ex-président du parti républicain, Will Hays, qui ne fait aucun mystère de l'admiration qu'il porte à... Robin des Bois. Il se trouve que Will Hays, qui est un mondain, fait partie des relations de la famille Hughes. Son ami le plus proche est Rupert Hughes.

Il est temps de présenter Rupert Hughes, qui fut le « passeur » de Howard Jr. Fascinant, toxique, infatué de sa personne, séduisant, Rupert Hughes eut son heure de gloire : il fut un écrivain maniéré, un scénariste peu inventif, un poète illisible, un romancier prolifique, un metteur en scène à succès et un homme étrange. Aujourd'hui, il est totalement oublié.

Né en 1872, l'année où le train arriva dans la ville des Hughes, Rupert était singulièrement doué : « Je fus cet être rare : un bébé né à onze mois, et j'avais tous mes cheveux à la naissance. » À cinq ans, il savait lire ; à sept, il publiait son premier poème, et, sous la coupe de sa mère, il résuma plus tard ses jeunes années : « Ma mère distillait nos ambitions, et mon père fournissait les capitaux. » Il se mit à écrire, et à séduire. Les choses allèrent très vite : en 1903, il divorçait de sa première femme, qu'il accusait d'avoir huit amants. Celle-ci rétorqua en se plaignant de « cruauté et brutalité ». En 1907, Rupert Hughes, devenu un auteur dramatique réputé, se met au service du cinéma. Il rencontre une jeune monteuse, Louella Oettinger, qui sera plus tard actrice puis... disons, journaliste.

Sous le nom de Louella Parsons, elle deviendra l'une des deux commères les plus craintes d'Hollywood.

En 1908, Rupert Hughes se remarie avec une actrice, Adelaide Manola. Il publie des livres, *The Lioness*, *She goes to war*, *Gloria's Romance*. Fabrique des films, *Look your best*, *Hold your horses*, *The Old Nest*. Séduit l'une des stars d'Hollywood, Coleen Moore, avec laquelle il tourne *Flaming Youth*. En 1920, il est l'homme en vogue : ses déjeuners du dimanche rassemblent le gratin d'Hollywood, et, en mars 1922, c'est Rupert qui est choisi pour accueillir en grande pompe le nouveau « czar », le censeur en chef, Will Hays.

Rupert mène une vie de bâton de chaise ; sa femme, elle, se console en buvant. Fay Wray, la charmante blonde qui fait craquer King Kong, se souviendra d'une dame élégante, prête à boire de tout, y compris de l'eau de toilette. Le couple vit dans un manoir chantourné et kitsch nommé « Arabian Nights » : quinze pièces, six salles de bains, une bibliothèque extravagante, une piscine mauresque, un garage pour six voitures. La vie est belle. Jazz, champagne, aventures, smokings, robes longues, réceptions, cinéma...

En 1922, Rupert Hughes publie son livre le plus célèbre, *Souls for Sale* (« Âmes à vendre »). C'est un mélo illisible (que la critique qualifiera d'« atroce »), dont il tirera un film avec Coleen Moore : l'histoire d'une jeune femme, fille de pasteur, attirée par Hollywood, qui causera sa perdition. Le livre commence par cette description de la ville du cinéma : « Los Angeles ! Ninive ! Les missionnaires espagnols l'ont baptisée Cité des Anges, les images animées l'ont transformée en Ville du Diable ! C'est ici la fabrique centrale de Satan et de ses démons, l'ennemi des foyers, le corrupteur des jeunes hommes et des jeunes femmes – l'école du crime. Si la cité ne se réforme pas, et vite ! il est inévitable qu'au nom de Dieu, l'océan se lève et l'engloutisse ! » Un autre passage ? Voici : « Il regardait, hagard, les affiches incroyables avec le mot " sexe ", les questions insolentes sur " votre épouse ", les scènes frénétiques de baisers, de luttes, de viols, de revolvers, de poignards, de catastrophes ferroviaires et automobiles, de massacres, de bacchanales, de maillots de bain, de jeu, d'ivresse et de fumée – tout et tous étaient désespérément vicieux... » Le style est hasardeux. Le message est clair : à Hollywood, on s'amuse.

Comment un adolescent n'aurait-il pas rêvé de plonger dans ce divin repaire du vice ? Rien de plus attirant que le péché, n'est-ce pas ?

Dès sa première visite chez son oncle à Los Angeles, Howard Hughes Jr découvre ce monde-là. Rupert tourne alors *The Wall Flower*, un mélo avec Richard Dix, Gertrude Astor, Laura La Plante : c'est « le conte de Cendrillon modernisé ». Howard Jr arrive, en knickerbockers, l'uniforme des golfeurs et des lycéens, et se plante sur le bord du plateau. Il est fasciné. Il observe. Les caméras, les machines, l'activité. Il note tout. L'aspect mécanique du cinéma l'intéresse : seize images/seconde, une machine qui fait avancer la pellicule grâce à une invention géniale, la croix de Malte. Le cinéma ? Un art, peut-être. Mais surtout un jouet mécanique. Howard Jr note aussi l'atmosphère sensuelle, les rapports entre les comédiennes et les techniciens, la facilité des relations entre le metteur en scène et ses starlettes.

Il constate que son oncle semble très intéressé par une jeune femme piquante, avec de grands yeux et un air effronté : c'est Coleen Moore. Arrivée à Hollywood en 1917 avec sa grand-mère, Coleen Moore a immédiatement été remarquée par l'un des cinéastes les plus désinvoltes et les plus noceurs, Mickey Neilan, qui, tel un boucanier, consomme les femmes comme le whisky, sans aucune modération. Il a présenté Coleen Moore à Rupert Hughes, qui, sous le charme, fera trois films avec elle. Sur le plateau de *The Wall Flower*, elle est sexy, drôle, charmante. Howard Jr la couve des yeux. Rupert Hughes, lui, regarde le garçon du coin de l'œil. Il fait des efforts pour le trouver sympathique. Il y a quelque chose, chez le fils de son frère, qui ne lui plaît décidément pas. Est-ce l'air renfrogné de Howard Jr, sa façon de regarder les gens légèrement de travers, ce sourire timide que les femmes adorent ? Rupert décèle une dureté, peut-être une hypocrisie... Mais que diable, c'est son neveu. Il balaie ces soupçons.

Quand Howard Jr retourne à l'école, il est émerveillé, comme seul un garçon de seize ans peut l'être.

En février 1922, une nouvelle secoue la famille : Allene est enceinte. Rentré d'Hollywood où il mène la vie à grandes guides, Howard Hughes Sr a momentanément abandonné les fêtes données au « Garden of Allah », un ensemble de bungalows où se nouent et se dénouent des liaisons passionnées, où l'on boit à flots du whisky d'« avant la Prohibition », et où la patronne, Alla Nazimova, la fiancée de cœur de Rudolph Valentino, se promène avec des airs de tragédienne, longeant la piscine en forme de mer Noire. On murmure que Howard Sr n'est pas resté indifférent au charme de la tentatrice russe... Quand il apprend que sa femme est enceinte, après leurs retrouvailles du Noël précédent, Howard Sr se réjouit. Mais il doit vite déchanter : c'est une grossesse extra-utérine. Le 28 mars 1922, Allene Gano Hughes entre en clinique. Le 29, elle est en salle de chirurgie, sous l'œil du docteur Hamilton. On anesthésie la patiente. Dix minutes plus tard, elle est morte. À trente-neuf ans, Allene Gano Hughes a été victime d'un arrêt cardiaque.

Violemment choqué, Howard Hughes Sr décide instantanément de cacher la nouvelle à son fils, et de lui annoncer le décès de sa mère plus tard, avec ménagement. Il envoie un télégramme à son frère Rupert, puis téléphone au directeur de l'école de Ojai, Sherman Day Thacher. Celui-ci convoque Howard Jr, et lui lit un télégramme : « Mère malade. Rupert va te ramener à Houston. Love. » Une limousine s'arrête devant l'école, Howard Jr monte et entend son oncle lui annoncer : « Ta mère est morte. » Les précautions de Howard Sr n'auront eu que de courts effets. Howard Jr baisse la tête. En un instant, un monde vient de s'écrouler.

La disparition d'Allene Gano Hughes aura des conséquences inattendues. D'abord, Howard Sr, qui s'était pourtant organisé une vie loin d'elle, est effondré. Le coureur de jupons, le gai luron, le joueur impénitent ne se remettra jamais de cette perte. Au fond, il aimait sa femme. Quelque chose est mort en lui. Sa première réaction est d'emballer ses costumes, de faire déménager ses affaires et de fuir le foyer, de fuir les souvenirs. La grande maison de Houston, avec ses chandeliers en cristal, ses inutiles cheminées de marbre, ses tapis d'Orient, n'est plus qu'une coque vide. Howard Sr l'abandonne. Certains prétendent qu'il se sent coupable. De quoi ? En fait, il est simplement brisé. Il s'installe à l'Ambassador Hotel à Los Angeles, et reprend la fiesta, avec rage.

C'est l'ère du jazz. Un nouveau style de vie attire les femmes : robes courtes, cheveux à la garçonne, chapeaux cloches, black bottom... Le *Pittsburgh Observer* résume l'état d'esprit de l'époque, avec des accents sévères : « L'attitude des femmes change : robes, nouvelles danses, mœurs et règles morales générales, tout empire. Nous devons prendre conscience que l'impudeur des femmes aura de sérieuses conséquences. » À quoi répond un slogan appelé à devenir célèbre dans le monde entier, celui de la méthode Coué : « Jour après jour, je m'améliore. » Un philosophe, Lothrop Stoddard, publie *Révolte contre la civilisation* : « L'eugénisme est la science de l'amélioration de la race. Il faut se livrer à la ségrégation des mal-portants et des faibles d'esprit. » L'Amérique vit un tourbillon d'idées, de modes, de nouveautés. De contradictions, aussi.

L'argent est partout, la nation entière semble entrer dans une ère de prospérité sans fin. Le taux de croissance du pays est de 6 %, et on vient de découvrir des gisements de pétrole au Venezuela : Howard Sr est en train de devenir riche, très riche. Il engloutit tous ses concurrents : pas une invention, dans son domaine, ne voit le jour sans qu'il n'en rachète immédiatement les droits. Il détient soixante-treize brevets divers. L'époque est à la surenchère technologique. Tandis que papa Hughes fore le sol, le fils Hughes regarde le ciel. Un aviateur peu connu, James Doolitle, effectue le premier vol transcontinental en 21 heures et 28 minutes. Cet exploit fait rêver l'adolescent, qui, revenu dans son école à Ojai, végète. Jour après jour, il ne s'améliore pas, lui.

Quelques semaines passent, et un coup de téléphone

met fin à ce séjour : Howard Hughes Sr rapatrie son fils. Il se sent seul, dit-il. Terriblement seul. Le directeur de l'école, avec tact, essaie de résister : « Il m'apparaît que ce serait peu profitable pour votre fils. » Celui-ci n'a pas été très affecté par le deuil de sa mère. Sur le moment, il a pleuré. Puis le moment est passé. Il semble étrangement soulagé. Comme si un poids terrible avait cessé de l'oppresser. Ses professeurs se joignent à l'avis du directeur, et conjurent le père de laisser son fils à l'école. Peine perdue : envahi par la tristesse, n'écoutant que son bon plaisir, Howard Sr délivre son fils. Direction : Los Angeles. Plus exactement : Pasadena, belle banlieue pour la haute bourgeoisie, où il y a un théâtre réputé, des courses de chevaux, des bougainvillées dans les rues. La sœur d'Allene Gano, Annette, a accepté de prendre le jeune homme en pension. « Pendant un an », a-t-elle précisé, retardant la cérémonie de son mariage de douze mois. Annette est une jeune femme déterminée, gaie, éduquée, qui a été infirmière sur les transports de troupes en France, pendant la guerre. Elle est connue à Houston pour ses activités sociales, et s'apprête à épouser un médecin de renom. Son bon cœur lui fait accepter la proposition de Howard Sr : elle s'installe à Pasadena, dans une belle maison louée par la Hughes Tool Company. On inscrit Howard Jr au California Institute of Technology (le fameux Cal Tech), malgré ses carences et bien qu'il n'ait aucun diplôme. Mais un don financier arrange les choses. Tout le monde est content : le jeune homme présente bien, rentre chez lui tous les soirs, ne se plaint jamais. Le dimanche, il est autorisé à fréquenter la maison de Rupert Hughes, où producteurs et starlettes se côtoient. Un verre de jus d'orange à la main, le jeune homme observe, se mêle peu à la conversation, et pose les yeux sur l'une des amies de son père et de son oncle, Eleanor Boardman. Celle-ci, jolie comme un cœur, a vingt-trois ans. Howard Jr tourne autour de l'actrice, il ne sait pas quoi dire. Surtout, il ignore que son père l'a précédé. Naïvement, il demande de l'aide à Howard Sr. Celui-ci se dirige vers la jeune femme, fait l'éloge de son fils. Eleanor Boardman comprend tout de suite qu'on est train de lui vendre Howard Jr. Quand le père ajoute : « Un jour, mon fils sera très riche », Eleanor Boardman tourne les talons.

Une habitude vient de se forger : Howard Jr, pour aborder les femmes, aura recours à des messagers, des intermédiaires, des maquereaux. Au début, il consommera par coursiers interposés ; plus tard, il consommera par contumace.

Howard Jr, à dix-sept ans, vit une existence de rêve. Il va souvent au cinéma, fréquente plus ou moins les cours de Cal Tech, fait une partie de tennis à la mi-journée, enchaîne sur des cours de golf, et se rend souvent sur les plateaux de son oncle. À l'université, lors de ses rares visites, il apprend une seule chose : le pouvoir de l'argent. Souvent, il se rend sur le terrain d'aviation le plus proche, pose des questions aux aviateurs, prend quelques leçons avec le sourire, note toutes ses observations sur des calepins écornés. Plus tard, ces notes seront retrouvées : elles concernent exclusivement deux domaines, le cinéma et les avions. Pendant ce temps, son père refait sa vie, comme une version moderne de *La Veuve joyeuse* : il s'amuse. Il jette l'argent par les fenêtres. Il distribue des fleurs par camions, donne des bijoux par poignées, signe des notes faramineuses chez les couturiers, n'hésite pas à louer un train pour emmener ses invités au Kentucky Derby, affrète souvent son yacht *Rollerbit*, un navire immense comportant six salons, pour des croisières de plaisir dans les Caraïbes. Il a des gestes de prince slave et des engouements de nabab oriental. Il n'achète pas de tableaux, ne s'intéresse pas à l'art, ne consent à se rendre sur le terrain pour faire du business que si le déplacement en vaut la peine. Il est devenu un roi fainéant. Il s'ennuie. Il est déboussolé. Howard Jr, lui, se cherche.

Une année s'écoule ainsi. Annette Gano repart pour Houston, où elle va épouser le docteur Frederick Lummis. Abandonné à son sort, Howard Jr pose un problème à son père, qui ne sait que faire de cet éternel mélancolique, qu'une surdité héréditaire commence à affecter. Il décide de l'envoyer au pays : retour au Texas, donc. On l'inscrit à la prestigieuse Rice University, avec un joli chèque à la clé, et Howard Jr s'installe. Les études ? Elles ne l'intéressent guère, hormis la mécanique et l'ingénierie. Il préfère le golf et les virées en voiture. Désormais, il possède une Duesenberg, l'automobile des stars : Rudolph Valentino en a une lui aussi, peinte façon écailles d'alligator. Douze cylindres, la puissance d'un tank et la taille d'un cuirassé. Elle consomme trente litres au cent, mais qu'importe ? Howard Jr touche 5 000 dollars d'argent de poche. Par semaine. C'est le double de ce qu'un ouvrier qualifié touche... dans l'année. Si Howard Sr a peur que son fils ne devienne un play-boy gâté, il ne fait rien pour que celui-ci se construise d'autres valeurs : il est capable de convoquer un orchestre de soixante musiciens pour une soirée dansante d'adolescents. C'est comme si on louait le Philharmonique de Vienne à l'occasion d'un goûter au McDo.

Mais Howard Jr est éloigné de son rêve, Hollywood. Il sait que son oncle Rupert a terminé deux nouveaux films, *Gimme* et *Look your best*. La vedette du premier est Eleanor

Boardman, celle du deuxième Coleen Moore. Il sait aussi que sa tante, Adelaide Hughes, publie des poèmes, dont *Cuivre doré*, et que Charlie Chaplin envisage de l'engager comme rédactrice d'intertitres pour ses films (à l'époque du cinéma muet, c'est une fonction importante). Vue de loin, la vie à Hollywood semble être une succession de soirées arrosées et de folies diverses. Quand la tante Adelaide, fatiguée de ces agapes et de cette existence nocturne, décide de partir en croisière autour du monde, nul ne s'en étonne. Surtout pas son mari, Rupert Hughes, qui vient d'engager une jeune actrice, Elizabeth Patterson Dial, pour son nouveau film, *Reno*. Il la trouve ravissante, et explique que le jour de leur rencontre est « le jour le plus béni de ma vie ». Elle a débuté dans un film de David W. Griffith, *Tol'able David*, et sa beauté lui a ouvert les portes de la bonne société.

Le paquebot sur lequel voyage Adelaide Hughes accoste en Chine. Repart pour Haiphong. Au bout de deux jours en mer, une terrible découverte : Adelaide Hughes est retrouvée dans sa cabine, pendue avec une sangle de malle. Elle s'est suicidée. Rupert Hughes, en veine d'inspiration poétique, déclare aux journaux que « c'est une fin cauchemardesque et désespérée, comme le saut de Sapho du haut des falaises de Leucade ».

Peu de temps après, Rupert Hughes épouse Elizabeth Patterson Dial. Elle a vingt-deux ans, il en a cinquante-trois.

Un mois passe : un autre coup décide du sort de Howard Jr. Son père meurt, à cinquante-quatre ans.

CHAPITRE 3

ENFIN SEUL !

Le 14 janvier 1924, Howard Hughes Sr revient à Houston. D'habitude, il laisse les dossiers entre les mains de son directeur, R.C. Kuldell, un ex-colonel qui gère la Hughes Tool Co avec une poigne de fer. Ce qui vaut mieux : Hughes n'a aucun goût pour la gestion, pour la paperasse, pour les détails. Il brasse des dollars, il brasse du vent, il est le boss. Ce jour-là, Hughes doit déjeuner avec quelques hommes d'affaires, pour décider d'une nouvelle stratégie envers les « marchés émergents », l'Europe et le Moyen-Orient. Désormais, le catalogue de la Hughes Tool Co est riche : la société propose plus de cent cinquante modèles de têtes de forage.

L'Amérique est en plein boom. 14 % de croissance annuelle, un taux de chômage quasi nul (2,4 %), les patrons s'agitent car les syndicats de la sidérurgie viennent d'obtenir la réduction de la journée de travail à douze heures, et un baron du pétrole, Harry Sinclair, se décide à visiter l'URSS (que les États-Unis n'ont toujours pas reconnue) pour prospecter la Sibérie. L'année qui vient de s'écouler a vu l'apparition de deux inventions : le diaphragme en caoutchouc pour les femmes et la Pan American World Airlines, première compagnie d'aviation à vocation universelle. Howard Hughes Jr utilisera les deux, plus tard. En attendant, le jeune homme note que deux avions, le *Chicago* et le *New Orleans*, s'apprêtent à faire le tour du monde. Ils réussiront.

Dans ce contexte affairiste, Howard Hughes Sr est ravi de l'expansion de sa société. Après le repas, un cigare aux lèvres, il s'isole pour discuter avec le directeur des ventes, S.P. Brown. Il lit des listes de chiffres, compulse des statistiques, émet des idées, ne tient pas en place. Puis, essoufflé, il s'affale dans un fauteuil en cuir. À peine est-il assis qu'il se relève d'un bond, se main se crispe sur les rapports de vente, et il tombe sur le sol. Il est mort. Crise cardiaque instantanée.

L'enterrement sera grandiose. Tandis que Howard Jr s'enferme dans la maison familiale, où il contemple la Stutz naguère démontée et remontée, la famille organise la cérémonie. Il y aura des tonnes de fleurs, des centaines d'invités, un défilé de policiers, et une grand-messe à la cathédrale de Christ Church. Toute l'industrie du pétrole est présente. À Houston, non seulement Howard Hughes Sr était un notable, mais en plus, il était aimé. Son fils ne le sera jamais.

Quelques jours plus tard, une réunion a lieu dans le bureau du défunt. On procède à l'ouverture du coffre. Le notaire y cherche le testament : il en trouvera deux. Le premier, qui a été validé quelques semaines après la mort d'Allene Gano Hughes, révise les dispositions anciennes, et attribue 75 % de l'ensemble des possessions de Howard Hughes Sr à son fils unique. En prime, celui-ci se voit donner un portefeuille d'actions et d'obligations d'une valeur d'un million de dollars. Les 25 % restants vont aux grands-parents. Mais, au fond du coffre, le notaire déniche un deuxième testament, plus récent. Les articles sont les mêmes, sauf que le pourcentage accordé à Howard Hughes Jr est réduit à 50 %. Que faire ? Évidemment, c'est le testament le plus récent qui a force de loi, au grand désappointement de l'héritier principal. On examine les documents. Coup de théâtre : le second testament n'est pas signé. Howard Sr n'en a pas eu le temps. Mais un codicille est lu devant tout le monde : « Il est de mon désir que mon fils Howard reçoive la meilleure éducation possible, qui le préparera à un avenir et une profession qu'il choisira lui-même. »

Tandis que les membres de la famille s'en vont, Howard Hughes Jr demeure dans le bureau. Intérieurement, il bout. Comment, 25 % de la Hughes Tool Co lui échappent ? Pourquoi ? De quel droit ? Il rage. En plus, ce diktat sur « la meilleure éducation possible » ? Insupportable. Il laisse libre cours à la colère qu'il ressent. Il n'accepte pas que, une fois de plus, son père lui impose sa volonté. Surtout, il considère que le deuxième testament est une trahison absolue. Avortée, certes. Mais trahison quand même. Il balaie le bureau d'un revers de main. Il ouvre les tiroirs, jette les papiers, éparpille le courrier et les documents. Une petite boîte noire lui tombe sous la main, dans le tiroir qui contient le contrat de mariage de ses parents et quelques lettres d'amour, depuis longtemps jaunies. Il ouvre la boîte. Et découvre une lettre écrite par sa mère, la veille de son décès. Pressentait-elle quelque chose ? Avait-elle prévu la possibilité de sa mort ? Allene Gano Hughes exprime son « amour éternel » pour son mari, et explique qu'elle est au courant des frasques de celui-ci, notamment de sa liaison avec Eleanor Boardman. Le texte se termine sur ces mots poignants : « Je te pardonne totalement. »

La lettre en main, Howard Hughes Jr reste prostré. En

une minute, il vient de découvrir la vérité sur son père – un mari adultère – et sur sa mère – une victime. Plus rien ne tient. Le mariage est une mascarade, la famille un leurre, l'affection des proches un mirage. Les autres, tous les autres, sont donc des ennemis ? Désormais, c'est clair : Howard Hughes est en guerre avec le monde entier. Paranoïaque, peut-être, mais paranoïaque puissant.

Howard Hughes – que plus personne ne nomme « Junior » – se forge un ukase : « Je veux me débarrasser des autres », confie-t-il à un proche. « Pas de partenaire, pas d'associé », lui a martelé naguère son père. Bon conseil : Howard Jr consulte les dossiers de la Hughes Tool Co, s'astreint à des opérations de comptabilité, détermine les bénéfices de l'entreprise, les réserves de cash de son père, soupèse ses possibilités. Pas mal, pour un garçon qui a toujours fui les études. D'un seul coup, il possède les atouts nécessaires à sa réussite : le calcul d'intérêt, la froide détermination, l'autorité absolue. Il a aussi – c'est essentiel – l'instinct du tueur. En gestation. Car il est encore un enfant, aux yeux de la loi : la majorité est à vingt et un ans. D'ailleurs, Howard est retourné habiter chez son oncle Rupert. Là, ses grands-parents, Felix et Jean Amelia, octogénaires, regardent cet adolescent qui ne manifeste aucune tristesse d'avoir perdu son père, mais qui tempête. Eux, ils pleurent la perte d'un fils. Lui, il construit déjà son empire. Un soir, la coupe est pleine :

– Je quitte l'université. C'est fini.

– Mais j'ai demandé à être ton tuteur, souligne Rupert Hughes.

– Peu importe. Je veux racheter vos parts, les 25 %.

– Tu n'es pas majeur. Tu ne peux pas diriger une

entreprise, légalement. Tu n'as que dix-huit ans. Sois raisonnable. Tu es mineur, Howard.

– Pas pour longtemps. Pas pour longtemps !

En fait, Howard Hughes soupçonne son entourage de vouloir le déposséder. Alors que Rupert Hughes dispose de revenus très confortables (il paie plus de cent mille dollars d'impôts par an) et n'a nul besoin de l'argent de son neveu, celui-ci est persuadé du contraire. Howard veut les parts de ses grands-parents. Il les aura. En plus, il est certain que la mort de sa mère et celle de son père sont dues à une faiblesse constitutive, à un mal de famille. Peut-être a-t-il hérité de ce mal, peut-être que la mort le guette, lui aussi. Il y a des microbes, des virus, des germes, des humeurs, des vapeurs, des atomes malfaisants. Il se prémunit avec des pilules.

Armé d'une volonté d'airain, d'un papier et d'un crayon, le jeune Howard termine les comptes : son héritage est constitué de 1 500 actions de la Hughes Tool Co, qu'une estimation porte à 750 000 dollars. Mais cette estimation, effectuée lors des calculs d'héritage, est nettement en dessous de la réalité : il s'agit de payer le minimum de droits de succession. En fait, la valeur véritable est trois ou quatre fois supérieure. Howard fait des plans : vendre la maison de Houston, ouvrir une ligne de crédit, racheter les parts qui lui échappent. Toute la famille s'y met : « Termine ton éducation à l'université », lui dit-on. À Houston, même sa tante Annette le pousse dans cette direction. Howard se cabre. Il adopte une attitude insultante envers son oncle Rupert. Celui-ci est amer : « Il tente de vous voler, purement et simplement », écrit-il à sa mère. Il poursuit : « Howard est un avare et une petite bête sauvage et égoïste. Je ne l'ai jamais vu verser une larme, dire un seul mot d'amour, de tristesse ou d'admiration pour son père. N'essayez pas de me faire croire que c'est un bon petit... »

Toute la famille découvre le véritable visage de Howard : sous une écorce d'acier, se cache un cœur de pierre. La seule qui éprouve encore quelque sentiment pour lui, c'est Jean Amelia, sa grand-mère, qui ne veut pas, ne peut pas, croire que le fils de son fils est un monstre. Pourtant, c'est évident. Howard lui dit un jour :

– L'un des vœux de mon père a été que je prenne soin de vous, grand-mère. Je vais le faire. Voici cinquante mille dollars.

Il lui tend l'argent. Jean Amelia est touchée de tant de gentillesse. Mais, dans sa poche, Howard a déjà l'accord de cession des parts de sa grand-mère. Sans le dire à personne, il vend la voiture de cette dernière à un ami de son père, et garde l'argent. Rupert est outragé. Absent de Los Angeles, il envoie un télégramme de reproches à Howard, d'une telle violence que la Western Union refuse de le passer. Rupert baisse le ton, et conseille à son neveu de retourner à l'université pour améliorer son « cerveau très immature ». Howard, lui, manifeste la plus grande indifférence. Il n'améliore qu'une seule chose : son jeu de golf. De guerre lasse, ses grands-parents lui cèdent leurs parts pour 325 000 dollars, somme que Howard fait verser par la Hughes Tool Co en puisant dans les réserves d'argent liquide. D'un seul coup, la société est appauvrie, à la limite du rouge. Qu'importe : c'est le prix à payer pour être roi. Felix et Jean Amelia repartent pour Houston, le cœur gros. Ils sont terriblement blessés. Quand Jean Amelia décédera, en 1928, on découvrira dans son testament quelques mots à l'intention de Howard : « Je ne fais mention de mon petit-fils, Howard Hughes Jr, que pour lui montrer que je ne l'ai pas oublié et que je l'ai exclu de mon héritage intentionnellement. » Howard a brouillé toutes les relations familiales, il n'a plus personne. Il est rejeté. Enfin seul.

Désormais, il est aussi l'unique actionnaire de la Hughes Tool Co, inépuisable source de revenus. Il vient de s'assurer un pactole pour toute sa vie. Il ne reste qu'un point délicat : il n'a que dix-huit ans et, étant mineur, il n'a pas le droit de détenir l'ensemble des actions de la société. Il veut être le patron, il ne tolère aucun obstacle, et la loi devra se plier à ses désirs. Il a conscience d'une chose : il n'est pas un citoyen comme les autres, il ne le sera jamais. Il est Howard Hughes.

Le 24 décembre 1924, Howard Hughes aura dix-neuf ans, âge auquel la loi du Texas permet à un mineur de se déclarer majeur, à certaines conditions. L'adolescent le sait. Que faire ? Il n'a pas la patience d'attendre jusqu'à ses vingt et un ans, sous la houlette de son oncle Rupert. Howard est obsédé. Il ne pense qu'à son émancipation, jour et nuit. Il consulte Frank Andrews, l'un des avocats de son père, et, profitant d'une disposition légale, se met au travail. Tous les jours, il se rend sur le terrain de golf le plus *upper-class*, le plus chic, de Houston. Là, parmi les membres du club les plus en vue, il y a un juge, qui a connu Howard bébé, et a entretenu avec la famille Hughes des relations amicales. Le juge Walter Montieth est l'une des figures de la bonne société de Houston : Howard le côtoie sur les greens et, parfois, l'invite à déjeuner au Rice Hotel, sous les candélabres. Très vite, le juge comprend de quoi il s'agit : d'une émancipation prématurée. Entre deux trous, entre un lunch et un cocktail, il jauge le jeune homme. Ils discutent de l'industrie pétrolière, des perspectives de la Hughes Tool Co, de la situation financière, des subtilités de marketing, des mouvements de capitaux. Howard Hughes, instinctivement, répond juste. Et quand il ne sait pas, il se renseigne chez Frank, son avocat. Moyennant quoi, habilement, il laisse le juge gagner, mais tout juste, au golf. Et assure à Walter Montieth qu'il va terminer ses études et apprendre les ficelles du métier. Ainsi, il respectera les volontés de son père, Howard Sr. Le juge est sensible à l'argument.

Une seule chose lui a échappé : Howard Hughes, comme tous les caractériels, est parfaitement capable de séduire, quand il s'y met. Il est alors charmant, écoute son interlocuteur, sait flatter sans déborder, et fait le modeste. C'est un rôle qu'il va perfectionner au cours des ans : celui du *good boy*. Du séducteur intimidé. Une sorte de James Stewart mélancolique. Quand, du haut de ses deux mètres, Hughes se penche avec un sourire triste (pour mieux entendre), qui ne se dirait : « Voici un garçon qui a souffert » ? Dans cette pose, il est irrésistible. Il se taille un personnage sur mesure, pour des habits romantiques. Il a compris que les hommes désespérés sont les plus beaux.

Donc, le 24 décembre 1924, Howard Hughes entre dans le bureau du juge Montieth, et explique, avec simplicité et tristesse, que tout ce qu'il désire, c'est son bien. Ce qui lui appartient.

– Et vous voulez terminer vos études, mon jeune ami ?

– C'est mon plus cher désir, monsieur le juge. Mon plus cher désir. Mon père le souhaitait, et je le dois à sa mémoire.

Le juge est convaincu. Il ne reste qu'une formalité : l'accord des deux sœurs de sa mère, Annette et Janet. La seconde n'a pas vu souvent son neveu, et ne dit rien. La première, au contraire, connaît bien Howard. Elle bloque.

Elle sait qu'il n'a aucune intention de terminer d'hypothétiques études, ni de rester tranquille pendant deux ans. Elle a décelé chez lui une ambition inavouée, une obsession maladive : faire son trou à Hollywood.

La faute à qui ? À Rupert, évidemment.

Celui-ci est encore en voyage de noces, sur « un océan d'amour ».

La tante Annette a touché le nerf sensible. Elle le sait. Elle met une condition à sa « bénédiction » : Howard doit trouver une épouse. Nanti de cette nouvelle responsabilité, peut-être trouvera-t-il un centre de gravité. Avec un peu de chance, sa femme l'empêchera de commettre des bévues. Ou de se faire plumer par les aigrefins d'Hollywood. Annette Gano Lummis est en position de force.

Pour la dernière fois de sa vie, Howard Hughes va plier.

Il a compris les enjeux. Il se met en quête d'une femme acceptable. Il regarde autour de lui, se fait inviter dans les milieux huppés de Houston. Lors d'une fête à Christ Church, dans les jardins de la cathédrale, il pose les yeux sur une jeune fille qui a deux ans de plus que lui : Ella Rice. C'est une jolie brune, l'air réservé, qui ressemble vaguement à Sissi avant que celle-ci ne devienne impératrice. Elle a aussi un air de famille avec Allene Gano et, comme cette mère trop tôt disparue, elle porte un nom respecté, au Texas : les Rice sont l'une des grandes familles de l'endroit. Ils ont leur boulevard, leurs institutions charitables, leur cercle mondain. Ils se meuvent dans un monde digne d'*Autant en emporte le vent* : maisons à colonnades, serviteurs noirs en gants blancs, bougainvillées et robes de grand faiseur. Sauf que la famille Rice n'a plus les moyens de cette existence de rêve : peu à peu, les ressources se sont taries. Il est crucial de faire un beau mariage, pour Ella Rice. Elle n'a d'ailleurs que l'embarras du choix : tout ce que la ville compte de célibataires, de coureurs de dot, de séducteurs, d'héritiers, est à ses basques. Secrètement, elle considère qu'elle a un fiancé : James Winston. Celui-ci est un futur banquier. Mais pour l'instant, il est sans le sou.

Howard Hughes, son choix effectué, est mis devant son problème habituel. Comment aborder la jeune fille ? Comment se déclarer ? Sa timidité le handicape. Sa surdité aussi. Sa morgue ne lui permet pas de dire simplement : « *I love you.* » Il a deux solutions : envoyer des émissaires. Ou tomber malade. Il utilisera les deux stratagèmes. Il expédie d'abord une succession de cousins, de tantes, d'intermédiaires. Ella Rice est réticente. Howard passe alors à la phase deux de son plan : il repart pour la Californie, où il fait savoir qu'un mal inconnu le cloue au lit. Et que, dans un demi-délire, il murmure sans cesse le nom d'Ella... Ella... Ella. Imprégnée de la culture du Vieux Sud, Ella voit dans cette image l'inverse de la *Dame aux camélias* : un homme, agonisant, prononçant dans un dernier souffle le prénom de l'aimée. Elle craque. James Winston, le fiancé secret, s'efface galamment. Le mariage est fixé au 1er juin 1925. La cérémonie, évidemment, promet d'être grandiose. Les tantes se mettent à l'œuvre : quelles fleurs Howard veut-il ? Quel costume ? Qui seront les garçons d'honneur ? Quels mets seront servis ? Bref, on demande au futur marié de prendre des décisions qui ne l'intéressent pas une seconde. Il est évasif. Il temporise. Il traîne. En revanche, il y a un domaine où il ne traîne pas. L'argent.

Au lieu de donner des réceptions et des bals pour célébrer sa proche union, Howard Hughes s'enferme avec Frank Davis, l'avocat. Les affaires d'abord. Ensemble, ils dressent des actes. Une firme légale, Bryan, Dyess et Colgin, est chargée de faire des recherches dans le maquis des lois du Texas. La séparation de biens existe, mais ne vaut pas pour les acquêts. Ainsi, les bénéfices de la Hughes Tool Co, les achats de sociétés, les avantages en dérivant profiteront aux deux époux, à partir de leur mariage. Howard prend donc ses précautions : pas question d'acquisitions. Pas question de bénéfices. Tout devra être dépensé. Il couche sur le papier ses décisions, assez éloignées du romantisme dont on le crédite. Deux documents voient le jour. Le premier, évidemment, est un testament. Hughes distribue son argent de façon assez chiche, léguant dix mille dollars à l'un, dix mille dollars à l'autre, et un demi-million à son épouse. Il n'oublie pas le couple de serviteurs noirs à son service : ils auront vingt dollars par semaine. La Hughes Tool Co est divisée entre les directeurs. Mais ce qui est remarquable dans le testament, c'est l'absence des proches : jamais le nom de Rupert Hughes n'apparaît, ni celui de sa grand-mère Jean Amelia ou de son grand-père Felix. En revanche, Howard Hughes insiste pour fonder un Institut de recherches médicales avec le reliquat de ses avoirs (dont le but sera la fabrication « d'antitoxines » et de remèdes contre les maladies « dangereuses »). Toujours l'angoisse de la bactérie létale, de la fièvre mortifère. Le testament, extrêmement détaillé, tient en dix pages. Il est signé le 30 mai 1925, quarante-huit heures avant la bénédiction nuptiale.

Le deuxième document, qui est une analyse des lois fiscales et financières du Texas, dû aux soins de Bryan, Dyess et Colgin, fait cinquante pages ; il servira à l'établissement du contrat de mariage.

Pour Howard Hughes, le mariage est avant tout affaire de pouvoir, et pouvoir d'affaires.

La cérémonie ? Toute la bonne société de Houston en parle. C'est « l'événement » de l'année, selon les gazettes. La mariée est en tulle blanc avec des dentelles roses à l'ancienne. Il y a des fleurs d'oranger, des gardénias, des lys. Tout le monde est là. Le rituel est accompli sous la crosse du révérend Peter Gray Sears et les familles se congratulent. Tous sont ravis.

Howard Hughes, lui, est absent. Il est présent physiquement, mais il est absent. Il voit déjà plus loin.

Les mariés partent aussitôt après. En juin, ils sont à New York. En août, ils arrivent à Los Angeles. En grand appareil : wagon de chemin de fer princier, voiture de luxe, bagages à foison, bijoux plein les valises. Ils s'installent immédiatement à l'Ambassador Hotel, où, naguère, Howard Sr menait la grande vie. Ils ont deux suites (pourquoi deux ?) à leur disposition, avec tout le service imaginable : cuisiniers, masseuses, valets... L'Ambassador est le plus chic des palaces : c'est là que Gloria Swanson a eu une idylle fameuse avec le scandaleux Rod La Rocque, et c'est là que Pola Negri, la vamp polonaise aux yeux lourds, a séduit Rudolph Valentino, le *lover boy* le plus désiré. On dit que Charlie Chaplin y loue un nid d'amour à l'année, et que Ramon Novarro, qui sera un Ben Hur inoubliable, y fait défiler ses amants.

À l'époque, Los Angeles est encore ravissant : Hollywood, l'un des quartiers de la ville, est parsemé de fleurs et d'arbres fruitiers. Les routes, souvent, sont en terre à peine battue. Le ciel, d'un bleu crépon, est immuable. Les Santa Ana Mountains semblent avancer en lents rouleaux vers le Pacifique. Les plages, immaculées, sont interminables, et la ville promet monts et merveilles. Des financiers arrogants ont pris le contrôle de la cité, en construisant des canalisations à ciel ouvert pour amener l'eau. Évidemment, les rares privilégiés au courant du futur circuit de l'eau ont acheté des terrains sur ce tracé, et sont devenus richissimes. Malversations, dessous-de-table, manipulations immobilières, ils ne reculent devant rien. La ville croît à une vitesse hallucinante, malgré ses handicaps : pas d'eau, pas de port digne de ce nom, pas de voirie, pas de grosse concentration urbaine. Pour les touristes, Los Angeles est une bourgade sans intérêt. Pour les chevaliers d'industrie, c'est l'Eldorado.

L'industrie, ici, ne consiste pas à produire du charbon, de l'acier ou du ciment. La spécialité californienne, c'est le rêve. En 1907, les premiers cinéastes sont venus s'installer à Los Angeles, pour fuir la compétition acharnée et profiter d'une lumière idéale. Depuis, la ville a accueilli les plus grandes stars mondiales : Douglas Fairbanks, Mary Pickford, Charlie Chaplin, Pola Negri, Lilian Gish. Des milliers de jeunes gens et de jeunes filles débarquent quotidiennement, dans l'espoir de faire carrière au cinéma. Certains réussissent. La plupart repartent vers la ferme familiale. Il y a de l'argent, du désordre, des femmes. Il y a aussi des communautés d'immigrés : les Chinois, venus pour construire le chemin de fer ; les Russes, qui ont fui la Révolution ; les Mexicains, qui franchissent facilement la frontière ; les Italiens qui tentent simplement de survivre. Leur organisation secrète, la Main Noire, rackette les marchands des quatre saisons et les épiceries. Un jeune homme volontaire peut se tailler une belle place au soleil, en 1925, à Los Angeles.

Cette année-là, trois jeunes ambitieux s'y installent : Johnny Rosselli, futur maffieux qui mettra en coupe réglée les studios, puis les casinos de Las Vegas. Joe Kennedy, bootlegger brutal et père d'un futur président des États-Unis. Et Howard Hughes, jeune marié. Leurs chemins vont se croiser. Ils ont tous trois de mauvaises fréquentations ? Johnny Rosselli aura le mot de la fin : « Quand Jésus est mort sur la Croix, le type le plus près de lui était un voleur. Moi, ça me va. »

CHAPITRE 4

GO HOLLYWOOD !

Hollywood ! En 1925, c'est l'endroit le plus excitant des États-Unis. Le cinéma est à son apogée : jamais plus il ne connaîtra pareil bouillonnement. Jamais plus il n'aura cet impact universel : dans des salles immenses – parfois jusqu'à six mille, voire dix mille places ! – les spectateurs assistent à des spectacles étonnants. Films catastrophe, péplums bibliques, westerns grandioses, mélos plus grands que nature, il y en a pour tous les goûts. Les écrans sont géants, des orchestres symphoniques jouent pendant la projection, et tout un peuple communie d'un seul cœur devant des images en noir et blanc, muettes mais puissantes. Le cinéma Fox, à Atlanta, est construit sur le modèle de l'Alhambra espagnol, et compte cinq mille fauteuils ; l'Egyptian, à Hollywood, est calqué sur le temple de Karnak, et un muezzin, costumé en Bédouin, psalmodie le titre du film ; le Fifth Avenue à Seattle est constellé de sculptures Renaissance et de dragons chinois ; le Uptown à Chicago possède des grilles en or, qui s'ouvrent sur un écran colossal ; le Loew's de New York a des colonnes posées sur des éléphants en marbre et un « mur des mille miroirs » ; le foyer du Roxy à New York est copié sur la rotonde du tombeau de Napoléon aux

Invalides. Pour ses 2 230 spectateurs, cent placeurs en uniforme accourent au son du clairon, et il y a un hôpital en cas de besoin. La fosse d'orchestre peut accueillir cent dix musiciens, et trois orgues sont dissimulés...

Quant aux films, ils sont innombrables : on en produit quatre cents par an. Parfois, ils atteignent des recettes folles : *La Grande Parade* de King Vidor, avec John Gilbert et Renée Adorée, rapporte une fortune : 22 millions de dollars. Et un film comme *Ben Hur*, de Fred Niblo, avec un Ramon Novarro efféminé, coûte près de quatre millions de dollars. Cosmique ! Il y a des effets spéciaux, des vedettes, de l'argent, du talent. Le Central Casting, la principale agence d'acteurs, compte dix mille fiches. C'est l'âge d'or du cinéma. L'âge d'or de l'Amérique ?

Howard Hughes se trouve vite au cœur de ce maelström. Dès son arrivé en fanfare, la nouvelle se répand : nul ne sait d'où il vient, il est peu communicatif, élégant, et... richissime. On le compare au héros d'un roman qui vient de paraître, *Gatsby le magnifique*. Avec Ella, son épouse, il parade : il est invité partout. Louella Parsons le courtise, pour sa rubrique d'indiscrétions. Elle est la commère des journaux de Randolph Hearst, le magnat de la presse, dont la vie inspirera à Orson Welles son *Citizen Kane*. Howard Hughes rend visite à Hearst, dans son monstrueux castel de San Simeon, un mélange (en béton armé !) de piscines italiennes, de colonnades grecques, de bungalows « Moyen Âge », de toits gothiques, qui surplombe le Pacifique. Toute la belle société d'Hollywood se retrouve là, Mary Pickford, Gloria Swanson, Billie Dove, Rudolph Valentino, Charlie Chaplin, Douglas Fairbanks, les stars du moment, pour jouer au tennis, flirter ou simplement bavarder avec la maîtresse de Hearst, l'actrice Marion Davies. Howard Hughes expose rapidement ses ambitions :

il veut être producteur, il l'affirme, il le répète, il le martèle. Ben Hecht, le scénariste le plus vif et le plus pittoresque de l'époque, lui colle une étiquette : Hughes, c'est « le pigeon à pognon ». Évidemment, Ella Rice Hughes est à son aise : elle adore ces visites, cette vie sociale, ces réceptions, ces tea-parties qui lui rappellent les traditions du Vieux Sud. Elle a été élevée pour cette existence-là. D'autant plus que son mari, visiblement, ne s'intéresse guère à la gestion de son entreprise : la Hughes Tool Co est laissée aux mains de spécialistes. C'est heureux : toute sa vie, Howard Hughes sera un gestionnaire désastreux. Et, toute sa vie, la Hughes Tool Co sera sa vache à lait, et le renflouera.

Hughes, qui partage son temps entre les greens et les courts de tennis, est l'archétype du jeune héritier. Il porte des pulls blancs, des casquettes blanches, des culottes blanches, circule en décapotable grand luxe, et regarde le temps passer. Il a conscience, cependant, qu'il ne peut laisser son entreprise aller à vau-l'eau. Il recherche un homme de main capable de diriger la fabrication et la vente des têtes de forage. Quand il a le temps, il reçoit des candidats, généralement dans le hall de l'Ambassador Hotel, la raquette à la main, un verre de jus d'orange sur la table. Car Howard Hughes ne boit pas. L'alcool ? Non. Les bars clandestins ? Pas plus. Le tabac ? Nenni. A-t-il donc un vice ? Oui. On le saura bien assez vite. Lui aussi.

Un jour de novembre 1925, il avise un homme qui n'a pas l'air de grand-chose, dans le hall de l'Ambassador. C'est Noah Dietrich, comptable chez Haskins & Sell, qui a du mal à joindre les deux bouts et qui, à trente-six ans, est décidé à changer de vitesse. On lui a glissé un tuyau : un millionnaire cherche un comptable. Dietrich, à tout hasard, est venu. Il veut assurer à ses enfants une vie meilleure que celle qu'il a connue. Chassée de Hambourg par la guerre austro-prussienne, sa famille est arrivée en 1865 aux États-Unis, où le père Dietrich, pasteur de son état, a vécu dans une gêne constante. Le petit Noah, lui, s'est très vite passionné pour les mathématiques. Il était imbattable en calcul mental. Plus tard, il travaillera pour Gray Otis, le patron du *Los Angeles Times*, puis pour E.L. Doheny, magnat de l'eau et du pétrole, et enfin pour Harry Chandler, homme d'affaires douteux. Otis, Doheny et Chandler figurent aujourd'hui en bonne place dans la galerie des grands chevaliers d'industrie de Los Angeles.

Ce jour-là, Noah Dietrich, à l'Ambassador, semble perdu. Il aborde Howard Hughes.

– Qui cherchez-vous ? lui demande celui-ci.

– J'ai rendez-vous avec Mr Hughes. Mais je ne le connais pas.

– C'est moi.

– Excusez-moi, mais...

– Je sais, je n'ai que dix-neuf ans, mais c'est bien moi. Asseyez-vous.

– Merci. Voici mon curriculum vitae.

Hughes jette un coup d'œil distrait sur ce comptable qui porte un drôle de nom. Puis il regarde l'homme. Celui-ci se sent radiographié par ces yeux dont certains diront qu'ils ont l'air fous, et d'autres assureront qu'ils sont hypnotiques. Les deux hommes montent dans les appartements de Hughes. Dietrich est perplexe : ce gamin de deux mètres de haut semble un peu... léger. Puis Hughes pose des questions :

– Comment un cuirassé vise-t-il sa cible ?

– Euh... Il opère... une triangulation. Il y a deux points d'observation sur le navire, dont on connaît l'écart.

On calcule l'angulation avec la cible, d'après le triangle isocèle ainsi formé.

– Quel est le principe du moteur à explosion ?

– Une vapeur d'essence explose dans un piston grâce à une bougie, provoquant la dilatation du piston. L'énergie est transmise par...

– C'est bien, c'est bien.

Surpris par cet ouragan de questions sans aucun rapport avec sa profession, Noah Dietrich est éberlué. Pour quel poste postule-t-il ? Il n'en a aucune idée. La conversation dérive sur la mécanique, les freins, les avions, la finance. Hughes précise : « On m'envoie les rapports financiers de la Hughes Tool Co, mais je ne les comprends pas. J'ai besoin de quelqu'un. » Il enchaîne : « Un homme entreprenant et débrouillard. » Quand Dietrich s'en va, une heure plus tard, il est totalement dans le noir. Et, en plus, il est persuadé qu'il n'entendra plus jamais parler de Howard Hughes, jeune homme séduisant et brillant, mais presque adolescent. Les jours passent. Un deuxième rendez-vous est fixé. Rien n'en sort. Noah Dietrich est agacé par l'indécision du jeune homme, mais il n'a pas encore idée des dimensions de cette indécision. Tandis qu'une autre offre se précise, chez un concessionnaire Ford à Phoenix, un « émissaire » se présente chez Dietrich, qui est en train de faire ses bagages.

Mr Hughes aimerait vous poser une question.

– Merci, mais je ne suis plus intéressé. J'ai d'autres projets.

– Une seule question.

– Bon, allez-y.

– Mr Hughes voudrait savoir quel a été votre classement lors de l'examen de comptable agréé.

– Il n'y a pas de classement. On passe ou on échoue.

L'émissaire s'éclipse. Une demi-heure plus tard, il revient :

– Mr Hughes souhaite vous voir.

Noah Dietrich se rend pour la troisième fois à l'Ambassador Hotel. Là, Hughes lance :

– 10 000 dollars par an, ça va ? Comment vous paie-t-on ? À la semaine, au mois, à l'année ?

Estomaqué, Dietrich accepte : ce salaire est tout simplement excellent (à l'époque 40 % des Américains gagnent 2 000 dollars par an). En l'embauchant Hughes fera l'un des meilleurs choix de toute son existence. Pendant trente et un ans, Noah Dietrich sera son homme de confiance, sa nounou, son banquier, son confident, son caissier, son médecin, son porte-flingue, son secrétaire. Et c'est Noah Dietrich qui maintiendra la société dans les bénéfices, qui lui fera traverser la Dépression de 1929 et les crises successives. Le vrai génie de la Hughes Tool Co ? Noah Dietrich. Lequel, pour le moment, est simplement mal à l'aise : il a vu un gamin gâté, qui se comporte avec une pointe d'arrogance, et qui possède un défaut gravissime : la difficulté à trancher. Entre la réussite et l'autodestruction, Howard Hughes sera toujours, toujours, indécis.

Très vite, Noah Dietrich découvre que son patron fonctionne selon un mode bien précis : il veut quelque chose, il l'obtient, quels que soient les obstacles, heure impossible, coût prohibitif, difficulté dantesque. Il est « impulsif, contradictoire, désorganisé », dira-t-il. Dietrich constate également que Hughes tire des sommes folles sur le compte de la société : il vient de dépenser 100 000 dollars pour des voitures et 4 millions pour des placements boursiers inutiles, il n'hésite pas à acheter des bijoux, des robes, des machines curieuses. Il acquiert des chaussures par dizaines et des chemises par cartons entiers. Le comptable est conscient qu'à cette allure, la Hughes Tool Co ne va pas survivre. Quand il soulève la question des finances, la réponse de Hughes est toujours la même : « Occupez-vous de ça, Noah. » Noah s'en occupe. Howard veut un téléscripteur dans sa chambre d'hôtel ? En 1925, ce n'est pas une mince affaire. Il l'aura, son téléscripteur, quitte à ce que les Postes installent une ligne spéciale. Howard exige que les tranches de tomates qui composent ses salades soient épaisses de quatre millimètres ? Elles le seront, et les sandwichs seront exactement coupés au carré. Howard rêve d'une voiture à vapeur ? Il la fait fabriquer, puis démonter, par peur d'une explosion. Ses caprices ont des spécifications ultraprécises ; ses envies sont calibrées ; ses folies sont toujours sérieuses. Howard Hughes ne s'amuse pas, il dépense son argent. Il ne danse pas, ne se soûle pas, ne plaisante jamais. Il fait le général. Il veut être un grand homme. Mais, lui fait remarquer Noah Dietrich, tous les grands hommes ont un but. Howard Hughes en a trois : il veut être « le plus grand golfeur de tous les temps, le plus célèbre aviateur du monde et l'homme le plus riche de la Terre ». Il n'en prend pas le chemin. À Hollywood, il n'y a qu'une seule façon d'être important : devenir producteur à succès. Howard Hughes y est résolu.

Un autre conquérant est, lui aussi, résolu : Johnny Rosselli. Profession : gangster. Quand il débarque à Los Angeles, il est inconnu en Californie. En revanche, sur la côte Est, à New York, à Chicago et à Boston, il a une réputation. De son vrai nom Filippo Sacco, il est né la même année que Howard Hughes, et a réussi à échapper à la guerre des gangs qui fait rage. Johnny Torrio, le boss de Chicago et le king de la Prohibition, a des revenus estimés à 12 millions de dollars par an et quelques familles nouvelles venues ont décidé de se tailler une part du gâteau. Aux côtés d'Al Capone, jeune loup agressif, la police remarque un aide de camp tiré à quatre épingles : Johnny Rosselli. Il a trouvé son pseudonyme dans l'encyclopédie : Cosimo Rosselli est un peintre du XVe siècle qui a travaillé à la Sainte-Chapelle.

1925, pour les voyous, est une année terrible : Torrio est victime d'un attentat (et s'en sort), Capone continue de monter, et une pléiade de tueurs pittoresques se fait connaître. Citons les plus décoratifs : Tony « Joe Batters » Accardo, l'artiste de la batte de base-ball ; Sam « Golf Bag » Hunt, le fanatique des semi-automatiques ; Llewelyn Murray « The Camel », le flingueur à gages ; Paul « The Waiter » Ricca, l'assassin de témoins gênants. Pour échapper à ce chaos sanglant, Johnny Rosselli, sur la tête duquel planent quelques menaces et quelques mandats, est expédié par Capone à l'autre bout du pays, en Californie. En attendant mieux, Rosselli se met au service d'Abner « Longy » Zwillman, boss des rackets du New Jersey et principal trafiquant d'alcool de la région, qui règne sur Los Angeles. Celui-ci ne va pas tarder à croiser le chemin de Hughes.

Pour l'instant, l'élégant Johnny est sur le qui-vive. Petit, nerveux, le nez en bec d'aigle, les yeux vifs, Rosselli est comme un rapace. Il attend son heure. Elle viendra à Hollywood.

Tous les jours, on voit Howard Hughes dans les meilleurs clubs de golf, le Wilshire Country Club, le L.A. Country Club, le Bel Air Country Club. Très vite, il se fait une réputation de robot de luxe : il pense que le golf, comme tout dans la vie, est affaire de mécanique. Il suffit d'étudier scientifiquement le jeu, pour comprendre et reproduire. Le talent n'est que de l'imitation, selon lui. Il est jeune, il a des excuses pour ces idées arrêtées. L'ennui, c'est qu'elles ne le quitteront jamais. Il invite les meilleurs golfeurs du monde, fait filmer au ralenti ses parties, achète l'équipement le plus sophistiqué. Il joue au nouveau riche. Quand il exige qu'on tourne ses essais en Technicolor, la preuve est faite qu'il est un gamin gâté-pourri : à l'époque, c'est un procédé ultracoûteux, qui nécessite trois caméras dont les films se superposent. C'est comme crocheter de la dentelle avec des gants de boxe Hermès. Howard Hughes joue sans cesse. Il est fatigué. Parfois trop fatigué, dit-il à sa femme, pour faire l'amour. Celle-ci, d'ailleurs, ne lui inspire qu'un désintérêt croissant.

Sur les greens, il croise parfois un ami de son père, un vague acteur nommé Ralph Graves. Celui-ci est originaire de Houston, et, à ce titre, a figuré pendant quelques mois sur les fiches de paie de la Hughes Tool Co, sur instruction de Howard Sr. C'est à lui que Howard Hughes a naguère vendu la voiture de sa grand-mère, empochant le prix de vente. Graves est légèrement poupin, ce qui n'est pas un défaut, et il est suffisant, ce qui en est un. Un jour, devant un verre de jus d'orange, il fait une proposition à Howard Hughes.

– J'ai une idée de film. Je crois que c'est une bonne idée et...

– C'est quoi ?

– L'histoire d'un demi-clochard, dans les bas quartiers de New York, qui aide les orphelins...

– Il faudrait beaucoup d'argent ?

– Non. C'est un scénario formidable, et peu coûteux.

Howard Hughes, qui n'a pas encore vingt et un ans, est le « pigeon à pognon » tout trouvé. N'importe qui aurait pris la fuite, en écoutant ce mélo qui ressemble au *Kid* de Chaplin. Quand Hughes l'interroge, Graves répond le plus naturellement du monde.

– Qui serait le metteur en scène ?

– Moi.

– Et l'acteur principal ?

– Moi.

– Et le producteur exécutif ?

– Moi.

– Et quel serait le budget ?

– Oh.... 50 000 dollars.

Un prix raisonnable. Howard Hughes apprendra, à cette occasion, qu'un budget peut doubler : c'est ce qui va se passer pour *Swell Hogan*, le film de Ralph Graves. Car Hughes, toujours persuadé que le talent est une pièce de Meccano, rameute dix techniciens là où un seul suffirait. La deuxième leçon sera que, même si le budget est raisonnable, un mauvais scénario est toujours trop cher payé. *Swell Hogan*, misérable film sans intérêt, ne sortira jamais. Perte sèche pour Hughes, mais perte intéressante : il est en train de faire ses universités. Il paie, il apprend. Rupert Hughes, l'oncle détesté qui, lui, a du succès à Hollywood, donne alors un bon conseil à son neveu :

– Laisse tomber. Tu vas y laisser toute ta fortune.

Howard Hughes n'en a cure. En réponse, par entêtement, il crée sa propre société de production, la Caddo Co, une branche de la Hughes Tool Co. Caddo ? C'est le nom de l'hôtel où demeurait son père lorsqu'il a acheté la maquette de la fameuse tête de forage. Un clin d'œil, donc, au passé.

Et Hughes se met au travail : il va produire d'autres films Mais cette fois-ci, il surveillera tout. Les caméras, les objectifs, les techniciens, les accessoires, les acteurs et, surtout, les actrices. Car notre jeune producteur vient de se découvrir la même passion, le même vice, la même ambition que la plupart des producteurs : il est dans un magasin de joujoux, et il a envie de tous les joujoux. Il ne sera pas seulement le meilleur golfeur, le meilleur aviateur et le meilleur producteur de la galaxie. Il sera aussi le plus grand séducteur. Howard Hughes va avoir le plus beau tableau de chasse d'Hollywood : il va coucher avec toutes les actrices. Peut-être pas toutes. Mais, croyez-moi, un sacré nombre.

Cette année-là, un autre businessman tente de faire son trou à Hollywood : Joe Kennedy. Celui qui, plus tard, s'illustrera comme l'ardent défenseur de Hitler, puis fera oublier son passé de bootlegger en faisant élire son fils John Fitzgerald à la Maison-Blanche, est arrivé à Los Angeles douze mois plus tôt. Décidé à prendre sa revanche sur le passé – donc à devenir riche –, Joe Kennedy a appris que son grand-père, pauvre comme Job, est mort dans la misère en 1858, après avoir quitté son Irlande natale. Diplômé d'Harvard, entreprenant, énergique, catholique romain, Joe est persuadé, dès son plus jeune âge, que « l'argent est tout ». En 1913, il est à la tête d'une petite banque, la Columbia Trust. Quelques années plus tard, il dirige le Fore River Shipyard, ensemble de chantiers maritimes qui fabriquent des cuirassés. Puis il passe à la vitesse supérieure : il devient fabricant d'alcool de contrebande, fréquente Frank Costello, le futur patron de la famille Luciano, et Sam Giancana, qui croisera le chemin de son fils et sera plus tard soupçonné d'avoir orchestré l'assassinat de Dallas. En 1924, Kennedy achète des salles de cinéma, et se lie avec Will Hays, ami de Rupert Hughes et chef de la censure, et avec Edward, le prince de Galles. Très vite, la presse s'intéresse à lui. Le *Boston Post* le qualifie de « magnat de la production », ce qui est faux. Mais qui sera rapidement presque vrai. Car, en 1925, Joe Kennedy partage avec Howard Hughes l'instinct du tueur et l'envie de devenir un homme de pouvoir. Tous deux détestent l'élite régnante d'Hollywood. Joe Kennedy qualifie les Warner, les Goldwyn et autres producteurs de « fourreurs, repasseurs de pantalons et marchands d'inutilités ». Au début, pour des budgets modestes – 30 000 dollars – il finance des films comme *The Gorilla Hunt* et *The Dude Cowboys*. Et, entre deux tours de passe-passe à la Bourse et deux films à la va-vite à Hollywood, Joe Kennedy – grand, les yeux bleus, vêtu de tweed et le visage barré de lunettes rondes – craque pour les actrices, délaissant son épouse Rose. L'une d'entre elles, Evelyn Brent, deviendra célèbre pour avoir tourné dans le premier polar de l'histoire du cinéma : *Les Nuits de Chicago*, de Josef von Sternberg. Quand Joe Kennedy la rencontre, elle est connue pour ses commentaires espiègles, voire osés. Evelyn Brent est libre. Elle jauge immédiatement le personnage : « Pourquoi me mettre mal avec lui ? Il a de la méchanceté en lui, et je préfère faire avancer ma carrière. » Elle couche donc. Evelyn Brent est la première star sur la liste de Joe Kennedy. Il y en aura d'autres. Très vite, Howard Hughes va considérer Joe Kennedy comme un concurrent. En argent, en business, en amour. Jusqu'à la fin de sa vie, il va couver une haine féroce, aigre, terrible, envers le clan Kennedy.

Le plus drôle, c'est que les deux hommes vont souvent poursuivre les mêmes femmes. Et que, vingt ans plus tard, Howard Hughes achètera – et coulera – le studio issu des sociétés de Joe Kennedy : RKO.

Howard Hughes, lui, s'est mis en quête de scénarios. Il en achète un, signé Mickey Neilan, un homme qui, lui dit-on, est un réalisateur aguerri. C'est *Everybody's acting*, une comédie dont le principe est simple : cinq célibataires, acteurs de leur état, adoptent une petite fille. Celle-ci, devenue grande, tombe amoureuse d'un chauffeur de taxi. Les cinq pères adoptifs mettent alors au point un scénario... Le film, modeste, a du succès. Comme le dit le titre prometteur d'un film que Rupert Hughes sortira en 1926 : *Money talks*. L'argent parle. En effet : pour un investissement de 70 000 dollars, Howard Hughes récupère 160 000 dollars de recettes. Il ne se sent plus de joie. Son conseiller, Noah Dietrich, tente de le dissuader de continuer. Mais il constate que Howard Hughes est fasciné par le cinéma, et que personne, pas même Dieu le Père, ne pourrait le faire changer d'avis.

Ce que Dietrich ne sait pas, c'est que son patron a découvert le sexe. Son mariage avec Ella Rice n'est qu'une façade : seule la mariée l'ignore. Très vite, Howard Hughes se désintéresse de cette digne jeune matrone qui se promène dans les salons de thé, tout en rêvant de passer des soirées au coin du feu. Il a obtenu d'elle ce qu'il voulait : la bénédiction de la famille pour disposer de sa fortune. Ella Rice Hughes ne sert plus à rien. Même pas à faire l'amour. On peut la jeter.

Howard Hughes fait venir des dames spécialisées. Il découvre, expérimente, stocke les informations. Il se souvient des leçons du docteur Berman dans son traité sur les glandes. Et l'une des visiteuses lui glisse un petit livre, pour s'amuser : il s'agit du *Discours sur l'adoration de Priape*, un libelle coquin qui date de 1786. Pour Hughes, ce sera l'ultime échelon de sa culture générale. Voilà qui le renforcera dans la conviction que la sexualité masculine doit être basée sur la domination. Avoir un braquemart, c'est avoir le pouvoir. Être producteur, c'est aussi avoir le pouvoir. Être riche, c'est la puissance même. Hughes se lance. En secret, il apprend la brouette congolaise, la double barquette, la flûte enchantée, le sourire asiatique, la cravate de notaire et – pourquoi pas ? – la position du missionnaire. Il découvre aussi les seins, auxquels il vouera un véritable culte. Les maisons closes les plus cotées d'Hollywood lui ouvrent leurs portes. Il couche avec une jeune actrice réputée pour sa vie débridée, une certaine Lucille Le Sueur (qui sera plus tard connue sous le nom de Joan Crawford), enchaîne avec Constance Bennett, une petite blonde sophistiquée (qu'on applaudira en femme invisible dans *Topper* en 1937) et, enfin, séduit Madge Bellamy. Celle-ci est une jeune femme vive et malicieuse, qui vit dans un désordre permanent. Avec son visage de poupée et ses bouclettes d'ange, elle tourne beaucoup, notamment dans les films de Thomas Ince. En 1925, Madge Bellamy habite une très belle demeure dans les collines d'Hollywood. Flattée d'être choisie par ce jeune millionnaire séduisant, elle note cependant dans ses souvenirs, intitulés *A Darling of the twenties* (« Une chérie des années vingt »), que son amant semble receler des côtés sombres. « Quand il arrivait à la maison, il regardait derrière lui, comme s'il avait peur d'être suivi. » Et elle ajoute : « Et, à cette époque-là, il n'était qu'un enfant. »

Un jour, on présente à Howard Hughes un jeune réalisateur, qui semble avoir déjà de l'expérience. Lewis Milestone deviendra célèbre quelques années plus tard pour sa magnifique adaptation de *À l'ouest, rien de nouveau*. Irritable, vif, élégant, Milestone, en 1925, cherche à se faire un nom, mais ses colères sont un obstacle à sa réussite. D'ailleurs, il vient de claquer la porte du studio Warner, violemment. Il cherche du travail. Howard Hughes l'engage : en effet, pour le jeune millionnaire, c'est une façon de défier l'*establishment* d'Hollywood. Milestone apporte un scénario, intitulé *Two Arabian Knights*, l'histoire de l'amitié entre deux soldats qui, contre vents et marées, se battent, se soutiennent, se consolent. C'est un film drôle, qui bénéficie d'un budget énorme : 500 000 dollars. Hughes n'hésite pas à engager l'un des meilleurs stylistes du cinéma mondial, William Cameron Menzies. Le tournage se passe bien. Mais, dès que Milestone a le dos tourné, Hughes s'empare de la table de montage. Le réalisateur, furieux, se met à crier et à insulter son producteur. Celui-ci le calme et lui explique qu'il cherche à comprendre comment on effectue un montage. Dans ce but, il se livre à un démontage. Comme, naguère, avec la décapotable Stutz Bearcat que son père lui avait offerte...

À sa sortie, en octobre 1927, le film est un succès. Mieux : lors de la première cérémonie des Oscars, Lewis Milestone partagera le titre de « meilleur réalisateur » avec Frank Borzage, couronné pour *Le Septième Ciel*. Hughes, évidemment, est ravi. Il se sent prêt pour de grandes choses.

Tout d'abord, il abandonne l'Ambassador Hotel, et s'installe dans une belle maison meublée, sur Muirfield Road, où sa femme va passer des soirées, puis des nuits, solitaires. Très vite, celle-ci s'ennuie dans cette grande demeure froide, avec les serviteurs pour seule compagnie. Hughes la convainc de repartir pour Houston où, dit-il, il viendra la rejoindre sous peu. Elle obéit, confiante.

Et le temps passe.

Ella Rice Hughes n'a pas encore compris. Pendant des semaines, des mois, elle envoie des lettres, des télégrammes, des supplications. Rien ne vient. Elle s'impatiente, constate que son compte en banque est vide, se désespère. Parfois, elle reçoit un télégramme : « Occupé. Pas un moment de libre. Signé : Howard. » Pas un mot de tendresse, ou même de politesse. Pour Hughes, Ella Rice, c'est déjà du passé. Il fait valser les filles, comme jadis son père.

Mais, s'il espère que ses frasques demeurent secrètes, il manque de chance : l'une de ses habituées, après un rendez-vous avec Howard, se tue en voiture. Quand on la découvre, elle est nue sous sa fourrure. La police identifie le propriétaire de la voiture : c'est Howard Hughes. Noah Dietrich, alerté immédiatement, fait ce qu'il doit faire : il paie, il arrose, il étouffe. Hughes n'a aucun doute : l'argent est un nettoyant génial. On peut tout acheter, tout. Les hommes, le silence, un pays.

Ella Rice Hughes revient à Hollywood, au grand désappointement de son mari. Il évite de la voir, fait des virées chez les putes, fréquente le Plantation Club, la boîte de Fatty Arbuckle, fait la bombe. Peu à peu, Ella commence à être effrayée : qui est cet inconnu, son mari ? Que veut-il ? Elle lie connaissance avec un séduisant comédien, Ben Lyon. Qui constate qu'elle est « un oiseau charmant dans une cage dorée ». Ella Rice est malheureuse mais, bien élevée, elle cache son chagrin. Un jour, s'apercevant qu'elle est toujours là, avec sa mine de victime, Howard Hughes entre dans une violente colère.

– Pars.

– Mais, Howard...

– Pars tout de suite.

– Tu me téléphoneras ?

– Pars.

Elle part. De nouveau, elle envoie lettres et télégrammes : « Tu me manques terriblement, mon chéri », écrit-elle. Mais Howard le calculateur, le manipulateur, a décidé qu'il se débarrasserait d'elle. Il a cependant horreur des confrontations directes. Il biaise, fait l'hypocrite. Il la tue à petit feu. Rupert Hughes, l'oncle terrible, pose un jugement définitif sur son neveu : « Il pousserait sa propre mère dans l'escalier, s'il y trouvait son avantage. »

Une ère se termine. La Prohibition, bientôt, ne sera plus qu'un souvenir, et les revenus (3,5 milliards de dollars) qu'elle génère – dont profitent largement des hommes comme Joe Kennedy et Johnny Rosselli – vont se tarir. Rudolph Valentino est mort. Les 14 500 salles de cinéma des États-Unis tournent à plein régime, une star comme Greta Garbo gagne 5 000 dollars par semaine, Henry Ford impose la journée de huit heures dans les usines automobiles et – merveille des merveilles – on vient d'inventer le grille-pain automatique.

Howard Hughes, lui, installe des serrures renforcées sur les portes de ses appartements, pour qu'Ella ne puisse pas y pénétrer. Il a une nouvelle obsession, qui dévore tout son temps, et qui mangera une partie importante de sa vie. Il visionne des dizaines de documentaires d'aviation, lit des traités de vol, consulte des professeurs de pilotage. L'air, voilà le nouveau défi. Il veut passer son brevet de pilote. Et, en même temps, il décide de tourner le plus grand, le plus beau, le plus extraordinaire des films d'avions. Ce sera sa pyramide d'Égypte, son Panthéon, son grand œuvre. Il a un titre : *Hell's Angels*.

CHAPITRE 5

LES ANGES DE L'ENFER

« Je le sentais venir : *Hell's Angels* allait nous donner mal à la tête », se souvient Noah Dietrich. Les années 1927-1929 seront, pour Howard Hughes et pour l'Amérique, celles des grosses migraines : tout va changer. Les juke-box font leur apparition ; la Ford Model A prend la succession de la Ford Model T et atteint quinze millions d'exemplaires vendus ; les premiers signes de la crise économique à venir se font sentir ; Hollywood impose le « code Hays », qui interdit non seulement la « nudité suggestive » au cinéma, mais aussi la mixité raciale, les sous-entendus concernant les « perversions sexuelles », les baisers trop longs, les grands lits (même pour les couples mariés) et les gros mots. Il est déconseillé, aussi, de « ridiculiser le clergé ». Quelle époque ! En 1927, Al Capone verse 30 millions de dollars en pots-de-vin ; le président Coolidge implore la nation de « prier davantage ». Parallèlement, les grands shows de Broadway deviennent des événements, et Flo Ziegfeld ouvre une salle immense. De l'autre côté de l'Atlantique, le 22 mai, cinquante mille Parisiens attendent Lindbergh, qui a traversé l'océan en 33 heures et 30 minutes. À son retour aux États-Unis, son succès est mesuré à la quantité de papiers jetés par les fenêtres de New York (dix-huit tonnes) et au nombre de lettres qui lui sont adressées (3,5 millions d'enveloppes). Une danse sera même baptisée le « Lindy Hop ». Une éditorialiste, Mary Mullet, s'enthousiasme : « Lindbergh nous a prouvé que nous ne sommes pas pourris, mais sains et bons et gentils » (en attendant les prises de position pro-nazies de l'aviateur). En fait, Lindbergh n'est pas le premier pilote à avoir traversé l'Atlantique. Il est simplement le premier à l'avoir fait devant les caméras.

Howard Hughes, lui, veut poser son empreinte sur l'époque. Il s'est décidé : il va monter une superproduction colossale, et ponctionner les réserves de la Hughes Tool Co de deux millions de dollars. Ainsi, il fera un bras d'honneur aux producteurs d'Hollywood, qui le tiennent pour un touriste ridicule. Il les déteste, ces marchands de soupe. Il mettra en scène lui-même cette épopée : « Je m'en sens capable. Je peux faire mieux que les autres », dit-il.

Son idée est celle d'un titan : montrer la guerre dans les airs. Mais un autre réalisateur l'a grillé : William Wellman, vétéran de l'Escadrille Lafayette, vient de tourner *Wings*, sur un magnifique scénario de John Monk Saunders, poète alcoolique qu'on retrouvera pendu en Floride en 1938. Alors que Hughes, jaloux à la fois de Wellman et de Lindbergh, se demande par quel bout prendre l'affaire, c'est Mickey Neilan qui va intervenir.

Marshall Neilan – surnommé « Mickey » – est l'un des grands oubliés d'Hollywood, aujourd'hui. Dans les années 1920, buveur, bagarreur, dragueur, il écume les studios et les bars de Los Angeles, sillonnant la ville à toute allure avec ses copains Allan Dwan et Victor Fleming (futur réalisateur d'*Autant en emporte le vent*), couchant avec toutes les filles après des nuits blanches sur les champs de courses. Mickey Neilan lance Mary Pickford, travaille avec Griffith et, en 1922, épouse – pour peu de temps – une star, Blanche Sweet, qui dira de lui : « C'était un cinéaste formidable, mais un mari exécrable ! » Il finira mal : à force de boire et de coucher avec les épouses des autres, il va se carboniser. Dans les années 1950, devenu chauffeur de taxi, il trouvera un dernier rôle dans un film de Kazan, *Un homme dans la foule*. Quand il mourra en 1958, quelques rares amis viendront à son enterrement. Et c'est Mary Pickford qui paiera la cérémonie.

Mais, en 1927, Neilan est l'un des réalisateurs les mieux payés d'Hollywood : il a signé des dizaines de films, dont *Tess d'Uberville* et l'un de ceux produits par Hughes, *Everybody's acting*. Son répertoire d'adresses de filles est absolument inépuisable. Ses bons mots, féroces, sont répétés à l'envi, surtout ceux sur Goldwyn, que Neilan déteste (« J'ai vu la voiture de Sam Goldwyn s'arrêter. La porte s'est ouverte. Il n'y avait personne. »). Ses aventures font le tour de la ville. Il faut dire que sa liaison avec Gloria Swanson est tapageuse : Gloria n'hésite pas à assommer son amant d'un coup de magnum de champagne sur la tête. Mickey Neilan, émergeant de son KO technique, commente : « N'importe quelle femme peut vous assommer avec une bouteille de champagne. Il n'y a que Swanson pour le faire avec un magnum. » Pour se faire pardonner, il fait cadeau à la belle d'une salle de projection, et de toutes les roses rouges qu'il a pu trouver à Los Angeles, à Santa Barbara, à Pasadena. Finalement, lassée, l'actrice envoie un télégramme de Paris : « Oublie-moi. Gloria. » Neilan lui répond : « C'est fait. Mickey. » Gloria Swanson a déjà trouvé un autre amant : Joe Kennedy.

Pour commencer, Howard Hughes achète une ébauche de scénario que lui apporte Mickey Neilan. C'est ce dernier qui a trouvé le titre : *Hell's Angels* a une belle sonorité et de l'allure. Les deux hommes signent un contrat séance tenante. Neilan, qui est satisfait de leur collaboration sur *Everybody's acting*, s'attend à être maître à bord. C'est compter sans la frénésie de Hughes, qui se considère désormais comme un réalisateur accompli, après s'être livré à l'autopsie du film de Milestone. Il critique le choix de chaque objectif, insiste pour changer des répliques, rajoute des scènes. Quelques jours plus tard, Mickey Neilan, peu enclin aux compromis, claque la porte. Un autre cinéaste, considéré comme un expert en aviation, est engagé : Luther Reed. Lequel se retrouve dans la même situation : chacune de ses décisions est contrecarrée. Reed tient quelques semaines. Et, exaspéré, lance :

– Si vous croyez en savoir plus que moi, allez-y ! Faites-le vous-même !

– Bonne idée.

Hughes le fera. À son idée, à son prix, à ses exigences. Il va fabriquer le film le plus cher de l'histoire du cinéma (3,8 millions de dollars), et provoquer la mort de trois hommes.

Tout débute par une demande de fonds : Hughes téléphone à Noah Dietrich, pour lui demander un premier virement de 700 000 dollars. Le comptable fait remarquer que l'opération va assécher les réserves de la compagnie, ce qui n'est guère prudent. Réponse de Hughes : « Faites ce que je vous dis. » Et, pendant que divers scénaristes mettent la main à la pâte, il se consacre à la partie du travail qu'il préfère : il acquiert des avions. Le film est censé se dérouler pendant la guerre de 14-18, et il faut louer ou acheter des coucous devenus rares. Hughes n'hésite pas : il expédie des acheteurs dans le monde entier, à la recherche des précieux accessoires. Ses envoyés dénichent des biplans en Allemagne, des épaves à Paris, et dans des coins reculés de l'Amérique. Howard Hughes les veut tous : les Sopwith Camels, qui tremblent en volant ; les Fokker D.VII, considérés comme de redoutables tueurs en 1917 ; les Spodes, les S.E.5, les Thomas Morse S4C, il les rassemble tous. Impossible de trouver un Gotha allemand ? Qu'importe ! On va maquiller, dans le plus grand secret, un Sikorsky moderne ! Bientôt, quatre-vingt-cinq avions – la plus grande flottille privée du monde ! – sont réunis à Inglewood, le futur aéroport international de Los Angeles. Les pilotes vont et viennent. Trente mécanos s'occupent des machines. Un cascadeur d'élite, Frank Clarke, prend la direction des opérations. Reste à trouver des acteurs. Hughes engage Ben Lyon, jeune premier sympathique ; James Hall, qui jouera son frère ; Greta Nissen, une « voluptueuse Norvégienne » qui a travaillé comme girl chez Ziegfeld et qui vient de tourner trente films à Hollywood. Quant à Frank Clarke, on lui donne le rôle de von Bruen, un as allemand.

En octobre 1927, tout est prêt. Howard Hughes donne le premier tour de manivelle.

Dès le début, les choses prennent une allure bizarre. Hughes, grande asperge de vingt et un ans, a sous ses ordres une armée de techniciens, souvent des professionnels de grande qualité comme Tony Gaudio, le caméraman. Ceux-ci regardent avec ironie ce play-boy déguisé en metteur en scène : il porte des pulls jacquard, des culottes de cheval, des chaussettes hautes, des baskets blanches. Il y a une chose que la réalisation d'un film exige : des décisions rapides. Sur un plateau, chaque hésitation coûte cher. Et chaque atermoiement est une perte d'autorité. Or, Howard Hughes hésite beaucoup. Et refuse de perdre de l'autorité. Le mélange est explosif. Hughes fait tourner, tourner à nouveau, tourner encore les mêmes scènes, sans qu'on distingue bien ce qu'il veut. Le scénario n'est pas terminé. Les heures sont longues. Hughes est insomniaque, et impose des journées de dix-huit heures. La nuit, il téléphone à ses collaborateurs sans réel besoin : il veut juste faire comprendre qui est le boss. Il n'a pas de montre. Il n'en aura jamais.

À la mi-janvier 1928, Hughes veut tourner les scènes de batailles aériennes : le décollage de tous les avions, à lui seul, dure deux heures. Car, à cette époque, le pilotage est encore affaire de feeling, d'autant qu'il s'agit d'appareils anciens. Si l'un d'eux tombe en panne, il doit souvent être réparé par le pilote lui-même ; les cartes aériennes sont rares (on utilise des cartes routières), les radios inexistantes. Dans le cockpit ouvert, il fait froid, et l'attention du pilote doit être constante : il doit regarder devant lui, sur les côtés, et suivre la géographie du sol. De plus, les vieilles machines sont capricieuses. Un coup de vent, et c'est le risque de collision entre deux avions.

Les grands aviateurs de l'époque se nomment Amelia Earhart, une grande femme chevaline ; Pancho Barnes, la plus ambiguë des aviatrices sexy ; Thea Rasche, qu'on soupçonnera d'être une espionne nazie ; Charles Lindbergh, le héros planétaire ; Will Rogers, cow-boy adoré du public ; Ernst Udet, qui deviendra le chef de la Luftwaffe. Sans compter Ramon Novarro, l'acteur de *Ben Hur*, qui n'hésite pas à séduire des jeunes gens en les emmenant faire un tour en l'air...

Hughes a fait placer un système radio dans les avions. Il joue avec ses machines. Il rêve de monter là-haut, de devenir un as comme les autres – meilleur que les autres. Il vient de passer son brevet sous la direction de Charles LaJotte, un briscard, aux commandes d'un vieux Waco 9. Il se sent pousser des ailes. Un jour, sur le plateau de *Hell's Angels*, il ordonne à l'un des pilotes :

– Vous plongez, et vous vous redressez à cinquante mètres du sol.

– Impossible.

– Comment ça ?

– Impossible, je vous dis. L'avion est un Morse, qui a un moteur rotatif. Si on doit effectuer une manœuvre rapide dans le même sens que la rotation, l'avion risque de vriller. En dessous de cinq cents mètres, c'est l'échec assuré.

– Amenez-moi Frank Clarke.

Le cascadeur en chef confirme les dires du pilote. Hughes enrage.

– On me dit que c'est impossible à réaliser ?

– Oui, Mr Hughes. C'est impossible.

– Ridicule. N'importe quel aviateur peut le faire.

– Je ne laisserai aucun de mes pilotes se lancer dans un truc aussi risqué.

– D'accord. Je vais le faire moi-même.

Dans son pull jacquard, Howard Hughes, furieux, prend les commandes. Il s'élève, contourne le terrain, repère les caméras, plonge vers le sol. À mille mètres, le moteur commence à protester. À cinq cents mètres, la vitesse fige les commandes. L'avion est hors de contrôle. L'équipe au sol voit Hughes mettre ses pieds sur le tableau de bord, pour résister au choc, devenu inévitable. Une seconde plus tard, l'avion s'écrase. Frank Clarke s'écrie : « Nom de Dieu ! On vient de perdre notre job ! » Pas un mot pour Hughes : celui-ci n'est pas encore détesté, mais il n'est déjà plus apprécié.

La poussière du crash n'est pas encore retombée que les équipes se précipitent. Personne dans le cockpit. Dix mètres plus loin, les secouristes aperçoivent Howard Hughes, adossé contre le mur d'un hangar, le visage en sang, qui s'adresse à un jeune assistant anglais, Reggie Callow :

– Encore un trou. Je suis au par. Ce trou-là, en quatre coups.

L'Anglais, en bon Anglais, comprend : Hughes se croit sur un terrain de golf. Une ambulance emmène le blessé. Diagnostic : Howard Hughes a une fracture du crâne, des lésions probables à la colonne vertébrale. Ce qui est passé inaperçu, c'est qu'il a une écharde de métal logée dans la tête. Il plonge dans le coma. Les médecins prédisent trois jours de black-out et des dégâts au cerveau. Noah Dietrich, accouru au chevet du rescapé, serre les dents. Et s'endort.

Quand il se réveille le lendemain, il aperçoit son patron, assis, conscient. Miracle. Quand on lui annonce qu'il doit se soigner, Hughes refuse, se lève et s'en va. Quelques jours plus tard, on lui refait le nez et le menton. Pour le reste, on verra. Hughes n'aime pas les médecins. Il a tort : désormais, jusqu'à la fin de sa vie, il aura des migraines, des brusques névralgies, des pertes de mémoire, des rages subites. Surtout, il s'entête. Ce premier accident ne lui enseigne rien. Le monde entier se trompe. Pas lui. L'avion n'aurait pas dû s'écraser.

Revenu sur le terrain d'aviation, Hughes réitère ses exigences insensées. Très vite, la température monte entre lui et Frank Clarke, économe de la vie de ses hommes. Dans l'un des hangars, Clarke s'emporte de nouveau, face à Hughes :

– Il faut faire quelque chose !

– Quoi donc, Frank ?

– Ces avions sont presque des épaves ! Ils tiennent avec des bouts de ficelle !

– Ces avions sont parfaits, Frank. Ce sont vos hommes qui ne le sont pas.

Hughes n'a pas fini sa phrase qu'un bruit sourd se fait entendre. C'est l'un des moteurs qui vient de passer à travers le carénage rouillé de l'avion, et de tomber sur le sol. Deux jours plus tard, pendant une scène de bataille, un appareil perd son hélice qui s'écrase sur Hollywood Boulevard, à deux pas du Chinese Theatre – là où, ironie du sort, aura lieu la première de *Hell's Angels*. Les accidents se multiplient : un avion se prend dans les lignes à haute tension de l'aéroport, et le pilote est carbonisé. Un biplan tombe en panne d'essence, et c'est le crash fatal. Le plus terrible sera celui du Sikorsky maquillé en Gotha : alors que les pilotes refusent d'exécuter une plongée en feuille morte, Hughes persuade l'un d'entre eux de tenter le coup, pour mille dollars. Le pilote accepte, et embarque un mécano qui activera une bombe fumigène, pour donner l'illusion que l'appareil est touché à mort. La plongée commence : très vite, le Sikorsky ne répond plus. Quand le pilote crie au mécano de sauter, l'autre ne l'entend pas. Il sera tué dans l'accident. Lester Cole, l'un des scénaristes, révélera vingt ans plus tard que le mécano, en fait, n'avait pas de parachute.

Hughes, qui a filmé la chute, décide de garder la prise. Il a un problème, cependant : « Il faut maquiller un autre appareil en Gotha. Ça va être difficile. »

Le tournage continue. La production coûte 5 000 dollars par jour. Louella Parsons, la commère de la presse Hearst, laisse filtrer des potins dans les journaux : elle a envie d'être utile à Hughes. Dans ses échos, elle crie au génie, mais ne dit miette des accidents. En revanche, elle glisse quelques allusions à la nouvelle passion de Hughes. Celle-ci est blonde, actrice et sexy. Elle se nomme Billie Dove. Louella Parsons pose la question : « Mariage en vue ? »

À Hollywood, Billie Dove est une star. Mieux : une star convoitée. À vingt-quatre ans, elle est aussi célèbre que Coleen Moore ou Clara Bow. Plus connue que Mary Pickford, Gloria Swanson ou même Greta Garbo. Née en 1901 sous le nom de Lilian Bohney, d'origine suisse, elle a fait ses débuts aux Ziegfeld Follies où, parmi une pléiade de beautés comme Olive Thomas, Mae Murray, Jacqueline Logan, Louise Brooks, une fille est devenue son amie : Marion Davies, la girlfriend de Randolph Hearst. En 1924, Billie Dove se marie avec un réalisateur, Irwin Willat, et, deux ans plus tard, joue dans *Le Pirate noir*, magnifique superproduction avec Douglas Fairbanks. Mais Mary Pickford, qui est à cette époque mariée avec l'acteur, décide de se mêler de l'affaire : dans toutes les scènes « de proximité », c'est elle qui doublera Billie Dove. Celle-ci est d'une beauté exceptionnelle, avec un corps en tout point conforme aux canons des années 1920. Sa poitrine, notamment, est une œuvre d'art, dit-on. Mickey Neilan – encore lui – rendra les seins de Billie immortels, le temps d'une saison, en trouvant un nouveau mot. Au lieu de dire : « Vise ces seins », il répète : « Vise ces Billie Doves ! » Même la terrible Dorothy Parker, la journaliste la plus cynique de l'époque, tombe sous le charme : « Dieu aime Billie Dove. Moi aussi », écrit-elle sur une photo dédicacée. « Billie était indiscutablement la plus belle femme du monde », se souvient l'un des survivants de l'époque, l'acteur Hal Riddle. À quatre-vingt-trois ans, il est encore amoureux d'elle.

Invitée au Biltmore un soir, Billie aperçoit son amie Marion Davies avec un grand garçon emprunté. Celle-ci les présente : « Billie, Mr Hughes a demandé à te rencontrer. » Billie tente de faire la conversation, Hughes ne dit rien. Elle essaie encore. Rien. Elle s'en va. Mais finalement, Hughes s'est décidé : il la fait suivre par ses sbires, et dès qu'elle apparaît dans une boîte ou un restaurant, il est là. Au Cocoanut Grove. Au Café Montmartre. Au Mocambo. Il branche la machine à séduire : il se révèle charmant, timide, envoie des fleurs par brassées et des bijoux par poignées. Ses détectives lui font tous les jours un rapport, qu'il dévore. Quand elle quitte la ville, il survole l'endroit où elle se trouve : le geste est touchant. Le jeune millionnaire convainc Billie Dove qu'il est « très, très amoureux ». Ils resteront ensemble trois ans. Trois ans pendant lesquels Howard Hughes va établir sa réputation de play-boy et déclencher l'un de ces scandales dont il a horreur.

À Houston, Ella Rice Hughes attend toujours son mari. Elle se rend à New York, où elle assiste au retour triomphal de Lindbergh. Ses lettres, qui décrivent la parade du héros, reflètent son enthousiasme. Hughes, lui, fait la moue : cet homme est pour lui un rival. Lindbergh a réussi à traverser l'Atlantique ? Et alors ? Lui, Hughes, fera mieux. Ella Rice envoie télégramme sur télégramme, lettre sur lettre, rien n'y fait. Parfois, Hughes fait expédier un câble : « Occupé. Trop joué au golf. Mal partout. »

Mais les journaux parviennent jusqu'à Houston avec les échos de Louella Parsons. Ella Rice déprime. Elle n'a pas vu son mari depuis un an et demi. Elle ne comprend pas. Son mariage est mort, et elle ne le sait pas.

Tout à son manège céleste, Howard Hughes jongle avec les possibilités. Il offre un rôle de cascadeur à une aviatrice réputée, Ruth Elder. Celle-ci, qui est jolie comme un cœur et parle avec l'accent du Sud, refuse ses avances. Une autre aviatrice, Florence Barnes, surnommée Pancho, accepte de tourner dans *Hell's Angels*, mais pas de coucher avec le boss. Quand on lui demande pourquoi elle bat des records en avion, elle répond : « Je vole. Comme une folle de sexe lâchée dans un bordel ! » Histoire de donner une leçon à Hughes, Pancho Barnes passe une nuit avec Ramon Novarro, qui, pourtant, n'aime que les garçons. Et revient sur le plateau habillée en combinaison de daim bleu clair, moulante : un cadeau de Novarro.

En rendant visite à Hughes sur le plateau, Noah Dietrich constate que son patron est atteint d'une névrose obsessionnelle bizarre. Une scène, en studio, consiste à montrer des aviateurs (allemands et héroïques) qui sautent de leur Zeppelin touché, se sacrifiant pour l'honneur de leur pays. Une fumée sur mesure remplace les nuages. Dix-huit matelas accueillent les malheureux qui, du haut d'une cinquantaine de centimètres, font semblant de se jeter dans le vide, avant de s'accroupir hors du champ de la caméra. Trente acteurs sautent, les uns après les autres. « Coupez, s'écrie Hughes. On recommence. » Dietrich constate que la prise suivante est identique à la première. Et la suivante aussi. Et la suivante aussi. Il y aura cent prises, sans variation aucune. Personne ne comprend.

Quand Dietrich émet une remarque sur les finances de la Hughes Tool Co, il s'attire une réplique tranchante : « C'est mon argent, et j'en fais ce que je veux. » Moyennant quoi, tandis que tout le monde attend, le metteur en scène s'en va jouer au golf.

D'autres avions sont achetés. Vingt-quatre caméras tournent. D'ailleurs, Hughes est mécontent : il n'y a pas assez de nuages. On attendra. Les pilotes affichent, jour après jour, une annonce : « Guerre retardée. Pas de nuages. »

Ceux-ci feront leur apparition six mois plus tard. L'équipe, pendant ce temps-là, a simplement attendu...

À l'autre bout du pays, Chicago, alors que cent cinquante mille spectateurs se pressent au stade de Soldier's Field pour assister au match de boxe Tunney-Dempsey, le cousin d'Al Capone, Charlie Fischetti, organise une soirée privée au Metropole Hotel. Gangsters, politiciens, policiers de haut rang sont invités : chacun sait que, dans les caves de l'hôtel, il y a de l'alcool, pour un montant de 100 000 dollars. On ne va pas s'ennuyer. Des tables de jeu sont prêtes, des filles aussi, et même le maire Thompson, dit-on, fera une apparition. Un autre invité est là : un acteur, un amuseur, un drôle. Il se nomme Asa Yoelson, mais, en quittant sa Russie natale, il a adopté le pseudonyme d'Al Jolson. Il vient de tourner dans *Le Chanteur de jazz*, le premier film entièrement parlant (et chantant, ajoute la publicité) de l'histoire du cinéma. Le muet, c'est terminé. Peu de gens ont vu venir ce bouleversement. Al Capone est ravi de présenter *Le Chanteur de jazz* en avant-première. À ses côtés, un jeune voyou, élégant et discret, assiste à l'événement : Johnny Rosselli. Dans peu de temps, son chemin va croiser celui de Howard Hughes.

En mars 1929, le tournage de *Hell's Angels* est terminé. Il a duré dix-huit mois, un record. Mais le désastre est là : l'avènement du parlant. Comment sortir un film muet, donc déjà une antiquité, à l'ère du son ? Les salles s'équipent en vitesse, les studios se convertissent, les ingénieurs du son apparaissent, les micros se cachent et plus jamais le cinéma ne sera universel. À vrai dire, cette année-là, trois autres événements passent presque inaperçus : General Electrics et RCA présentent la première émission publique d'un nouveau médium, nommé télévision ; Walt Disney lance son nouveau héros, Mortimer Mouse, rebaptisé Mickey, dans un court métrage, *Steamboat Willie*. Et la première horloge digitale apparaît.

Howard Hughes entre dans le bureau de Noah Dietrich.

– Noah, c'est catastrophique !

– Que se passe-t-il ?

– *Le Chanteur de jazz* est un triomphe. Charlie Chaplin s'est trompé.

– Comment ça ?

– Il avait affirmé que le cinéma a autant besoin du son qu'une symphonie de paroles !

– Que faire, alors ?

– Il faut sonoriser mon film.

– Impossible.

– Possible, Noah. Il suffit de recommencer le tournage.

Noah Dietrich sent le ciel lui tomber sur la tête. Le film a déjà coûté deux millions de dollars (à titre de comparaison : cette année-là, la balance commerciale des États-Unis est en excédent de un milliard de dollars). Il faut recommencer ? Peut-être pas. En ce qui concerne les batailles aériennes, il suffit d'ajouter des effets sonores. En revanche, les dialogues doivent être refaits. Premier problème, grave : l'histoire étant basée sur la rivalité de deux frères aviateurs pendant la guerre, cherchant tous deux à conquérir le cœur d'une belle Anglaise, ladite belle a un rôle central. Or, le rôle est tenu par Greta Nissen, une ex-ballerine née à Oslo et élevée à Copenhague. Celle-ci est belle, certes, mais elle a un accent épouvantable, qui d'ailleurs ruinera sa carrière. Elle ne peut plus jouer une Anglaise ! Il faut la remplacer. Hughes hésite, de nouveau : faut-il engager Ann Harding, Carole Lombard, June Collyer, Thelma Todd ? Il veut une fille sexy. Vraiment sexy. Et il redoute qu'une actrice chevronnée ne s'aperçoive de son inexpérience. Pendant des mois, il danse d'un pied sur l'autre. Ben Lyon, l'acteur principal, se promène un jour dans les couloirs du studio Metropolitan. Il repère une blonde spectaculaire, Harlean Carpenter, qui a une allure de Betty Boop. Elle a tourné dans deux ou trois films, dont un Laurel et Hardy. Apprenant que des essais vont lui être consacrés pour *Hell's Angels*, elle laisse tout tomber, saisit son sac à main et arrive devant les deux caméras de Tony Gaudio. Hughes, lui, est absent. En revanche, un jeune scénariste est là : Joseph Moncure March, qui note que la jeune fille est « presque albinos » et qu'elle a « un visage boudeur, et porte quelque chose qui ressemble à une robe de chambre qui met en valeur sa silhouette. Bon Dieu, elle est balancée comme un sablier ! » Quand la jeune fille s'en va, elle n'est sûre de rien.

Le lendemain, une voiture s'arrête devant le bungalow de l'actrice, au studio Metropolitan. À travers la porte grillagée, un homme lui parle : c'est Howard Hughes. Quand l'entrevue s'achève, au bout de quelques minutes, la maman de Harlean lui demande :

– Alors ?

– Alors, je suis engagée, maman. Je suis engagée.

Le monde entier va découvrir Harlean Carpenter. Sous le nom de Jean Harlow. Howard Hughes a aimé ses « Billie Doves ».

Hughes est tellement satisfait des dialogues de Joseph Moncure March qu'il le nomme, pendant cinq minutes, directeur général de sa société de production, Caddo. Est-ce Moncure March qui présente James Whale à Hughes, ou le contraire ? Toujours est-il que cet élégant réalisateur homosexuel, qui allait devenir célèbre avec son illustre *Frankenstein*, est à l'époque un artiste montant. En 1929, il vient de terminer la mise en scène de *Journey's End* au théâtre Adelphi de Chicago. En plus, James Whale est anglais. Anglais ? Hughes adore. Il téléphone à Louella Parsons. Celle-ci, le lendemain, annonce dans ses potins : « Le tournage de la version parlée va durer trois semaines. Car James Whale n'est libre que pour trois semaines. » Quel optimisme !

March et Whale se font projeter la version muette de *Hell's Angels.* Ils imaginent des dialogues qui correspondent aux mouvements des lèvres des acteurs. Du temps du muet, ceux-ci improvisaient leurs répliques à leur guise. L'ennui, c'est que les Allemands ont improvisé... en allemand. Et personne ne se souvient de ce qu'ils pouvaient bien dire. March fait venir un déchiffreur bavarois, et le travail commence. Quant à James Whale, qui regarde sans fin les scènes d'aviation, on découvrira plus tard qu'il est gravement sujet au vertige. D'ailleurs, dans tous ses contrats, il fait insérer une clause spéciale : « En aucun cas, je ne serai contraint de prendre l'avion. »

Quand il se met au travail, avec trois caméras simultanées, Whale se souvient qu'il doit visionner les essais de Jean Harlow. Il est stupéfait de sa médiocrité. Trop tard : elle est engagée. C'est à Whale de lui soutirer un brin de talent. Très vite, il manifeste son déplaisir. Car l'actrice, qui a dix-huit ans et aucune expérience, n'arrive pas à imiter l'accent anglais : elle est native de Kansas City. Le tournage devient un cauchemar pour elle. Helen, le personnage qu'elle joue, est une « pute de haut vol qui a un don pour la fornication », explique Moncure March. Whale la trouve vulgaire et peu séduisante. Howard Hughes ne la regarde même pas et dit simplement : « À mon avis, elle est nulle. » Lors d'une scène où elle doit séduire Ben Lyon, Jean Harlow, au bord des larmes, supplie Whale :

– Dites-moi, dites-moi ce que vous voulez que je fasse.

– Ma chère, je peux vous dire comment faire pour être actrice, mais je ne peux pas vous dire comment être femme.

Howard Hughes dirige certaines scènes, dont celle où figure la fameuse réplique, qui sera le leitmotiv de Jean Harlow :

– Seriez-vous choqué si je me glissais dans quelque chose de plus confortable ? (Le double sens, à l'époque, n'échappe à personne, car l'actrice est en déshabillé de dentelle.)

Hughes, lui, sait ce qu'une actrice doit faire pour être femme : montrer ses seins. Ce sera bientôt chez lui une obsession, une maladie. Il fait dessiner une robe pour Jean Harlow, dos nu, poitrine grandiose. Il exige qu'elle fasse bâiller ses décolletés. Il fait photographier son buste en gros plan, pour la publicité du film.

Vu la lenteur de Hughes, le film prend encore du retard. Les accessoiristes, sur le plateau, organisent des tournois de cartes. Quand le boss visionne les rushes, immanquablement, il répète : « On recommence. » En plus, Hughes a de nouvelles exigences : il veut des scènes en Technicolor. Difficile ? Oui, mais pas impossible. Il achète donc, clés en main, un laboratoire couleur situé dans une rue adjacente d'Hollywood Boulevard, au numéro 7000 de Romaine Street. Dans quelques années, l'endroit sera connu sous le nom de « 7000, Romaine » et deviendra le centre nerveux de toutes les opérations de Hughes. Romaine, ce sera le Fort Knox du millionnaire.

Pour l'instant, tout le monde se demande s'il couche avec Jean Harlow (elle dira plus tard : « Il me traite comme si j'étais un avion, c'est tout »). Évidemment, qu'il couche. Il l'emmène en week-end à San Simeon, au château de Randolph Hearst. Mais elle n'est pas son genre. Trop dure. En plus, Billie Dove fait un esclandre. Une nuit, c'est Howard Hughes qui craque. On le retrouve échevelé, tirant à la mitraillette sur les réserves d'alcool dans la cave de son père. Le film sortira-t-il un jour ? Louella Parsons – toujours elle ! – plaisante : « Dans l'avenir, on trouvera bien un intrépide qui sortira *Hell's Angels* ! » Hughes se libère de la pression en conduisant sa Duesenberg à toute allure. Un jour, il dérape, et s'écrase contre un mur : il est projeté à travers le pare-brise. On le rafistole à l'hôpital et, le lendemain, il se rhabille et s'en va. Les nuages, les fameux nuages, ne sont pas au rendez-vous ? Il déplace tout le tournage à deux cents kilomètres, là où il y en a. Ce n'est plus un tournage, c'est une agonie.

Le 27 mai 1930, Howard Hughes présente enfin son film, *Hell's Angels*, au Chinese Theatre de Los Angeles.

C'est un événement cosmique. Hughes arrive dans une limousine décorée de roses. Il tient un bouquet d'orchidées pour sa compagne, Billie Dove, qui est à son bras. Jean Harlow, dans la voiture suivante, porte une robe qui semble avoir été cousue sur elle, sous une fourrure blanche. À son côté, un nouveau venu, un impresario : Paul Bern. Jean Harlow s'approche d'un micro. « Merci, dit-elle, tandis que sa voix retentit dans des dizaines de haut-parleurs. Je voudrais remercier Mr Hughes pour la chance qu'il m'a accordée. » Personne ne l'écoute. Mais tout le monde la regarde. Secrètement, Harlow est terrifiée. L'attaché de presse du film, Lincoln Quarberg, a trouvé un slogan pour elle : « La blonde platine ». Hollywood Boulevard est bloqué sur deux kilomètres. Des milliers de spectateurs se bousculent dans la rue, pour voir passer les stars : Charlie Chaplin, Buster Keaton, Gloria Swanson. Trente avions survolent le quartier, en rase-mottes, larguant des nuages de fumée colorée. Des maquettes de biplans ornent les immeubles. Le ciel est balayé par trois cents projecteurs géants, tandis que des parachutistes sautent, pour atterrir sur la chaussée. Un speaker, à la radio, décrit la scène : « Il y a au moins quarante-cinq mille voitures », s'écrie-t-il, enthousiaste. Et ajoute : « Et cinq cent mille curieux ! » Sur place, trois cent cinquante policiers et cent Marines tentent de canaliser la foule. Des vendeurs au noir proposent des places à 50 dollars (alors qu'elles en valent 11). Au Chinese Theatre, un orchestre de cent musiciens marque la cadence. Des acrobates, des danseuses, des comiques font un numéro du tonnerre. Un lion déambule.

Dans la foule, un homme est soulagé : Noah Dietrich. L'hémorragie d'argent est stoppée. Mais les comptes sont lourds (le film, malgré son succès, restera dans le rouge pour 1,5 million de dollars). Alors que chez des réalisateurs exigeants, comme George Cukor ou David Lean, la pellicule impressionnée représente vingt fois le métrage du film terminé, Hughes, lui, n'en a utilisé que le trois-centième ! Les monteurs ont failli devenir fous : à deux, ils ont dû réduire 560 heures de rushes. Avec Howard Hughes à chaque minute derrière eux : sourd, il n'entendait pas les « bips » de repérage sur la pellicule. Plongé dans une déprime noire, il confie à son homme de main : « Si ce film ne marche pas, je prends mon avion, je me dirige vers l'océan, et je plonge ! » Personne ne semble réaliser que Howard Hughes, producteur et promoteur, star du moment, n'a que vingt-quatre ans.

Trois heures plus tard, à la fin du spectacle, le public est en joie. La critique, élogieuse. Les invités, ébahis. Tout le monde répète : « Je vais me glisser dans quelque chose de plus confortable » avec des œillades coquines. Jean Harlow est devenue une star. Hughes jubile. Il jubile en silence. Dès la projection terminée, il s'est éclipsé, avec Billie Dove, pour un verre de jus d'orange au Club Montmartre.

Howard Hughes sait qu'une époque vient de s'achever. L'avenir est sombre. Le jeudi 24 octobre 1929, Wall Street s'est effondré. L'Amérique est entrée dans la plus grave crise de son histoire. Le produit national brut plonge de 13 %. Mille trois cents banques ferment. Une plaisanterie court les rues : « Vous connaissez celle des deux types qui se sont jetés par la fenêtre en se tenant par la main ? Ils avaient un compte joint ! »

À force d'attendre les nuages, ils sont arrivés.

CHAPITRE 6

PREMIERS SECRETS, PREMIERS SCANDALES

Pendant cinquante ans, il y a eu deux reines à Hollywood. Tous les craignaient, tous les courtisaient. L'une, Louella Parsons, portait des chapeaux ridicules et jacassait ; l'autre, Hedda Hopper, se pavanait avec une suite de boys, et se prenait pour une lady. Parsons et Hopper alimentaient à jet continu les journaux de sous-entendus, de commérages, de potins, d'indiscrétions, de bave et de fiel. En 1948, quand Louella donnera une fête pour son anniversaire, huit cents invités viendront lui présenter leurs hommages, genou à terre. Quand Clark Gable épouse en secret Carole Lombard, en 1939, c'est Hedda Hopper qui annonce le scoop, à grands frais. Hedda déteste Louella, et vice-versa. Une confidence donnée à l'une signifie la damnation par l'autre. Rock Hudson, quand il épouse Phyllis Gates en 1955, téléphone aux deux commères. Il ne peut pas se permettre des indiscrétions, lui. Il prend ses précautions.

Ensemble, les deux viragos ont plus de cinquante millions de lecteurs.

Mais c'est évidemment Louella Parsons la plus intéressante : elle se dit l'amie de Howard Hughes, qui n'a aucun ami. Monteuse (c'est ainsi, on l'a vu, qu'elle a rencontré un scénariste débutant, Rupert Hughes), showgirl pendant un instant, elle se reconvertit très vite dans la presse à scandale : en 1922, l'interview d'une jeune comédienne nommée Marion Davies lui ouvre les portes de la gloire. Car Marion Davies est la maîtresse de Randolph Hearst, le magnat de la presse. Qui engage la commère séance tenante, avec un salaire astronomique de 200 dollars par semaine. La confiance de Hearst est bien placée : Louella Parsons annonce le divorce de Mary Pickford et Douglas Fairbanks ; c'est elle qui fait savoir que Charlie Chaplin, quarante-trois ans, va épouser Oona O'Neill, dix-huit ans. C'est encore elle qui suscite un scandale en dévoilant la grossesse d'Ingrid Bergman, en plein adultère. Mais ce dernier scoop n'est pas innocent, on le découvrira.

Une précision : Louella Parsons était mariée avec un médecin alcoolique, Docky Martin, lui-même sous contrat à la 20th Century Fox. Martin avait une spécialité, l'urologie. Imaginez : urologue dans l'un des plus grands studios d'Hollywood ! Conséquence : Louella Parsons savait – souvent avant même les intéressés ! – ce qui se passait. Syphilis, blennorragies, grossesses non désirées, drogue, blessures intimes, disputes conjugales, liaisons illicites, homosexualité... Docky Martin confesse, puis soigne, injecte, prescrit. Et n'hésite pas à distribuer des piqûres de testostérone ou de « vitamines » à ses amies les stars fatiguées. Il est dépositaire du secret des secrets : il sait qui couche avec qui, forcément. Les infos, il les a en direct, quand les culottes sont baissées. Pour une échotière, c'est du nanan.

Louella ne se sert pas forcément de ces confidences, souvent trop intimes. En revanche, elle n'hésite pas à faire comprendre à l'intéressé(e) qu'il (ou elle) ferait bien de coopérer avec elle...

Billie Dove, en cette fin des années 1920, intrigue tout le monde : que fait-elle avec ce jeune héritier un tantinet provincial ? Louella Parsons suit l'histoire, avec moult sous-entendus et quelques articulets. C'est pourtant simple : Billie Dove est amoureuse. Et Howard Hughes, lui, l'est-il ? C'est possible, si tant est qu'une émotion humaine puisse traverser cet homme. En tous cas, il assure à la belle Billie qu'il veut l'épouser (c'est une promesse qui ne coûte rien, et dont il usera très souvent). De son côté, elle jure que son mariage avec Irwin Willat est purement formel.

Celui-ci est un réalisateur qui a le vent en poupe : il tourne des films d'aventures, comme *Rugged Water* (1925), avec Lois Wilson et Wallace Beery, *The Enchanted Hill* (1926), avec Jack Holt et Florence Vidor (un débutant y fait de la figuration : Gary Cooper). Willat a deux particularités qui font enrager Howard Hughes : d'une part, il est l'époux de Billie Dove. D'autre part, il a réalisé un film d'aventures aériennes, *Air Mail*, précisément avec son épouse dans le rôle principal. Agaçant. Très agaçant.

Le problème, c'est que Willat n'est pas homme à se laisser faire. De son bureau, situé dans une étrange « maison de sorcière » (qui existe toujours au 516, Walden Drive à Culver City), il lance des détectives à la poursuite du couple. Très vite, à Hollywood, tout le monde se moque de ces pieds-plats qui, le Borsalino sur l'œil et le mégot aux lèvres, suivent Billie Dove partout. D'autant plus que d'autres détectives, employés par Hughes, surveillent la jeune femme aussi. Comment l'affaire va-t-elle se dénouer ?

Un jour de juin, Howard Hughes se couche, tout habillé. Il a de la fièvre. Deux jours plus tard, il est encore dans le brouillard. Les médecins craignent une méningite. Quand l'un d'entre eux soupire en annonçant que le patient est proche de la mort, Noah Dietrich prend une décision : il faut faire venir Ella Rice Hughes, qui se trouve à New York. Dietrich lui envoie un télégramme : « Howard mourant. Présence requise. » Ella Rice, évidemment, est soupçonneuse : elle se souvient que son mari l'a séduite en prétextant une maladie. Néanmoins, elle prend le train pour venir au chevet de son époux.

Pendant qu'elle est en route, Howard Hughes ouvre l'œil :

– Que se passe-t-il, Noah ?

– Vous avez été malade. Vous l'êtes encore. Ella est en route.

– Comment ? Pourquoi la faire venir ?

Hughes se précipite sur le téléphone. Il ne veut de sa femme à aucun prix. Il tente de laisser un message pour elle à Chicago, appelle le directeur de la compagnie de chemins de fer, convoque le chef de gare, expédie des télégrammes dans toutes les villes qu'elle doit traverser. Il envoie des hommes de main pour l'intercepter. Rien n'y fait. Quand Ella Rice débarque, deux jours plus tard, à Los Angeles, elle est anxieuse. Et ravie : c'est la première fois depuis des mois que son mari se manifeste. Elle pense que Howard va lui demander de se réconcilier avec lui. Quand elle arrive chez le malade, une autre femme sort par la porte de derrière : Billie Dove. Ella Rice se retrouve devant son mari, furieux. Elle a contrecarré ses ordres, outrepassé ses diktats. Ils échangent quelques mots. Et, devant elle, Hughes passe un coup de fil à Billie Dove. On ne fait pas plus butor. Deux jours plus tard, Hughes se lève, s'habille, et sort sans un mot. Il part pour un week-end d'amour avec son actrice. Ella Rice reste là, bafouée. Humiliée.

Louella Parsons rapporte des échos croustillants : « Pour qui ce joli yacht ancré au port de San Pedro ? » lance-t-elle à la radio. Pas de noms. Mais tout le monde a compris. Le *Rodeo*, un fier bateau de 60 mètres, peint en blanc, porte le nom du personnage que joue Billie Dove dans *The Painted Angel*, un film qui vient de sortir. Hughes vient de l'acheter cash pour 400 000 dollars. Il congédie l'équipage – dix-huit personnes – et se lance dans les soirées romantiques : fleurs partout, soupers fins, étreintes sous les étoiles. L'amour ? Peut-être.

Dietrich, lui, note que Howard Hughes commence à se comporter de façon très, très étrange. Tout d'abord, il n'a jamais d'argent sur lui. À une époque où la carte de crédit n'est même pas encore une idée nébuleuse, c'est ennuyeux. Hughes paie avec des bouts de papier sur lesquels il inscrit son nom et la somme due. Chauffeurs de taxis, fleuristes, détectives, c'est toujours pareil. Il est vrai que la loi américaine assimile ces papiers à des chèques. Parfois, Hughes emprunte quelques dollars à son interlocuteur. Pourquoi se comporte-t-il ainsi ? Il a simplement peur – une peur bleue ! – d'être volé, ou attaqué. Ou les deux. Donc, pas d'argent, pas de menace de vol. Et s'il était victime d'un kidnapping ?

– Il ne faudra pas payer, Noah.

– S'ils menacent de vous tuer ?

– Pas question de payer. Même si on vous envoie une demande de rançon de ma main.

– Et si c'est vraiment une question de vie ou de mort ?

– Alors là, je signerai en mettant « PFV ».

– C'est-à-dire ?

– « Payez foutrement vite », Noah.

Il ne rigole pas. Ce n'est pas son genre. Howard Hughes est attaché à son argent comme une bernicle à son rocher. Il ne donne jamais de pourboire, ne participe à aucune activité charitable, n'achète rien pour lui-même. Un jour, une femme lui téléphone pour exiger de l'argent : « Sinon, je me suicide devant votre porte. » Avant de raccrocher, il donne à son interlocutrice le numéro de téléphone de son avocat. Elle obtiendra quand même quelque chose. Cinq dollars.

De toute sa vie, Hughes ne possédera jamais un tableau, une œuvre d'art, une paire de chandeliers, une bibliothèque ou, simplement, un réfrigérateur. Il loue. Il emprunte. Il vit en meublé. Ses voitures appartiennent à la Hughes Tool Co. Son yacht, il va le revendre très vite. D'ailleurs, le *Rodeo* n'aura jamais quitté le port. C'est simplement une garçonnière. La première d'une longue, très longue, série.

Par ailleurs, Hughes ne fume pas et ne boit pas. Il déteste les gens qui boivent – « ils ne savent pas tenir leur langue » – et n'apprécie que les mormons, pour lesquels l'alcool est un poison du diable. Plus troublant : Noah Dietrich note que son patron, si jeune pourtant, ne fait jamais rien pour se faire plaisir. Il aime voler en avion, mais c'est une obsession plus qu'une distraction. Presque un travail. Hughes aime faire l'amour, certes. Il aime surtout les seins. Plus ils sont spectaculaires, plus il les admire. Parmi ses fixettes, c'est la plus sympathique.

Il ne chasse pas, ne pêche pas, n'élève pas la voix, adore les blagues salées et refuse de traiter sa surdité. Plus tard, un technicien le suivra partout, avec une mallette contenant un amplificateur pour téléphone. Il ne se baigne jamais dans sa piscine, ne joue pas aux cartes, porte des chaussures à dix dollars, et ne mange jamais autre chose que son menu-type : steak rosé, salade, petits pois. Les petits pois sont calibrés au millimètre. Si certains sont plus gros, il les écarte, un à un, avec sa fourchette. Entre-temps, le steak est devenu froid ? On le change, et on recommence. Dessert ? Invariable. Glace à la vanille et cookies. Il mange irrégulièrement et, pendant le tournage de *Hell's Angels*, oublie ses repas pendant deux, trois jours. Plus grave : il est atteint de constipation chronique. Un détour aux toilettes peut durer deux heures. Il prend donc des remèdes. Sa phobie des maladies va grandissant : il se gargarise souvent, évite de serrer les mains des gens, est terrorisé par une possible contamination. Il se souvient des descriptions de sa mère, la saga à la Hieronymus Bosch, le festival d'horreurs suppurantes, de moelles verdies.

Par-dessus tout, il a une passion : le secret. Le secret, c'est le pouvoir. On ne doit rien savoir de lui, et rien ne doit filtrer de ce qu'il fait. En revanche, il doit être au courant de tout. Il emploie des détectives, des anciens flics, des espions. Il déteste la censure, mais censurera des dizaines d'articles à son sujet. Il ne vote jamais, mais interviendra dans la vie politique en tentant d'acheter trois (trois !) présidents. Il hait les communistes et le fisc, se défie des Noirs, des Juifs et des maris. Il couche avec toutes les femmes d'Hollywood, mais n'aura jamais d'enfant et n'aura à affronter ni scandale de grossesse, ni tentative de chantage, ce qui est étrange. En revanche, il sera deux fois touché par la syphilis. Le secret va être évidemment bien gardé. Mais qui sera quand même au courant ?

Docky Martin, l'urologue de la Fox. Et sa femme, l'omniprésente Louella.

Un matin, Howard Hughes convoque Noah Dietrich. Il est tôt. Hughes a l'air sombre.

– Hier, quelqu'un m'a suivi en voiture.

– Qui, Howard ?

– Probablement Irwin Willat, le mari de Billie.

– Que voulez-vous faire ?

– Il faut aller voir ce salaud, et régler cette affaire.

– Régler cette affaire de quelle manière ?

– Demandez-lui ce qu'il veut.

– Bien, Howard.

Dietrich se rend chez Willat. Celui-ci demande à voir le boss, face à face, « d'homme à homme ». Le lendemain, Hughes se présente. L'autre le regarde, et pose ses conditions : 325 000 dollars en liquide, et il s'efface. Hughes rentre, passe le mot à Dietrich : « PFV ». Dietrich paie. Pour Hughes, c'est une demande compréhensible. Une simple transaction commerciale. Billie est libre. Elle méprise désormais son mari, qui, dit-elle, « m'a traitée comme une marchandise ». Elle ne s'aperçoit pas que son nouvel amant a fait de même. Mais quand elle le quittera, un an plus tard, elle ne dira pas pourquoi. Jusqu'à sa mort, en 1997, elle gardera la bouche close.

Ella Rice Hughes, quant à elle, fait parvenir une demande de divorce. Elle a droit à 10 millions de dollars selon la loi, mais elle demande seulement 1,2 million. Les motifs sont spécifiés : « Irritabilité, cruauté, impossible à vivre ». En même temps Louella Parsons annonce à grand bruit le divorce des époux Willat et jure qu'elle a vu de ses yeux le metteur en scène assommer sa femme d'une droite bien placée. Scandale, scandale. Hughes est au centre de tout ce cirque. Il déteste. En espérant le voir, la presse se précipite sur les marches du tribunal, où préside le juge Henry Archbald, qui joue souvent au golf avec Howard Hughes. Quand Billie Dove sort du palais de justice, seule, un reporter lui demande :

– Allez-vous épouser Howard Hughes, Miss Dove ?

– Donnez-moi une cigarette.

– Allez-vous épouser Howard Hughes, Miss Dove ?

– Quelqu'un a une cigarette ?

– Miss Dove, allons, dites-nous si vous allez vous marier avec Howard Hughes.

– Howard est un excellent golfeur et un brillant pilote. C'est tout ce que j'ai à dire.

Un autre scandale est en préparation, cependant. Alors que Hughes considère que Jean Harlow est sa propriété, celle-ci se rebelle. En fait, passé les premiers moments d'intimité, Hughes se révèle dans sa vraie nature : il est réellement cruel, irritable et égoïste. Jean est une star, une idole sexuelle. On raconte qu'elle se frotte le bout des seins avec de la glace, pour faire saillir les tétons sous sa robe. Et elle ne porte pas de soutien-gorge ! Partout où elle passe, c'est l'émeute. Chaque homme, en la voyant, ressemble au loup de Tex Avery : la langue pendante, le regard hagard. Harlow, elle, se sent maltraitée par Hughes, qui la regarde comme une tache d'huile. De plus, il lui a fait signer un contrat misérable : cent dollars par semaine pour trois films ! La mère de Jean, qui compte bien capitaliser sur le succès de sa fille, en parle à son compagnon, un personnage trouble qui tient du gigolo, de l'escroc et du faux cul. Il se nomme Marino

Bello, porte une moustache brillantinée, des guêtres blanches et fréquente des pégriots. Les dames l'adorent. Il a la réputation d'être une bête de sexe et, comble du chic à Hollywood, il pratique le baisemain. Il fait savoir à Hughes que Jean Harlow refusera, à l'avenir, d'être « persécutée ». Hughes enrage.

Jean Harlow vient de se trouver un nouvel impresario, Paul Bern, qui l'a accompagnée à la première de *Hell's Angels*. Il tente de redresser la barre. Quand Harlow est expédiée à Chicago pour une apparition à l'Oriental Theatre, où Al Capone vient l'admirer, Hughes a demandé 3 500 dollars, au titre du contrat qui lie l'actrice. Harlow, elle, touche 200 dollars. Paul Bern tique. Que peut-il faire ? Il se trouve qu'à Chicago, il y a des amis de Marino Bello, dont l'un se nomme Johnny Rosselli. Celui-ci est déjà en route pour Hollywood, où il va faire suivre le message.

Quand elle revient à Hollywood, Jean Harlow est déprimée. Elle n'a pas d'homme dans sa vie, elle se sent mésestimée, avec raison : George Cukor, l'un des réalisateurs les plus respectés, estime « qu'elle n'a aucun talent. Elle est simplement risible ». Jean Harlow va de soirée en soirée. Elle croise Johnny Rosselli et l'un de ses patrons, Abner « Longy » Zwillman. Celui-ci, qui a la gueule de l'emploi – un nez de boxeur, un sourire de voyou et une silhouette de camionneur –, est le capo des docks du New Jersey. Il se surnomme « Longy » à cause de la longueur de sa baguette magique. Il est originaire de Newark, où son père, un pauvre Juif polonais, vendait des poulets. Bootlegger agressif, Longy a travaillé avec Joe Kennedy, puis a mis sur pied une organisation formidable : 40 % de l'alcool de contrebande en provenance du Canada lui passe entre les mains. Il est l'associé de Meyer Lansky, de Bugsy

Siegel et de Lepke Buchalter. La Maffia juive. La Kosher Connection. En 1930, Longy Zwillman gagne 40 millions de dollars. Il a bien quelques mandats contre lui, pour « barbarie et cruauté physique » (il a la fâcheuse habitude de réduire ses adversaires à l'état de pâte à papier), mais, selon Marino Bello, c'est « un gars comme les autres ».

En voyant Jean Harlow à l'Oriental, Longy Zwillman craque. Il la suit à Los Angeles. Il séduit l'actrice, sort avec elle. La presse trouve le couple amusant : les gangsters, à l'époque, sont des personnages pittoresques et plutôt appréciés. Jean Harlow, elle, les trouve irrésistibles. Hughes sent venir les ennuis. La Maffia ? Il songe immédiatement à céder son contrat avec Jean Harlow à Harry Cohn, le patron de Columbia. Cohn est un joueur invétéré, il est aussi caractériel et sans pitié. En plus, il est le meilleur ami de Rosselli. Lequel, en coulisse, manipule les événements. Il a des amis partout. Et des amis d'amis. Parmi ceux-ci, un homme aussi élégant que lui : Bugsy Siegel. Celui-ci veut s'introduire à toute force dans les milieux huppés d'Hollywood : Rosselli, qui est devenu intime avec Jack Warner et Louis B. Mayer, va l'aider. Il lui fait rencontrer Jean Harlow, qui acceptera d'être la marraine de l'une des filles de Bugsy Siegel.

Hughes est réticent à laisser filer l'actrice. Il faudra que Longy Zwillman intervienne personnellement pour que l'affaire soit réglée, sans passer par la case « pâte à papier ». Au grand dam de Hughes, qui déteste qu'une femme, même délaissée, le quitte pour un autre, Zwillman joue au grand seigneur : il offre à Harlow des diamants, une maison et une Cadillac rouge. La « Blonde platine » est enfin tranquille.

Lorsque Rupert Hughes, l'oncle détesté, constate que son neveu Howard va porter à l'écran *The Front Page*, d'après une pièce de théâtre de Ben Hecht et Charles MacArthur, il est agacé. Il sait que le personnage principal de cette comédie journalistique est calqué sur son ami, Walter Howey, dont il apprécie particulièrement la nièce, Coleen Moore, la piquante brune. Pis : quand il apprend que Howard va produire *Scarface*, vibrante apologie (pense-t-il) du crime et des voyous, Rupert est ulcéré. D'autant plus que l'auteur du scénario, John Monk Saunders, auteur sentimental et alcoolique incurable, a été le mari de la belle-fille de Rupert, Avis. Mais ce dernier a beau avoir le poil hérissé, il n'y peut rien. En revanche, l'un de ses amis y peut quelque chose. Will Hays, le maigre censeur en chef, l'inventeur du fameux « Code Hays », va intervenir.

The Front Page sera réalisé par Lewis Milestone, qui a consenti à retravailler avec Hughes, cantonné cette fois au rôle de producteur. Celui-ci écarte un acteur extraordinaire, James Cagney, qu'il trouve « trop racaille ». Il ne veut pas de Clark Gable parce que, dit-il, « ses oreilles sont trop grandes ». Quant à *Scarface*, c'est un jeune réalisateur de génie qui va le réaliser, Howard Hawks.

Hawks et Hughes se connaissent. Ils partagent une origine provinciale – Hawks est né à Goshen, Indiana, au sein d'une famille aisée – et un solide mépris des barons d'Hollywood. Hawks aime les voitures rapides, le golf, les avions, les femmes très belles. Et son copain, Mickey Neilan, l'accompagne dans des beuveries restées célèbres. Howard Hawks est comme un double talentueux de Howard Hughes. Ils ont le même prénom et les mêmes initiales.

Les deux H.H. se sont rencontrés dans des circonstances belliqueuses : pendant le tournage de la partie parlante de *Hell's Angels*, Hughes est entré dans une colère froide en apprenant qu'un autre film d'aviation, *La Patrouille de l'aube*, est en cours de réalisation. Scénario : John Monk Saunders. Mise en scène : Howard Hawks. Hughes fait donc un procès à Hawks, pour plagiat. Et tente de racheter tous les avions de la Première Guerre mondiale encore en service, pour entraver le tournage. Finalement, il se décide à aller voir Hawks pour le forcer à arrêter son film. « Mr Hughes, répond l'autre, je fais des films pour gagner ma vie. Vous en faites pour vous amuser. J'ai la gueule de bois. »

Fin de la conversation. Dans les semaines suivantes, Hughes enverra deux détectives pour soudoyer une secrétaire et se procurer un exemplaire du scénario de *La Patrouille de l'aube*. Les deux espions finiront en prison. Et le juge Cosgrove, après avoir visionné les deux films, tranchera en faveur de Hawks.

H.H. et H.H. finiront par être partenaires de golf.

Un jour de 1930, Ben Hecht, le plus doué et le plus prompt des écrivains d'Hollywood, traîne dans les couloirs des studios Goldwyn. C'est lui qui a dit que « les habitudes sexuelles des gens à Hollywood sont aussi connues que leurs opinions politiques. Mais elles sont moins critiquées ». Il croise Howard Hawks, qui occupe un bureau à côté. Celui-ci, qui s'ennuie, lance :

– Vous voulez travailler avec moi ?

– Oui. Qu'est-ce que vous voulez faire ?

– Un truc de gangsters.

– Non ! Pas ça ! Je viens d'en faire deux ! *Les Nuits de Chicago* et *Homicide Squad* !

– Justement, si. D'ailleurs, j'ai une idée. On va faire les Borgia à Chicago. Sauf que César Borgia, c'est Al Capone. Qu'en pensez-vous ?

– Du bien.

Ils se mettent au travail. Hecht est comme du vif-argent (il signera plusieurs centaines de scénarios et écrira une dizaine de livres, tout en militant pour l'Irgoun, l'organisation clandestine juive). Hawks est efficace, et a des idées très précises (il signera des chefs-d'œuvre : *Le Grand Sommeil*, *La Captive aux yeux clairs*, *Seuls les anges ont des ailes*, *Rio Bravo*, entre autres). Hecht rencontre Howard Hughes, et le classe immédiatement dans la catégorie des « à fuir » : « Il ne m'inspirait pas confiance. Il avait un drôle d'air. Il y avait quelque chose de mou dans son visage. Il était sourd, il s'exprimait mal, et je n'aimais pas du tout son allure. » Pour surmonter son aversion, Hecht fait monter les enchères : il demande 1 000 dollars par jour de travail. Il garantit à Hughes la réussite : « Il y aura vingt morts dans le film, et nous ferons un malheur. » Hecht écrit le scénario en onze jours. Les 1 000 dollars arrivent ponctuellement, par coursier. Hawks, pendant ce temps, recrute des comédiens. Il engage Osgood Perkins, le père d'Anthony Perkins. Et un acteur nommé Henry William Pratt qui, sous le pseudonyme de Boris Karloff, deviendra l'un des monstres les plus aimés de l'écran. Il faut trouver l'interprète principal. Quelqu'un qui sera un balafré crédible, un gangster de haut vol. Hecht indique au metteur en scène un acteur du théâtre yiddish new-yorkais, Muni Weisenfreund, dit Paul Muni. Celui-ci est une crème d'homme, un doux. Il hésite. Il pense qu'il ne peut pas jouer un rôle violent. Finalement, c'est sa femme qui le convaincra. Reste à distribuer les personnages du second gangster, Gino Rinaldi, et de la sœur incestueuse, Cesca.

Hawks pense immédiatement à un jeune acteur, George Raft. Celui-ci est quasiment un vrai gangster. Il est né en 1896 dans le pire quartier de New York, Hell's Kitchen. Son grand-père, Martin Raft, a importé aux États-Unis les premiers manèges mécaniques pour enfants en arrivant d'Allemagne en 1875. Le petit George, dès son plus jeune âge, a appris à se défendre dans la rue. Son meilleur copain, Owney Madden, deviendra un maffioso réputé. Un jour, le père Raft voit son fils se bagarrer. Il lui dit : « Si tu ne gagnes pas, c'est moi qui te corrige. » Dix ans plus tard, George Raft est devenu danseur mondain : beau, avec un air sombre, il est réputé pour être un amant infatigable, et très recherché par les dames. Son compère, danseur comme lui, se nomme Rodolpho Guglielmo. Il va faire chavirer les cœurs sous son nom d'artiste, Rudolph Valentino.

C'est lors d'un match de boxe que Hawks a rencontré Raft. Celui-ci, après deux ou trois apparitions dans des films, est sur le point de se mettre au service d'Owney Madden. Quand Hawks lui parle de *Scarface*, Raft explique : « Je suis fauché. Je ne peux pas attendre. » Hawks répond : « À partir de cette minute, vous êtes salarié. » Dans le rôle de Rinaldi, le voyou qui fait voltiger une pièce de monnaie, George Raft sera inoubliable.

Une jeune actrice peu connue va obtenir le rôle de Cesca : Ann Dvorak. Mince, vaguement garçonne, possédant un physique résolument à contre-courant des canons esthétiques de l'époque, elle fera une belle carrière dans des films mineurs, tout en défiant constamment Jack Warner, son employeur. Bref, elle a du caractère.

Dès le départ, le film est sujet à critiques. Sous l'impulsion de quelques âmes charitables (dont Rupert Hughes ?) qui attirent son attention sur l'immoralité de *Scarface*, Will Hays fronce les sourcils. Le personnage principal, calqué sur Al Capone, est, selon Hays, glorifié : il n'est pas question de laisser passer ça. Les relations incestueuses de Scarface et de sa sœur ont besoin d'être édulcorées. La mort du pégriot, telle qu'elle est décrite, constitue un véritable défi : il reste insolent jusqu'au bout, aucun remords tardif ne vient le sauver de la damnation éternelle. Damnation dont Hawks, Hecht et Hughes se moquent éperdument. Or, sans le « sceau » d'approbation du comité Hays, pas question de tourner. Dans la hâte, quelques changements sont donc apportés au scénario. Pas suffisant. Hays menace : « Si vous avez la témérité de tourner *Scarface*, nous nous assurerons qu'il ne soit pas distribué ». Hughes entre dans une de ses colères froides : « Qu'ils aillent se faire foutre. » Ravi, Hawks commence le tournage et réussit l'impensable : il bannit Howard Hughes du plateau. Mais celui-ci est parfaitement satisfait des premiers rushes : plus c'est violent, plus il adore. D'autant plus que les balles utilisées sont de vraies balles : un visiteur, Gaylord Lloyd, le frère de Harold Lloyd, y perdra un œil.

Mais le combat avec le comité Hays n'est pas fini. Des scènes intercalaires sont ajoutées, moralisatrices et souvent idiotes. La fin est modifiée. En octobre 1931, une copie aseptisée est projetée pour Will Hays. Celui-ci est toujours critique. Il demande que le titre du film soit changé en « Scarface, la honte d'une nation », et qu'un prologue soit ajouté, pour expliquer au public (imbécile) que les gangsters sont des ordures. La bataille sera rude :

Hughes ne tolère pas qu'on lui dise ce qu'il doit faire. Dans les journaux il dénonce la censure, et fait sortir le film dans la version qu'il aime, la plus violente. La guerre est déclarée : tribunaux, campagne de presse, copies tronquées, copies rallongées, États qui interdisent le film... Bref, le tapage est énorme.

Aujourd'hui encore, *Scarface* est considéré comme un chef-d'œuvre.

C'est le premier combat de Hughes avec la machine de la censure. Ce ne sera pas le dernier. Quand elle s'exerce contre lui, il est capable de la défier, comme personne. Quand elle s'exerce à son profit, il n'y voit aucun inconvénient. Des principes ? Hughes n'en a pas. Il n'en aura jamais.

Sa vie sentimentale est un manège : il sort discrètement avec Carole Lombard, la future Mme Clark Gable, couche avec une autre actrice, Constance Cummings, et continue à faire couple avec Billie Dove. Celle-ci, qui a été la maîtresse du maire de New York, Jimmy Walker, a jadis fréquenté des personnages peu recommandables, dont le célébrissime tueur Legs Diamond, et un obscur danseur mondain nommé... George Raft. À l'occasion du tournage de *Scarface*, Raft revoit son ancienne compagne. Et, fidèle à son mythe, l'emmène séance tenante à l'Ambassador Hotel pour un après-midi coquin. Les préambules sont charmants, le champagne bien frappé et... le téléphone sonne. Raft décroche. Un « ami d'amis » l'avertit :

– Je te signale que la fille qui est avec toi est la maîtresse de Howard Hughes.

– Et ?

– Et rien. Simplement, il est dans le hall, et il la cherche.

– Merci.

– Il monte.

Raft s'éclipse, les chaussures à la main. Plus tard, pour faire plaisir à ses « amis d'amis », l'acteur organisera une projection de *Scarface* pour Capone lui-même et pour son entourage. Ravi, le Balafré offrira un témoignage d'affection à Raft : une mitraillette miniature en or.

Hughes voyage avec Billie Dove : ils vont à Londres pour un séjour romantique, puis à Prague. L'actrice réussit à faire admettre à son compagnon qu'il doit tenter de faire soigner sa surdité. Il accepte de consulter. Diagnostic : ostéosclérose héréditaire. Les médecins sont égaux à eux-mêmes : après dix jours d'examens, ils donnent à Hughes le meilleur conseil du monde. « Apprenez à lire sur les lèvres. »

Quand ils reviennent à Los Angeles, les deux amants s'installent ensemble. Mariage en vue ? Louella Parsons se frotte les mains. Hughes, cependant, éprouve des maux de tête terribles. Souvent, il se réveille la nuit. Insomniaque, il demande alors à un chauffeur de l'emmener au studio Goldwyn, où, avec Billie, il s'installe dans la salle de projection pour des sessions marathon. Quand il n'est pas avec elle, dévoré de jalousie, il fait espionner sa compagne jour et nuit. Quand elle s'absente pour aller se repoudrer le nez, au restaurant, il n'hésite pas à se lever et à la suivre. Lui, en revanche, fréquente les bordels et les petites actrices. Un jour, Billie Dove ramasse ses affaires. Quand Howard Hughes rentre, elle n'est plus là.

Il a produit deux films où elle apparaît, *Cock of the air*

(que Hays a fait couper drastiquement, sa fureur contre Hughes ne s'éteindra jamais), et *The Age for love*. Parfois, seul, Hughes retourne au studio Goldwyn pour se faire projeter ces deux films, et regarder l'image de celle qui fut, dit-on, son seul amour.

Une fois de plus, il va être mêlé à un scandale, cette fois-ci colossal.

Le 21 juin 1932, Jean Harlow et Paul Bern, son impresario, publient les bans : ils veulent convoler. Longy Zwillman comme Howard Hughes détestent qu'on joue avec leurs vieilles poupées. Zwillman réagit le premier : il fait faire une enquête serrée sur Bern. Par qui ? par Johnny Rosselli, qui assure à son patron que l'impresario est « une folle », sans qu'on sache s'il s'agit d'une appréciation personnelle ou d'une réalité. D'ailleurs, c'est simple : Bern a jadis eu des relations « platoniques » avec certaines de ses clientes, dont Barbara La Marr, Clara Bow et Joan Crawford. Et quand il a demandé la main de Barbara La Marr, celle-ci a refusé : Paul Bern a alors fait une tentative de suicide en se noyant dans la cuvette de ses W.-C. Il a fallu faire appel à un plombier pour le sortir de là. Zwillman éclate de rire. Il rira jusqu'en 1956, date à laquelle le FBI le coincera pour évasion fiscale. Trois ans plus tard, Longy Zwillman, la terreur des terreurs, se pendra chez lui avec un fil électrique.

Paul Bern est un personnage étrange : il se nomme en réalité Paul Lévy et il est l'un des dix-huit enfants d'un confiseur autrichien. Son ami Edward Bernays est marié avec la sœur de Sigmund Freud, et la tante Bernays est l'épouse du psychanalyste. Passionné par l'inconscient et ses mystères, Bern, à peine arrivé aux États-Unis, plonge dans le monde du showbiz. Quand sa mère se suicide en se jetant dans le port de New York, en 1920, il décide de se rendre à Hollywood. Là, il travaille comme scénariste, conseille aux producteurs stupéfaits de lire Freud et sort, amicalement, avec de belles femmes. La rumeur le veut homosexuel : il est un peu efféminé, possède une voix de tête, et son élégance est toujours minutieuse. Il demande à Jean Harlow d'utiliser les titres exacts de politesse. Ainsi, quand elle joue au poker avec le prince Louis Ferdinand von Hohenzollern, elle doit lui dire :

– Deux cartes, votre Altesse Sérénissime.

– Pas d'Altesse entre nous, mon chou. Appelez-moi Lou.

Paul Bern s'est donné pour tâche d'éduquer Jean. Il épouse la Blonde platine le 2 juillet 1932. « Tout ce dont j'ai envie, c'est de m'asseoir à ses pieds et de l'écouter », dit la mariée. Elle est heureuse. En apparence.

Le 5 septembre 1932, on retrouve le cadavre de Paul Bern chez lui, dans sa maison d'Easton Drive. Il est nu, replié sur lui-même, une balle dans la tête.

Sur sa table de nuit, un livre ouvert : *The Glands Regulating Personality*, du bon docteur Berman. Suicide ? Une note tend à l'accréditer : « Ma chérie, c'est la seule façon de réparer l'effroyable tort que je t'ai causé et de laver mon abjecte humiliation. Je t'aime. Paul. » Crime ? On découvre que Paul Bern, en fait, est marié à Dorothy Millette, une folle plusieurs fois internée. Assassinat sur commande ? Un tueur à gages, recruté par Marino Bello, aurait agi sur les ordres de Longy Zwillman. Vengeance ? Jean Harlow elle-même sera soupçonnée. L'enquête, sabordée, ne révèle qu'une chose : Paul Bern possédait un pénis à peine plus gros que... mais oui, qu'un clitoris. Peut-on le classer dans la catégorie des hermaphrodites ?

Le nom de Howard Hughes est cité dans tous les journaux. La Blonde platine, l'une des femmes les plus sexy du globe, a abandonné le millionnaire pour un personnage incapable de la satisfaire ? On imagine la rage de Hughes. D'autant plus que le scandale est immense, colossal, passionnant. Le public en redemande.

Vingt ans plus tard, Joseph Mankiewicz s'inspirera de cette affaire pour *La Comtesse aux pieds nus*, l'un des plus beaux rôles d'Ava Gardner. Qui sera la maîtresse la plus rétive, la plus sauvage, de Hughes.

Peu après ce scandale, le fidèle Noah Dietrich demande un rendez-vous à son patron. Il a des choses importantes à lui dire. Howard Hughes consent à le recevoir le matin, devant des œufs brouillés à la perfection, des toasts coupés à 45° exactement, du café. Les deux hommes bavardent un moment. Puis Hughes demande :

– Que se passe-t-il, Noah ?

Dietrich hésite, boit son café. Puis :

– Howard, vous êtes ruiné.

CHAPITRE 7

LA CROISÉE DES CHEMINS

À Los Angeles, du rivage, on aperçoit des casinos flottants : le *Rose Isle*, le *Johanna Smith*, le *Monte Carlo*. Ancrés au large de Long Beach, ces vaisseaux de plaisir donnent sur des hôtels de luxe, et sont réputés pour être des machines à fric. Il y en a aussi à Santa Monica, et à Seal Beach. Toute la belle – et la moins belle – société se presse là, pour flamber, boire, se montrer ou flirter. Avantage : les jeux de hasard sont illégaux à terre. Mais personne n'a dit qu'ils étaient proscrits en mer.

Un soir, Johnny Rosselli, vêtu comme un milord, arrive sur le quai de Long Beach en compagnie d'un homme d'aspect sombre, Jack Dragna. Celui-ci est le doyen des voyous de Los Angeles. Il est bâti comme un cube, avec de grosses lèvres, et son mauvais caractère est légendaire. Tous ses ennemis ont disparu mystérieusement, et Dragna est le capo du quartier italien, réglant des conflits, conseillant ses amis, tranchant dans le vif. Arrivé en 1908, condamné pour extorsion de fonds en 1915, chef de la Italian Protective League (qui s'occupe de la défense des immigrés), Dragna est le roi des jeux, de l'alcool et de la contrebande. Ses contradicteurs ont la fâcheuse manie de mettre les pieds dans des blocs de béton frais et d'aller se baigner ensuite.

Dragna a un ennemi, pourtant, qu'il n'arrive pas à réduire : Charlie Crawford, le « Loup gris ». Celui-ci a deux défauts : il n'est pas italien, ce qui est grave. Et il s'occupe de prostitution et de jeux, ce qui est gravissime. Crawford n'est pas un violent. C'est un politique. Il a ses entrées chez George Cryer, le maire de L.A. Crawford a aussi quelques amis : Farmer Page, l'opérateur des casinos ; Bob Gans, le king des machines à sous ; Marco Albori, le cogneur ; Guy McAfee, le génie des jeux de hasard. Ce dernier, quand il était encore flic, avait l'habitude de téléphoner aux futures victimes d'une descente de police et, au lieu de causer, il sifflait l'air des Walkyries, faisant comprendre à ses complices qu'il était temps de décamper. On le surnomme « le Siffleur ». Il deviendra un personnage de bande dessinée.

Après être descendus de leur voiture, Rosselli et Dragna hèlent une vedette-taxi. Seul Rosselli monte et se dirige vers le plus beau, le plus neuf des casinos flottants, le *Montefalcone*. Il laisse son chapeau et son arme au vestiaire et fait un tour : le bateau est somptueux. Il y a une salle de bal, un orchestre de sept musiciens, un restaurant, une salle de jeux de cent mètres de long, quatre tables de roulette, cinquante machines à sous, huit tables de craps, une douzaine de tables de poker. Rosselli s'enferme avec le gérant de l'endroit, Tutor Sherer, et expose ses exigences : « Tout pour Dragna. »

La guerre est déclarée. Quand Johnny Rosselli reviendra, ce sera avec une mitraillette. Le *Montefalcone* est désormais à Dragna : la machine à fric va produire tellement d'argent que les gangsters seront obligés d'acheter un camion pour transporter les fonds à la banque. Les autres casinos, inexplicablement, se mettent à brûler. McAfee a beau siffler, il n'y peut rien. Le « Loup gris » a perdu la partie. Rosselli a prouvé qu'il pouvait tout faire, tout contrôler, tout réussir. Désormais, il va s'attaquer à l'industrie du cinéma. Aux studios. Et, surtout, aux producteurs.

Pour l'heure, Dietrich, calmement, explique : la production de *Hell's Angels* a asséché la Hughes Tool Co. Les films que Hughes a produits par la suite – *The Front Page*, *Cock of the air*, *The Age for love* – ont saigné la compagnie. Le train de vie et les aberrations de Hughes – investissements imbéciles en Bourse, acquisition du labo couleur de Romaine Street, achats d'avions – ont été fatals. Et les dirigeants de la Hughes Tool Co, à commencer par R.C. Kuldell, l'homme de confiance de Howard Sr, sont révoltés par l'impéritie de leur patron : il ne fait rien de son argent, sinon le dépenser. Il est improductif, et toutes les ressources de la société passent en caprices de gamin gâté. Pour ses employés, Howard Hughes est un play-boy fainéant.

– Et il y a autre chose, Howard.

– Quoi encore ?

– Nous ne pourrons pas payer la pension alimentaire d'Ella Rice. Ses avocats protestent.

– Arrangez ça, Noah.

– Je m'en charge. Mais il faut redresser la barre.

– Que faire ?

– Vous êtes ruiné. Vous ne pouvez plus rien dépenser.

– Que proposez-vous ?

Noah Dietrich a un plan. Mais il lui faut l'assentiment de son boss. Lequel ne semble pas réaliser que, dehors, la Dépression fait des ravages. Les salaires ont été diminués de 60 %, en moyenne. Le taux de suicides est passé à 17,4 pour 100 000 personnes. La paie moyenne d'un ramasseur de fruits est de 10 cents par 50 kilos. Les gangsters tiennent le haut du pavé : Dillinger, Baby Face Nelson, Machine Gun Kelly, Pretty Boy Floyd, Ma Barker, Bonnie et Clyde sont les nouveaux héros des foules et la hantise des banques. 300 000 chômeurs traînent dans les rues de L.A. Les vagabonds sont traqués : 15 000 d'entre eux sont arrêtés durant la seule année 1932, sur ordre du chef de la police de Los Angeles, Roy Steckel, un ex-fondeur surnommé « Gros Bras ». Les syndicalistes sont impitoyablement tabassés, pourchassés, parfois tués. Les cadres de la Hughes Tool Co sont sur le point de faire sécession. Ils savent que leur patron a dépensé près de deux millions de dollars pour Billie Dove. En tout, souligne Dietrich, Howard a flambé seize millions de dollars en trois ans. C'est dément.

– Ils veulent se mutiner ? Qu'on les vire !

– Non, Howard.

– C'est MA société !

– Oui, Howard. Mais, au lieu de les virer, il faut...

– S'en débarrasser !

– Non. Il faut les augmenter. Sinon, ils vont courir chez nos concurrents.

Une seule solution : l'hypothèque. Et il faut réduire les dépenses, le train de vie. R.C. Kuldell propose 500 000 dollars par an comme argent de poche pour l'héritier, pas plus. C'est humiliant. Mais le plus humiliant, c'est que les avocats d'Ella Rice exigent un dépôt de 25 % des actions de la Hughes Tool Co, en attendant le paiement des sommes dues. Difficile de faire des films, dans ces conditions. Le *Rodeo* est vendu.

– Et les cadres, qu'est-ce que je leur dis ?

– Dites-leur, Noah, que j'accepte leurs conditions. Et, au lieu de les augmenter, je leur donnerai une participation en stock-options, sur une période de cinq ans.

Dietrich s'exécute. Il négocie. Il obtient l'accord de Kuldell et consorts. Il se tourne vers Howard Hughes.

– Nous allons redresser la situation, Noah. Je vais devenir l'homme le plus riche du monde. Partez à Houston, et prenez la société en main.

– Et les stock-options ?

– Il n'y en aura pas.

– Mais vous avez dit...

– J'ai menti.

Cinq ans plus tard, sous l'impulsion intelligente de Noah Dietrich, la Hughes Tool Co sera devenue l'une des sociétés les plus productives des États-Unis. Pour Howard Hughes, il n'y aura pas de Dépression. À peine une petite déprime.

À cette époque, Howard Hughes se lance dans une course aux filles, une chasse incessante. Actrices, girls de revues, danseuses, chanteuses, tout lui est bon. On l'aperçoit avec Dorothy Jordan, Lillian Bond, Jeanette McDonald et une jeune comédienne ravissante, June Lang. Celle-ci, considérée comme l'une des plus jolies filles disponibles, est connue pour sa légèreté : elle sort, de préférence, avec des millionnaires et, un temps, elle a été la petite amie de A.C. Blumenthal, banquier dispendieux. D'origine norvégienne, elle a joué dans une trentaine de films, dont *La Mascotte du régiment* de John Ford, et *Zénobie*, grosse farce avec Laurel et Hardy. Elle a également été la co-vedette de *Music in the air*, en compagnie de Gloria Swanson, alors en pleine rupture avec Joe Kennedy. Avant sa mort en 1985, June Lang résumait ainsi sa vie : « J'ai commis une seule erreur. Je me suis mariée trois fois. » Sa principale erreur consistait surtout à avoir épousé un gandin louche.

Johnny Rosselli.

Pendant que Howard Hughes fait la tournée des grands-ducs avec June Lang, d'autres filles attirent son œil. Lors d'une projection, il demande à sa voisine, Ida Lupino, qui a seize ans, ce qu'elle veut :

– Des jumelles.

– Pourquoi voulez-vous des jumelles ?

– Pour regarder les étoiles.

Elle en deviendra une. Il couche avec elle.

Peu à peu, à force de faire la nouba, Hughes se forge un vague cercle de connaissances. Parmi celles-ci, un jeune homme qui fera fortune, et qui tire son nom des légumes que vendait son grand-père sur le marché : Albert « Cubby » Broccoli, futur producteur. Un autre copain de bordée est le propre fils de Randolph Hearst, Randolph Jr. Avec Junior, Hughes va aller de ville en ville, pour découvrir les boîtes de Palm Springs, d'Agua Caliente ou d'Hollywood. Parfois, les deux compères filent, en avion, vers le château de Hearst, San Simeon.

Mais Howard Hughes laisse derrière lui une traînée de femmes mécontentes. Certaines sont abandonnées purement et simplement après une coucherie rapide : Hughes se lève, s'habille, prétend qu'il va passer un coup de fil, et ne revient jamais. D'autres sont priées de rentrer à pied.

L'élégance, c'est bon avant le sexe. Après, Hughes se transforme en goujat. À chaque fois, Noah Dietrich se charge des dégâts, avec une poignée de dollars et quelques égards.

Un soir, Hughes avise un couple qui danse merveilleusement, sur la piste du Cocoanut Grove. Il se renseigne. On lui explique qu'il s'agit de Mervyn LeRoy, un producteur très apprécié, et d'une jeune femme nommée Katharine Virginia McMath, une petite Texane très délurée qui, à vingt et un ans, est en train de se faire une carrière sous le nom de Ginger Rogers. « Ginger », parce qu'elle est rousse. Celle-ci remarque Hughes : il est assis, un verre de jus d'orange à la main, auprès d'une actrice, Nancy Carroll, et son visage est impassible, « comme un masque », dira-t-elle. Quand Mervyn Le Roy et sa compagne vont s'asseoir, Hughes se lève.

– Bonjour, Merv. Je viens m'installer à votre table. Dans un instant.

Et il s'en va. Ginger Rogers remarque :

– Il est bizarre, ce type-là.

– C'est Howard Hughes, le millionnaire. S'il est aussi bon producteur que pilote, il va devenir riche.

– Il l'est déjà, Mervin.

– Encore plus riche, alors, Ginger.

– C'est injuste : les riches gagnent de l'argent ?

– N'oublie pas, Ginger, que les riches ne sont que des pauvres avec du fric.

Quand il revient, Howard Hughes s'est débarrassé de Nancy Carroll. Il murmure quelques mots, se penche sur Mervyn LeRoy, chuchote encore quelques mots, et se lève pour danser avec Ginger. Immédiatement, deux problèmes surgissent : Hughes danse mal, et il est trop grand pour faire la conversation avec Ginger Rogers, plutôt petite.

Tous deux résolvent la question : « Ne dansons pas. Enlaçons-nous, c'est tout. » Sur l'air de *Street of Dreams*, chanté par Russ Columbo, ils s'enlacent. Quelques jours plus tard, les deux tourtereaux sont ensemble à la première de *Scarface*. Mais cette fois-ci, c'est elle qui va prendre le large. Hughes n'est pas habitué. Quand, lassée de ses infidélités, elle s'en ira, Noah Dietrich verra son patron dans un état unique : il pleure.

Quant à Nancy Carroll, elle va revenir dans le tableau. Hughes l'invite chez lui, elle se déshabille, se couche et, tandis que le maître des lieux a disparu dans la salle de bains, elle attend. Et attend. Et attend. Quand elle va jeter un œil, elle voit le play-boy, culotte baissée, se battant avec sa constipation chronique, passant le temps à lire des manuels d'aviation. Nancy Carroll se rhabille et s'en va. Dix minutes passent, et le portier de l'hôtel voit passer Hughes comme un fou :

– Où est-elle ? Où est-elle passée ?

– Par là, monsieur Hughes.

Celui-ci saute dans sa Packard, démarre en vitesse, fait crisser les pneus. Peine perdue. Nancy Carroll est rentrée chez elle. Où elle ne va pas rester seule longtemps.

Elle va se jeter dans les bras d'un autre protecteur : Joe Kennedy, qui en fera sa maîtresse attitrée. Mille ans plus tard, devenue actrice de télé, Nancy Carroll aura des mots durs : « Joe était un salaud. C'était un dictateur cruel. Quand il voulait coucher avec moi, il ne me demandait jamais si j'en avais envie, ou si j'avais mes règles. Il venait, c'est tout. »

Plus que jamais, Hughes exècre cet Irlandais qui lui fait de l'ombre.

Hughes n'aime pas qu'on le laisse tomber. Chaque fois qu'il rencontre une fille, il ne la perd pas de vue, fait éplucher les potins de Louella Parsons, demande à ses détectives de constituer un dossier. Que fait-elle, qui voit-elle, quels sont ses moyens d'existence ? Il voudrait les avoir toutes, et n'en avoir aucune. Il veut coucher avec elles, et les garder dans sa troupe. Au fond, Hughes rêve d'un harem. Parfois, il réapparaît dans la vie de l'une des filles sans prévenir, exigeant une nuit, agitant la promesse d'un mariage ou de bijoux, repartant comme il est venu, sans donner de nouvelles pendant des mois, parfois des années. C'est un don Juan fantomatique, un amant-minute lunaire et froid. Il apprend qu'Ella Rice, son ancienne épouse, est en ville, à l'hôtel. Avec son nouveau mari, James Winston, le fiancé de jeunesse. Celui-ci a prospéré en devenant agent de change. Tandis que le couple Winston se prépare pour sortir, le téléphone sonne. Ella Rice prend l'appareil, et entend la voix de son ex-mari. Celui-ci la supplie de lui accorder quelques minutes, au salon de thé de l'hôtel. Elle accepte, avec réticence. Quand il la voit, Hughes se lance dans un numéro de charme : il plaide, sourit (il sourit, oui !), déploie des bonnes manières. « Reviens avec moi », dit-il. Ella Rice le regarde, se lève, dit simplement : « Écris-moi », et s'en va. Ils ne se reverront jamais.

La vie que mène Hughes présente des inconvénients : il va d'hôtel en hôtel, où tous ses gestes sont rapportés aux paparazzi et, notamment, à Louella. Il est facilement reconnaissable, avec son Borsalino et son allure de grand ténébreux. On le suit, on le photographie, toutes choses qu'il déteste. Il aime espionner, il n'aime pas être espionné. Il achète donc un autre bateau, encore plus grand que le *Rodeo*, avec un équipage de trente marins et une cave à vins géante. Le *Southern Cross* est le cinquième yacht du monde, en taille. Ce sera sa nouvelle garçonnière. Pour un homme dont on a restreint les dépenses, Hughes se débrouille bien. Il n'a cure des avis des autres. Il se contente de proposer le mariage à des dizaines de filles plus ou moins crédules, attirées à bord du *Southern Cross*, qu'il fera rarement naviguer, sauf pour accompagner son Sikorsky amphibie dans divers ports. Les femmes, les avions : les avions n'ont pas d'états d'âme. Les femmes, si. Certaines deviendront ses captives. D'autres, ses ennemies.

Pour séduire, Hughes emploie toujours le même stratagème. Il envoie un émissaire – sauf dans le cas de Ginger Rogers – tenter la première approche. Puis, si la fille accepte de dîner avec lui, Hughes fait son numéro de gamin attardé, seul, oh si seul ! dans le vaste monde, avec tout ce pognon sans savoir qu'en faire. Sa phrase standard, c'est : « Je suis orphelin. Je n'ai personne. » Pauvre garçon, va. Il n'a personne, sauf un milliard d'autres filles. Mais la future conquête est charmée. Hughes propose généralement un contrat, ce qui, dans son esprit, lui donne tous les droits.

Et il emploie des « scouts », des repéreurs. Un jour, de passage à Houston, il est abordé par un homme d'affaires, comme lui spécialisé dans le pétrole :

– Mr Hughes, je vous présente un jeune homme qui a de la ressource.

Hughes regarde le type en question, Grady Reed.

– Que savez-vous faire ?

– Je peux sortir avec une fille pour 30 cents.

– Vous m'intéressez.

Désormais, lors de ses déplacements, Hughes sera souvent accompagné de Reed. Le contrat est simple : personne ne doit savoir qui est le grand étranger avec Reed, et ce dernier ne doit jamais poser de questions. Il est chargé de louer des appartements en Floride, au Texas, en Californie, et à Minneapolis. Sous une nouvelle identité, R. Wayne Rector, une nouvelle raison sociale, « artiste photographe », et un nouveau look, béret et pardessus en poil de chameau, Reed doit voyager, prendre des photos de belles filles, parfois noter les plaques minéralogiques à la sortie des lycées et inviter les jeunes élèves les plus sculpturales à des sessions photographiques. Reed-Rector envoie ensuite ses clichés à « Dick »-Hughes et celui-ci fait son choix. Si l'affaire se présente bien, après la séance, le photographe invite la fille à dîner dans l'appartement. Quand elle arrive, la table est mise, et Hughes apparaît. Reed, alors, s'éclipse. Deux heures plus tard, il doit téléphoner, et, tandis que Hughes fait semblant de parler à un producteur, préparer la voiture. La fille ne reverra jamais Mr Dick, l'étrange – et un peu sourd – amateur de photos de jeunes filles en col Claudine.

Johnny Rosselli, lui, s'est installé au Garden of Allah, l'hôtel d'Alla Nazimova. Situé en plein centre névralgique d'Hollywood, au coin de Crescent Heights et de Sunset Boulevard (il ne reste rien, aujourd'hui, de cet endroit historique, supplanté par une galerie marchande colossale), au bout de la ligne de trolley, le Jardin d'Allah est alors célèbre. Greta Garbo vient s'y baigner dans la piscine en forme de mer Noire, Marlène Dietrich y a quelques aventures masculines et féminines, et d'autres célébrités ont leurs habitudes au bar : Roosevelt abolit la Prohibition le 5 décembre 1933, au bout de quatorze années. L'humoriste Robert Benchley, en arrivant un soir, annonce : « Je vais quitter ces vêtements humides et me glisser dans un Martini dry. » Rosselli, tiré à quatre épingles, respecté, est l'un des fidèles clients. On le voit souvent, attablé avec Louella Parsons, échanger des confidences ; ou avec Jean Harlow, qui vient taper les cartes avec George Raft. En fait, c'est Longy Zwillman qui a demandé à Rosselli de « garder un œil » sur sa protégée.

La situation a changé. Al Capone a plongé, pour fraude fiscale. Les premières grèves frappent l'industrie du cinéma. Électriciens, décorateurs, accessoiristes se mobilisent. Un nouveau syndicat est formé, l'IATSE. En coulisse, Johnny Rosselli s'occupe du problème, à coups de batte de base-ball et d'hommes de main. Rosselli est mandaté par Harry Cohn, le patron de la Columbia, un tyran exécrable qui adore jouer aux cartes et qui a perdu gros sur le *Montefalcone*, le yacht salle de jeux, devenant ainsi l'« ami » de Rosselli, qui le tient par les bijoux de famille. Pareille association est aussi imposée à Jack Warner, qui flambe et perd. Mais Rosselli tient parole. Les grévistes sont invités gentiment à lever les piquets. Sinon, on leur casse les doigts. Ou les dents. Ou quelques os importants. Qu'est-ce qu'un os important ? « Un os qui sert à marcher. » L'argument, il faut le reconnaître, a du poids : en deux ans, le syndicat IATSE passera de 6 500 adhérents à 100.

Avec l'aide de Bugsy Siegel et de son comparse Mickey Cohen, Johnny Rosselli va mettre les studios en coupe réglée. Pour travailler, les producteurs devront verser leur obole. C'est de la « protection ».

Howard Hughes vient de rencontrer la femme la plus triste du monde : Barbara Hutton. Elle est richissime, car héritière de la chaîne de magasins Woolworth. Elle est sombre, dépressive, et vit dans une fête perpétuelle. Elle aura des dizaines d'amants. Elle finira, vieille dame squelettique, dans les bras de ses aides qui la font voyager. Liaison sinistre : Hughes, le play-boy qui ne sourit jamais, et Barbara, pauvre petite fille riche. Les deux ensemble ? Rien que d'imaginer, on est déjà sous Valium.

L'affaire, heureusement, ne dure pas. Hughes est déjà ailleurs. Un soir, le fidèle Noah Dietrich reçoit le sempiternel coup de fil. Il doit venir, séance tenante, pour régler un problème de la plus extrême urgence. De quoi s'agit-il ?

– Allez acheter des sacs en toile, six. Ces sacs de marine, vous savez.

– Oui.

– Ils doivent se fermer avec des lacets. Impérativement, des lacets.

– Bien. Et que dois-je en faire ?

– Vous verrez. Dépêchez-vous. Vite, vite.

Noah Dietrich file vers un surplus militaire, achète les six sacs et les apporte. À peine est-il revenu que Hughes se précipite dessus, et se met à enfourner des vêtements dedans, en vrac. Chemises, vestes, chaussettes, chaussures, pulls jacquard, tout. Neuf et usagé. Il termine avec les serviettes de toilette, les tapis, les rideaux et les draps. Quand tout est fini, il se tourne vers Dietrich :

– Emportez ces sacs dans un terrain vague et brûlez-les. Restez près du feu. Assurez-vous que tout est bien carbonisé.

Dietrich ne pose pas de questions. Il emporte les six

sacs et les livre à l'Armée du Salut. Il n'y comprend rien. Il comprendra plus tard : la dernière conquête de son patron – laquelle ? – est tombée amoureuse d'un pro de golf. Celui-ci, qui joue souvent avec Howard Hughes, a confié avoir une « légère maladie embarrassante », la syphilis. Il l'a transmise à l'actrice. Et celle-ci, à son tour...

Les microbes, voilà la plaie. Docky Martin, l'urologue de la 20th Century Fox, est aux premiers rangs du spectacle.

Il sait que la syphilis, non traitée, est une maladie dégénérative, puis mortelle. On a pu voir Al Capone, assis au bord de sa piscine à Miami, observer la ligne d'horizon sur la mer, et brailler : « Voilà les communistes ! Aux armes ! » C'est que la folie est au bout de la maladie, en trois étapes. D'abord, une éruption cutanée, un chancre. Ensuite, rien. Quelquefois, pendant des années. La période de rémission est extensible. Enfin, la déglingue totale et le décès sont inévitables. Dans les années 1930, le seul traitement consiste à injecter du mercure et de l'arsenic, pendant plusieurs semaines. Mais, souvent, c'est inefficace.

Lentement, Hughes glisse dans un monde étrange, de plus en plus étrange. Il téléphone aux gens à deux heures du matin, dort le jour, ne met jamais les pieds dans les bureaux qu'on lui prépare à grand renfort de décorateurs et d'investissements, exige que les films qu'il produit ne « soient jamais contaminés par la poussière », a des réactions inattendues. On lui vole sa Packard ? Qu'importe, puisqu'elle est assurée, argumente Dietrich. « Non, répond Hughes. Je la veux. Je veux la récupérer. » Pourquoi ? « Parce que dedans, il y a un magazine que j'étais en train de lire, et que je n'ai pas fini. »

Il emprunte de l'argent à ses proches, se sert de leur voitures (qu'il gare n'importe où, sans se souvenir), réclame un garde du corps pendant quelques semaines – l'enlèvement du fils Lindbergh est dans tous les esprits – puis le licencie rapidement. Il oublie fréquemment ses rendez-vous, ne se souvient jamais du nom des gens mais est capable de citer un minuscule détail technique appris dix ans plus tôt. Les gens ne l'intéressent pas. La mécanique, oui.

Parfois, il s'absente plusieurs jours d'affilée. Sa garde-robe se simplifie : un costume sombre, un costume clair et quelques chemises, voilà tout. Il se met à porter des tennis en toile, même avec son smoking, à l'étonnement de tous. Il devient son double fantomatique, son frère brumeux. C'est Howard Hughes version Bêta.

Puis il disparaît. Ce n'est pas la première fois, ce ne sera pas la dernière. Disparaître, pour Howard Hughes, c'est un besoin. Que lui est-il passé par la tête ? Un jour, il se fait couper les cheveux, prend le train pour Fort Worth, Texas, où il se présente pour un job chez American Airlines. Il est engagé comme porteur, sous le nom de Charles Howard grâce à de faux papiers. Il charge et décharge les valises. Il n'a jamais travaillé de sa vie mais là, par miracle, il apparaît tous les matins à 7 h 30, et prend son service sans rechigner. Puis il bavarde avec les pilotes, entre deux départs. L'un d'eux s'étonne : avec son gros calepin, son air studieux, ce porteur n'est pas comme les autres. Il comprend instinctivement les appareils, sait se repérer dans la jungle des manettes, lire les cadrans, différencier les contacts. Devant un employé aussi zélé, la compagnie décide de l'augmenter. Et le laisse s'installer dans le siège du copilote sur certains vols. Malheureusement, quelques semaines plus tard, un passager le reconnaît. La presse se précipite. Howard Hughes porteur ? C'est comme Lawrence d'Arabie redevenu simple soldat. Quand le secret est éventé, Hughes réagit comme toujours : en tirant profit de la situation. Il fait donner son propre attaché de presse, qui lui obtient les titres dans les journaux new-yorkais. Il veut, déclare-t-il, réaliser un nouveau film sur l'aviation, et il se documente.

Les avions vont devenir sa passion. Ils seront ses amis, ses refuges, ses centres de séduction. Il survolera les maisons des femmes qu'il convoite, pour les impressionner. Il invitera des starlettes dans ses machines, pour coucher avec elles. Il battra des records, pour faire le héros. Au début, personne n'y croit. Lors d'un dîner chez des amis, Hughes se retrouve entre Ginger Rogers et Carole Lombard. Il ne dit rien, comme à son habitude. Les deux femmes le connaissent intimement. Carole Lombard se penche, et remarque :

– Ton ami devrait faire du cinéma, Ginger. Pas seulement à cause de son allure. Mais parce qu'il serait bien dans le genre ténébreux silencieux.

– Le meilleur silencieux, c'est Gary Cooper, Carole.

– Ce n'est rien à côté de ton ami, Ginger.

– Mon ami est pilote, pas acteur.

Tout le monde s'esclaffe. Sauf Howard Hughes, qui n'a aucun sens de l'humour. Surtout quand il s'agit de lui-même et de son activité à Hollywood.

Hollywood ? Les gangsters contrôlent la ville, la production est de plus en plus difficile, la compétition est féroce et Howard Hughes a fait ses preuves. Les attaques portées par Will Hays au nom de la censure l'ont refroidi. Il annonce cependant qu'il veut faire encore un film, « Zeppelin L-27 », mais le projet ne verra pas le jour. La vérité, c'est que Howard Hughes a envie d'autre chose. En 1932, à vingt-six ans, il fonde une société : Hughes Aircraft Company, qui va devenir, au fil des ans, une machinerie immense. Hughes va bientôt acquérir TWA, fabriquer des avions militaires, et, encore plus tard, des satellites.

En attendant, il va rencontrer l'un des personnages les plus séduisants, mais aussi les plus étranges, du cinéma.

Cary Grant.

CHAPITRE 8

LE CLOCHARD CÉLESTE

Glenn Odekirk est un homme étonnant : il a le génie des avions. Il adore leur mécanique, leur ligne, leurs réactions. Il n'aime pas tant voler que plonger ses mains dans le cambouis, régler un problème, aléser une culasse. Il est apparu, un jour, avec d'autres mécaniciens, sur le tournage de *Hell's Angels*. Comme Hughes, il a monté et démonté des voitures, jusqu'à fabriquer de toutes pièces une voiture consommant un minimum d'essence, dans sa ville de Portland, Oregon. Diplômé de l'université, engagé immédiatement par Bach Aircraft Industries, il a été dépêché à Hollywood pour la maintenance des avions du film de Hughes. Il n'est jamais reparti. Sauf pour voler.

À vingt-cinq ans, il sait déjà tout : si certains vieux coucous réussissent à décoller, c'est grâce à lui. Silencieux mais gai, Odekirk est un magicien. Il a l'œil juste. La réplique aussi. Quand Howard Hughes, devant lui, se plaint des avions modernes, qui « ne sont pas assez rapides », Odekirk répond avec à-propos :

– Vous ne serez pas satisfait, Mr Hughes, tant que vous n'aurez pas construit votre propre avion.

– Tu as raison, Odie. Tu as raison. Peux-tu me rendre un service ?

– Certainement, Mr Hughes. Si je peux.

– Ne m'appelle pas Mr Hughes. C'est agaçant. Appelle-moi Howard.

– D'accord, Howard.

Une amitié est née. La seule, peut-être, de Howard Hughes. Avec Odekirk, il traversera le feu, le froid, le brouillard, des distances inouïes, des aventures épiques. Glenn Odekirk sera le seul être humain à rester en contact avec Hughes pendant quarante ans.

Pour commencer, Howard Hughes a acheté un Boeing 100A qu'il a fait modifier pour le rendre plus rapide. Et il a acquis un Sikorsky S-38 amphibie. Le premier avion, dans son esprit, doit devenir une machine de course. Le second, un long-courrier. Odekirk et Hughes s'attaquent à celui-ci, un hydravion massif, signé Igor Sikorsky.

Odekirk commence par installer une radio et alléger la machine. Et les deux hommes testent l'avion. Premier crash : à la Nouvelle-Orléans, le Sikorsky rencontre un orage furieux. Il se pose en catastrophe sur le Mississippi. Les moteurs sont abîmés. Deuxième crash : à Long Island, à cause d'une faute de pilotage de Hughes. Odekirk, l'homme aux doigts de fée, retape l'engin. Son patron ordonne au *Southern Cross* d'appareiller pour Miami, où il a l'intention de participer à un meeting aérien, le All-American Air Meet. Quand la nouvelle parvient aux oreilles de R.C. Kuldell, le directeur de la Hughes Tool Co, celui-ci voit rouge. Le *Southern Cross* est la goutte qui fait déborder le vase. Les frais de voyage d'une embarcation pareille sont colossaux : presque le prix d'un film. D'autant plus que Hughes et Odekirk se sont installés dans une suite à l'hôtel, et non dans le yacht, pourtant à quai. Noah Dietrich téléphone :

– Finalement, Kuldell aurait préféré que vous continuiez à produire des films.

– Ah ?

– Oui, c'est moins coûteux que de maintenir des avions et des yachts !

– Je sais, Noah, que les choses ne sont pas faciles. J'essaie de ne pas trop dépenser.

– On ne dirait pas, Howard.

– Si. Je viens de quitter une suite à 30 dollars par jour pour une autre à 20 dollars.

Cary Grant avait une phrase, une obsession : « J'aimerais être Cary Grant », disait-il. Suave, raffiné, séduisant, il était l'incarnation de la légèreté et de la facilité. Jamais personne n'a eu autant que lui le sens de l'élégance. On aurait juré que cet homme était une comédie musicale à lui tout seul. Pourtant, dans la vie, Archibald Arthur Leach – Cary Grant était un pseudonyme choisi sur le tard – était à l'opposé : sombre, tourmenté, absorbé par des démons intérieurs, préférant le silence à la conversation et la solitude à l'amour. Il était fasciné par les femmes riches – il en épousa quelques-unes – et les hommes riches. D'une avarice sordide, Cary Grant ne dépensait pas un sou : il allait jusqu'à couper les boutons des chemises usées, avant de les jeter. Il avait eu une enfance misérable, dans un Londres à peine différent de celui de Dickens – terrains vagues, rues sombres, voisins alcooliques – qu'il abandonna à treize ans, laissant ses parents et ses mauvais souvenirs derrière lui, pour suivre une troupe de comédiens ambulants vers New York. Il plaisait aux femmes – c'est Mae West qui lui disait, dans *Lady Lou* : « Come up and see me sometimes » – et aux hommes – on lui prête une longue liaison avec un autre jeune premier, Randolph Scott. En fait, le sexe n'était pas son affaire. Son affaire, c'était l'introspection : hors caméra, il semblait toujours avoir le regard tourné vers l'intérieur. Il se cherchait donc une âme ?

Peut-être le cinéma lui en a-t-il donné une. Dans les films de Frank Capra ou d'Hitchcock, Cary Grant manifeste une vie, une flamme, une joie. L'image lui fournissait un supplément d'existence. En 1973, lorsqu'il est venu à Paris pour les parfums Fabergé, on pouvait le voir, bronzé, absent, un éternel sourire aux lèvres, se promener entre les présentoirs et les vendeurs. Les cheveux blancs, le pardessus assorti, entre des panneaux en argent défraîchi et des ors ternes, dans une odeur navrante de parfum éventé, il semblait un colporteur romantique et égaré.

Dès leur première rencontre, Hughes a aimé le comédien. Ils étaient tous deux pareillement timides, mal à l'aise, peu bavards. La mélancolie les rapprochait. Et la séduction naturelle de l'acteur faisait de lui le messager idéal : quelle fille, abordée par Cary Grant, aurait résisté ? Elle le suivait, évidemment. Celui-ci présentait à la jeune dame l'un de ses amis – tiens, il est là, quel hasard, c'est Howard, oui, Howard Hughes. Et Cary s'en allait, en intermédiaire zélé.

C'est ainsi qu'a commencé l'histoire d'amour la plus surprenante, la plus inattendue, de la vie de Howard Hughes. Personne n'aurait imaginé Katharine Hepburn dans les bras du millionnaire à la tête fêlée. Et pourtant...

Le All-American Meet de Miami est un carnaval, un show, une foire, bref, un meeting aérien. Hughes, qui a abandonné Hollywood, ses folies et ses gangsters, a envie de se faire un nom comme aviateur. Il sera aussi connu – plus connu ! – que Lindbergh, assure-t-il avec morgue. Il fait préparer par Odekirk son deuxième appareil, le biplan Boeing, avec pour instruction de pousser le moteur bien au-delà des 450 chevaux habituels. Les premiers essais sont favorables : l'avion atteint 360 km/h. Hughes fait une démonstration impressionnante, devant le public : il exécute des feuilles mortes, des loopings, des double-huit. Il gagne dans sa catégorie : figures libres.

Mais, tandis qu'il atterrit, Hughes remarque d'autres avions qui arrivent, dans la ligne d'attente. Modernes, fuselés, tout en acier, profilés comme des fusées. Il décide de vendre le Sikorsky S-38 et de construire l'appareil le plus rapide du monde. Quelques jours plus tard il charge Glenn Odekirk d'une mission secrète : trouver un hangar à louer, préparer une filière de travail, engager un ingénieur – ce sera Dick Palmer, trente et un ans, cadre chez Fokker – et une équipe de dix-huit personnes qui, toutes, seront sous contrat avec la compagnie qu'il vient de créer, la Hughes Aircraft Co.

Odekirk se met en chasse, exécute à la lettre les instructions. Il achète un moteur Pratt et Whitney Twin Wasp à quatorze cylindres. Palmer conçoit un engin petit mais profilé. Hughes veut un avion « beau, rapide et fiable ». En septembre 1934, les premiers résultats sont probants : 584 km/h. L'avion-mystère trouve son nom : le H-1, pour « Hughes One ».

Un après-midi, un avion jaillit du brouillard. C'est un petit appareil, un Boeing Scout, qui redresse rapidement au vu des falaises au bord de la mer. Toute l'équipe de tournage de *Sylvia Scarlett* s'interrompt en plein travail.

Le réalisateur, agacé et connu pour sa maniaquerie, gronde.

Sylvia Scarlett est l'un des plus beaux films de Cukor. Il s'agit d'une troupe de comédiens ambulants, dans laquelle un homme cynique côtoie un personnage ambigu, une jeune femme déguisée en homme. C'est une version élégante, comique et poignante du *Chevalier de Maupin*, une comédie sur le travestissement et l'ambiguïté sexuelle. Cukor a conscience de jouer avec un thème difficile, et il a choisi deux acteurs parfaits. L'un, Cary Grant, joue un boulevardier amusant et fielleux, prêt à tout. L'autre, Katharine Hepburn, se déguise en homme et séduit un châtelain solitaire. Le film est comme un numéro d'équilibriste : aucun effet ne doit être appuyé.

George Cukor est le seul réalisateur homosexuel d'Hollywood qui n'aura jamais d'ennuis. Il a beau donner des soirées étonnantes, où de jeunes éphèbes nus viennent plonger dans sa piscine pour ensuite s'allonger entre les buissons, rien ne viendra jamais troubler leurs ébats. D'autres acteurs ou réalisateurs – James Whale en tête – n'auront pas cette chance.

Cukor, le nez levé vers le ciel, est agacé, vraiment.

Katharine Hepburn, secrètement ravie, prépare le thé et les scones.

Elle est au courant de la venue de Howard Hughes. Cary Grant a arrangé les choses : depuis longtemps, il a envie d'apparier l'Irlandaise survoltée et le millionnaire effacé. Il a demandé à celui-ci de venir, sous prétexte d'un pari à la suite duquel, dit-il, chacun doit prendre le thé « avec une personne intéressante ». « OK, répond Hughes. Mais je ne reste qu'une minute. » Il restera plus d'une minute, assis dans l'herbe sur un plaid, grignotant quelques scones, silencieux entre Cary Grant et George Cukor. À la fin du repas, il se lève. Il n'a rien dit. Katharine Hepburn est étonnée, en colère même. Quand Hughes prend congé, elle lui serre la main, cérémonieusement, avec une pointe de dédain. Il remonte dans son avion et s'en va. Hepburn se tourne alors vers Cary Grant :

– « Quelqu'un d'intéressant », on avait dit.

– Quand il est sur un projet, Howard a la tête ailleurs, Kate.

– Il n'est vraiment pas intéressant, Cary.

– Si. Tu verras.

C'est que, en effet, Howard Hughes a d'autres préoccupations. Tout d'abord, il travaille sur le H-1, jour et nuit. La nuit surtout. Ensuite, il jongle toujours avec d'autres filles : quand il apprend que Ginger Rogers va se marier, il tente de l'en dissuader. Elle ne l'écoute pas. C'est un vieux rival qui va reprendre l'affaire en main, et faire une cour assidue à la partenaire de Fred Astaire : Joe Kennedy inonde Ginger de fleurs. Celle-ci trouve ce quadragénaire « répugnant » quand il lui pose la main sur le bras. « Il m'aurait mis la main sur les seins, si je l'avais laissé faire ! » dit-elle à son ami, le réalisateur George Stevens. Le cinéaste conseille à Ginger de faire courir le bruit – par Louella Parsons ! – qu'elle a attrapé la syphilis. Joe Kennedy, en apprenant la nouvelle, fera marche arrière, à pleine vitesse. « Après tout, confie-t-il à Louella, je crois que je vais la laisser tranquille. »

Hughes, lui, continue à peupler son harem. Il repère une jeune actrice, Claire Trevor, et jette son dévolu sur cette blonde amusante. Il expédie un homme de main pour l'inviter à dîner : « Mr Hughes voudrait dîner avec vous. » Claire Trevor toise le boy, et répond : « Dites-lui de faire ses courses lui-même. »

Seize mois d'efforts, et le bébé est prêt à venir au monde. Les mécanos sortent l'avion de son hangar. Le H-1 est superbe. Il est profilé comme une flèche, brillant sous le soleil, fin et racé. Il est *yar*, le terme qui désigne l'élégance des yachts. On le surnomme « The Silver Bullet », « la balle d'argent ». Le moteur, un Pratt & Whitney Twin Wasp R-1535 consomme 160 litres de fuel à l'heure. Howard Hughes est déterminé à battre le record de vitesse détenu par le Français Raymond Delmotte dans son Caudron C-460. Odekirk se procure un carburant spécial, à très haut degré d'octane, qu'il fait venir de La Nouvelle-Orléans, et obtient ainsi mille chevaux d'un moteur normalement conçu pour en délivrer sept cents. Le 13 septembre 1935 – un vendredi 13 –, devant Amelia Earhart, qui est la première femme à avoir traversé l'Atlantique en solo, et devant les représentants de la Fédération aéronautique, Hughes pulvérise le record. À l'altitude obligatoire de 250 mètres, il est chronométré à 655,9 km/h, par les deux caméras installées à chaque bout de la piste. Soit 10 % de mieux que le Français ! Mais, tandis que Hughes termine son dernier passage devant les tribunes, le moteur s'étouffe, et l'avion plonge, brusquement, alors qu'il est à une centaine de mètres du sol. Glenn Odekirk et Noah Dietrich s'élancent : l'accident de Hughes lors du tournage de *Hell's Angels* est dans tous les esprits. Quand les secouristes arrivent, ils trouvent l'avion à peine endommagé. Howard Hughes, accoudé à l'appareil, est indemne. Il a la baraka. L'un des mécanos, Paul

Mantz, s'écrie : « Vous êtes le putain de pilote le plus chanceux du monde ! »

Le bruit court que, pris par la fièvre du concours, Hughes n'a pas vérifié la jauge de fuel. Hughes, lui, allume un contre-feu : une pelote de fil de fer, affirme-t-il, a été découverte dans les circuits d'alimentation. Sabotage ? Chacun sait que le monde entier, le cosmos outre-Mars et les habitants de la Voie lactée veulent la peau de Howard Hughes. Il en est convaincu, il le dit. C'est plus facile que d'avouer qu'on a oublié de vérifier le niveau d'essence ! Puis il ajoute : « La prochaine fois, j'irai encore plus vite. »

Hughes est décidé à vaincre le monde entier, le cosmos et la Voie lactée. Déjà, il entrevoit son prochain record : survoler le continent de l'Atlantique au Pacifique en moins de dix heures. Il a des concurrents sérieux, cette fois. À commencer par Jacqueline Cochran, la petite blonde d'acier. Née dans le Deep South, orpheline dès son plus jeune âge, elle a été balayeuse, shampouineuse, a fondé une ligne de cosmétiques avant de se lancer, sur le tard, dans l'aviation. Elle formera la Women Air Force pendant la guerre, et terminera sa carrière en 1964, aux commandes d'un F-104 Starfighter : 2 300 km/h. Aujourd'hui encore, Jacqueline Cochran détient le plus grand nombre de records au monde. C'est déjà à l'époque une cliente sérieuse, pour Hughes. Il décide de s'en débarrasser. Il lui téléphone. À minuit, comme d'habitude. Jacqueline Cochran, ensommeillée, décroche.

– Jackie, c'est Howard à l'appareil.

– Howard qui ?

– Hughes. Howard Hughes.

– C'est pas une heure pour les blagues. Je suis fatiguée.

– Non, c'est vrai. C'est Howard. Je veux acheter votre avion.

– Pas à vendre. Je vais concourir.

– Moi aussi, Jacqueline.

– Tant mieux pour vous. Bonsoir.

– Venez voir mon avion demain. On parlera.

Jacqueline Cochran n'aime pas beaucoup Hughes : il est vrai qu'il détonne, dans le milieu des pilotes. Ceux-ci sont amusants, picoleurs, sympathiques, machos, bagarreurs. En leur présence, Hughes fait plutôt tapisserie. Malgré tout, le lendemain, Jacqueline Cochran se retrouve devant le H-1, qui est gardé par une véritable armée de vigiles vétilleux. Elle est stupéfaite. L'avion est encore plus profilé qu'avant. C'est une machine superbe, un bijou : les ailes sont délicatement modelées pour être aérodynamiques, le train d'atterrissage est rétractable, les rivets sont noyés dans le profil (une première !), et le cockpit est protégé par une bulle sur rails. C'est du travail de diamantaire. Tout est lisse, précis, millimétré. Les techniciens qui ont travaillé sur le H-1 seront tous des as de l'aviation. La Hughes Aircraft Co est devenue une pépinière de talents uniques.

Jacqueline Cochran s'assied aux commandes, mais n'a pas le droit de décoller. Elle n'est pas riche, elle a besoin d'argent. Hughes augmente la mise. Elle tergiverse. Il augmente encore. Elle craque, et vend son Northrop Gamma, la mort dans l'âme. Une rivale de moins, pour Hughes.

Il fait modifier le Northrop et installe un moteur militaire, le Wright Cyclone, 925 chevaux. Puis il décolle de Los Angeles aux commandes de l'avion amélioré. Sa radio tombe en panne immédiatement. Il monte en altitude, réduit les gaz, traverse une zone orageuse dans le Kansas et, la carte étalée sur les genoux, cherche sa route. Neuf heures et vingt-sept minutes plus tard, le 14 janvier 1936, Hughes atterrit à Newark. Il a battu le record détenu par Roscoe Turner, l'un de ses cascadeurs de *Hell's Angels*, de trente-six minutes. Jacqueline Cochran a le cœur serré. Hughes lui revendra son avion quelques mois plus tard, pour une somme ridicule. Malheureusement, avant qu'elle ne puisse en prendre possession, un incendie détruit le Gamma. Jacqueline Cochran en gardera rancune à Hughes toute sa vie, tout en pestant contre son manque de sportivité. Après la mort de celui-ci, quand un interlocuteur émet l'opinion que Howard Hughes était un génie, elle rétorque : « Il n'avait pas un seul atome de génial. »

Howard Hughes commence par envoyer des fleurs, des fleurs, des fleurs. Des orchidées, des roses, des gonses d'Arabie, des poutis du Nil, tout et n'importe quoi. Katharine Hepburn, avec son caractère farouche, n'est guère impressionnée. Elle en a vu d'autres. À quatorze ans, elle a découvert le cadavre de son frère, pendu à la poutre de la ferme paternelle. Sa mère est une militante féministe de la première heure, qui s'est battue bec et ongles pour le droit de vote des femmes et le contrôle des naissances. Son père est un ardent adepte de la fessée pour les enfants dissipés, et Kate a eu sa ration de baffes. Dans les années 1930, Katharine Hepburn est considérée comme une scoumounarde du box-office : pas un de ses films ne fait un kopeck. Quand elle arrive à Hollywood, son premier agent, Myron Selznick, constate : « Bon Dieu ! On a claqué 1 500 dollars pour *ça* ? » Son frère, le producteur David Selznick, la trouve « sexuellement repoussante », mais signe le contrat quand même. Elle a la réputation de ne pas s'en laisser conter : ses bagarres avec les metteurs en scène sont célèbres et ses interprétations sont, au mieux, inattendues. Un producteur résume son impression : « Elle n'était pas très bonne mais, d'une certaine façon, elle était fascinante. » Elle a un homme dans sa vie, Leland Hayward, un impresario élégant. Et elle est secrètement amoureuse, très amoureuse, de John Ford qui, lui, n'est pas sûr de ses sentiments. Ils échangent des lettres, ils se téléphonent, ils dansent l'un autour de l'autre, mais rien n'y fait : Ford l'Irlandais est marié, il est mal à l'aise, il veut mais ne veut pas. Sa femme, Mary, est une combattante : quand elle pique une colère, gare ! Les assiettes volent, et – sacrilège ! – les bouteilles de whisky aussi. Hepburn attend. Leland Hayward se marie avec Margaret Sullavan, la future interprète de *The Shop around the corner*, chef-d'œuvre de Lubitsch.

George Cukor, qui a été le premier metteur en scène de Kate à Hollywood, est un ami cher. Quand elle est arrivée en 1932 pour tourner *Héritage* (*A Bill of divorcement*), il a commencé par lui aboyer dessus. Habituée aux gifles paternelles, l'actrice a laissé glisser. Leur amitié est née à ce moment-là. Après le mariage de Leland Hayward, George Cukor console donc Katharine Hepburn, avec de bonnes paroles. Elle ne sait pas où elle en est. Professionnellement, elle se demande si elle a fait le bon choix : peut-être n'était-elle pas destinée à être actrice. Sentimentalement, elle va à vau-l'eau. Howard Hughes l'ennuie.

Mais il sait s'y prendre, le renard. Un jour que ses espions l'ont dûment renseigné sur les déplacements de Miss Hepburn, il survole le terrain de golf du Bel Air Country Club. Elle lève la tête, et aperçoit le petit Boeing Scout qui négocie un virage serré pour atterrir, au millimètre, entre deux pins, sur le green. Les joueurs sont outrés. Le directeur se précipite, échevelé, pour protester. Tranquillement, Hughes sort ses clubs, prend un fer, et commence une partie avec Katharine Hepburn, un tantinet médusée. Elle murmure : « Il pousse un peu, quand même. » Au neuvième trou, ils vont boire un verre de jus d'orange ensemble. Le geste de Hughes a du panache. Il lui coûtera dix mille dollars : le Boeing devra être démonté sur le terrain.

Quelques jours plus tard, Katharine Hepburn lui rend la pareille. Alors qu'il est chez le coiffeur, elle entre en coup de vent, exige sa revanche sur le green, et embarque Hughes, le crâne à moitié tondu, pour disputer une partie de golf. Il la trouve « magnétique ». Elle n'est pourtant pas son genre : elle est bavarde, il est silencieux. Elle est cultivée, il n'a rien lu depuis le traité du docteur Berman, sauf des scénarios et des magazines d'aviation. Elle aime le théâtre, il n'y met jamais les pieds. Elle est sportive et plate comme un garçon, il n'aime que les gros seins. Elle porte immanquablement des pantalons, il préfère les jupes. Il est en train de devenir une vedette, elle est en phase descendante. Louella Parsons la considère comme une snob arrogante. Hepburn est sous contrat avec la RKO, qui ne sait quoi faire de cette actrice agitée. Elle refuse de tourner dans des nanars. La RKO la met à pied (sans salaire). Hepburn et Hughes n'ont qu'un point commun : ils se foutent de l'opinion des autres. Elle a vingt-huit ans, il en a trente. Ils font du cheval ensemble, sur la plage.

Hughes a vu le deuxième film de Katharine Hepburn, *Christopher Strong* (connu en France sous l'étrange titre de *La Phalène d'argent*), mis en scène par l'une des rares femmes metteurs en scène, Dorothy Arzner, une lesbienne qui vit avec la poétesse Mercedes de Acosta. Dans le film, Katharine Hepburn joue une impétueuse pilote, qui se vêt d'une combinaison faite d'écailles d'argent, des pieds à la tête. Plus sexy, plus fétichiste, on n'imagine pas, à l'époque. Hughes est-il sous le charme de la phalène d'argent ? Surtout, une scène l'a marqué : celle où l'héroïne, apprenant sa grossesse, se suicide en enlevant le masque à oxygène qu'elle porte à haute altitude. En plus, le personnage est inspiré – de loin – d'Amelia Earhart.

John Ford, lui, tente d'oublier Katharine Hepburn, en tournant *La Mascotte du régiment*, avec June Lang, Mme Rosselli.

Forcément, Howard Hughes n'est pas fidèle. Pourquoi le serait-il ? Il vit à Hollywood, dans un magasin de bonbons. Il se sert. Il sort avec Nancy, une jeune femme de vingt ans dont il a vu une photo, sans doute prise par R. Wayne Spector, l'« artiste-photographe » qui traîne partout, et lui envoie des « cibles » potentielles. Un soir, Nancy danse au Montecito, quand Hughes l'invite. Il l'emmène au cinéma, ils dînent ensemble, elle est touchée par sa solitude et, pense-t-elle, par sa vulnérabilité. « Il était comme un petit garçon qu'on a envie de protéger », dira-t-elle. Toujours sa méthode de séduction : jouer le bambin abandonné.

Le 11 juillet 1936, il l'emmène en voiture. Ils vont au Trader's Vic, une boîte de nuit où de faux palmiers tapissent les murs. Après quelques verres, Howard et Nancy repartent pour une autre boîte, le Cocoanut. Hughes boit quelques jus de fruits, arrosés d'alcool, ce qui n'est pas dans ses habitudes. Ils décident alors de se diriger vers la jetée de Santa Monica, où est installé un centre d'attractions dont la Grande Roue se reflète sur l'océan. Hughes conduit vite. Il heurte quelque chose. Il s'arrête, descend. Sur la route, une forme inanimée. Hughes vient de tuer un homme. Il est abasourdi.

Pas au point, cependant, d'oublier de téléphoner à son avocat, Neil McCarthy, qui a autant de relations chez les flics que dans la pègre. En attendant la police, Hughes remarque que la foule commence à se rassembler. Dans un instant, les journalistes seront là. Il prend Nancy par le coude, la fait sortir de la voiture, la guide vers le tramway qui, justement, passe par là. Elle proteste, elle a oublié son gardénia dans la voiture. Il la presse.

Quand la police arrive, Hughes donne une fausse identité, une fausse adresse, un faux métier. On le reconnaît, on mesure son taux d'alcoolémie. Il ne répondra aux questions qu'en présence de son avocat. Sa victime, un petit tailleur de quarante-neuf ans, a été tuée sur le coup. Les journalistes arrivent en grappes au commissariat. Les flashes crépitent. Hughes fait une brève déclaration, assurant qu'il n'a jamais eu d'accident de la route (ce qui est faux), qu'il n'a jamais tué ni chat ni chien (ce qui est vrai), que son père lui a appris la prudence (faux), et qu'il n'y avait personne dans la voiture avec lui (faux). Ou, s'il y avait quelqu'un, il ne se souvient plus. La presse gobe tout, et met son attitude sur le compte de la galanterie. Ah, ces chevaliers du ciel, si téméraires mais si obligeants envers les dames !

Dans les coulisses, Katharine Hepburn surveille. Elle n'est évidemment pas dupe. Elle lit les titres : « Beauté envolée : que sait-elle ? » Un détective privé, aux ordres de Hughes, s'occupe de Nancy. Un témoin accable le millionnaire : trop vite, trop sûr de lui, peu maître de son véhicule. Deux jours plus tard, après une visite de Neil

McCarthy, le témoin change sa chanson : Hughes était l'image même de la maîtrise de soi. Pratiquement zen. Après tout, le tailleur n'avait pas à se jeter stupidement devant la voiture de Hughes, n'est-ce pas ? Ce dernier verse une compensation à la famille, 20 000 dollars. Dossier clos. La « beauté envolée » n'entendra plus jamais parler de son chevalier servant.

Hughes devient de plus en plus sourd. Dans ses conversations avec Katharine Hepburn, il n'ose pas la faire répéter. Il hoche la tête, sourit tristement, et fait semblant de comprendre. Elle parle. Ils jouent au golf. Il corrige son putt, elle ne le trouve pas « très relaxé des épaules ». Ils sont étrangers l'un à l'autre, mais ils ont l'impression de vivre quelque chose comme un amour. Elle accepte une tournée pour jouer *Jane Eyre* au théâtre. Elle s'empare du personnage : au lieu d'une Jane Eyre retirée, timide, effacée, elle imagine une femme décidée, provocante. Pour la pièce, elle demande que son nom ne soit pas plus gros que celui des autres acteurs, sur l'affiche. Le metteur en scène ironise :

– C'est très généreux de votre part, Miss Hepburn !

– Généreux mon œil ! Je ne veux pas être la seule à porter le futur échec !

La tournée commence. Quand la troupe arrive à Boston, en plein hiver, pour installer ses décors pendant deux semaines au Colonial Theatre, Howard Hughes est là. Au premier rang. Il a réservé une suite au même hôtel que les comédiens. Il fait envoyer à Kate des roses, l'invite à dîner et... elle le trouve, finalement, charmant. La phalène va se brûler les ailes (un peu).

Tandis que Hughes accompagne la tournée théâtrale de ville en ville, un paparazzi le flashe, sous la neige, entrant dans un hôtel avec Katharine Hepburn. La photo est publiée partout. Le millionnaire n'apprécie guère mais, secrètement, il est ravi. Car c'est le but de cette ardente façon de collectionner les femmes : il est mal à l'aise avec lui-même, et demande de l'amour – ou un semblant d'amour – à ses conquêtes. Lui-même est incapable d'en donner. Sa collection lui tient lieu d'assurance. Posséder toutes les femmes, surtout les femmes que tout le monde désire, est une façon d'exister aux yeux des autres, de manifester son pouvoir, d'être le plus beau, le plus fort, le plus envié. Comme le racontera plus tard Barbara Hutton, Hughes ne tolère pas que sa compagne prenne les opérations en main : au lit, il doit rester le meneur de jeu. Ainsi, quand Barbara, incapable de jouir avec lui, le regarde s'achever, elle réagit en se caressant elle-même. Hughes, alors, voit rouge : « Il ne supportait pas de ne pas être en contrôle absolu », dira-t-elle.

Pour l'instant, de Detroit à Cleveland, de Chicago à New York, il est donc avec Jane Eyre - Katharine Hepburn. Il maintient, en ce mois de décembre, le contact avec le reste du monde par téléphone. En janvier, il surveille les conditions météo. Le 15 janvier 1937, brusquement, il s'en va. Quatre jours plus tard, dans la plus grande discrétion, il rejoint l'aérodrome de Los Angeles, peu après minuit. Glenn Odekirk l'aide à monter dans son avion, le H-1. Le plein est fait : 1 060 litres de fuel. Odekirk note que Hughes semble distrait. Il embarque, pour la première fois, un masque à oxygène. L'appareil décolle. Howard Hughes a une théorie : il pense qu'à haute altitude, la vitesse d'un avion est supérieure à celle qu'il peut atteindre au niveau de la mer. Il monte donc. En plein vol, alors qu'il vient de traverser le Grand Canyon, Hughes se sent défaillir. Il sombre. L'évanouissement le menace. Il se bat désespérément contre la paralysie, et cherche le masque à oxygène. Qui ne marche pas. Il arrache le tube avec les dents, et enfourne l'embout déchiré dans sa bouche. Peu à peu, il se sent mieux. Il réalise alors qu'il est à 7 000 mètres. Il garde le tube dans la bouche. Quand il arrive à mi-chemin, sa radio s'éteint. Il va se diriger à l'estime. D'ailleurs, il a toujours été certain que les instruments, en altitude, sont faussés. Le matin, sans nouvelles de lui, on le considère comme perdu. Les journaux titrent : « Le play-boy a disparu ». Katharine Hepburn, à Chicago, est effondrée : elle a en tête les images de *La Phalène d'argent*... Mais Hughes apparaît à Newark à 12 h 42. Il a traversé le continent en sept heures et vingt-huit minutes. Record battu. À la presse, il se contente de dire : « C'était un peu secouant. » Et envoie illico un télégramme affectueux à Kate. Les journalistes n'en perdent pas une miette. Louella Parsons lâche le pavé : « Mariage ? » Une indiscrète secrétaire de mairie confirme qu'un appel a été reçu, au nom de Mr Hughes, pour connaître les formalités de mariage. Le maire de Chicago, dit-on, a mis les petits plats dans les grands, et attend les tourtereaux. Pensez : le héros et l'actrice, quelle affiche ! Le maire est justement au début de sa campagne électorale.

À l'hôtel, les paparazzi grouillent dans les couloirs en posant des questions. Vont-*ils* se faufiler ? Vont-*ils* se marier ? Tandis que Hughes, épuisé, s'endort dans sa chambre, Katharine Hepburn va jouer au théâtre.

Le lendemain, c'est pire. Le maire fait savoir qu'il a acheté des fleurs fraîches. Chaque fois que Katharine

Hepburn passe la tête hors de sa chambre, on la bombarde de questions : « Est-il avec vous ? Quand allez-vous à la mairie ? Quelle robe porterez-vous ? » Exaspérée, elle fait publier un communiqué : « Pas de mariage aujourd'hui ». Ni aujourd'hui, ni demain, ni jamais. Howard Hughes est déjà en chemin pour l'aéroport, pour bichonner son cher H-1. Mais, juste avant de quitter l'hôtel, il reçoit un coup de fil :

– Ici le général Echols, commandant en chef du corps d'aviation de Dayton.

– Je vous écoute, mon général.

– Pourriez-vous passer chez nous, dans l'Ohio, sur votre chemin de retour ? Nous souhaiterions jeter un coup d'œil sur votre appareil. Vous avez doublé la vitesse de notre intercepteur le plus rapide, et j'aimerais vous voir.

– Pas d'objection.

– Formidable ! Je convoque tous les gradés, qui seront là pour vous accueillir. Nous sommes tous fascinés par votre exploit !

Moyennant quoi, Hughes survole Dayton, Ohio, le lendemain, et continue vers la Californie sans s'arrêter. Le général Echols écume. Hughes, lui, veut simplement qu'on ne fouine pas autour de son avion. L'armée américaine va devenir cliente de Hughes Aircraft Co, mais ne pourra jamais supporter Hughes, à qui elle essaiera de faire une réputation de bon à rien, et de mauvais à tout. L'armée japonaise, en revanche, saura tirer profit du H-1 : les appareils – les zéros – qui attaquent Pearl Harbor, le 7 décembre 1941, sont des copies. Pas conformes, mais améliorées.

Quand Howard Hughes reçoit chez lui, dans la demeure de Muirfield Road déserte depuis le départ d'Ella Rice, c'est maintenant Katharine Hepburn qui tient le rôle de la maîtresse de maison. Elle a engagé une armée de domestiques et exige une propreté irréprochable : nappes, salles de bains, placards, tout doit être nickel. Noah Dietrich est souvent là, ainsi que Glenn Odekirk. Bugsy Siegel, qui se fait accepter par l'élite d'Hollywood malgré son pedigree (bookmaker, bootlegger, dealer de drogue, violeur, voleur, assassin et copain de Longy Zwillman), vient aussi. D'autres invités passent : des hommes d'affaires, des détectives, des hommes de main, des gangsters, des acteurs. Parfois, après certaines soirées, Hughes ordonne que toute la vaisselle soit détruite : pour lui, il y a des invités plus polluants, plus porteurs de germes, que d'autres.

Howard et Kate jouent au golf, montent à cheval, sortent. C'est le couple royal d'Hollywood. Elle a emménagé avec ses meubles anglais et ses stocks de pantalons, il a accepté de bonne grâce. Parfois, ils vont faire un tour dans un Sikorsky S-43, un hydravion qui possède une cabine aménagée servant de chambre à coucher. C'est avec cet appareil, dit-il, qu'il fera le tour du monde. Ensemble, ils s'envolent vers des destinations inattendues : ils restent là, silencieux, dans le grondement des moteurs, à regarder les constellations s'effacer pour faire place à une aube nouvelle. Ils disparaissent des jours entiers, survolent des villes illuminées, des îles phosphorescentes, des fleuves noirs. Ils s'arrêtent dans un lagon pour se baigner, repartent dîner à New York, amerrissent sous un pont de Brooklyn, décollent vers le Pacifique, font l'amour en l'air. C'est le septième ciel. Quand la foule les attend, ils fuient. Quand les conventions exigent qu'ils apparaissent à des premières ou à des réceptions, ils arrivent, échevelés, et repartent aussitôt vers l'horizon et leurs amies, les étoiles.

Howard Hughes semble heureux. Peut-être n'est-ce pas le grand amour, mais c'est la promesse d'une vie simple. Tous deux sont, un été, les vagabonds des airs. Des clochards célestes.

Lorsque Cary Grant les invite, ils arrivent avec une valise (Kate) et une boîte en carton (Howard), où ils ont empaqueté, à la hâte, des tenues de soirée. Le bonheur ? Peut-être. Mais une ombre tombe : le 7 juin 1937, pendant le tournage de *Saratoga* avec Clark Gable, Jean Harlow, vingt-six ans, meurt d'une néphrite foudroyante, sous les yeux de son nouvel amant, l'acteur William Powell. On apprend qu'elle a collectionné les maladies vénériennes, et que ses reins ont cessé de fonctionner. Hughes fait semblant de l'avoir oubliée.

Il a d'autres préoccupations : Katharine Hepburn fume, ce qu'il déteste. Elle ouvre les fenêtres, ce qui laisse les microbes entrer à flots. Surtout, il prépare son tour du monde. Il veut utiliser son Sikorsky S-43, qu'il a fait équiper de réservoirs supplémentaires. L'appareil possède un avantage, à ses yeux : il peut atterrir et amerrir. La dernière tentative s'est soldée par un échec terrible : l'aviateur Wiley Post et l'acteur Will Rogers (le comédien le plus populaire des États-Unis), aux commandes du *Winnie Mae*, ont décollé le 3 août 1935 de Renton, ont fait un arrêt à Juneau, Alaska, avant de repartir pour Point Barrow, Alaska. Là, l'hydravion s'est écrasé, et les deux hommes ont été tués.

Will Rogers a eu droit à des obsèques grandioses : vingt-cinq mille personnes. Et l'orateur de cette cérémonie inoubliable ? Ce fut l'écrivain le plus célèbre, le plus mondain, le plus « in » d'Hollywood : Rupert Hughes. Décidément, Howard ne s'en débarrassera jamais.

Une fois de plus, Howard Hughes se livre à son numéro favori : il disparaît. Il est, dit-on, à Londres ou à Paris, pour planifier son projet de tour du monde. Il lui faut obtenir les autorisations de vol, faire des repérages. Il ne donne pas de nouvelles, ce qui rend Katharine Hepburn folle. Elle fait une vague tentative de suicide, sur le bord d'une fenêtre. Elle ne sautera pas : c'est Cary Grant qui la persuadera de revenir. Mais elle se doute que Hughes fait des siennes : il voit d'autres femmes, évidemment. Il parle cependant mariage, régulièrement, avec Kate. Laquelle, le cœur serré, passe parfois devant la maison de son grand amour, John Ford. Dans une Ford, pour faire un clin d'œil. Elle a gardé son petit appartement d'Angelo Drive, au cas où. Mais elle adore la vie avec Hughes : le luxe, les avions, les voyages, l'attention des journaux. Quand John Ford vient la voir, pour lui demander son avis sur une nouvelle dont il vient d'acquérir les droits, *Stage to Lordsburg*, elle l'encourage : le film qui en sera tiré, *La Chevauchée fantastique* (*Stagecoach*), sera superbe. Quant à Hepburn, elle va commencer le tournage d'un film merveilleux, *L'Impossible Monsieur Bébé*, avec Cary Grant dans le rôle principal, une panthère dans le deuxième rôle et, derrière la caméra, une vieille connaissance de Hughes : Howard Hawks.

Mais déjà, elle voit plus loin. Elle a besoin de réfléchir. Son contrat avec RKO vient de s'achever, d'un commun accord : le patron, David Selznick, pense que Katharine Hepburn n'a aucun – aucun ! – potentiel commercial. Tandis que Howard Hughes reste à Los Angeles, Katharine Hepburn se retire au bord de la mer, dans la maison familiale, à Fenwick, Connecticut. Là, elle se prend à espérer que Selznick va quand même lui donner l'un des rôles les plus convoités d'Hollywood : celui de Scarlett O'Hara dans *Autant en emporte le vent.*

Hughes, de son côté, sort avec une nouvelle venue, une jeunette ravissante à peine arrivée d'Autriche, et déjà titulaire de deux oscars : Luise Rainer. Alors mariée avec le dramaturge Clifford Odets – qui sera plus tard catalogué comme communiste –, celle-ci ne s'en laisse pas conter. En quittant la MGM, elle a simplement dit au grand patron, Louis B. Mayer : « J'ai vingt ans et vous en avez soixante. Quand j'en aurai quarante et que je serai une actrice connue, vous serez mort. »

Luise Rainer n'a pas tort : en 2003, elle était présente à la cérémonie des Oscars. Louis B. Mayer, lui, n'est plus qu'une initiale mystérieuse dans « M.G.M. ».

Howard Hughes accélère les préparatifs. Il est particulièrement sur ses gardes. Le projet, selon lui, doit rester ultrasecret. Aussi est-il furieux en apprenant qu'un magazine prépare un numéro spécial sur son voyage. Il donne carte blanche à Neil McCarthy, son avocat : celui-ci achète les 400 000 exemplaires du journal, qui ne seront pas distribués.

Les essais du Sikorsky S-43 n'ont pas satisfait Hughes. L'appareil est lent, lourd. Hughes achète un avion plus maniable, un Lockheed 14 Lodestar. Il prévoit, en premier lieu, la possibilité d'un amerrissage : or, le Lodestar n'est pas amphibie. Hughes décide alors de l'aider à flotter, et fait placer quarante kilos de balles de ping-pong dans les ailes, le fuselage et la soute. Glenn Odekirk démonte l'avion, jette tous les éléments non essentiels pour que celui-ci, chargé, ne dépasse pas un poids de treize tonnes, et installe des réservoirs supplémentaires, doublés intérieurement de néoprène, pour garantir leur étanchéité. L'appareil devra couvrir près de 20 000 kilomètres d'un trait. Les moteurs sont remplacés par des Wright Cyclone G-102. Tous les équipements les plus sophistiqués, les plus modernes, sont là : un gyroscope automatique, un condensateur d'eau fraîche muni d'une batterie solaire, un cerf-volant qui sert d'antenne, trois radios indépendantes, deux indicateurs pour la pression et la température de l'huile, un pilote automatique, un fusil de chasse. Goodrich fabrique des pneus spéciaux pour le Lodestar, qui seront stockés à chaque étape, même à Omsk, Sibérie. Personne n'oublie qu'Amelia Earhart a disparu récemment en vol. Hughes fait étudier tous les pains qui existent, afin de déterminer celui qui résistera le plus longtemps à la moisissure, puisque les provisions seront constituées de sandwichs. Et de lait. Il engage une équipe exceptionnelle : Richard Stoddard, le radio, Thomas Thurlow, le navigateur, Harry MacLean, le copilote sont tous des aviateurs chevronnés. Glenn Odekirk, épuisé par les travaux de départ, ne sera pas du voyage. Il a perdu vingt kilos. Hughes fait travailler des météorologues, des navigateurs, des spécialistes des courants de haute altitude, il impose la tenue d'une charte quotidienne des fluctuations, grâce à des télex venus du monde entier. Il prend contact avec Grover Whalen, le président de la Foire internationale de New York qui sera sa rampe de lancement. Hughes a compris que l'exploit est une chose, mais que la publicité en est une autre. Si Lindbergh est devenu un héros, c'est parce qu'il a été filmé. Il y aura donc des caméras à chaque étape du voyage autour du monde. Howard Hughes sera un globe-trotter de cinéma.

Simultanément, il révise son testament de 1925 : il laisse sa fortune à son centre médical de recherche, à Houston, fondé pour combattre « les maladies dangereuses ». Le document une fois tapé, il oublie de le signer.

Mais, avant de partir, il lui reste une dernière chose à faire.

Il atterrit sur la plage de South Cove, balayée par le vent. De là, il aperçoit la maison des Hepburn : un bâtisse simple, carrée, recouverte de bardeaux, avec une véranda. Le paysage est magnifique : en ce mois de mai, la Nouvelle-Angleterre est une explosion de couleurs. Les érables, les chênes d'Amérique et les bouleaux sont en pleine éclosion. La petite ville de Fenwick, non loin de la plage, est typique : on y privilégie les bonnes manières et une certaine élégance décontractée. La famille Hepburn attend Hughes avec impatience : le docteur Hepburn, l'homme aux gifles rapides, voudrait savoir à quoi ressemble l'homme qui a séduit sa fille, et dont parlent les journaux. Howard Hughes, lui, n'aime pas ces présentations familiales : sa timidité, alors, resurgit. De plus, il est préoccupé par son futur tour du monde, dont le départ ne saurait tarder. Et par l'achat qu'il vient de faire, secrètement, d'une compagnie aérienne, qui sera la plus grande source d'ennuis de sa vie : TWA. Même le fidèle Noah n'est pas au courant.

Hughes a-t-il l'intention d'épouser Katharine Hepburn ? Oui. Peut-être. A-t-elle l'intention d'épouser Howard Hughes ? Oui. Peut-être pas.

Dès son arrivée, la famille fait de son mieux pour

mettre à l'aise ce prétendant célèbre. Le docteur Hepburn, hélas, est un urologue. Comme Docky Martin. C'est une profession qui ne rappelle pas que de bons souvenirs à son invité. Maman Hepburn fait des efforts mais, franchement, ce jeune homme ne lui plaît guère. Il n'a pas beaucoup de caractère, pense-t-elle. Elle préfère le premier mari de Kate, Ludlow Smith, un aristocrate bien élevé. Celui-ci, d'ailleurs, est présent, bien que le divorce ait été prononcé depuis des années. Sa présence suffit à rendre la situation bizarre : il est drôle, astucieux, un peu fade, et converse facilement avec Hughes, un sourire aux lèvres. L'autre se retranche dans sa surdité. Ludlow invite Hughes à jouer au golf, le bat à plate couture. Et il photographie tout ce qu'il voit. Hughes le prétendant sous le Kodak de l'ex-mari ? Une seule solution pour s'en sortir avec les honneurs de la guerre : l'humour. Hughes en a autant qu'un bol de céramique. Kate, elle, fait le clown. Hughes enrage. Il demande à l'ex de poser son appareil. Le docteur Hepburn intervient sur le green : « Ludlow a toujours fait des photos, bien avant que vous ne soyez là ; laissez-le tranquille. Prenez votre fer numéro sept. » Ludlow renchérit : « Je suis le membre le moins fou de la famille. » Là-dessus, maman Hepburn, la suffragette enragée, se mêle à la conversation. Elle veut connaître les opinions politiques de Hughes, qui n'en a pas (quand il en a, c'est pour trouver que les républicains sont des gauchistes dangereux). Elle adore la peinture et la musique (Hughes ne connaît que la peinture des avions ; quant à la musique, sa culture a été acquise au Montmartre Café). En plus, chez les Hepburn, on ne sert pas des steaks rosés, des petits pois calibrés, des cookies et de la crème glacée. On mange normalement. Du poisson, de la salade, des fruits. Le deuxième soir, Hughes décide de dîner seul dans sa chambre.

Louella Parsons se tient au courant. Elle téléphone chez les Hepburn, prend des nouvelles, insiste pour connaître la date du mariage, publie même l'information. Elle écrit en première page du *Los Angeles Herald* que le voyage de noces aura lieu à bord du superbe yacht de Hughes, très *yar*, le *Southern Cross*. Elle a appris que le bateau est ancré tout près, que l'équipage prépare des tonnes de nourriture de fête, et que la chambre à coucher a été décorée. Une semaine passe. S'il y avait du mariage dans l'air au début, il y en a de moins en moins. La nervosité de Hughes augmente. Il apprend que l'Allemagne a refusé d'ouvrir son espace aérien : Hitler s'y oppose. Hughes doit donc passer par le pôle Nord.

C'est d'autant plus rageant que la demande de vol est tombée entre les mains d'un homme que Hughes méprise : Joe Kennedy, devenu depuis février dernier l'ambassadeur des États-Unis à Londres. Kennedy a obtenu ce poste en intriguant : il s'est lié d'amitié avec James Roosevelt, le fils du Président, un bon à rien buveur et noceur. Et il verse des oboles non négligeables aux démocrates. Possédant la cinquième fortune du pays, Joe Kennedy est persuadé qu'il sera le prochain président. Il se mêle de tout, milite ardemment pour une alliance avec Hitler, contredit les instructions présidentielles, est certain qu'il a un rôle important à jouer dans la lutte contre le communisme international. Avec Lindbergh, qui revient d'Allemagne sur invitation personnelle de Hitler (« Un grand homme », déclare l'aviateur), Joe Kennedy partage l'idée que le nazisme est un mal, certes, mais un mal souhaitable. Et les Juifs ? « Bah, ils l'ont bien cherché », explique Joe Kennedy.

Outre l'irritation d'être obligé d'avoir à demander quoi que ce soit à Kennedy, Howard Hughes déteste South Grove, le Connecticut, l'atmosphère familiale de la maison Hepburn, les vagues et l'ambiance tweed. Ludlow, qui embrasse fréquemment Kate, l'exaspère. Howard Hughes se plaint de la plomberie, qui fonctionne mal ; de l'insuffisance d'eau chaude ; du poisson, dont l'odeur l'incommode ; du bruit des conversations, qui l'horripile. Il s'enferme aux toilettes pendant des heures, avec une pile de magazines. Il refuse de payer la note de pressing pour ses vêtements. Il déclare : « L'eau de mer, ici, provient d'une fosse d'aisance, ma parole. » On est difficilement plus mal élevé, sauf à être provocateur. Ce que Hughes n'est pas. Il est simplement méprisant. Ces gens l'excèdent.

Résultat : quand il s'en va, toute la famille est soulagée.

Katharine Hepburn, elle, vient de recevoir une pièce de Philip Barry, un auteur à succès. L'histoire est celle d'une héritière qui va épouser un prétendant, et qui réunit tout le monde dans le manoir familial. Même l'ex-mari, un charmant garçon bien élevé, est là, distrayant toute la compagnie. On dirait une copie carbone de la situation qui vient d'être vécue par Kate, en bien plus drôle. Il y a même un yacht qui est *yar*. La vie est amusante, se dit Katharine Hepburn. Elle ne sait pas si elle doit accepter. Elle espère toujours être Scarlett O'Hara.

Quelques jours avant le grand départ, Hughes s'arrête quelques jours à New York, dans l'appartement d'une amie, Laura Harding. Là, avec Kate, il passe des heures agréables, dans la fièvre des préparatifs. Finalement, le 10 juillet 1938, une limousine Lincoln emmène le couple à Floyd Bennett Field, l'aérodrome de départ. Hughes, portant son Borsalino fétiche, est en chemise froissée. À la main, il tient un sac en papier : ce sont ses sandwichs personnels, préparés par Katharine Hepburn. La presse lui demande de faire une déclaration : il sort de sa poche une feuille froissée, et lit un texte écrit en langue de bois. L'aviation ne connaît pas de frontières, l'amitié entre les nations, contribution à la cause de l'humanité, bla bla bla. Une femme colle un chewing-gum mâchonné sur la queue de l'appareil : « Pour porter chance ».

Quand le Lodestar décolle, les paris sont pris : Hughes arrivera-t-il à faire le tour du monde en trois jours ? À New York, les bookmakers font monter la cote. La presse délire : « Cet homme a une âme de millionnaire, mais un visage de poète », écrit un journaliste qui, sans doute, n'a jamais vu de poète (sauf au cinéma). La première partie du voyage, en passant par le pôle pour aller vers l'Irlande et vers Paris, est risquée : une erreur ne pardonnerait pas. L'attente commence. On sait que des vents violents règnent sur Terre-Neuve. L'avion disparaît dans la nuit, après avoir dépassé l'extrémité de la piste d'envol, et mordu sur les pavés de la route proche. Katharine Hepburn s'accroche à sa radio, rongée d'inquiétude. L'Amérique entière fait de même : c'est ainsi que les auditrices soupirent quand elles apprennent que l'avion du millionnaire a battu des ailes (ou presque) en survolant la maison des Hepburn à Fenwick. Tous les voisins sont pendus au téléphone : le village ne partage qu'une seule ligne, et tout le monde peut écouter. Nul ne s'en prive.

Au petit matin, un câble tombe : « Tout va bien. » Deux heures plus tard, deuxième câble : « L'Irlande est magnifique. Je t'appelle de Paris. » Seize heures et trente-six minutes après son décollage, le Lodestar atterrit au

Bourget, où plusieurs milliers de personnes attendent. L'ambassadeur William Bullitt, qui, lui aussi, déteste Joe Kennedy, est venu accueillir l'équipage. Veulent-ils se reposer ? Non, ils veulent repartir. Mais le train d'atterrissage a souffert, et les menues réparations traînent. Hughes attend, sous la pluie qui s'abat sur l'aérodrome : huit heures passent.

Enfin l'avion peut repartir. Direction : Moscou. Il faut gagner du temps, désormais. Hughes décide de pénétrer dans l'espace aérien allemand. Dès que le Lodestar apparaît, la Luftwaffe menace. Des Messerschmidt s'interposent. Hughes, certain que les Allemands ne tenteront rien, continue. En effet, ils ne tentent rien. Le Lodestar atterrit à Moscou, pour repartir aussitôt. Les Russes, enthousiastes, font fait un cadeau royal à Hughes : une boîte de corn flakes. Ils proposent du caviar, mais Hughes décline : rien pour alourdir l'avion, dit-il. De la vodka ? Non, merci, la tête doit rester claire. D'ailleurs, l'avion transporte cinq kilos de sandwichs au jambon et des bidons de lait. Les Russes s'esclaffent. Quant aux commodités, elles sont sommaires : Hughes et ses hommes pissent dans des bocaux. C'est une habitude dont Hughes aura du mal à se défaire plus tard, on le verra.

Aux États-Unis, la frénésie s'accroît. Les mères prénomment leurs nouveau-nés Howard. Les boîtes de nuit tentent de lancer la « Howardance », un confiseur fabrique des bonbons-souvenirs, et la radio donne des nouvelles, minute après minute. C'est presque mieux que « La Guerre des Mondes », la fameuse émission d'Orson Welles, qui a expédié cette année-là sur les routes des milliers de gens persuadés que les Martiens avaient envahi Washington. Howard Hughes apparaît comme un héros de légende : il est l'aventurier romanesque, qui ne s'endort pas sur les millions de son papa. De tout le voyage, il ne quittera pas les commandes. En Sibérie, à Yakoutsk, l'avion fait le plein. Plus loin, c'est l'inconnu : les cartes américaines sont fausses. Les altitudes indiquées sont très approximatives. Il faut monter. La glace alourdit l'appareil. Le lendemain, Hughes et ses hommes sont repérés à Fairbanks, puis à Minneapolis. Quand il survole son point de départ, Floyd Bennett Field à New York, Hughes, épuisé, aperçoit une marée humaine. Que faire ? Les gens affluent en voiture, en vélo, en patins à roulettes. Ils ont des chaises longues, des couvertures, des bancs. Ils veulent toucher, voir leur star : Howard Hughes est sur le point d'être traité comme le seront plus tard les rockers. La police n'y peut mais : comment contenir vingt-cinq mille spectateurs enthousiastes ? Le record a été battu, archi-battu : trois jours, dix-neuf heures et dix-sept minutes. Vitesse moyenne : 352 km/h. Trajet : 24 135 kilomètres. La cérémonie de réception sera grandiose.

Mais Hughes ne l'entend pas de cette oreille. D'ailleurs, il n'entend rien du tout. Il pose son avion à un kilomètre des officiels, qui courent pour se rapprocher. La foule suit, et déborde les cordons de police. Un chaos inouï s'installe. Fiorello La Guardia, le maire de New York, essoufflé, tente de se frayer un chemin. Quand Hughes apparaît, sale, fatigué, couvert de cambouis, ses admirateurs essaient de lui arracher un morceau de sa veste, de son chapeau, de son pantalon, et se distribuent les balles de ping-pong de la carlingue. On porte le héros vers un petit stand. Hughes se lance dans ce qui, pour lui, est un discours fleuve : « C'est un grand honneur. Merci. »

Convié à une réception chez le maire, avec des personnalités triées sur le volet, Hughes abandonne son équipage, et demande où est la salle de bains. Il se plonge dans la baignoire. Les invités, excités, bavardent, boivent, s'amusent. L'électricité est palpable. Au bout d'un moment, le maire envoie son valet philippin voir ce qui se passe. Le valet frappe. Rien. Entre. Rien. Cherche. Rien. Howard Hughes s'est éclipsé. Le maire devient rouge de colère. Hughes est-il allé chez Katharine Hepburn ? Non, trop de journalistes sur le trottoir. Il a simplement été se coucher au Drake Hotel.

Le lendemain, la foule est en délire. Le maire, toujours énervé, a organisé une parade digne du carnaval. Un million de spectateurs dans les rues. Tout ce que Hughes déteste : il aime être la vedette, mais il voudrait être invisible. Il souhaite mesurer son succès à celui de Lindbergh, mais il n'aime pas la foule. Lindbergh – « Lindy » – est un p'tit gars de chez nous, pensent les Américains ; Hughes est un play-boy dissipé. Il n'a qu'une qualité : il est timide. Les gens adorent. Ils jettent dans les rues cinq tonnes de plus de confettis que pour « Lindy ». Tandis que la limousine décapotable traverse Manhattan sous les acclamations de la foule, Howard Hughes, hésitant entre le sourire et l'agacement, se ronge les ongles. Quand il débarque à l'hôtel de ville, Hughes déclare devant le micro : « Je n'ai pas grand-chose à dire. Nous ne sommes pas des supermen. »

Une semaine plus tard, c'est la ville de Houston qui tient à réserver un accueil triomphal à son fils prodigue. Sa tante Annette Lummis l'attend, des dizaines d'amis inconnus, de relations oubliées, viennent lui serrer la main. Les ouvriers de la Hughes Tool Co, qui n'ont jamais vu leur patron, sont là aussi, en rangs serrés. Howard Hughes est traité comme un empereur. Est-il seulement content ? « Il a de l'eau glacée dans les veines », constate placidement Noah Dietrich. Quand, devant les plus hautes autorités de l'État, Howard Hughes reçoit des mains du président Roosevelt le trophée de la Maison-Blanche pour son exploit, il remercie. Mais, désinvolte, il a une main dans la poche de son pantalon. Mauvais genre.

Il est devenu « le plus grand aviateur du monde », comme il le désirait. Le reste ? Aucune importance.

Il a appelé Katharine Hepburn, mais ne l'a pas vue. Il a fait passer, après coup, une demande en mariage par un ami. Kate réfléchit. Elle sait que Howard Hughes a déjà d'autres filles qui l'attendent...

Leland Hayward, l'ex-amoureux de Katharine Hepburn (mais toujours son impresario), présente à Hughes de nouvelles recrues. Dans la propriété d'un couple mondain, Herbert et Maggie Swope, à Long Island, là où Scott Fitzgerald a imaginé la maison de Gatsby le magnifique, Howard Hughes vient passer un week-end. Il s'allonge dans un transat, avec sa chemise froissée, son pantalon tenu par une ceinture cassée, et essaie d'ignorer les regards des invités. Les femmes, surtout, s'étonnent de voir ce héros, cet « aigle », ainsi solitaire. Parmi elles, il y a une actrice, Fay Wray. Celle-ci est devenue célèbre en quelques minutes : elle restera, pour toujours, la blonde enlevée par King Kong, dans un moment d'amour fou. Elle a été mariée avec John Monk Saunders, l'ex-époux d'Avis Hughes (la belle-fille de l'oncle Rupert), et, pour l'instant, elle est libre. Hughes s'approche.

– Vous venez souvent ici ?

– Non.

– Vous connaissez bien nos hôtes, Miss Wray ?

– Non, pas très bien.

– Ils vous tueront.

Fait-il allusion à la mondanité des Swope, à leurs remarques fielleuses ?

– Voulez-vous venir avec moi quelque part ?

– Non, je serais mal à l'aise.

Le lendemain, Fay Wray reçoit cent gardénias dans sa chambre de l'hôtel Pierre. Une carte est jointe : « Ne soyez plus mal à l'aise. » Le renard est toujours en chasse. Deux heures plus tard, l'actrice est dans un petit hydravion. « Je savais, dira-t-elle, que je ne résisterais pas. » La *love story* durera deux nuits. « Qu'il pleuve ou qu'il vente, je viendrai te voir dimanche prochain », dit Hughes. Il ne viendra jamais. Fay Wray va rencontrer un homme passionnant, Sinclair Lewis, l'auteur de *Babbitt*, qui, après avoir vu *King Kong*, lui écrira : « Chérie, je suis sorti du film en petits morceaux. Je t'envoie les miettes. »

Katharine Hepburn, elle, réfléchit. Philip Barry, fils d'un marbrier irlandais, est un auteur reconnu : il a écrit *The Animal Kingdom*, pièce qui a été jouée par Leslie Howard, et *War in Heaven*. Sa nouvelle œuvre, *The Philadelphia Story*, promet. Kate sent que le rôle de Scarlett O'Hara, la flamboyante emmerdeuse d'*Autant en emporte le vent*, est en train de lui échapper. Elle sent aussi que Howard est un homme inquiétant. Coup du sort : un ouragan emporte la maison familiale, à Fenwick. Privés d'électricité, de vivres, de toit, les Hepburn s'organisent. Howard Hughes envoie un chargement. Quand l'avion atterrit, on livre le don de Mr Hughes : des cartons d'eau minérale.

Katharine Hepburn se retourne sur les trois années qui viennent de s'écouler, et constate, avec un sourire triste et une pointe de théâtralité : « L'amour s'est mué en eau. »

CHAPITRE 9

LE TEMPS EST À L'ORAGE

Noah Dietrich est assis dans le bureau directorial de la Hughes Tool Co. Il savoure son travail. Il est l'homme à la tête froide, le planificateur : il surveille l'épaisseur des tranches de steak servies à Howard Hughes, il garde le contrôle sur le réseau de détectives, d'hommes de main et de « chauffeurs », il gère les affaires financières de son patron. Mais Dietrich s'inquiète. Quand Howard Hughes est en voiture avec lui, il lui intime l'ordre de rouler aussi loin que possible du trottoir, presque au milieu de la chaussée. Pourquoi ? « Je hais les caniveaux », répond Hughes. C'est bien la première fois que Dietrich entend une opinion aussi tranchée sur les caniveaux. « De cette façon, les feuilles ne peuvent pas se coller aux pneus », ajoute Hughes. Il est vrai que ce dernier hait beaucoup de choses : les mouches, le mal de gorge, les billets de banque sales, les Kennedy, les communistes. De plus, il s'habille de plus en plus mal. Ses chemises – toujours le même modèle – sont souvent froissées, il n'a plus de chaussures en cuir, et ne porte que des souliers de tennis. Chacun ses petites manies, songe Dietrich.

Noah vérifie les comptes : ils sont très satisfaisants. La société engrange des bénéfices considérables, qui atteignent près de vingt millions de dollars par an. Le marché des forages pétroliers est en pleine expansion, la demande est incessante. Howard Hughes Sr a bien joué : la location des foreuses est une mine d'or. Dietrich a fait engager des chercheurs, des géologues, des ingénieurs, des scientifiques, des spécialistes de l'efficacité industrielle. Il aménage sans cesse les lignes de production, coupe les branches mortes, relance la dynamique. Dietrich est comme un électron survolté : il est partout à la fois. Sur les instructions de Howard Hughes, il attaque systématiquement en justice les concurrents. Avec Neil McCarthy ou Greg Bautzer, les deux avocats flamboyants de Hughes, il gagne à tous les coups. Il gagne même contre des produits supérieurs à ceux de la Tool Co. Dans ce cas, il fait copier les améliorations, et attaque la société en l'accusant de plagiat. Dans un monde de requins, il faut avoir les meilleures dents.

Hughes, lui, passe sans arrêt des coups de téléphone. À toute heure de la nuit. Il branche son Sonotone, appuie le récepteur du téléphone contre le petit ampli dissimulé dans la poche de sa chemise, et passe commande. Il veut, il désire, il a envie, il ordonne. La machine suit. Personne ne comprend exactement ce qu'il a en tête.

Sur le bureau de Dietrich, le téléphone sonne. Il décroche :

– Mr Dietrich ?

– C'est moi.

– Ici Jack Frye, le président de TWA. Pouvez-vous me dire, s'il vous plaît, si je peux compter sur votre chèque ?

– Quel chèque ?

– Le chèque de la transaction TWA.

– Excusez-moi, Mr Frye. Je ne suis absolument pas au courant. Racontez-moi.

– Mr Hughes a posé une option sur environ dix mille actions de TWA, consignées chez Lehman Brothers. Il est d'accord pour dix dollars l'action. Il m'a dit de vous demander le chèque.

– Je n'en ai jamais entendu parler. Puis-je vous rappeler ?

– Je ne comprends pas ce qui se passe. J'ai une réunion d'actionnaires dans peu de temps. Pouvez-vous faire diligence ?

La réponse de Howard Hughes est typique : « Noah, j'ai oublié de vous dire ! » Puis il réfléchit, et demande à Noah d'attendre. Car, si « une réunion d'actionnaires a lieu dans peu de temps », pourquoi ne pas laisser Frye s'inquiéter un peu ? Il baissera le prix, forcément.

Les 99 293 actions de la TWA seront acquises pour 8,25 dollars pièce.

Cerise sur le gâteau : TWA a été fondée par Lindbergh.

Un an plus tard, à force de courtiser les actionnaires, de racheter en sous-main des actions, de payer au prix fort, Hughes détient 78 % de TWA. Il décide d'acquérir des avions, arrive chaussé de tennis usagées chez le patron de Lockheed, examine les plans du nouveau prototype, le Constellation, mange un sandwich au jambon et lâche 18 millions de dollars pour quarante appareils. Qui ne seront jamais livrés. Il enferme les contrats dans des coffres-forts, fait rajouter des serrures à ses tiroirs, se trouve un nom de code qui lui va bien. Pour l'ouverture du coffre, Hughes est désigné sous le nom de « Dieu ».

La guerre ouvre un autre marché : celui de l'aviation militaire. Hughes fait concevoir un nouveau bombardier, le D-2. On manque d'acier ? Qu'à cela ne tienne : il va construire en bois compressé. Quand il prend contact avec les militaires, ceux-ci n'ont rien oublié. Ils rejettent le projet, et qualifient le plan de « joujou pour enfant gâté ». Aux grands maux, les grands remèdes : Howard Hughes décide de séduire ces messieurs. Il organise des fêtes, sous l'égide d'un voyou, Johnny Meyer. Celui-ci convoque le ban et l'arrière-ban, fait couler le champagne, fournit des brassées de putes, couvre les tables de caviar et de homards. En pleine guerre, c'est fou. Et les filles font leur travail : les militaires, on le sait, sont sensibles au charme féminin. Parmi les invités, un personnage de marque : Elliott Roosevelt, l'autre fils du président. Tandis que Joe Kennedy s'occupe de Jimmy Roosevelt, Howard Hughes prend en main Elliott. Il lui présente Faye Emerson, une actrice qui fait partie de l'écurie Hughes. Bingo : quelques semaines plus tard, Faye Emerson devient Mme Roosevelt. Les colonels, les commandants, les généraux sont ravis. Quand, enfin, Howard Hughes les emmène visiter sa manufacture d'aviation en plein désert, les gradés sont convertis. Ils ont la gueule de bois, les yeux de travers, et ils ont fait la noce sous les yeux des flics du FBI et des détectives de Hughes. Ils regardent l'avion de Hughes (qu'ils voient double), et sont d'accord pour dépenser 43 millions de dollars. D'ailleurs, ils seraient d'accord pour n'importe quoi, pourvu qu'on ne leur impose plus de rester debout en plein soleil. Le D-2, spécifient-ils, devra être en métal. Il sera connu sous le nom de XF-11.

Howard Hughes vient de se marier avec l'armée. Mais aussi avec Johnny Meyer, qui est un maquereau ambitieux et un sous-fifre de Johnny Rosselli. Qui, lui, reste dans la coulisse.

Rien à faire : Katharine Hepburn est partie, vraiment partie. Elle ne va pas tarder à rencontrer l'homme de sa vie, celui qui va partager son existence jusqu'à la mort : Spencer Tracy. Hughes ne supporte pas, une fois de plus, d'être laissé sur le carreau. Elle va voir ce qu'elle va voir. Howard renoue avec Ginger Rogers : il expédie des fleurs par wagons, lui fait une cour appliquée par l'intermédiaire de la mère de la star, la possessive Lela, qui envahit les plateaux et qui surveille tout : les robes, le maquillage, les amants de sa fille. Lela Rogers entrevoit en un éclair la possibilité, pour sa fille, d'épouser le célibataire le plus en vue (et le plus riche) des États-Unis. L'ennui, c'est que Ginger est mariée à Lew Ayres, un acteur de second plan. Qu'importe : pour commencer, Hughes invite les deux femmes sur le *Southern Cross*, briqué à l'os pour l'occasion. Et il prévient Louella Parsons, histoire de faire savoir à Kate qu'il s'amuse bien. Celle-ci lui téléphone : « Dois-je acheter les droits de *Philadelphia Story* pour en tirer un film ? – Oui », répond Hughes. Le film sera un triomphe, et redonnera à Katharine Hepburn l'occasion de faire une superbe carrière.

Hughes, accoudé sur le bastingage devant les lumières de Manhattan, se tourne vers Ginger Rogers :

– Épouse-moi.

– Je suis mariée avec Lew.

– Pas de problème. Neil McCarthy va te faire divorcer. C'est mon avocat.

– On en parlera plus tard.

Ginger Rogers a raison. Elle renifle un loup. Ils décident de se retrouver à Los Angeles. Elle y va en train. Il y va en avion. Il arrive le premier. Lors d'une soirée pour amateurs de chiens, Hughes rencontre Bette Davis. Celle-ci a la réputation d'être la star la plus mordante, la plus révoltée d'Hollywood. En plus, elle est moche. Mais c'est une mangeuse d'hommes. Elle vient de se séparer de son amant, le réalisateur William Wyler, et elle est mariée avec Harmon Nelson, un chef d'orchestre pugnace. Celui-ci est cocu, et il n'aime pas ça.

La cour que Hughes fait à Bette Davis est ultrarapide : il n'a guère le temps. Elle non plus. Ils se retrouvent à Palm Springs, à trois cents kilomètres de Los Angeles, dans la propriété de Darryl Zanuck. Puis ils reviennent à Malibu où ils passent quelques soirées agréables sur la plage. Mais c'est compter sans Harmon Nelson. Celui-ci engage un détective privé, loue un camion de son et fait placer des micros dans le bungalow des tourtereaux. Le but, c'est le divorce. Facile. Nelson pense qu'il a déjà partie gagnée. Mais, alors que, le casque sur la tête, il écoute les murmures et les soupirs de sa femme et de son amant, Nelson comprend : la scène d'amour n'est pas aussi simple qu'il y paraît. Howard Hughes, apparemment, peine à tenir ses promesses. Il n'arrive pas au nirvana. Bette Davis se donne un mal de chien, rien n'y fait. Hughes reste en rade. Amusé et agacé, Nelson se précipite, comme dans les mélos, et lance : « Je vous tiens ! » Bette Davis couvre sa pudeur avec une pantoufle, et se met à hurler des insultes. Imaginez. La Thénardier en rut et en rage. Terrifiant.

Harmon Nelson se tourne vers Hughes, nu comme un ver, et lui explique le marché : 75 000 dollars immédiatement. Hughes paie. Puis il contacte un ami d'ami : Johnny Meyer engage un tueur pour ventiler la cervelle de Nelson à coups de 45. Mais le chef d'orchestre a pris ses précautions : il a déposé ses enregistrements sous scellés chez un avocat. Harmon Nelson continuera donc à diriger l'orchestre du Blossom Room au Roosevelt Hotel, tranquillement.

Howard Hughes ne reverra jamais Bette Davis.

En revanche, il revoit Ginger Rogers. Il lui refait le coup des avions. Il l'emmène dans le Nevada, dans le Colorado, partout, avec du champagne sur le tableau de bord, des petits fours sur l'accoudoir, une couverture posée sur les sièges arrière. Ils se baignent nus dans des lacs et, après l'amour, regardent le ciel. Ginger remarque une particularité : Howard arrive à faire chevaucher ses doigts de pied sans s'aider des mains. Puis il fait cliqueter les ongles de ses orteils, qu'il a longs. C'est amusant.

Il lui promet monts et merveilles, jure qu'il va acheter un palais à « sa princesse », puis jeter la clé. Ginger Rogers, qui a le goût de la liberté, se sent étouffée. Elle garde ses distances. Une liaison ? Oui. Un mariage ? Non. Un soir, devant l'océan, il lui offre une émeraude grosse comme une balle de ping-pong. Puis invite maman Lela à dîner, à sortir. Il la soigne. *Love story* sans nuage ? C'est mal connaître notre homme. Il vient de voir *Robin des Bois*, avec Errol Flynn. Une jeune actrice lui a tiré l'œil : Olivia De Havilland. Juste après, elle a joué dans *Autant en emporte le vent*. Elle est belle comme un cœur, distinguée, et Louella Parsons la verrait bien en couple avec Hughes. Olivia a une sœur, Joan Fontaine, qui est aussi sa rivale. Suprême plaisir, les De Havilland ont une usine d'aviation en Angleterre, qui produit le Gipsy Moth, le Mosquito, l'Albatros, et qui fabriquera bientôt le Comet, le premier long-courrier à réaction commercial. Howard Hughes croit qu'il ne va faire qu'une bouchée d'Olivia et, pourquoi pas ? de sa sœur. Il est mal tombé.

Howard Hughes recommence la tournée des grands-ducs. Il sort avec Olivia au Mocambo, au Brown Derby, partout. Il l'emmène dans son avion, comme d'habitude. Il est bien rodé, maintenant. Joan Fontaine, elle, tourne *Women* de... George Cukor ! Un soir, en rentrant chez elle, elle surprend maman De Havilland et Olivia prenant le thé avec un invité. Joan regarde cette « grande asperge d'homme » en chemise blanche, pantalon blanc, cravate à pince noire, et chaussures de tennis. « C'était Howard Hughes, qui passait l'examen avant d'être admis à faire la cour à Olivia », se souvient-elle. Là-dessus, Joan s'occupe de ses affaires : son mariage prochain avec l'acteur Brian Aherne. Quelques jours plus tard, elle est invitée à une soirée : quand elle arrive, Howard Hughes trône au milieu des fleurs, devant une table chargée de caviar et de champagne. Il se lève pour danser avec Joan, et murmure : « Ne vous mariez pas. C'est une grossière erreur, je vous assure. » Puis il se redresse. Il n'entend pas ce que dit sa cavalière : sa surdité empire. En une seconde, Joan Fontaine comprend : Howard Hughes a des équipes féminines, et fréquente ses maîtresses par roulement, comme un contremaître. Le matin, il voit Olivia De Havilland. Le soir, Ginger Rogers. Joan décide de brouiller les cartes, et donne rendez-vous au vil séducteur dans un restaurant polynésien. « Épousez-moi », dit-il au son des ukulélés. Il lui glisse un papier avec son numéro de téléphone. Que Joan Fontaine s'empresse de montrer à Olivia : « Ton soupirant est un faux jeton », dit-elle en brossant les confettis hawaïens sur sa blouse.

Depuis qu'il a vu *Autant en emporte le vent*, Howard Hughes a une idée fixe. Il veut revenir au cinéma. Avec un grand coup. Il pense qu'« un grand coup » est affaire de publicité, uniquement. Avant même d'avoir une idée ou un titre, il engage le responsable de la publicité d'*Autant en emporte le vent*, Russell Birdwell. Puis il convoque Noah Dietrich.

– Je pensais ne plus jamais faire un film, Noah. Je me suis trompé.

– Oui, Howard ?

– Je veux faire un film pas cher, pour 75 000 dollars, non, 250 000 dollars.

– C'est quoi, l'histoire ?

– *Billy the Kid*, Noah. *Billy the Kid.*

– Et qui va être le metteur en scène ?

– Mmmm.... Howard Hawks.

Hawks, lui, fait monter les enchères : 450 000 dollars. Dietrich revient vers Hughes.

– Nous ne dépasserons pas le budget, Noah. Parole.

Le film coûtera 3 millions et demi de dollars.

Hughes veut commencer par le commencement : la femme. Pour *Billy the Kid*, il veut une fille extraordinaire. Il a découvert Jean Harlow, il peut faire mieux. À peine la nouvelle est-elle connue que les candidates se précipitent par brigades entières, aux bureaux de production, 7000 Romaine Street. R. Wayne Spector envoie des photos par liasses. Parmi celles-ci, Hughes en repère une, et demande à Howard Hawks de faire des essais avec elle. La fille arrive, intimidée. Elle se nomme Jane Russell, a dix-neuf ans, et possède une paire de Billie Doves à faire pâlir d'envie Billie Dove elle-même. On l'habille d'une blouse décolletée, et on lui demande de se pencher pour ramasser un colt, devant la caméra. Puis de se pencher pour ramasser un seau. Puis... Enfin, elle comprend : « Mr Hawks, ils ne filment que mon décolleté ! » Hawks, mi-figue, mi-raisin, répond : « Tu es une grande fille. Tu peux dire non, à haute et intelligible voix. » Elle ne dit rien.

Quand Hughes visionne les essais, il est aux anges : « Elle a des doudounes du tonnerre ! » Jane Russell est engagée pour 50 dollars par mois.

Reste à trouver l'acteur qui sera Billy the Kid. Un impresario téléphone : Gummo Marx, le frère du célèbre trio. Il a un candidat, Jack Buetel, un acteur aussi viril qu'une pelote de laine des Pyrénées. Engagé. Deux autres vieux de la vieille rejoignent le casting : Thomas Mitchell, le docteur alcoolique de *Stagecoach*, et Walter Huston, le père du réalisateur du *Faucon maltais*. Hawks est prêt à tourner. Mais la censure veille : « Nous n'avons pas reçu de scénario », s'indigne le collaborateur de Will Hays, Joseph Breen. Il en reçoit un. « Trop d'allusions sexuelles », écrit-il à Hughes. Qui promet de gommer les cochonneries.

Hawks commence à tourner en 1941, à Flagstaff, Arizona. Soleil de plomb, désert aussi accueillant qu'un bureau du Trésor public, pas de bistro. Jane Russell est incapable de jouer, Jack Buetel geint, Thomas Mitchell s'énerve et Walter Huston cherche un coin pour pêcher. Tous les jours, Howard Hawks fait expédier les rushes à Hollywood, où Hughes les visionne à Romaine Street. Le producteur téléphone au metteur en scène, pendant des heures, pour lui faire part de ses suggestions, de préférence à trois heures du matin. Puis il réveille Gregg Toland, le génial chef-opérateur de *Citizen Kane*.

– Gregg, il y a un problème.

– Euh... Quelle heure est-il ?

– Il faut refaire les plans d'hier, Gregg.

– Ah ? Qu'est-ce qui... Qu'est-ce qui ne va pas, Mr Hughes ?

– C'est terrible.

– Comment ça, terrible ?

– Il n'y pas de nuages, Gregg. Pas de nuages.

Hughes est retombé dans son obsession de *Hell's Angels*.

Hawks attend donc les nuages, avec une équipe de deux cents personnes au bord de l'insolation. Il est inquiet : son épouse Athole, diagnostiquée comme schizophrène profonde, demande le divorce. Albert « Cubby » Broccoli, l'assistant, se démène : dans vingt ans, il deviendra richissime en produisant la série des James Bond, mais pour l'instant, il transpire. En plus, Hughes vient d'apprendre qu'un autre film, avec Robert Taylor, va sortir sous le titre de *Billy the Kid*. Il songe à faire un procès, puis recule. Il change de titre : désormais, ce sera *The Outlaw* (*Le Banni*). Et il suggère à Hawks de mieux utiliser « les deux meilleurs arguments du film ». Hawks rétorque :

– Si vous en savez autant que moi, pourquoi ne faites-vous pas le film vous-même ?

– Bonne idée.

Et le cauchemar recommence. Installé dans le fauteuil du metteur en scène, Hughes hésite, tergiverse, revient sur ses décisions. Il passe des heures à faire des plans du décolleté de Jane Russell, rapatrie l'équipe aux studios Goldwyn, où l'on ne verra jamais l'ombre d'un nuage, même en carton-pâte. Le matin, il s'occupe de ses avions, l'après-midi, il tourne, jusqu'aux petites heures. Des visiteurs passent, parfois en compagnie de leur famille. Un jour, un petit garçon de neuf ans prénommé Clifford vient admirer les décors. Vingt ans plus tard, Clifford Irving montera l'une des escroqueries les plus extravagantes sur le dos de Hughes.

Les semaines passent, puis les mois. L'un des scénaristes menace : s'il est réveillé en pleine nuit, il sort son

Magnum 38 et se met à canarder. Sa bonne transmet à Hughes. Le chaos s'installe. Hughes tourne, tourne encore, tourne toujours, fait refaire cent quatre fois un plan dans le cimetière. Un jour, Thomas Mitchell, excédé, explose : il piétine son chapeau, voue aux gémonies les « putains de connards qui font des films débiles », se reprend, explique qu'on ne peut pas diriger des acteurs comme une mécanique d'avion, et va vider une bouteille de bourbon.

Howard Hughes, lui, affronte un problème important. Il trouve que les seins de Jane Russell ne sont pas assez mis en valeur. « C'est une simple question de design », dit-il. Il demande un papier, un crayon et dessine un soutien-gorge en béton armé avec des attelles en cuir. Un truc de maniaco-dépressif un tantinet maso. « Faites fabriquer ça », dit-il. La costumière s'y met. Vingt-quatre heures plus tard, l'appareil à mouler les seins est prêt. Jane Russell l'essaie, c'est une torture. Elle ajuste : c'est pire. Ce n'est pas un soutien-gorge, c'est un casse-noix géant. Jane Russell le jette, et rajoute des mouchoirs dans son corsage. Hughes n'y voit que du feu. Il est content : « Vous voyez, j'avais raison. » Il demande à Gregg Toland de filmer la scène où Jane Russell apporte le plateau du petit déjeuner de telle façon qu'on aperçoive son nombril par le décolleté. Le soir, quand il regarde, seul, les rushes, Hughes se régale : les seins de Miss Russell le mettent en extase. Dans le noir, il n'y pas de Barbara Hutton pour lui faire des remarques acerbes. Après tout, comme le conseille Woody Allen, ne dites pas de mal de la masturbation. C'est faire l'amour avec quelqu'un qu'on aime.

Ce qui, à y réfléchir, n'est pas forcément le cas de Howard Hughes.

Ginger Rogers a l'impression que les choses vont bien : elle se promène avec son émeraude géante, et ne sait pas que son fiancé a franchi une nouvelle étape. Grâce à son complice, Johnny Meyer, et à son fidèle dénicheur, R. Wayne Spector, Hughes a trouvé de nouvelles cibles : les débutantes. Il séduit ainsi Brenda Duff Frazier et Gloria Vanderbilt : elles sont riches, elles ont dix-sept ans, et elles le trouvent terriblement glamour, avec son aura de mystère. Plus tard, la première dira : « Je ne pouvais pas l'épouser. Il avait trop de secrets. » Comme s'il avait jamais été question de mariage... La seconde encourt la colère de la formidable et richissime Gloria Whitney, sa tante. Qui passe un coup de fil à Howard Hughes, pour lui dire de s'effacer, le plus vite sera le mieux. Quels arguments emploie-t-elle ? Nul ne sait, peut-être celui-ci : coucher avec une fille mineure, aux États-Unis, c'est juridiquement un viol. Sans doute le ton de Mrs Whitney est-il convaincant. La jeune Gloria Vanderbilt n'entendra plus jamais parler de son chevalier servant.

Cette fois-ci, Ginger Rogers a eu vent de quelque chose. La Texane entre dans une colère violente : Howard Hughes, malgré sa surdité, ne peut faire semblant d'être innocent. Bizarrement, c'est lui qui est jaloux : chaque geste, chaque coup de téléphone, chaque rencontre de Ginger lui est rapporté. Il la fait espionner jour et nuit. Elle ne supporte pas cela, et lui fait une scène. Quand il rentre chez lui, Hughes, au volant de sa Packard, est préoccupé. Une Buick lui coupe la route : il vole dans le pare-brise. Son cuir chevelu est coupé comme une tranche de jambon. Soixante-dix points de suture, mais rien de grave. Hughes se réveille à l'hôpital, avec le diligent Noah au chevet de son lit. « Ginger, Ginger », répète le blessé d'une voix mourante. *Commediante, tragediante.* Ginger est chez elle, fumante de rage : elle vient de découvrir que Howard entretient une petite actrice. Elle se rend à l'hôpital, avec tous les bijoux que Hughes lui a donnés. Quand elle arrive, il geint. Il se plaint. Il est à l'agonie, il ne peut vivre sans elle : « Ginger... Ginger... » Pour un peu, il chanterait la Cantate au Clair de lune et les Lamentations de Jérémie.

– Princesse, j'ai eu un accident à cause de toi.

– Ah ?

– Oui, j'avais la tête ailleurs. J'ai besoin de toi. Affreusement.

– Moi, j'ai besoin d'un compagnon, pas d'un flic.

– Mais...

– De plus, il y a les autres. Brenda. Gloria. Et...

Ginger Rogers cite des noms, des dates, des rendez-vous. Et, froidement, elle pose les bijoux sur les genoux du blessé. Blessé dans sa vanité, surtout. Sur le moment, Howard Hughes est confondu. Il baisse la tête. Mais les bijoux seront redistribués à d'autres filles – d'autres amours éternelles.

Un soir, en rentrant chez lui, dans la grande maison de Muirfield Road, Howard Hughes prend une décision : il vide les lieux. Tables, chandeliers, chaises, vases, tout doit partir. Peu à peu, l'endroit prend l'allure d'une morgue. Hughes ne garde que la chambre à coucher en l'état. Il s'assied sur le lit, fait fermer les volets et, dans une demi-obscurité, contemple le mur. Il reste un mois dans cette posture. Il semble absent. Il remue ses doigts de pied. Il mange ses petits pois. Il s'entraîne à devenir dingue. Dans quelques années, il y réussira.

La guerre fait rage en Europe. À la radio, Roosevelt en appelle à ses concitoyens : « Jamais notre civilisation n'a été en plus grand péril. Nous devons devenir l'arsenal de la démocratie ! » Le pape autorise la consommation de viande le vendredi, pour la durée de la guerre. Surtout, les avions vont décider du sort des armes. Le fils aîné de Joe Kennedy, Joe Jr, est dans les airs. Et Pearl Harbor a été une catastrophe venue du ciel, où 177 avions ont été détruits. Au bout de quatre semaines, Howard Hughes se lève, sort, et se rend à une invitation chez Warner Bros, où il est question de présenter toutes les nouvelles starlettes. Le renard s'est remis en chasse.

Finalement, Hughes estime que les gros plans de la poitrine de Jane Russell ne sont pas assez gros. Au prix d'un travail de laboratoire difficile, il demande que les images soient resserrées, qu'on crée un effet de zoom. Quand Joseph Breen, le leader du comité Hays, visionne *Le Banni*, il sursaute dans son fauteuil. Pour lui, le film est indécent, immoral, pernicieux, vicieux. Il comporte un viol dans une grange, des seins très suggestifs, des répliques peu flatteuses dans une scène où Jane Russell est proposée en échange d'un cheval. Hughes, cette fois-ci, décide de se battre contre la commission de censure. Il bombarde Breen de lettres, répond du tac au tac. « De toute ma vie, je n'ai rien vu de plus inacceptable que les plans sur la poitrine du personnage féminin. Ses seins sont gros, proéminents et découverts de façon choquante », écrit Breen qui exige plus d'une centaine de coupes. Hughes se retranche dans sa salle de montage, pour tout reprendre. Le tournage, déjà, a duré douze mois, alors que le plan de travail prévoyait six semaines. Il donne des instructions à Glenn Odekirk, son mécanicien, pour qu'on construise une pièce spéciale où stocker le film, dans les locaux de Romaine Street.

En février 1943, la première du *Banni* doit avoir lieu au Geary Theater de San Francisco. Un train entier est affrété pour les invités. Dans une chambre du St Francis Hotel, Hughes s'agite. Et s'il s'était trompé ? Alors que le projectionniste commence à charger le film dans la cabine, un coup de téléphone lui parvient. C'est Hughes :

– Envoyez-moi la troisième bobine. Dans ma chambre. Tout de suite.

La séance commence. Les invités regardent déjà le générique ; Hughes, au St Francis, remonte un plan. Et réexpédie le coursier. Quelques minutes avant le changement de bobine, la version corrigée arrive. Personne ne s'apercevra de rien. Sauf Noah Dietrich, qui sait depuis longtemps que son patron est un indécis maladif. À la sortie de la projection, les opinions sont médiocres. Louella Parsons ne sait que dire, sinon que Jane Russell joue bien de l'avant-scène.

Jane Russell, elle, est fatiguée. Couche-t-elle avec le millionnaire ? Elle jure ses grands dieux que non. « Il me respecte », dit-elle. Mais Howard Hughes ne respecte personne. Quand elle tournera *Macao* en 1950, Hughes dictera un mémo au metteur en scène, Josef von Sternberg : « La robe de Jane Russell donne l'impression, hélas, que ses seins sont artificiels, ce qu'ils ne sont pas. Je recommande qu'elle porte un demi-soutien-gorge et il serait très désirable si nous pouvions incorporer des tétons à ce soutien-gorge... » La note fait huit feuillets, et jette un regard de mécano sur la délicate balance, le maintien précis des seins de Jane Russell. Pour un peu, Hughes recommanderait des vis, des boulons et un petit alésage.

Les affiches du *Banni* font scandale à la Legion of Decency. Elles font un tabac chez les camionneurs. Jane Russell, allongée dans le foin, le décolleté provocant, regarde avec dédain le spectateur. Le public « moral » téléphone pour exprimer son indignation. Parmi les protestataires les plus enragés, on trouve Russell Birdwell, le publicitaire. Qui, en sous-main, paie des faux puritains. Birdwell, avec raison, base sa promotion sur l'immoralité du film. Plus c'est salace, plus ça marche, se dit-il. Il loue des avions qui tracent des cercles dans le ciel, avec un point au milieu. Des spots publicitaires reprennent la remarque de Louella Parsons : « Il y a deux bonnes raisons de voir le film. » Birdwell invente un slogan : « Le sexe n'a pas à être rationné. » Il tisonne les groupes religieux, invente des interviews, fait apporter une réplique de la *Vénus de Milo* devant le juge chargé de se prononcer sur l'« indécence » du film. Le public accourt. Au bout de dix semaines, Hughes retire *Le Banni* de l'affiche : « Plus ils attendront, plus ils auront envie », dit-il. Trois ans plus tard, en 1946, il décidera de le sortir à nouveau. Will Hays et Joseph Breen, cette fois, deviendront enragés. Hughes, lui, les traînera en justice, ce qui n'avait jamais été fait. La censure censurée ! Hughes s'amuse.

Mais son film, franchement, est nul.

Johnny Meyer, le dénicheur de jeunes filles, invite Howard Hughes à une soirée au Mocambo : là, il y a toute l'écurie Meyer. Des blondes, des brunes, des Latinos, des sirènes... Parmi celles-ci, Faith, une gamine de quinze ans avec un air fripon et une silhouette d'enfer. À peine arrivé,

Hughes file en ligne droite vers elle. Il hésite à l'aborder, tourne autour, se fait présenter, et raccompagne la jeune fille en voiture. Quelques jours plus tard, sans doute rendu prudent par les mésaventures d'Errol Flynn, accusé de relations sexuelles avec des mineures, Hughes téléphone à la maman de Faith, pour l'assurer de ses « excellentes intentions ». Excellentes, c'est sûr. Il emmène la jeune actrice à Palm Springs, et fait donner l'artillerie lourde : détectives, micros, ligne téléphonique surveillée, enquête constante. Et il reprend le scénario usé jusqu'à la corde : balades en avion, champagne au bord de la mer, déclarations d'amour au clair de lune, émeraude comme une balle de ping-pong. Celle-ci, évidemment, est recyclée : la dernière fois qu'on l'a vu, le bijou était sur les genoux de Hughes, à l'hôpital. Faith Domergue est aux anges. Sa maman aussi. L'affaire est censée être secrète. Un secret tellement bien gardé que, vingt-quatre heures plus tard, le monde entier, de Tamanrasset à la Terre de Baffin, est au courant : Howard Hughes est amoureux de Faith Domergue. Louella Parsons l'assure dans l'un de ses articles, en titrant : « La nouvelle Mrs Hughes ? » Refrain connu. Hughes est « le prince charmant » de Faith. Elle est sa « Little Baby ». « Tu es libre », dit-il. C'est la liberté de la poule dans l'enclos du renard.

Il prend les choses en main. Elle suit des cours de danse, de chant, de diction, après avoir signé un contrat avec la société de production Caddo. On l'habille, on lui enseigne le golf, on la véhicule. Hughes lui-même lui apprend les manières de lit, comme on enseigne les manières de table. Il est sûr d'être un magicien du sexe. Quand Faith pose des questions, Howard se met en colère : elle n'a « pas à se comporter comme un policier », dit-il. La presse commence à laisser entendre qu'un mariage secret a bien eu lieu. Hughes râle contre les « fouineurs », et se met à utiliser les téléphones publics. Toutes ses affaires, désormais, seront conduites de cette façon : il s'isole dans la cabine d'un restaurant, d'une boutique, d'un carrefour, et passe ses instructions pour acheter les dernières actions de la TWA, ou pour mieux profiler les ailes de son nouvel avion. Ou simplement pour monter un plan supplémentaire dans *Le Banni*. Patiemment, Faith Domergue attend dans la voiture. Elle a trouvé son gourou, son producteur, son amant. Elle le regarde avec les yeux de l'amour. Noah Dietrich, lui, note que son patron traite cette jeune fille comme un bibelot. Il la pose quelque part, la reprend quand l'envie lui en chante. Parfois, remarque-t-il, Howard Hughes semble être dans un brouillard. Il ressemble à une image floue.

« Tu es l'enfant que je n'ai jamais eu », dit Hughes à sa Lolita, avant de coucher avec elle.

Le comportement de Hughes est de plus en plus bizarre. Parfois, il oublie même ce qu'il doit faire. Son nom de code – « Dieu » – lui va comme un gant. Il est dans les nuages, les fameux nuages. L'oncle Rupert, aux aguets, constate : « Je peux communiquer avec le Tout-Puissant en me mettant à genoux, mais je n'ai pas la moindre idée de ce qu'il faut faire pour entrer en contact avec Howard. »

Hughes se remet à disparaître. Et endosse de fausses identités. À New York, une fois, il se fait passer pour Carlos Gomez, un touriste. Il prend même l'accent espagnol. Mais ses chaussures – des tennis blanches – le font reconnaître. Au téléphone, il se présente souvent sous le nom de Mr Hoyt, un homme d'affaires du Nevada. Il est producteur, aviateur, séducteur, goupil.

Il court d'une usine à l'autre, reçoit des coups de fil de ses espions à la Maison-Blanche, qui l'assurent que ses affaires avec l'État sont au mieux. L'un de ses informateurs lui confie que Roosevelt a ordonné l'étude et la fabrication d'une flotte de gros porteurs, pour les troupes. Ce seront des « vaisseaux volants », capables d'amerrir et de déplacer des centaines d'hommes et du gros matériel. Un constructeur qui est sur le coup, Henry Kaiser, assure que l'avenir est entre ses mains : il réussira, dit-il, à concevoir des cargos aériens dignes de Jules Verne. Howard Hughes, immédiatement, se met en campagne. Il convoque Noah, l'incontournable :

– On se met sur le pied de guerre, Noah.

– Que voulez-vous dire ?

– Le président Roosevelt va forcément me consulter, je le sais. Il n'y a aucune raison que nous n'ayons pas une part du gâteau. La guerre va nous rendre riches. Nous allons fonder une usine. Achetez du terrain.

– Très bien, Howard. Et ensuite ?

– Convoquez les militaires, au plus haut niveau.

Au plus haut niveau, il y a le général Echols. Celui-ci n'a pas oublié le rendez-vous délibérément raté par Hughes.

– Dites à ce salopard qu'il n'aura pas un sou, lance Echols.

Mais c'est trop tard. Jimmy Roosevelt est déjà passé par là. Les généraux qui ont soigné leur gueule de bois devant les hangars de Hughes ont signé les commandes. La Hughes Aircraft Co doit fabriquer des bombardiers, des canons rotatifs pour les bombardiers, des parachutes pour le matériel lourd, des mitrailleuses, des pièces de rechange. Glenn Odekirk, lui, surveille la construction de la nouvelle usine à Culver City. La machine industrielle passe en surmultipliée. De petite entreprise solitaire, la Hughes Aircraft Co devient une immense société travaillant pour la Défense nationale. Ce n'est plus du bricolage de génie, c'est de la haute altitude. Il faut des hommes : Hughes refuse de déléguer. Il faut du matériel : il n'y en a pas beaucoup, en temps de guerre. Il faut des capitaux : Hughes en a. Il faut des idées : ce n'est pas ce qui manque. Hughes en a, certes. La preuve : il y a un plan, dans *Le Banni*, qu'il faut rajouter. Ce que Hughes ne sait pas, c'est que depuis qu'il a fait valser les généraux, il n'est plus anonyme. Depuis qu'il a signé des contrats avec l'armée, il est sous haute, très haute, surveillance. Désormais, le FBI s'intéresse à tous ses faits et gestes. Dieu est fliqué.

Faith Domergue apprend l'escrime et l'aquarelle. Howard Hughes, lui, est sur le point de rencontrer la plus belle femme du monde, de la galaxie et du cosmos.

Une bombe atomique.

Ava Gardner.

CHAPITRE 10

AVA ET HERCULE

Henry Kaiser est un businessman qui fait du bruit. Petit, rondouillard, jovial, il est capable de soulever un parquet pour chercher une bague, d'étudier les plans d'un barrage hydraulique en mangeant son riz avec des baguettes, de faire rire le plus triste des sires, et il déteste la bureaucratie. Rien ne l'arrête : quand il a décidé d'entreprendre une chose, il fonce, tête baissée. C'est lui qui a eu l'idée des Liberty Ships, ces cargos en acier fabriqués selon les techniques de l'assemblage automobile : il fallait autrefois trois cent cinquante-cinq jours pour construire un cargo. Avec lui, il en faut quarante-huit. Il est persuadé d'une chose : il faudrait un miracle pour sortir la marine et l'aviation militaires de l'ornière. Il est déterminé à forger ce miracle, et à se remplir les poches. Les sous-marins nazis coulent des dizaines de bateaux : dix-sept en janvier 1942, trente-six en février, soixante en mars, quatre-vingt-sept en mai. Cent mille tonnes de fret envoyées par le fond en une semaine de juillet 1942. Kaiser est outré par l'absence de réaction du gouvernement. Il baptise un nouveau Liberty Ship à Portland, Oregon, et s'adresse au public : « Si nous construisions des bateaux aériens, des cargos géants que nul sous-marin ne pourrait couler ? » Les Américains aiment l'idée, les journalistes en font une cause nationale, et Henry Kaiser prend le train pour Washington. Chemin faisant, il vend ses rêves comme d'autres vendent de la poudre à laver : c'est un camelot du diable. Il vendrait de la semoule de blé aux Berbères, et de l'eau salée aux marins. Quand on lui demande comment, où, avec quels moyens seront construits ses vaisseaux des airs, il lance une plaisanterie et jure ses grands dieux qu'on peut le faire en dix mois. À Washington, il se livre à un lobbying d'enfer. « Mieux que Jules Verne », répète-t-il à des fonctionnaires qui pensent que Jules Verne est un concurrent.

Quand Kaiser reçoit un coup de téléphone d'un correspondant anonyme – « Savez-vous que Howard Hughes est en train, justement, d'étudier un projet semblable au vôtre ? » – le bonhomme rubicond saute sur l'occasion. Il demande un rendez-vous à Hughes, qui, dans ses locaux de Romaine Street, fait le mort. Kaiser rappelle : « Nous transmettrons », répond la nouvelle secrétaire de Hughes, Nadine Henley. Puis, pas de nouvelles. La traque continue : où est Hughes ? Il a disparu. On le cherche. Finalement, il est localisé à San Francisco à l'hôtel St Francis. Lorsque Henry Kaiser, enfin, est admis à un face-à-face, il est stupéfait : Hughes, la veste froissée, suit une très jeune fille en pull rose angora, dans le couloir. La fille croise Kaiser, lui fait un clin d'œil, et passe son chemin.

Les deux hommes s'asseyent. Kaiser ouvre le feu :

– Notre job, c'est de gagner la guerre, Mr Hughes. On me dit que vous travaillez sur un projet de cargo aérien.

– C'est possible, Mr Kaiser. Je n'ai pas bien dormi.

– Vous connaissez mon idée ? Le bateau volant ?

– J'en ai entendu parler.

– L'armée n'y croit pas. Ils me font lanterner.

– Ils ont tort.
– Ils pensent que c'est impossible à réaliser.
– Raison de plus pour s'y mettre, non, Mr Kaiser ?
– On va s'y mettre, Mr Hughes. On va s'y mettre. D'accord ?
– D'accord.
– Ah, un conseil : prenez une pilule et dormez.

En sortant de la réunion, Henry Kaiser est ravi. Il confie à un journaliste, dans le hall de l'hôtel : « Nous venons de mettre au point le plus ambitieux programme du monde. » Hughes, lui, ne dit rien. Il se contente de brosser les moutons roses que le pull de Faith Domergue a laissés sur sa veste.

Dès qu'il entend parler de ce mariage d'affaires, Noah Dietrich est confondu : il sait, lui, que concevoir, fabriquer et tester un avion géant est impossible en dix mois. Il faudrait plusieurs années, même avec un homme résolu, qui prendrait des décisions rapides. Alors avec Hughes ! Comment travailler avec un boss qui a le culte du secret, qui passe des journées entières à se projeter des films dans sa chambre, qui s'enferme aux toilettes pendant des heures, et qui ne téléphone que dans les gares et les marchés ? Noah Dietrich décide de mettre les pieds dans le plat. Une deuxième réunion est arrangée. Henry Kaiser se présente au 7000, Romaine Street, à dix heures moins cinq, pour le rendez-vous fixé à dix heures. Dietrich et Kaiser bavardent. L'heure tourne. Pas de Hughes. Ils partent déjeuner. Kaiser est agacé, puis très agacé, puis furieux. Il vire à l'aubergine apoplectique. Les heures passent. À minuit, Hughes arrive. C'est bien dans sa manière : il préfère la couverture de la nuit. Il se sent protégé. Il s'excuse, et les deux hommes se serrent la main : Howard Hughes s'engage à produire cinq cents appareils géants, si l'administration Roosevelt confirme la commande des trois premiers avions, pour six millions de dollars pièce. Glenn Odekirk va être le capitaine de ce projet. Tout en jonglant avec ses autres activités – la fabrication de fuselages, de trains d'atterrissage, de mitrailleuses, la finition du fameux F-11, la gestion de TWA et le remontage du *Banni* –, Hughes est certain que le vaisseau volant est une affaire simple. La première question à résoudre est, en effet, élémentaire : double coque ou simple coque ? Autrement dit : deux carlingues parallèles ou une seule, plus grande ? Déjà, Hughes hésite. Avec ou sans sucre ? Il ne sait pas.

R. Wayne Spector donne un coup de fil à Howard Hughes : « Regardez la photo en couverture de *Life magazine.* » De passage à New York sous l'identité de Mr Hoyt, Howard Hughes repère le journal en question, dans la vitrine d'un gazettier. Il s'arrête net. Ava Gardner et son mari, Mickey Rooney, sont en train de divorcer. Rooney est petit, rigolo, une boule d'énergie. Mr Hoyt lève le sourcil, imagine le nain en train de se séparer de cette sublime fille, et lance Johnny Meyer, le maquereau en chef, à la recherche d'Ava. Deux jours plus tard, l'actrice reçoit un mètre cube de roses. Johnny Meyer, derrière les fleurs, toise Ava, la soupèse, la photographie mentalement. Tout va bien : elle a de très beaux seins. Elle a vingt et un ans, poursuit une modeste carrière à l'écran, et sa réputation est celle d'une femme libre, avec un caractère bien trempé. C'est une fille du Sud, comme naguère Ella Rice Hughes, mais elle est issue d'une famille très, très pauvre. Une semaine après les roses, c'est Hughes qui se présente à la porte de l'élue. Pour l'occasion, il a fait repasser sa veste et s'est laissé pousser la moustache. Ava Gardner le toise à son tour. « Il avait l'allure sombre d'un aventurier romantique, dira-t-elle. Il me faisait penser à mon père. » Hughes salue en touchant le bord de son Borsalino, et s'en va.

Ava Gardner est parfaite. Elle est tellement belle qu'on n'y croit pas. En plus, elle dégage une sensualité extravagante, torride, envoûtante. Qui n'a regardé ces yeux, ces lèvres, sans craquer ? Pourtant, elle a un secret : elle est frigide. Plus le plaisir lui échappe, plus elle consomme des hommes. Ils vont venir vers elle en nuées, en troupes, en rangs serrés. Pour lui proposer le bonheur, le soleil, des enfants, la lune. Elle les rendra tous fous : Frank Sinatra va littéralement être dynamité par cette bombe sexuelle sans détonateur. Greg Bautzer, l'un des avocats de Howard Hughes, va être carbonisé par cet amour. Fernando Lamas, Peter Lawford, Robert Mitchum, David Niven, Porfirio Rubirosa, Omar Sharif, Artie Shaw, Luis Miguel Dominguin, Clark Gable, Richard Burton, Farley Granger, John Huston, et Johnny Stompanato, le flingueur de Mickey Cohen et de Johnny Rosselli... Tous percutés, tous jetés. Même le vieux Louis B. Mayer, le père-la-pudeur de la MGM, sera éberlué : « Elle ne sait pas jouer, elle ne sait pas parler. Elle est formidable ! » dira-t-il.

Le lendemain de la visite de Hughes, Ava rencontre une amie.

– Dis donc, Ava, tu lui as tapé dans l'œil, à Howard !

– Qui ?

– Howard Hughes.

– Howard qui ?

– Le millionnaire, Ava !

– Mais pourquoi ne m'a-t-il pas invitée à dîner, alors ?

La conversation est évidemment rapportée à Hughes, à travers son réseau d'espions. Il revient donc, cette fois-ci chapeau bas. Il tient un petit sachet en papier kraft : ses sandwichs ? Non. Des bijoux. Deux bracelets de diamants, des boucles d'oreilles en rubis, un collier d'opales, et quelques pierres précieuses jetées là-dedans comme des Smarties. Ils bavardent, et Ava Gardner passe dans « quelque chose de plus confortable », comme jadis Jean Harlow dans *Hell's Angels*. Elle revient en négligé rose. Ava Gardner enveloppée dans de la soie rose ! De quoi perdre la vue et la raison. Le lendemain, Hughes revient avec une boîte à chaussures : dedans, il y a 250 000 dollars. Ava jette négligemment les billets sur son lit. Hughes, déconcerté, demande :

– Qu'est-ce qui te ferait plaisir ?

– Mmm...

– Dis-moi.

– Une glace à l'orange. Tu sais, pas de ces sorbets à l'eau, sans goût. Une vraie glace crémeuse, comme quand j'étais petite, en Caroline du Nord...

Hughes lance toute la machine de son empire. Une vraie glace à l'orange ? Pas facile, en temps de guerre. Les hommes de Hughes partent à la quête du Graal, lui obéissant comme s'il était un potentat oriental. Finalement, on trouve la friandise dans une trattoria familiale à Little Italy. Un avion de la TWA fait le service spécial, et une limousine de dix mètres de long livre la crème glacée. Miss Gardner est ravie. Elle fait valser son millionnaire. Qui, bien entendu, la met sous surveillance. Comme d'habitude, le téléphone est « réparé » par des électriciens louches, les murs truffés de micros, et chaque sortie d'Ava se fait sous l'œil d'un détective épaulé par une escouade de fouines. Chez lui, Hughes écoute les bandes magnétiques. Brusquement, il s'aperçoit que Mickey Rooney, le nain, est revenu. Celui-ci passe par la fenêtre de la chambre à coucher et conte fleurette à son ex-femme, tout en testant le moelleux du matelas. Un soir, Hughes, furieux, débarque, se précipite au premier étage pour surprendre l'infidèle. Il ouvre la porte, prêt pour la grande scène du deux. Personne. Mickey a de grandes oreilles. Il s'est éclipsé. Ava Gardner, nue, garde son calme :

– Howard, mets-toi à l'aise en bas. J'arrive. Je m'habille un peu et j'arrive.

Howard Hughes descend. Quand elle le rejoint, Ava le regarde avec un insupportable air de défi :

– Tu sais, Howard, espionner, c'est vraiment dégueulasse !

Personne ne lui jamais parlé comme ça. Hughes observe cette femme qui lève le menton avec des éclairs dans les yeux. Elle sourit, avec un air de mépris terrible. Il la gifle. Plusieurs fois. Elle a l'œil qui gonfle. Howard Hughes n'a pas compris : Ava est la plus fière des femmes, pas une bimbo comme Faith Domergue. Furieuse, d'une fureur à tuer, elle se retourne, saisit le premier objet à sa portée, une cloche en bronze du XVIIIe siècle, et la balance sur le crâne de Hughes. Le front ouvert, en sang, celui-ci s'écroule comme une serpillière. Il laisse deux dents sur le tapis, sa mâchoire est brisée.

– Ça t'apprendra, salaud !

Ava Gardner regarde les deux Mormons qui emportent leur patron en miettes.

Henry Kaiser a compris que Hughes est un yoyo. Il veut être le boss, il veut s'éloigner des caniveaux, il veut ci, il veut ça. Quand les ingénieurs de Kaiser reviennent de l'usine Hughes, après six mois d'études sur le projet « vaisseau aérien », ils sont dans un état de frustration intense : là-bas, on ne travaille que le soir, quand Hughes arrive, c'est-à-dire à dix-huit heures, et aucune décision n'est prise. Forcément, le délai de dix mois ne sera pas tenu. En plus, Hughes impose des exigences démentes : il veut que ce gigantesque avion soit en bois laminé, que la soute soit assez grande pour transporter trois tanks Sherman de 80 tonnes ; il refuse de faire des tests en soufflerie, et donne ses instructions par téléphone. Personne ne comprend ce qu'il veut, au juste. Surtout, il se querelle avec tout le monde sur le point de contact de l'hydravion avec la surface de l'eau. Il exige un centre de gravité très en avant de l'appareil, au risque de faire plonger celui-ci, le nez en avant, dans les vagues. Il est persuadé que le rebond de certains hydravions à l'amerrissage est dû à un centre de gravité trop éloigné de l'hélice. Les ingénieurs le contredisent. Il n'accepte pas. Personne ne peut faire changer Hughes d'avis quand il a une idée en tête. Il n'est pas juste dur à la détente, il est en carbone 14.

Henry Kaiser et ses hommes divorcent de Hughes. Bonne chance, et bon vent, disent-ils. Howard Hughes va en avoir besoin. Rapidement.

En mai 1943, il va prouver à tous qu'il a raison. La dernière fois qu'il a procédé à des tests d'amerrissage avec son Sikorsky S-43, ils ont été catastrophiques. Il a beau avoir effectué six mille amerrissages en quatre mois, Hughes n'arrive pas à comprendre ce qui se passe. Ce week-end, sur le lac Tahoe, l'avion répond mal. Sans doute, pense Hughes, est-ce l'altitude qui rend l'air moins portant. Dès qu'il réussira à décoller, il se rendra à l'usine de Culver City, pour remettre tout le monde au boulot. Mais le Sikorsky tousse, reste collé. Glenn Odekirk, le fidèle mécano, connaît la vérité : l'équipe technique en a tellement soupé, des caprices de Hughes, qu'elle a saboté les moteurs. Le Sikorsky a été transformé en tracteur. Les gars peuvent passer un week-end tranquille.

Le 16 mai, Hughes rassemble son équipe de choc : les ingénieurs Gene Blanford et Dick Felt, les copilotes Howard West et Ceco Cline. Il a aussi convoqué les militaires : il veut prouver qu'il a vu juste. Le Sikorsky a été déballasté, mais Hughes, ce matin-là, ne vérifie pas la check-list, ce qui est une faute. Il sort du lit d'Ava Gardner, il est fatigué. De plus, la radio a été placée à l'arrière, ainsi que les coffres à outils. On attend le pilote d'essai, Earl Martyn, qui est en retard. Au bout d'un moment, C.W. von Rosenberg, l'observateur dépêché par l'autorité aéronautique, se penche vers Hughes :

– Vous devriez avoir un pilote d'essai à plein temps, Mr Hughes.

– Bon sang, non ! Pourquoi devrais-je payer quelqu'un à s'amuser ?

Hughes s'installe aux commandes du Sikorsky avec ses hommes. Il occupe le siège gauche, von Rosenberg le droit, et les autres sont derrière. L'avion décolle de Las Vegas, et se met en ligne pour atterrir sur le lac Mead, gigantesque retenue d'eau appuyée sur le Hoover Dam, un barrage colossal. L'un des problèmes habituels du Sikorsky S-43 est son manque de fiabilité lors des amerrissages. Cette fois-ci, le centre de gravité déplacé, il y a un problème que Hughes n'a pas pris en compte : les réservoirs sont presque vides. Tout l'équilibre de l'appareil est donc modifié. Dès qu'il touche la surface de l'eau,

Hughes sent l'anomalie, mais trop tard : l'avion lève sa queue, pique du nez, l'eau offre une résistance inhabituelle, l'appareil devient instable. Brusquement, il dérive en crabe vers la gauche. Hughes réagit en barrant vers la droite. L'aile droite touche la surface de l'eau, et toute la carlingue vole en éclats. Les hélices, arrachées, déchirent les parois, traversent l'appareil. La queue se détache. Quand le Sikorsky s'immobilise, Blanford cherche Cline, dans l'épave, qui commence à couler. Le siège de Cline est vide. Blanford repère Dick Felt, blessé à la tête par l'hélice. Il a le crâne ouvert comme d'un coup de machette. Blanford saisit Felt sous les aisselles et crie :

– Howard, vite ! L'avion coule !

Hughes, aux commandes, reste figé, le sang coulant d'une entaille à la tête. Il est sourd, muet, de marbre. L'eau monte.

– Vite, Howard ! On sort !

Von Rosenberg se jette sur Hughes, et le pousse vers la trappe au-dessus d'eux. Hughes, en état de choc, s'assied sur le toit de l'appareil, cramponné au mât radio. Blanford et von Rosenberg replongent dans le Sikorsky. Personne. Ils gonflent le dinghy, et s'éloignent avec Hughes et le blessé. Celui-ci mourra dans la nuit. Quant au corps de Ceco Cline, il ne sera jamais retrouvé : le lac Mead a 1 400 kilomètres de circonférence.

Une fois de plus, l'entêtement du millionnaire a coûté des vies humaines. Une fois de plus, il n'apprendra rien. C'est lui qui a raison, ce sont les événements qui ont tort. La réalité est emmerdante.

Quand Hughes revient à Los Angeles, Faith Domergue l'attend. Elle a entendu les nouvelles à la radio. Elle regarde son amant : il a pris trente ans d'un seul coup. Il a l'air fatigué, désabusé. Entre chaque mot, il laisse tomber des silences pesants. Il joue la tragédie, en plus : « C'est moi... qui aurais... dû... mourir, Little... Baby », dit-il. Elle le trouve merveilleux, si pathétique, son aviateur ! Il reste un soir avec elle, et repart.

– Où vas-tu, Howard ?

– À l'usine, Little Baby. Je reviens vite.

Mais la baby a des soupçons. Comme toutes les femmes de Hughes, car il organise à chaque fois sa propre chute, dispose les éléments de ses cauchemars avec méticulosité. Donc, Faith Domergue saute dans sa voiture et suit celle de Hughes. Elle perd de vue la Cadillac, et commence à errer dans Los Angeles. Elle passe devant le Cocoanut Grove, rien. Elle téléphone à l'usine, rien. Devant la maison de Hughes, bingo. Sa voiture est là. Faith Domergue s'installe et veille. Elle n'attend pas longtemps : bientôt, Hughes sort, avec, à son bras, une sublime créature de feu. Ava Gardner. Quand il démarre, il sent une voiture qui le tamponne par-derrière. Il accélère. Faith Domergue est enragée. Elle a repéré les boucles d'oreilles en rubis. La vitesse augmente. Hughes vire brusquement, et s'arrête dans un parking désert. Il a semé la folle. Il allonge les jambes, tend la main vers sa compagne et... Boum ! La porte de sa voiture est enfoncée par une voiture-bélier. La folle recommence. Ava Gardner saute dans un taxi et s'en va, terrifiée. Hughes, resté seul sur le parking, rejoint Faith Domergue. Il la prend par les épaules et l'étreint. Elle tombe dans ses bras.

Quelques jours plus tard, pour se faire pardonner, Hughes emmène Ava Gardner à une grande soirée chez le producteur Sam Spiegel, après l'avoir couverte de nouveaux diamants. En fait, il veut exhiber sa nouvelle conquête. Ava, rayonnante, fait l'admiration de tous. Mais elle s'ennuie. Pour elle, chaque fête ressemble à la fête précédente : les épouses se querellent avec les maîtresses tandis que les maris parlent boulot et louchent sur les décolletés. Ava Gardner, réfugiée dans les toilettes, boit du champagne avec Rita Hayworth. Puis du gin. Howard Hughes, lui, aide une petite blonde poupine à dégrafer sa robe. « J'ai trop mangé », dit Shelley Winters. « Pas grave », dit-il avant de l'embrasser.

Tout d'abord, Howard Hughes dirige le projet. Pendant sept mois, il arpente l'usine de Culver City, cumule les fonctions de directeur, d'ingénieur, d'administrateur, de concepteur, de génie en chef. Puis il engage un directeur, John LeDuc. Lequel, quelques mois plus tard, est remplacé par un autre, Edward Bern. Celui-ci, finalement, explose devant Noah Dietrich :

– Je suis dans ce business depuis vingt-sept ans, et je n'ai jamais vu ça !

– Que se passe-t-il ?

– J'essaie d'organiser les choses, mais c'est impossible !

– Qui vous en empêche ?

– Howard. Il se mêle de tout. On ne peut le voir qu'à deux heures du matin, chez lui. Le reste du temps, il ordonne des changements, par téléphone, sans en avertir personne.

– Que voulez-vous y faire ? C'est Howard !

– Je démissionne.

Bern ne sera pas le seul. Le chef de production démissionne. Le superviseur de la chaîne de nuit démissionne. Le directeur général de la production démissionne. Le chef des études aérodynamiques, le mécanicien principal, le superintendant de la maintenance électrique, tous s'en vont. Ils n'en peuvent plus. Hughes discute de détails dont il n'a aucune connaissance, convoque des réunions à deux heures du matin, expédie ses hommes au boulot en pleine nuit, disparaît pendant des semaines, réapparaît pour se mettre en colère contre les techniciens, change l'équipe de responsables, demande des modifications sur son biplan Boeing et refuse de payer la note. Puis il se préoccupe de faire repeindre l'usine. La seule couleur disponible, en temps de guerre, c'est le vert chartreuse. Tous les bâtiments de Culver City vont devenir verts.

Puis Hughes se préoccupe de la construction de son avion géant, en détail. Il l'a baptisé le « Hercules » ou, en abrégé, le « HK-1 », et surveille de près la fabrication du bois stratifié qui entre dans la composition de la coque : les lamelles de bouleau sont encollées avec de l'époxy, puis les clous sont enlevés un à un, et l'ensemble est cuit dans un four. Il est interdit de toucher à mains nues les plaques ainsi formées. D'autres types de bois sont sélectionnés : peuplier, érable, balsa, pin. Malheureusement, soumises aux efforts mécaniques de torsion, les lamelles commencent à se séparer... Gênant, pour un avion de guerre. De plus, comment le bois va-t-il résister à l'amerrissage ? Ne va-t-il pas se gorger d'eau ? En décembre 1943, le patron des projets de l'Air Force s'énerve. Il constate que rien n'avance, et que 20 millions de dollars ont été dépensés, sur l'enveloppe fournie par l'État fédéral.

En fait, Hughes a plusieurs fers au feu. Il pousse à l'amélioration du Lockheed Constellation, qui doit entrer dans la composition de la flotte commerciale de la TWA. Il s'active sur les études du F-11, qui, de bombardier léger, est devenu un avion de reconnaissance photographique. Le rythme de travail des ouvriers est devenu intense. Pour la première fois de son histoire, la Hughes Tool Co est menacée d'une grève. Howard Hughes est fou de colère. Comment, de simples prolétaires, des ânes de bât, des cancrelats d'usine veulent faire grève ? Ils ont sûrement été noyautés par les Rouges ! Il blâme son avocat, Neil McCarthy, qui, devant l'avalanche de reproches imbéciles, démissionne aussi : « Si j'étais resté avec Hughes, je serais mort. Il ne travaille que de nuit. Pas moi. » Quand Hughes prend les commandes de ses avions, il se passe des choses étranges : il n'est pas concentré, il rate des manœuvres, il ne se souvient plus des procédures.

Dietrich observe le changement. Il se demande pourquoi son patron est si passionné par le F-11, qui n'a aucun intérêt militaire. Pourquoi il passe ses nuits à bouleverser les plans du HK-1, en passe de devenir le plus gros avion fantôme du monde. Pourquoi il jongle avec les opérations de la TWA, qui est désorganisée à cause de lui. Howard Hughes, comme d'habitude, règle tout par téléphone. Un jour, il appelle Dietrich :

– Noah, je voudrais que vous vous occupiez de...

– De quoi, Howard ?

– Noah, je voudrais que vous vous occupiez de...

– Je vous écoute, Howard.

– Noah, je voudrais que vous vous occupiez de...

Dietrich se saisit d'un stylo et commence à noter. Au bout d'une demi-heure, il intervient :

– Howard, savez-vous ce que vous faites ?

– Comment ça ? Bien sûr, que je sais !

– Vous répétez la même phrase depuis une demi-heure.

– Que voulez-vous dire ?

– Vous venez de prononcer la même phrase trente-quatre fois, Howard.

– Vraiment ? Vraiment ?

Hughes raccroche après avoir promis de voir un médecin. Puis, au bureau de Romaine, il dicte un mémo très important à sa secrétaire, Nadine Henley : « Une lettre d'affaires doit être claire et immédiatement compréhensible... Une lettre d'affaires doit être... » Après quoi il dicte un « mémo sur les mémos » : « Une apostrophe ou deux seront utilisées à chaque début de citation. Deux apostrophes seront utilisées pour dénoter l'effacement de certains mots quand un groupe de mots est cité. Dans tous les cas, il doit y avoir un espace entre les apostrophes et le mot cité. L'infinitif ne doit pas être utilisé pour exprimer une pensée majeure, sauf comme auxiliaire d'un autre verbe. La numérotation de ces divers mémos ne sera pas un critère pour généraliser un système de numérotation. »

Nadine Henley, qui a jadis travaillé dans une banque à Minneapolis, a toujours eu envie d'être actrice. Mais, à trente-huit ans, elle s'est résignée. Efficace, d'une fidélité de chien couchant à Hughes, elle est la seule à posséder la clé du tiroir où se trouve le testament inachevé de Hughes. Toutes les autres clés du fameux tiroir sont... dans le fameux tiroir. Hughes lui confirme ses dernières instructions, notamment sur le sauvetage de l'épave du Sikorsky S-43 englouti dans les eaux du lac Mead. Quelques jours plus tard, Dietrich reçoit un appel d'Annette Gano Lummis, la tante de Houston :

– Noah, savez-vous où est Howard ?

– Non, madame Lummis.

– Il devait venir. Il n'a pas donné signe de vie.

– Je vais voir.

La vérité, très vite, se fait jour.
Howard Hughes a disparu de la surface du globe.

Jane Greer est, à Hollywood, une inconnue de dix-huit ans. Howard Hughes l'a repérée grâce à Johnny Meyer : « Regardez la couverture de *Life magazine* ! » Une fois de plus, Hughes admire la photo : une jeune femme y figure, un mannequin en uniforme. Elle est belle, elle est intrigante, elle a de la classe. « Trouvez-la », dit-il à Meyer. Le chien truffier de Hughes se met en chasse : Jane Greer, qui n'a jamais joué de sa vie, signe un contrat de sept années avec Caddo pour plusieurs films. Le premier doit être *Dick Tracy*. Johnny Meyer s'occupe de tout, comme d'habitude. Il fait venir Jane et sa mère à Hollywood, les installe dans un bel appartement, les met sous surveillance. Les deux femmes ne comprennent pas ce qui se passe, mais acceptent leur bonne fortune. Elles attendent. Hughes ne se manifeste pas. Elles ne l'ont jamais vu. D'ennui, Jane Greer se met à sortir. Elle rencontre Rudy Vallee, un crooner sirupeux mais très en vogue. Un soir, déjà couchée, Jane Greer reçoit un coup de fil lui annonçant la visite de « Monsieur Hughes ». Il est tard, elle proteste. Johnny Meyer emploie le langage de la Maffia : « Les gens font ce que Monsieur Hughes leur dit de faire. » Une voiture vient la prendre, et la dépose devant une salle de cinéma déserte. Elle entre, peu rassurée. Seules les lumières de scène sont allumées. Au premier rang, un homme : Howard Hughes. Il se tourne vers elle :

– Vous ne devez plus revoir Rudy Vallee.
– Il est pourtant très gentil.
– Plus jamais. Plus jamais.

– Je ne vois pas pourquoi je ne choisirais pas mes amis, Mr Hughes.

– Merci. Au revoir.

Il s'en va. Les semaines deviennent des mois, Rudy Vallee le boyfriend devient le mari, les rôles promis n'arrivent pas. Quelques mois plus tard, Jane Greer constate que le beau Rudy, chanteur de charme, fait profiter de ses mélodies d'autres jeunes femmes. Elle est triste, elle se réfugie chez elle. Un soir, la porte s'ouvre et un livreur dépose un demi-quintal de roses. Le lendemain, Howard Hughes l'emmène faire un tour en avion – rien de tel, n'est-ce pas, pour favoriser la tendresse. Puis il l'invite à se promener sur la jetée de Santa Monica, où, en se tenant la main, les deux tourtereaux mangent de la barbe à papa. « Ma mère m'a trop couvé, dit-il. C'est la première fois que je sors comme ça, avec une femme, comme un collégien. » Certes, c'est la première fois ce jour-là. Il couche avec Jane Greer, et redouble sa surveillance.

Quelques jours plus tard, il l'emmène au restaurant. Il se lève, se dirige vers le téléphone mural, commence à passer des ordres. Puis il disparaît dans les toilettes. Une heure plus tard, il réapparaît, trempé : « J'avais du chocolat sur ma chemise. Je l'ai lavée », dit-il. La soirée s'achève gentiment. Au moment de partir, Hughes s'arrête devant la porte, et attend. Derrière lui, Jane Greer patiente : c'est le cavalier qui doit ouvrir la porte, et laisser passer sa compagne, pas le contraire. Mais Hughes ne bouge pas. Finalement, un autre client sort. Hughes lui emboîte le pas. Que s'est-il passé ? « Oh, explique Hughes, je ne voulais pas toucher la poignée. » Puis, dans la vieille Chevrolet qu'il utilise pour ses déplacements, il raccompagne Jane Greer chez elle. En chemin, la main sur son avant-bras, Hughes se tourne vers elle : « Chante-moi l'air de *Madame Butterfly* », dit-il.

Pour un sourd, c'est une requête curieuse.

Dans sa maison de Sarbonne Road, Faith Domergue s'ennuie. Une nuit, son protecteur apparaît. Il demande à la jeune femme d'allumer un feu dans la cheminée. Puis, devant les flammes, il émet quelques remarques banales avant de sortir un carton où s'accumulent des papiers, des coupures de journaux. Il y a là son courrier d'adolescence, destiné à sa mère ; la dernière lettre d'Allene Gano Hughes à son mari – « Je te pardonne totalement » ; les télégrammes d'Ella Rice. Howard Hughes brûle tout, devant Faith. Puis il part poursuivre les essais du Constellation, dont il prend les commandes pour le vol Los Angeles - New York, en compagnie du vice-président de la TWA, Jack Nichols. Il est épuisé, abattu par ses premiers échecs. Le vol se déroule bien jusqu'au moment où l'hôtesse de service vient servir le café. Hughes se tourne vers elle et crie : « Pas de femme à bord ! Foutez-les dehors ! » Puis il coupe deux moteurs : « Ça va les réveiller ! » s'exclame-t-il. Il reprend le vol, sans rien modifier à son comportement. Jack Nichols note simplement qu'il a « les yeux fous ». Juste avant l'atterrissage, Hughes serre les dents : « Salope d'Ava Gardner ! Elle n'a pas voulu venir. Pourquoi ? Pourquoi ? »

Autour de Hughes, le monde change. Son obsession des microbes n'a plus de raison d'être : le docteur Selman Waksman a découvert la streptomycine et inventé le mot « antibiotique ». Lockheed vient de livrer à l'armée des « superforteresses volantes », rendant inutile la construction du Hercules ; une nouvelle vedette de la chanson,

Frank Sinatra, a provoqué une émeute au Paramount Theater ; le riz « Uncle Ben's » a fait son apparition ; les stars d'Hollywood participent à l'effort de guerre, Clark Gable et James Stewart en tête. Un jeune lieutenant, John Fitzgerald Kennedy, reçoit la médaille des Marines pour « extrême héroïsme » à bord de son patrouilleur, le PT-109. Bref, le monde tourne. Howard Hughes ne s'en aperçoit pas.

De retour à Los Angeles, au volant de sa Chevrolet, il s'écrase contre une autre voiture. Une fois de plus, il passe à travers le pare-brise. « Surtout, pas d'hôpital », supplie-t-il, avant de se réfugier dans sa maison vide de Muirfield Road. Là, recroquevillé, le front en sang, il demande à Noah Dietrich de l'aspirine. Son docteur, Verne Mason, n'a pas le droit de le toucher. Hughes est terrifié d'être classé comme cinglé total, maboul à 100 %. Le simple mot de « psychiatre » le fait fuir.

Il fuit, en effet. Mais où ?

CHAPITRE 11

DISPARU ! RÉAPPARU !

– Howard Hughes est en prison.

Noah Dietrich en a pourtant entendu d'autres. Mais cette fois-ci, il est estomaqué. Depuis quatre mois, il jongle avec les appels, les demandes, les questions pressantes. Il gère le quotidien, fait tourner la Hughes Aircraft Co et la Hughes Tool Co, maintient le flux financier, arrive à faire patienter les clients, bref, il est à la peine. Nous sommes en temps de guerre : chaque décision industrielle, surtout en ce qui concerne les deux avions XF-11 et Hercules, engage des secteurs énormes. Mais il n'y a pas que les avions. Il y a les affaires de cœur. Ava Gardner, qui vient de jeter par la fenêtre une émeraude offerte par Hughes, entame une liaison mouvementée avec le chef d'orchestre Artie Shaw, qu'elle va bientôt épouser – et quitter. Les autres filles, Faith Domergue en tête, téléphonent frénétiquement. Où est passé Hughes ? La tante Annette Lummis va jusqu'à accuser Dietrich de l'avoir fait tuer et, plaisante Noah, de « l'avoir congelé quelque part ». Même le FBI semble avoir perdu sa trace.

Le correspondant de Shreveport, en Louisiane, est affirmatif :

– Il est en prison.

Comment Hughes en est-il arrivé là ?

Le 15 octobre 1944, la journée s'annonce bien. L'Armée Rouge se dirige vers Budapest, les troupes alliées progressent depuis l'opération Overlord, après un débarquement qui a mobilisé 6 939 vaisseaux, 15 040 avions et 15 600 hommes. En cinq jours, ils ont fait 637 544 prisonniers. En fin d'après-midi, Howard Hughes téléphone à Joe Petrali, chef de la maintenance, et à Dick Beattie, l'un des principaux mécaniciens de la Hughes Aircraft :

– Préparez le Sikorsky et prenez des vêtements.

– Pour quelle destination, Mr Hughes ?

– Je vous le dirai plus tard.

Le Sikorsky est un avion maudit : c'est celui dans lequel Hughes s'est écrasé sur le lac Mead, et dont l'épave a été renflouée et réparée à grands frais, contre toute logique. Les trois hommes décollent. Une fois en l'air, Hughes désigne Las Vegas comme destination. À l'époque, c'est une petite bourgade sans intérêt, juste de l'autre côté de la frontière californienne. Seuls les voyageurs en direction de l'Est s'y arrêtent, pour boire un Pepsi-Cola ou pour faire le plein. Hughes prend les commandes, pilote l'avion de façon désordonnée, fait un atterrissage risqué en sortant de la piste. Endommagé à nouveau, le Sikorsky a de nouveau besoin de réparations. Hughes et ses deux employés s'installent à l'hôtel El Rancho, un petit établissement d'où on aperçoit le désert, qui est partout.

Le temps passe. Tandis que Petrali et Beattie retapent le Sikorsky, Howard Hughes erre. Il conduit sa voiture, apparemment sans but. Tous les jours, il demande aux deux hommes d'être prêts pour un départ. Tous les matins, donc, Petrali et Beattie descendent, paient leur chambre, posent leurs bagages dans le hall. Et, immanquablement, Hughes arrive, le Borsalino sur la tête, le blouson de cuir sur les épaules, pour leur dire : « On reste un jour de plus. » La scène devient un rituel. Le disque est rayé.

Inquiet, Petrali téléphone à Nadine Henley :

– Que faire ?

– Rien, Mr Petrali. Il faut attendre.

Alors que Noël approche, Petrali s'en va pour rejoindre sa famille. Quand Hughes apprend la défection, il explose. Il loue une voiture et, à toute allure, se précipite à la poursuite du déserteur. Direction : Los Angeles, à 800 kilomètres de là. Le pied au plancher, il arrive à Beverly Hills, tombe en panne d'essence, sort et disparaît dans la nuit. Quand on retrouve la voiture, la porte est restée ouverte.

Où est-il passé ?

Deux jours plus tard, Petrali et Beattie sont à Las Vegas. Pas trace du patron. Sans doute est-il avec une fille, planqué quelque part. Plus tard, on apprendra qu'il s'est réfugié chez Cary Grant, alors en train de se séparer de son épouse, Barbara Hutton, la triste héritière qui a naguère passé deux nuits avec Hughes. Cinq semaines passent. Un jour, Petrali ouvre la porte de sa chambre, à Las Vegas : Hughes est là, plus étique que jamais, le visage sombre, jetant des regards suspicieux derrière lui. Même dans le désert, il a peur d'être suivi. Un taxi est garé devant l'hôtel :

– Joe, j'ai besoin de vous.

– Oui, Mr Hughes.

– Allez jusqu'au taxi et ramenez-moi le carton que j'y ai laissé.

– Oui ?

– Quand vous l'aurez rapporté, emballez-le dans du papier de boucherie et serrez-le avec de la ficelle calibre 51. Je vous dirai ensuite ce qu'il faut en faire.

Le chef de la maintenance de Hughes Aircraft se dirige vers le taxi, et en retire une longue boîte. Il s'exécute : papier de boucherie, ficelle 51. Pendant ce temps, installé devant une machine à écrire, Howard Hughes tape... quoi ? Son testament ? Ses dernières volontés ? Il tape. Froisse du papier. Quand un employé entre dans la pièce pour voir si Hughes n'a besoin de rien, celui-ci entre dans une colère violente : « Dehors ! C'est secret ! Ultra-secret ! » La journée se termine. La nuit commence. Dix-huit heures plus tard, finalement, Hughes tend une enveloppe à Petrali. Et hurle, comme s'il était l'instructeur des Marines dans *Full Metal Jacket* :

– REGARDEZ CE QU'IL Y A DEDANS ET ÉTUDIEZ CES INSTRUCTIONS PENDANT 48 HEURES ! REGARDEZ CE QU'IL Y A DEDANS ET ÉTUDIEZ CES INSTRUCTIONS PENDANT 48 HEURES ! REGARDEZ CE QU'IL Y A DEDANS...

De nouveau, Hughes est coincé sur la touche « répétition ». Petrali attend que le forcené se calme. Dans sa chambre, il ouvre l'enveloppe et lit : « N'entrez en contact avec personne en Californie sauf si je vous l'ordonne dix fois de suite. » Hughes, décidément, n'est plus sur la planète Terre.

Le lendemain, habillé d'une veste en ragondin et d'un casque en cuir – par 40° ! – comme aux plus beaux jours des débuts de l'aviation, Hughes monte dans l'avion. Direction : la Louisiane. Pourquoi la Louisiane ? Top secret. Tellement secret que Hughes interdit d'entrer en contact avec la tour de contrôle. En temps de guerre, un vol incognito est un tantinet risqué. Petrali est contraint de murmurer à la radio : « C'est Mr Hughes. Vol militaire », en priant pour qu'on ne lui envoie pas la chasse aérienne.

Le 12 avril 1945, le président Roosevelt, de retour de Yalta, meurt.

À Washington, les militaires s'agitent. Les colonnes blindées foncent sur Berlin, et le partage de l'Europe comme un gros gâteau est déjà effectué. Les responsables de l'aviation, le général Echols en tête, qui n'a rien oublié, se demandent ce qui arrive chez Hughes Aircraft. Où est passé tout l'argent versé ? Hughes devait fabriquer cent F-11 ? La commande est réduite à deux. Et qu'en est-il du Hercules, le géant des géants, le miracle de l'avenir ? Il est en pièces détachées, dans le hangar de Culver City. Le nouveau directeur choisi par Hughes, Chuck Perelle, est un frimeur qui aime distribuer des billets de cinquante dollars aux ouvriers. Il s'inquiète quand même de plusieurs orages qui menacent : les syndicats grognent, les projets sont en carafe, l'organisation est paralysée, la comptabilité est en chaos. Et que faire du Hercules ? Le gigantesque avion, rebaptisé « Spruce Goose » (l'oie en sapin) par les journaux – sobriquet que Hughes déteste –, doit-il enfin être monté ? Et où ? Fortement agacé par les manières cavalières de Hughes, Perelle a interdit à celui-ci de visiter l'usine la nuit, et a expliqué qu'il donnera des instructions aux gardiens pour virer tous les curieux – y compris, au besoin, Hughes lui-même. C'est la goutte d'eau : Perelle est viré.

La commune de Long Beach, sur le front de mer de Los Angeles, accepte d'héberger le Hercules. Le déménagement du « Spruce Goose » est dantesque : des milliers d'arbres sont coupés, deux mille clôtures déplacées, les lignes téléphoniques écartées pour laisser passer des morceaux de 50 mètres (les ailes) sur un trajet de 40 kilomètres qui traverse dix communes. Les volets d'atterrissage occupent, à eux seuls, un semi-remorque chacun. L'empennage, couché sur une plate-forme roulante, fait toute la largeur de l'autoroute. Les écoles sont fermées, les ponts vérifiés (le poids total de l'avion est de 75 tonnes), la police est mobilisée, deux mille collaborateurs s'occupent de chaque centimètre de trajet et cent mille spectateurs regardent la coque de l'oie passer, à six kilomètres/heure. Elle mesure 68 mètres de long. La presse s'extasie : « J'ai vu l'avenir, et il se nomme Hercule ! » s'exclame un reporter. Au dernier moment, alors que Long Beach est en vue, la caravane est stoppée dans un virage à angle droit, sur Roosevelt Highway. Faut-il abattre une maison ? Il n'y en a que trois, mais elles sont gênantes. La foule, curieuse, s'amasse. La queue du convoi menace un restaurant. Le chauffeur du porte-conteneur manœuvre, sous le regard attentif des journalistes embarqués à bord du dirigeable qui, de là-haut, permet d'observer la migration. Au bout d'une heure, le camion passe. Quand le « Spruce Goose » arrive à quai, une ligne de vingt motards le précède. On dirait le *Queen Mary* monté sur roulettes. Les travaux d'assemblage vont pouvoir commencer. Un spectateur note que le dirigeable porte, sur ses flancs, une gigantesque publicité pour *Le Banni* : on y voit Jane Russell. Largement décolletée. Deux seins géants planent sur Long Beach. On se croirait dans un film de Woody Allen.

À Shreveport, en Louisiane, Petrali et Hughes se sont installés dans un motel. La nuit est lourde : les orages menacent, la température est insupportable, Hughes sombre dans un sommeil de plomb. Petrali, enfin libre, sort pour aller manger un morceau. À peine est-il dehors que Hughes se réveille. Il remet son Borsalino, enfile sa chemise froissée, sa veste sale, ses tennis usées, et erre. Apercevant une épicerie ouverte, il achète une bouteille de lait, un morceau de pain et un flacon de liquide dentifrice. En sortant, il s'assied sur le bord de la rue – malgré sa haine des caniveaux – et se met à manger tout en griffonnant des calculs pour le Hercules. Puis il se gargarise.

L'agent de police Marvin Ezell, en voiture, avise le clochard avec une barbe de trois jours et un chapeau fatigué. L'homme a l'air patibulaire. Ezell le prend pour un évadé. Il l'aborde, lui demande ses papiers. Pas de papiers. Il insiste : quel est son nom ? L'autre reste silencieux, la bouche pleine de liquide dentifrice. Qu'il crache sur la chemise d'Ezell. Légèrement contrarié, l'autre embarque le cracheur, le jette dans une cellule avec son lait. Finalement, le clodo parle :

– Je suis Howard Hughes.

– D'accord, d'accord.

– Je suis réellement Howard Hughes.

– C'est ça. Moi, je suis Hiro-Hito.

Là-dessus, pour prouver qu'il n'est pas un vagabond, le détenu sort un rouleau de billets. Les flics comptent : il y a là 3 500 dollars, soit le prix de deux manteaux de vison. Pour un traîne-savate, c'est bien.

Le lendemain matin, finalement, la police téléphone à Noah Dietrich : « Nous avons un vagabond ici qui prétend être Howard Hughes. Il faudrait l'identifier. » Dietrich, ravi d'avoir des nouvelles, dépêche le directeur local de la Hughes Tool Co pour reconnaître le récalcitrant. Or, en arrivant à la prison, l'employé s'aperçoit qu'en dix-huit années de service, il n'a jamais vu son patron. « Il ressemble à Hughes, dit le visiteur. Mais, avec la barbe, je ne sais pas. » « Nom de Dieu, je suis Howard Hughes ! » s'emporte le prisonnier. Comment l'identifier ? En posant des questions :

– Comment fonctionne la tête de forage ? Quel est le nom de l'avion du lac Mead ? Quel était le prénom de maman Hughes ?

Howard Hughes est relâché. Que faire ? Dietrich réagit comme Nadine Henley : « Laissez-le tranquille. » Petrali craque, et rentre chez lui. Hughes, lui, prend une boîte en carton de la taille d'un cageot, et monte dans le bus pour Miami. Il disparaît de nouveau.

Fin avril, Noah Dietrich reçoit un nouvel appel : Howard Hughes est à Fort Lauderdale (Floride), en train de brûler ses vêtements sur la plage. Il est nu. Deux jours passent, nouvel appel, de Howard Hughes lui-même :

– Noah, j'ai besoin de 4 500 dollars et de tickets de rationnement d'essence. Envoyez tout ça à Orlando.

Dietrich s'exécute. Et Glenn Odekirk, le fidèle compagnon, expédie un pilote, Ray Kirkpatrick, avec un avion, pour attendre le déserteur. Quelques jours plus tard, une vieille Chevrolet arrive, pleine de boîtes en carton, toutes fermées avec de la ficelle, dont la fameuse boîte en longueur. Kirkpatrick dépose les douze boîtes dans l'avion, et embarque son patron. Direction : Newark, dans la banlieue de New York. À quelques kilomètres de l'arrivée, la tour de contrôle de Newark prévient :

Le jeune Howard à 15 ans : fils à maman et élève médiocre à la Thacher School.

Howard Hughes Sr (à droite) en 1905, année de la naissance de son fils Howard Jr.

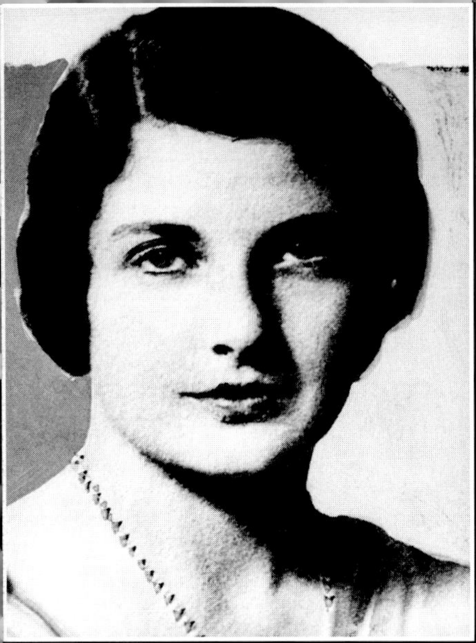

Ella Rice, la première Mme Hughes : Howard s'en débarrassera au plus vite.

Jean Harlow, la scandaleuse « blonde platine », et Ben Lyon dans Hell's Angels, *réalisé par Hughes en 1930 : un tournage hallucinant.*

1932. Hughes sur le champ de courses d'Agua Caliente, créé par Johnny Rosselli, mafioso notoire. À droite, l'actrice Marian Marsh

1938. Hughes est accueilli triomphalement à New York, après son tour du monde en avion. Il y a plus de confettis que pour Lindbergh !

Sur le Spruce Goose, Hughes donne ses dernières instructions.
L'immense avion volera-t-il ?

Face à la commission d'enquête sénatoriale. Qu'a-t-il fait des fonds alloués par l'État pour ses avions ? Hughes, qui entend mal, utilise un casque.

Après son vol sur le Spruce Goose, Howard Hughes, coiffé de son Borsalino fétiche, est interrogé par les journalistes.

Dans le cockpit du Spruce Goose, l'avion aux huit moteurs colossaux et aux nombreux écrans de contrôle.

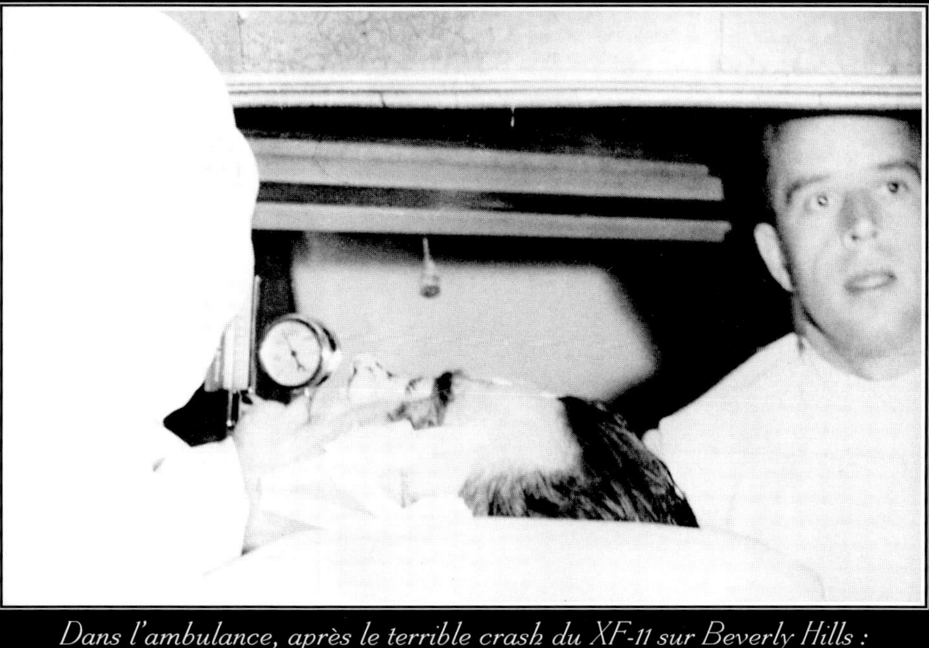

Dans l'ambulance, après le terrible crash du XF-11 sur Beverly Hills : on le croit mort.

Ginger Rogers.

Katharine Hepburn.

DE DIVINES CONQUÊTES...

Bette Davis.

Ava Gardner.

Jean Peters, la deuxième Mme Hughes. Une love story étrange : pendant des années, elle ne pourra pas voir son mari, reclus.

Jane Russell dans Le Banni *(1941).*

Rita Hayworth.

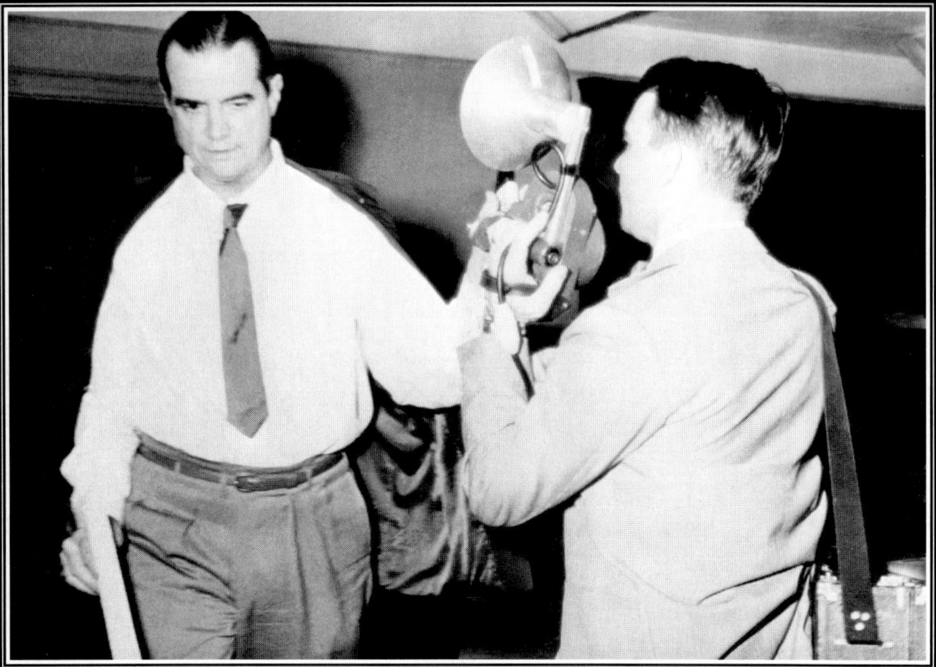

Hughes vient de déposer devant la Commission des activités antiaméricaines. Nous sommes en 1952 : c'est sa dernière photo.

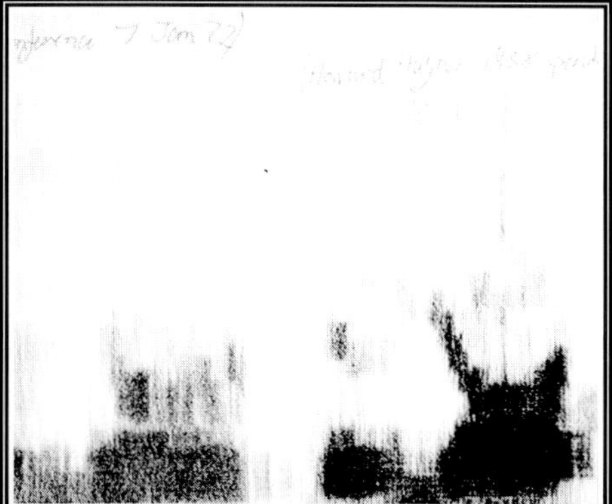

Empreintes vocales (1972) : le seul contact physique de Hughes avec le monde extérieur. Depuis dix ans, personne ne l'a vu en chair et en os...

Dans Seduced, *pièce de Sam Shepard, Rip Torn incarne un personnage copié sur Howard Hughes.*

– Ceci est un aéroport militaire. Vous n'êtes pas autorisé à atterrir.

Hughes regarde Kirkpatrick et dit :

– Je n'entends pas. Je suis sourd.

Ils atterrissent. Tandis que Howard Hughes se dirige vers son hôtel favori à Manhattan, Kirkpatrick remarque que de l'huile a coulé sur le paquet le plus long. Mourant de curiosité, il l'ouvre. Dedans, il trouve le trésor de Hughes : des centaines de bandes dessinées découpées dans le *Los Angeles Times*, des bottes et une poignée de diaphragmes féminins. Tout au fond, un objet attire son attention : une fraise de dentiste.

Les militaires en ont soupé, des caprices de Mr Hughes. Même le fameux XF-11 (la lettre « X » signifie : expérimental) ne les intéresse plus. Quant au Hercules, c'est pire. Qu'il vole – ce que certains mettent en doute – ou qu'il ne vole pas, c'est pareil : un gros porteur en bois, quelle utilité ? C'est un avion jurassique. Hughes, après neuf mois d'absence, se remet au travail : sa vanité est piquée. Il pousse à la roue : le D-2, l'avion qui doit servir de base au F-11, est préparé pour être testé. Hughes commence à voler : les commandes sont molles, les trépidations importantes. Glenn Odekirk et Ray Kirkpatrick s'attaquent au problème. Rien à faire. Plus Hughes l'essaie, plus l'avion est imprévisible. Quelque chose, dans sa conception, est vicié. Les militaires de l'Air Force ont tiré un trait. Rien que pour prouver son efficacité, Hughes voudrait tellement réussir ! Mais impossible. En désespoir de cause, il atterrit sur un terrain marécageux, dans l'intention de casser du bois, et de mettre fin aux tests. Curieusement, le D-2 se comporte mieux en voiture tout-terrain qu'en avion d'observation : il traverse les marécages sans encombre. Remisé dans un hangar, le D-2 sera finalement victime d'un incendie. L'un des employés explique à Kirkpatrick :

– C'est la foudre qui a fait ça.

– La foudre ? Mais il fait beau !

– Oui, monsieur Kirkpatrick. C'est à ne pas y croire.

– Le doigt de Dieu ?

– Mmm... Je ne crois pas que le doigt de Dieu ait quelque chose à voir là-dedans.

Yvonne De Carlo est une fille superbe. Elle a de l'allure et de beaux seins. Johnny Meyer, l'un des chiens truffiers de Hughes, l'a repérée. La belle Canadienne de vingt-quatre ans vient d'apparaître dans deux turqueries typiquement hollywoodiennes : *Kismet* et *Le Chant de Shéhérazade*. Sur le conseil de Meyer, Hughes se fait projeter son dernier film, *Salomé*. Yvonne De Carlo y joue une espionne viennoise à Berlin fuyant la domination prussienne. Ce sont évidemment les scènes de danse qui frappent Hughes. Il visionne le film cinq fois, puis six. « Trouvez-la », dit-il à Meyer. Le fouinard la trouve.

– Elle est chez elle, Mr Hughes.

– Chez elle ? Où ça ?

– À Vancouver, au Canada.

– Elle revient quand ?

– Dans dix jours, Mr Hughes.

– C'est trop.

Le renard est de nouveau sur la piste. Il saute dans son DC-3 repeint en kaki, en compagnie de son maquereau, et franchit de nuit la frontière canadienne. Quelques heures plus tard, il est au Palomar Club, où l'on donne une « Yvonne De Carlo Night ». Meyer s'avance, se présente, indique une silhouette sombre, au fond de la boîte de nuit. Quand il sort de l'ombre, Yvonne De Carlo est surprise : Howard Hughes a l'air tellement... tellement solitaire ! Elle le trouve tellement... tellement romantique ! Le lendemain, il l'emmène jouer au golf, lui achète un chapeau de brousse, séduit la maman, la tante et la sœur d'Yvonne De Carlo qui, toutes, le trouvent tellement... tellement ! L'homme aux secrets, une fois de plus, fait illusion. Il passe la semaine avec l'actrice, se lève la nuit pour donner des coups de téléphone, répète plusieurs fois les mêmes instructions, « comme si la personne à l'autre bout du fil était idiote ». Une étrange liaison s'installe, un tantinet « clinique », dira plus tard Yvonne De Carlo. Comme il explique les délicats mécanismes du plaisir, pièce par pièce, à l'actrice médusée, Hughes avoue avoir jadis consulté de nombreux ouvrages. Le bon docteur Berman revient sur le tapis. Les types pituitaires ou gonadiens, les centres nerveux de la jouissance, la domination des mâles... Amusée, Yvonne De Carlo laisse faire Hughes, qui se prend pour un mécano de l'amour. Quelques nuits passent. Hughes donne une grande soirée à Vancouver avant leur départ vers Hollywood. Le lendemain, Louella Parsons, renseignée grâce à ses espions, titre : « Hughes traque De Carlo ». Et elle sort son vieux joker : « Mariage ? » Il y a des filles, à Hollywood, qui ne trouvent pas la question amusante.

Les militaires, à Washington, non plus. Hughes est entré en territoire canadien avec un avion frappé des sigles de l'armée, et en utilisant les réserves de fuel de celle-ci. Tout ça pour faire valser une comédienne ? Le FBI reprend les choses en main : Hughes est mis sous surveillance à Vancouver ; sa chambre à Reno, où le couple doit s'arrêter, est truffée de micros, et des agents sont placés parmi le personnel. Toutes ses conversations – qui tournent en général sur les problèmes financiers et commerciaux de TWA – sont enregistrées. Les rapports s'accumulent. Un an plus tard, le dossier Hughes comptera deux mille pages. Le parano est observé, suivi, fliqué. Le destin est parfois équitable.

Le couple reprend l'air dans le vieux DC-3. Howard Hughes, une fois de plus, joue les instructeurs : ici la manette des gaz, là le tachymètre, voici l'altimètre, tiens ma chérie, tu vois ce machin ?... Ravie, Yvonne De Carlo sourit aux nuages qui passent. Elle est en train de tomber amoureuse. Quand l'avion s'arrête sur le tarmac de Las Vegas pour faire le plein, Hughes s'excuse et se dirige vers le bureau de vol. Le temps passe. Le temps passe encore. Il fait chaud. Yvonne De Carlo, impatientée, descend. En arrivant près des bâtiments, elle entend la voix de Hughes, qui crie au téléphone :

– C'est ça, ta réponse ? Tu t'en fous, tu t'en es toujours foutue, hein ?

L'actrice revient vers l'avion, sur la pointe des pieds. Elle s'installe dans le cockpit. Quand Hughes revient, elle lui demande :

– Tu es sérieux, pour nous deux ?

– Euh... Oui.

Il a l'air contrarié. Ava Gardner vient de lui raccrocher au nez. Et Faith Domergue l'a quitté. Le FBI n'en a pas perdu une miette.

Désormais, Hughes vient tous les jours surveiller les progrès du XF-11. C'est un étrange petit avion : il a un double fuselage – deux cigares qui se terminent chacun par deux hélices superposées tournant en sens contraire. Entre les deux coques, il y en a une troisième, plus courte, avec une bulle de verre dans laquelle deux hommes peuvent se glisser : le XF-11 est destiné à opérer des reconnaissances, et à photographier le terrain. C'est un appareil qui va bien à Hughes : un avion espion. Mais il a l'air d'un joujou. Howard Hughes décolle sur quelques mètres, atterrit, vérifie la maniabilité de l'engin. Celui-ci le comble : il pèse 2,5 tonnes pour une longueur totale de 20 mètres, et est propulsé par deux moteurs de 3 000 chevaux. Hughes espère atteindre 600 km/h.

Un jour, en atterrissant, entraîné par la puissance des moteurs, il voit arriver sur lui la ligne de peupliers bordant la piste qui, pourtant, s'érend sur 30 kilomètres. Les freins, faute de matériaux rares à cette époque de rationnement, sont insuffisants. L'appareil a donc été pourvu d'un système de freinage supplémentaire : une série de contacts sous cabochon de protection permet d'inverser la rotation des hélices. Ce jour-là, Hughes a beau appuyer sur les freins, rien n'y fait. Le copilote se penche au-dessus de Hughes, soulève les cabochons, renverse la vapeur. Le XF-11 stoppe. Tout juste.

Quand les deux hommes reviennent vers la base, Hughes, vexé, sort de la bulle, monte dans sa voiture et s'en va. Tandis que le copilote se préoccupe des dégâts éventuels, Glenn Odekirk essaie d'intercepter son patron, mais l'autre est déjà parti. Nul ne saura ce qui s'est passé. Odekirk note une baisse de pression d'huile dans l'hélice droite. Il y remédie. Reste, maintenant, à faire voler la machine.

Pour les essais officiels, normalement, l'armée exige qu'ils se déroulent au cœur du désert Mojave, non loin de la Vallée de la Mort, où il n'y a que des serpents à sonnettes et des gerboises, ce qui est préférable en cas d'accident. Agacé par les règlements, Hughes refuse de se déplacer. Qui sait ? Un espion pourrait même lui voler des idées, en chemin. Il convainc les autorités de le laisser effectuer le vol d'essai officiel à Culver City. La date est fixée au 7 juillet 1946.

Les gars du FBI sont convulsés de rire. Howard Hughes, le grand séducteur, le héros de l'aviation, le playboy millionnaire, vient de passer des heures à expliquer la jouissance à Yvonne De Carlo. Il utilise des termes comme « ingénierie », « plomberie », « implosion ». L'actrice, légèrement ennuyée par ce verbiage, expliquera plus tard qu'elle s'en balançait, de l'ingénierie et de l'implosion : « C'était bon, c'était très bon. Point final. »

Elle observe quand même, comme Bette Davis avant elle, que Howard Hughes a les ongles des pieds très longs, si longs qu'il « se recourbent presque sur ses orteils ». Elle trouve la chose étrange, mais, se dit-elle, il a peut-être une bonne raison. En revanche, elle ne trouve pas de bonne raison aux récitations de son amant, qui aligne la totalité de ses conquêtes, comme un gagnant au prix de l'Arc de Triomphe. Surtout, Hughes cite Billie Dove toutes les deux minutes. Sans cesse, il questionne Yvonne De Carlo : sur ses petits amis, sur ses sentiments, sur la dimension des attributs de ses ex-amants. Quand ils sortent ensemble, il étudie l'addition avec une attention quasi désobligeante. Puis, au dessert, il fait l'éloge des « lavallières », le nouveau mot qu'il a trouvé pour remplacer les « Billie Doves ».

Johnny Meyer est aussi présent. Il est devenu l'esclave de Hughes. L'ex-voyou est un majordome attitré. À trois heures du matin, il va chercher des bananes ou du yaourt pour son patron, paie les taxis et les restaurants. Il suit le couple partout, et s'occupe des détails. Yvonne De Carlo, étonnée, laisse faire. Quand on lui fait remarquer que son amant est peut-être un peu excentrique, elle répond : « Pas plus que la majorité des gens. » Ce qui, après tout, est vrai. Enfin, presque.

Un matin, elle voit Hughes se lever pour prendre sa douche. Une heure plus tard, il n'est pas sorti de la salle de bains. Elle entrouvre la porte et entend la voix de son maître : « Il n'y aura pas d'annulation. Il n'y aura pas d'annulation. Il n'y aura pas d'annulation. Il n'y aura pas... » Puis il s'en va, pour reparaître quelques jours plus tard. C'est un étranger qui entre et sort dans la vie d'Yvonne De Carlo, sans jamais prévenir.

Un dimanche, elle assiste à un brunch chez Walter Reisch, le scénariste de *Ninotchka*. Otto Preminger, William Wyler, Billy Wilder figurent parmi les habitués, ainsi que Marlène Dietrich, alors courtisée par un jeune officier, John Fitzgerald Kennedy. Tandis que les convives bavardent, la sonnette retentit, et un homme entre. Il est grand, livide, tient son chapeau entre ses mains, et n'a pas été invité. C'est Howard Hughes. Il fait le tour de la maison, est présenté à tout le monde, frôle le piano et se dirige vers Yvonne De Carlo, qui ne s'attendait pas à cette visite : « J'aurais plus facilement imaginé l'arrivée du roi Farouk avec vingt chameaux. » Elle le regarde, secrètement ravie. Hughes prend un morceau de gâteau au café et un verre de jus de tomate, bavarde avec l'actrice, et repart.

Quelques jours plus tard, Walter Reisch reçoit un coup de téléphone à minuit. C'est Hughes.

– Que puis-je faire pour vous, Mr Hughes ?

– Yvonne est-elle chez vous ?

– Non, elle n'est pas là.

– Elle doit être chez vous. Elle n'est pas chez elle.

– Je vous assure, Mr Hughes, qu'elle n'est pas là. Elle est partie vers sept heures. Tous nos invités sont partis.

– Voulez-vous regarder sous le piano, Mr Reisch ? Elle s'est peut-être endormie là.

– Je suis certain qu'elle n'y est pas.

– Voulez-vous aller voir quand même ? S'il vous plaît ?

– J'y vais. (Silence. Puis :) Elle n'y est pas, Mr Hughes.

– Je vois.

La communication est coupée.

Hughes, lui, s'est constitué un nouveau harem : il couche avec Gail Russell, Virginia Mayo, Dana Lynn. Et il vient de voir *Le facteur sonne toujours deux fois*, le nouveau film de Lana Turner. Il aime ses lavallières.

Noah Dietrich, lui, tient la barre : la TWA a plongé. La Hughes Aircraft Co a perdu cinq millions de dollars en un an. L'un des directeurs de la Tool Co vient de mourir d'une crise cardiaque. Son successeur, lui, ne tardera pas... à se suicider. La gestion imposée par Hughes – tout doit être secret, il est le seul à tirer les ficelles – est aberrante. Les hommes de confiance de la société font de leur mieux pour boucher les trous. Dietrich engage un petit bonhomme qui a travaillé chez Cadillac, Fred Ayers. À eux deux, Dietrich et Ayers redressent la courbe : ils modernisent l'équipement de la Tool Co, changent les méthodes de production, montent la publicité, suppriment les produits invendus. En un an, les profits reviennent : 51 % de croissance. Huit ans après ce toilettage en profondeur, dans lequel Howard Hughes, préoccupé par le XF-11, ne mettra pas les mains, la Tool Co atteindra la somme record de 285 millions de dollars de profits annuels. Dietrich établit des succursales en Irlande et en Allemagne. Hughes finit par s'apercevoir de la métamorphose.

– Noah, c'est quoi, ces usines en Europe ? C'est à nous ?

– En effet, Howard.

– Mais... pourquoi ?

– Pour deux raisons. La main-d'œuvre est moins chère et nos clients là-bas ont moins de frais de transport, pour les pays arabes et l'URSS.

Dietrich vient d'inventer la délocalisation. Dans ses mémoires, il conclura : « Si je lui avais demandé la permission, il lui aurait fallu des années pour me dire oui ou non. »

Howard Hughes, grâce à Dietrich, est en train de devenir milliardaire.

Johnny Meyer a réservé pas moins de cinq suites au Sherry-Netherland Hotel, l'un des plus chics de Manhattan. Une pour Howard Hughes, une pour Lana Turner, une pour Cheryl Crane, la fille de Lana, une pour lui-même et une pour Cary Grant. La suite de Lana est remplie de gardénias, d'orchidées et de roses : on se croirait dans une comédie musicale. Hughes accueille l'actrice, vêtu d'un bleu de travail (pour échapper à l'attention des reporters) et lui dit : « Voulez-vous m'épouser ? » Le lendemain, dans un autre hôtel, il répétera la même question à Linda Darnell, une jeune comédienne montante.

Pour l'instant, Lana Turner a l'impression d'être la reine du monde. La « sweater girl », ainsi nommée pour les formes ondulantes qu'elle sait donner à ses pull-overs grâce à d'admirables lavallières, a été découverte à l'âge de quinze ans au Top Hat Café, et elle est réputée pour son tempérament. Fille d'un voyou bootlegger, Julia Jean Turner n'a jamais connu son père, et a traîné de foyer en foyer. À Hollywood, elle met un point d'honneur à sortir toutes les semaines avec un cavalier différent. De Robert Stack à Fernando Lamas en passant par Mickey Rooney et Tyrone Power, tous dansent avec elle au Cocoanut Grove, au Trocadero, ou chez Ciro's. Outré par sa conduite « lascive », le père-la-pudeur de la MGM, Louis B. Mayer, la convoque dans son bureau : « Tout ce qui vous intéresse, c'est... ! » dit-il en désignant sa braguette. « Vous vous flattez », répond-elle du tac au tac. Elle se mariera huit fois, entre autres avec Artie Shaw, puis Lex Barker, le Tarzan légendaire. Celui-ci, d'ailleurs, n'hésitera pas à coucher avec la fille de Lana Turner, Cheryl, quand celle-ci aura treize ans...

Au milieu des années 1940, Lana Turner est le rêve de tous les soldats. Elle est l'une des rares femmes en Amérique à posséder un bidet dans sa salle de bains, mais, comme le note avec acuité et fiel le tabloïd *Confidential*, « un foyer a besoin d'autre chose que d'un bidet pour connaître le bonheur ». Quelques années plus tard, Lana Turner sera l'héroïne d'un fait divers sanglant, avec la mort de son boyfriend Johnny Stompanato, gangster notoire et ami de... Johnny Rosselli.

En mai 1946, après moult promesses et nuits agitées, un impresario qui travaille pour Hughes, Johnny Maschio, reçoit un coup de fil :

– Où est Howard ?

– Je n'en ai aucune idée. Vous deviez le voir, Miss Turner ?

– Il devait me prendre pour aller à l'aéroport, il y a deux heures. Pour nous marier à Las Vegas.

– Euh, je n'étais pas au courant ! Je vais voir ce que je peux faire.

Une demi-heure plus tard, nouveau coup de téléphone. Puis une demi-heure plus tard... Finalement, à quatre heures de l'après-midi, Hughes est localisé. Quand Maschio lui demande ce qu'il faut faire, le boss répond, endormi :

– Ne faites rien. Absolument rien.

Le monde tourne. L'épouse de Rupert Hughes, Elizabeth Patterson Dial, s'est suicidée en prenant des somnifères. Elle avait quarante-deux ans. En 1946, *Le Banni* connaît une nouvelle sortie pour défier la censure, les Noirs votent pour la première fois dans le Mississippi, United Airlines s'engage pour l'achat d'avions à réaction, les premiers circuits imprimés sont mis en service et l'armée annonce qu'elle a établi un contact radar avec la Lune : le bip est revenu en 2,4 secondes. Oui, le monde tourne rond. Pas Hughes.

Le lendemain de sa réapparition, le 8 mai 1945, la guerre s'est achevée. Howard Hughes, qui n'a pas livré un seul avion aux militaires, s'en est-il seulement aperçu ?

CHAPITRE 12

TOMBÉ DU CIEL

Le 7 juillet 1946 est un dimanche. Les conditions météo sont excellentes. Une légère brume venue de la mer traîne encore à Culver City. Quand Howard Hughes arrive à la cafétéria, son Borsalino porte-bonheur sur la tête, les hommes sont déjà là. La tension est palpable. Dehors, les mécanos bichonnent le XF-11, brillant sous le soleil. Hughes s'assied, et prend un petit déjeuner inusité, signe d'une intense fièvre : il mange une tarte banane-crème chantilly. Il s'isole pour passer quelques coups de téléphone. De la cabine, pendant qu'il parle, il regarde l'avion, visiblement fier de sa ligne. Les deux coques sont profilées au maximum et se rejoignent en une queue stabilisatrice brillante, et le cockpit, constitué d'une bulle d'observation, est particulièrement réussi. Pas un rivet, pas un boulon, pas un goujon ne dépasse. Les aérations, sur les côtés, ressemblent à des branchies de squales.

Les observateurs militaires sont aux aguets. De leur jugement va dépendre l'homologation de l'appareil.

Hughes s'approche de Gene Blanford, son ingénieur d'essais, qui était avec lui lors du crash du Sikorsky sur le lac Mead. Puis il monte dans l'appareil, et met le contact. Premier passage en roulant sur la piste : rien à signaler.

Pendant deux heures, Hughes roule, et se permet même quelques brefs sauts de puce en l'air. Alors que l'après-midi commence, et que les invités arrivent, il ramène le XF-11 au bout de la piste, fait remplir les réservoirs de 2 280 litres de fuel à haut degré d'octane, malgré les objections de Blanford, qui estime qu'un demi-plein suffirait. La surcharge n'est pas justifiée, explique l'ingénieur. Mais Hughes, comme d'habitude, n'en fait qu'à sa tête. Le spécialiste des hélices, Frank Prinz, est chez lui, à attendre qu'on l'appelle. Personne ne lui signale que les essais doivent avoir lieu ce dimanche. C'est une omission qui va coûter très cher.

Hughes examine le plan de vol, point par point. Pendant ce temps, les techniciens chargent les pellicules photographiques dans les appareils enregistreurs, qui doivent servir de mémoire. Dix clichés par minute seront effectués par six caméras pointées sur les instruments de bord. Le vol, officiellement, doit durer quarante-cinq minutes. Mais Hughes, apparemment, voudra prolonger : il a du carburant pour une heure et demie.

Quand Hughes s'installe aux commandes, il fait signe qu'on enlève les cales, oriente l'avion face au vent, et procède aux dernières vérifications. Sur un signe, Blanford s'approche, remet l'échelle, discute deux minutes avec le boss :

– Howard, voulez-vous que je monte avec vous ?

– Non, non. Je vais voler seul.

Puis il met l'avion en position de décollage, fait gronder les moteurs, et s'élance. Il est 17 h 20.

En ville, Linda Darnell, la belle héroïne d'*Ambre* et de *Anna et le roi de Siam*, confie à ses amis que c'est fait : elle va épouser Howard Hughes. La preuve : il lui a offert une bague. Mais tout le monde sait que Hughes a déjà une autre fille dans le collimateur : Gene Tierney, l'héroïne aux hautes pommettes de *Laura*. Il a fait livrer le camion habituel de fleurs, il a déjà expédié quelques joyaux, il est tout feu tout flamme. Le grand couturier Oleg Cassini, le mari de Gene Tierney, n'est pas de la pâte dont on fait les cocus : il attend Hughes, un batte de base-ball à la main. Celui-ci, confiant dans sa victoire, commence à susurrer des petits riens à l'oreille de Gene Tierney :

– Gene, j'aimerais te mettre dans un bocal à biscuits et t'emmener partout avec moi.

Elle part avec lui à Tijuana, pour déjeuner. En avion évidemment. « Ceci, Gene, est un tachymètre. Et ça... » Vieille rengaine. Comment Hughes ne se fatigue-t-il pas de ressasser toujours les mêmes dialogues ? Un orchestre de mariachis est sur pied, qui attend les deux visiteurs. Ils font un joli déjeuner de soleil. De retour, la nuit, Gene écrit un poème à Howard.

La rue sombre dort sous une lune nouvelle.
Dans le jardin les ombres tissent d'étranges formes dans l'herbe,
Et chaque murmure d'une feuille qui tombe me fait penser que tu viens...

Bref, elle est sous le charme.

Cassini, lui, ne l'est pas. La batte de base-ball va servir. Quand Hughes entend : « Faux cul ! » il est déjà trop tard. Cassini lui balance un coup sauvage dans les genoux, et Hughes s'enfuit péniblement, poursuivi par le couturier qui jure : « Je vais le tuer ! » Plus tard, Cassini déclarera : « Je ne l'ai pas achevé. J'ai eu pitié de ce connard. » Avouons qu'il est étonnant que Hughes ne se soit pas fait casser la gueule plus souvent. Il est protégé par son fric : devant cette machine à dollars, les gens, hommes et femmes, deviennent obséquieux.

La même année, Gene Tierney entame le tournage de l'un de ses films les plus poétiques, *Le Château du dragon*, de Joseph Mankiewicz. Un jeune homme, de passage au studio, la repère. Il est beau, craquant, héros de guerre. Il a vingt-huit ans. Elle en a vingt-cinq. Il tourne toutes les têtes. Elle aussi. Un jour, il sera président des États-Unis. John Fitzgerald Kennedy va devenir l'amant de Gene Tierney, au grand déplaisir de Hughes. Décidément, ces Kennedy, quelle engeance ! Il n'en a pas fini avec eux.

Joe Kennedy, apprenant que Gene Tierney, qui vient de mettre au monde une petite fille mentalement handicapée, est déprimée, se contente de murmurer à son fils :

– Tout ce dont elle a besoin, c'est de se faire sauter.

Toujours la grande classe, Joe.

Dans les tribunes réservées aux invités et aux militaires, où un somptueux buffet garni a été dressé, les yeux se tournent vers le XF-11, en phase de décollage. Il y a là l'inévitable Johnny Meyer, prêt à « arranger les coups » de son patron ; Bill Cagney, le frère de James, qui est producteur, accompagné d'Audie Murphy, le soldat le plus décoré de la Seconde Guerre mondiale, lequel commence une carrière d'acteur, et a amené sa petite amie, une ravissante jeune fille de dix-neuf ans : Jean Peters. Elle a de grands yeux et un air de gentillesse qui excite les renards. Ce renard-ci a donné des instructions à Glenn Odekirk : « Odie, sépare les deux types de la fille. Johnny Meyer va s'occuper d'elle et préparer le terrain. »

Deux jours plus tôt, sur l'invitation de Bill Cagney, Hughes s'est rendu en avion à une fête au bord de l'eau, à Catalina Island, la petite île au large de Los Angeles, réputée pour ses hôtels discrets, ses chemins de randonnée, son luxe de bon ton. Un endroit idéal pour les adultères, les liaisons secrètes, les échappées avec une secrétaire, les soirées avec un gigolo, les bains de minuit. Tandis qu'il erre en évitant les conversations, Hughes a l'œil attiré par une jeune fille d'une rare beauté. En maillot de bain blanc, elle se promène, la main dans la main, avec Audie Murphy. Celui-ci est un gars du Deep South, plutôt laid, élevé dans une ferme misérable. Il a connu la pauvreté des petits Blancs du Sud, la pire : celle qui vous ravale au rang des nègres. Doué d'un prodigieux sens de la survie et d'une baraka insensée, Audie Murphy a un atout, un seul : il est l'homme le plus précis du monde au tir instinctif. Fusil d'assaut à la hanche, il est capable, en une fraction de seconde, de tirer – sans viser – et de tuer un poulet à cinquante mètres. À plus forte raison un nazi. Héros de la bataille des Ardennes, il est auréolé, en Amérique, d'une réputation de buveur, de charmeur, de modestie. Il a vingt-deux ans, et on vient de lui remettre la plus haute décoration du pays : la Médaille du Congrès.

Hughes se renseigne aussitôt. Puis propose au couple un tour en avion, pour regagner la terre ferme. Il se débrouille pour installer Jean Peters près de lui. Celle-ci, dûment impressionnée par la vue de là-haut et la dextérité du pilote, écoute d'une oreille distraite ce producteur quadragénaire qui lui donne des conseils pour être une star. En fait, rien ne saurait lui être plus indifférent. Star ? Bof. Elle aussi a été élevée dans une ferme de l'Ohio, et, contrairement à son petit copain, elle a les deux pieds fermement posés sur terre. Audie Murphy a été carbonisé par la guerre : plus jamais il ne retrouvera cette étincelle de gloire. Il deviendra une vedette molle dans des westerns filandreux. Jean Peters, elle, a bien signé un contrat de sept ans avec la 20th Century Fox, mais le patron, Darryl Zanuck, qui s'est fait une spécialité – une obligation ! – de se faire jouer un air de flûte enchantée par toutes les actrices du studio, ne parviendra à rien avec elle. À l'époque, on propose à Jean Peters de reprendre le rôle que Linda Darnell vient de refuser : celui de Catana, la belle prisonnière de l'Inquisition sauvée par Tyrone Power dans *Capitaine de Castille*.

Pendant deux jours, Howard Hughes lui fait une cour peu discrète. Quand il essaie de l'éblouir avec une poignée de diamants, Jean Peters le regarde comme s'il lui offrait une pincée de sel. Quand il tente de lui faire miroiter des voyages lointains, elle semble aussi bouleversée que si elle le voyait repeindre son garage. Hughes sort avec Audie Murphy et Jean Peters, les emmène au Mocambo, joue le charmant. Rien n'y fait. Cette brunette l'agace : il n'aime pas qu'on lui refuse quoi que ce soit. En désespoir de cause, il a invité toute la smala à venir assister aux essais du XF-11. Quand il repère Jean Peters dans les tribunes, il lui fait un petit signe de la main.

Hughes décolle. Dès que les roues ne touchent plus le sol, il vérifie la puissance des moteurs, et garde la rotation des hélices en régime modeste : 2 300 tours/minute. Il donne des gaz, et l'avion répond bien. Il rétracte le train d'atterrissage, manœuvre non prévue au cahier des charges pour ce vol-ci. Tandis qu'il grimpe en hauteur, Hughes remarque que le voyant lumineux rouge du train ne s'éteint pas. Il ressort les roues, les rétracte à nouveau. Le voyant reste au rouge. La trappe a-t-elle mal fonctionné ? Après plusieurs tentatives, finalement, la lumière s'éteint. Tout semble en ordre.

Pendant plus d'une demi-heure, Hughes fait des cercles autour de Culver City, à différentes altitudes. Les caméras de bord, alors, s'arrêtent, faute de pellicule. À 1 700 mètres, il réduit les gaz, et met l'avion au bord de la perte d'altitude. Cette manœuvre-là est prévue. Puis, agacé par le risque d'un nouveau problème de train, il décide de passer à basse altitude, pour que les techniciens puissent voir si les roues ne sont pas coincées, et rendre compte. Mais il ne parvient pas à entrer en contact radio avec eux.

Aux fins d'observation, un autre appareil, un bombardier A-20, est en train de prendre l'air, avec à son bord Blanford, Meyer et Bill Cagney. Jean Peters est restée au sol : mission accomplie pour Glenn Odekirk. Hughes tente d'entrer en contact avec le A-20, mais il est branché sur une fréquence civile, non militaire. Il s'enquiert de ce problème auprès de la tour de contrôle. Mais, le temps qu'on lui réponde, il est trop tard. Le XF-11 se met à vibrer comme un marteau-piqueur. À ce moment-là, l'appareil est pointé vers le nord, et vole à 1 500 mètres. Il tente de faire demi-tour. Le A-20, piloté par Odekirk, revient à la base et atterrit à 18 h 40.

Mais là-haut, la situation se dégrade. Hughes détache sa ceinture de sécurité et, tenant le manche à balai d'une seule main, se hausse dans le cockpit pour regarder les ailes, et essayer de comprendre ce qui se passe. Il se rassied sans attacher sa ceinture, et augmente la rotation des hélices, qui passent à 2 800 tours/minute. Rien. Il réduit. Rien. Il perd de l'altitude, et se retrouve à 800 mètres.

Trop bas pour sauter. Hughes contrôle la direction, mais pas l'altitude ni la puissance. Les toits de Beverly Hills apparaissent. L'avion descend, descend. Le crash est inévitable. Hughes pose les pieds sur le tableau de bord, comme en 1929. Il repère la maison vers laquelle il fonce et, au dernier moment, redresse le nez de l'appareil. C'est la technique des cascadeurs : le choc de la queue contre le toit, normalement, doit épargner l'habitacle.

L'aile droite, plus basse, entre en collision avec le deuxième étage de la maison. Tout l'appareil, alors, pivote vers la droite, et percute un poteau électrique. L'aile droite détruit un garage, le fuselage central se détache et se met à glisser sur un trottoir, et l'aile gauche s'écrase sur une autre maison. Le train d'atterrissage, qui fonctionnait bien, a volé en éclats. L'habitacle, brisé, est relativement épargné : il n'a rencontré aucun obstacle. Mais, tandis que l'épave perd de la vitesse, l'essence se répand. Une seconde plus tard, l'avion est une boule de feu.

Yvonne De Carlo, ce dimanche-là, est chez ses amis les Reisch, au bord de la piscine. Quelques jours plus tôt, elle a eu une amère conversation avec son amant :

– Howard, m'épouseras-tu un jour, comme tu me l'as promis ?

– Non. Jamais.

Rentrée chez elle, Yvonne De Carlo a pleuré toutes les larmes de son corps. Puis, « les larmes ont séché et j'ai accepté mon sort ». Depuis, elle s'éloigne de Hughes et là, au bord de l'eau, alors qu'elle aide la fille de Walter Reisch à nager, elle « sent un déchirement dans tout le corps ». Elle sort de l'eau, et regarde Walter :

– Je me sens bizarre.

– Qu'y a-t-il, Yvonne ?

– Je ne sais pas. Quelque chose ne va pas.

Elle s'allonge. Un peu plus tard, elle revient dans le salon, et remarque que tous les invités sont groupés autour de la radio. La voix de Louella Parsons se fait entendre : « Flash de dernière minute. Flash de dernière minute. » L'émission commence : « Howard Hughes, dans son avion privé, vient d'être victime d'un crash, peut-être fatal, à Beverly Hills. Son avion s'est écrasé sur une maison, et le millionnaire est actuellement aux urgences du Good Samaritan Hospital. Son état de santé ne nous est pas connu. »

Linda Darnell, elle, est en train de tourner un chef-d'œuvre de John Ford, *La Poursuite infernale* (*My Darling Clementine*). Monetta Eloyse Darnell (qui deviendra Linda) est une fille du Sud, avec du sang Cherokee. Courtisée en grand style par Howard Hughes, cette charmante femme, gentille et rêveuse, a remarqué que, lorsqu'elle est au studio, quelqu'un semble faire la tournée, au téléphone. D'abord, c'est sa voisine de loge, Gene Tierney, qui répond. Puis elle entend Betty Grable en pleine conversation. Finalement, le téléphone sonne dans sa propre loge :

– Allo ? Ici Howard.

Elle a compris. Le play-boy s'occupe de son harem. Mais peu importe. Alors que son propre mariage est en train de s'effondrer, Linda Darnell prend plaisir à ces escapades en avion, ces déjeuners lointains, ces fleurs en avalanche. Ils sortent ensemble, vont au restaurant, en boîte. La veille de son vol d'essai avec le XF-11, Howard Hughes lui a passé un coup de fil. Il a été question de mariage. Mais le dimanche matin, après sa tarte à la banane, quand il s'est enfermé dans la cabine téléphonique, Hughes a appelé Ann Miller, la danseuse, la meilleure amie de Linda.

– Ann, j'ai un problème avec Linda.

– Oui, Howard ?

– Je l'adore. Je la trouve formidable. Je sais qu'elle pense que notre relation est en train de devenir sérieuse. Elle espère que je vais l'épouser. Mais je n'en ai aucune intention...

– Je lui dirai, Howard.

– De plus, je vous signale que son mari m'a demandé de l'argent, pour s'effacer.

Mariée avec Pev Marley, un caméraman de la Fox, Linda Darnell est-elle l'objet d'un chantage ? Ou Hughes est-il en train de broder sur des souvenirs anciens ? Ann Miller, perplexe, raccroche. Tandis que Howard Hughes est déjà en l'air, dans son avion, la danseuse explique la situation à Linda Darnell. Celle-ci éclate en sanglots hystériques.

Le sergent des Marines William Lloyd Durkin est allongé dans le salon de sa maison, dans Linden Drive. Il traîne, lit les journaux, fait la sieste. Saint Louis vient de l'emporter sur Brooklyn en base-ball, et Hank Greenberg, de Detroit, est en passe de battre le record des *home runs*. Tout d'un coup, Durkin entend un gros bruit de moteur qui se rapproche. Le bruit devient envahissant, se dit-il. Un instant plus tard, il aperçoit par la fenêtre un avion qui semble vouloir décoller, le nez en l'air. Durkin se précipite dans la rue : une boule de feu explose. Une aile émerge, et le sergent constate, en une fraction de seconde, qu'une canalisation de gaz a éclaté. Une maison se met à brûler. Son propriétaire, le lieutenant-colonel Charles Meyer, est en Allemagne : c'est un avocat qui s'occupe de crimes de guerre. Sa femme est en train de jeter des oreillers par la fenêtre, sous une pluie d'étincelles. Durkin la fait sortir, contourne l'épave, et aperçoit un moteur sur la pelouse. Il s'approche du côté gauche du cockpit. Dans une chaleur à faire fondre ses plombages, se protégeant des flammes, le sergent crie : « Quelqu'un ? » Il répète : « Quelqu'un ? » Il entend un poing qui cogne sur l'habitacle, voit une silhouette s'écrouler sur l'aile gauche. Le pilote tombe sur le sol, caché par la fumée. Durkin, sa chemise en flammes, se jette sous le fuselage, agrippe le blessé, dont les vêtements sont en train de brûler. Ses mains sont couvertes de cloques. Il tire le corps, et l'adosse à un arbre. L'avion va-t-il exploser ? Durkin se dépêche, en parlant au blessé qui, les yeux ouverts, semble ne rien entendre. Tandis que le sergent progresse, il avise les réservoirs : ceux-ci sont léchés par les flammes. Il n'a que quelques secondes de répit. Au moment où il commence à fatiguer, il sent deux mains qui l'aident : c'est un pompier du coin. En une minute, le pilote est hors d'affaire. Sa colonne vertébrale est-elle brisée ? On le dirait. Des policiers arrivent, constatent qu'il n'y a pas d'autre victime. L'ambulance est là, charge le rescapé et disparaît. En arrivant au Good Samaritan Hospital, l'homme déclare : « Je m'appelle Howard Hughes. L'aviateur », et s'évanouit. Il a perdu son Borsalino.

Noah Dietrich est en route pour Houston, en voiture. Il vient de s'arrêter à Hot Springs, dans l'Arkansas, pour la nuit. C'est là que le médecin personnel de Howard

Hughes, Verne Mason, lui téléphone. Dietrich, immédiatement, pose la question cruciale :

– Quelles sont ses chances de survie ?

– 50-50.

– Peut-il parler ?

– Par moments.

– Demandez-lui s'il souhaite que je rentre.

– Il dit que non. Continuez à vous occuper de la boutique.

Le bilan est terrible. Cage thoracique enfoncée, un poumon effondré, sept côtes brisées à gauche, deux à droite, fracture de la clavicule gauche, fracture des os propres du nez, cuir chevelu lacéré, brûlures au deuxième et au troisième degré sur les membres supérieurs. Ses membres inférieurs sont brisés. Son visage est en sang. Le menton, qui a été réparé à l'époque de *Hell's Angels*, est en miettes. Plus grave : sous le choc, le cœur s'est déplacé. Howard Hughes risque de mourir à chaque instant. On le met sous morphine, sous transfusion et sous une tente à oxygène.

Howard Hughes sombre dans le coma.

Les journalistes font le siège de l'hôpital. Ils attendent la mort du roi. Celui-ci émerge, s'endort, émerge encore. Quand il le peut, il dicte à une secrétaire l'analyse de son accident. Il tient à sa réputation de pilote : c'est l'avion qui a flanché, pas lui. Louella Parsons tient ses auditeurs en haleine : c'est, selon elle, l'événement le plus médiatique « depuis la mort brutale de Jean Harlow ». Les célébrités se précipitent. Les fiancées aussi.

Ava Gardner vient. Quand elle ressort, c'est au bras de David Niven, son nouveau cavalier. Lana Turner arrive, en larmes, et croise Linda Darnell, vêtue de noir ; Jane Greer dépose une plante verte en pot ; Yvonne De Carlo envoie un télégramme, Cary Grant fait une visite discrète. Mais personne ne peut voir le blessé. Même la tante Annette Gano Lummis, venue de Houston, ne franchira pas le barrage. Hughes interdit sa chambre à tout le monde. Le docteur Verne Mason pose pour les photographes, avec le Borsalino porte-bonheur de Hughes, en partie brûlé. C'est le cirque. Les paparazzi se font un plaisir de photographier toutes les vedettes de passage, et relèvent le nom des absentes. Ginger Rogers ne se manifeste pas. Gene Tierney tourne. Faith Domergue ? Jane Russell ? Absentes.

Trois jours après son accident, Howard Hughes sort d'un coma intermittent. Avec de l'aide, il s'assied dans son lit. Il mange un biscuit. Il convoque Glenn Odekirk, pour expliquer ce qui, selon lui, s'est mal passé. C'est son obsession : sa réputation de pilote.

Il fait publier un communiqué : sa conviction est que les hélices de droite se sont automatiquement mises en rotation inversée. Comme lors des essais au sol, avec Gene Blanford. Sauf que cette fois-ci, la manœuvre a échappé au contrôle humain.

Il a aussi une autre obsession, désormais : Jean Peters.

Celle-ci arrive enfin. Elle lui touche la main. Et Hughes retombe dans un coma inquiétant.

Où le portent ses cauchemars ? Est-il réellement aussi attaché à Jean Peters qu'il le manifeste, ou n'est-ce qu'un numéro de cabotin, comme avec Ella Rice ? En effet, quelques jours avant de proposer à Jean Peters monts et merveilles, Hughes a déjà pris en chasse un nouveau gibier. L'un des acteurs de *Hell's Angels*, Ben Lyon, est devenu impresario à la 20th Century Fox. Il a repéré une jeune blonde particulièrement appétissante, tout à fait disponible. Elle est entrée dans son bureau à 11 heures du matin. À midi, elle a signé un contrat de sept années, au tarif de 125 dollars la semaine. Le soir même, elle a fait des essais couleur. Elle se nomme Norma Jean Baker Dougherty. Ben Lyon lui cherche un pseudonyme. Pourquoi pas Monroe, le nom de famille de sa mère ? Et pourquoi pas Marilyn, en hommage à la danseuse Marilyn Miller, qui a joué autrefois dans un film avec Ben Lyon ?

Dans la semaine, grâce à son poisson-pilote, Johnny Meyer, Howard Hughes a déjà vu la jolie blonde. Elle possède une spectaculaire paire de lavallières. Elle a donc les qualifications requises.

Il veut, mais ne veut pas. Il veut qu'on lui donne des pilules contre la douleur, mais refuse les intraveineuses. Il aime la morphine qu'on lui administre, mais exige qu'on ne lui donne qu'une demi-dose. Johnny Meyer, en gardien du troupeau consciencieux, prend les instructions pour les multiples femelles qui attendent le retour du maître. Howard Hughes s'est enfin réveillé le 12 juillet : ses progrès sont spectaculaires. On dirait Napoléon à la bataille d'Austerlitz. Il ordonne, il indique, il planifie. Le business doit être, en priorité, de renouer avec les militaires, puis de s'occuper de TWA. Les filles – il y en a vingt ! – doivent être occupées par des déjeuners, des dîners, des séances de travail. Pendant quinze jours, Hughes dicte des mémos, téléphone, convoque. Il est mal à l'aise dans ce lit ? Qu'on lui en fabrique un autre, mobile, mécanique, électrique. Il a soif ? Qu'on lui donne du jus d'orange. Il a honte de son visage ? Qu'on lui refasse le nez et le menton. Le docteur Verne Mason, satisfait des progrès de son malade, autorise l'arrêt de la morphine. On remplace par de la codéine, un extrait de l'opium.

Trente-quatre jours après son admission, Howard Hughes sort de l'hôpital. Lana Turner est ravie : elle a beaucoup prié pour son blessé. Hughes, lui, ne sait où s'installer. Partout, des femmes l'attendent. Lana Turner, folle de jalousie, fait irruption dans la chambre à coucher de l'une des garçonnières qu'elle connaît : Howard Hughes, couché, bavarde avec Jean Peters, assise à côté du lit. Lana pousse une lamentation :

– Ooooh ! Comment as-tu pu me faire ça, à moi ? Comment ? Dieu du ciel !

Jean Peters, guère intéressée par ces invocations, se lève et s'en va. En passant devant Johnny Meyer, qui attend sagement au bas de l'escalier, elle murmure :

– Pour cette scène, Lana devrait obtenir l'oscar.

Plus tard, devant Noah Dietrich, Howard Hughes confie :

– J'ai trouvé la fille de mes rêves, Noah. C'est Jean.

– Épousez-la, Howard.

– Je serais fou de ne pas le faire. Mais je n'arrive pas à m'y résoudre.

Que s'est-il passé, en l'air ? Glenn Odekirk et Joe Petrali rassemblent les décombres du XF-11. Très vite, ils découvrent que l'hélice secondaire du moteur droit a eu une fuite d'huile, et qu'elle a probablement inversé son mouvement de rotation. Mais l'enquête militaire parvient à des conclusions différentes : selon l'armée, l'accident est dû à une erreur humaine. Manque de contrôle pendant le check-up, manque de vigilance quant aux fréquences radio, essais non prévus par le plan de vol (il n'était pas question de rétracter le train d'atterrissage), absence du spécialiste des hélices, Frank Prinz. En apprenant la nouvelle, Howard Hughes est dévasté. Mourir n'est rien. Mais être classé comme mauvais pilote ! En fait, Hughes n'a pas évolué. Il en est toujours à l'époque des années 1920, le temps des casse-cous. Les mécanos ? Peuh ! Il sait mieux qu'eux. Les médecins ? Pareil. Après tout, ce ne sont pas les pilules et les injections qui lui ont sauvé la vie, il en est certain. La drogue miracle est... le jus d'orange. Il n'a jamais accepté de boire du jus fourni par l'hôpital. De son lit, il a exigé des oranges pressées devant lui, heure après heure. De même, ses collaborateurs sont persuadés qu'il risque d'avoir l'appréhension de voler. Rien que pour leur prouver le contraire, le 12 septembre, deux mois après son accident, Hughes se remet aux commandes du bombardier B-23.

Une fois de plus, les militaires lui infligent une sanction terrible : il n'a plus le droit d'être son propre pilote d'essai. Pour Hughes, c'est un coup de poignard dans le dos. Il est touché dans sa vanité. Il décide de se battre. Pour lui, cela signifie une seule chose : trouver le responsable. Il prend son B-23, fonce à Washington, s'invite chez le général Carl Spatz, commandant en chef de l'Air Force, et promet de donner cinq millions de dollars aux forces armées s'il s'écrase une deuxième fois.

Spatz lui serre la main, et lui donne son autorisation.

Hughes remonte dans son avion, et revient à Los Angeles. Un ami monte à bord : Cary Grant. À eux deux, ils vont faire la nouba. Ils se rendent à New York, reviennent, disparaissent. Hughes se lance dans une liaison mouvementée avec Rita Hayworth, qu'il fait surveiller par ses hommes, alors qu'elle est déjà filée par les détectives envoyés par Orson Welles, en instance de divorce avec la star. Les deux amants ont donc du monde aux basques : pour une amourette discrète, c'est réussi. Celle-ci va s'achever très vite. Quand Rita Hayworth est enceinte, Hughes n'hésite pas : il l'incite à avorter, et l'expédie faire une croisière de quatre mois, tous frais payés.

Par moments, il se confie à ses proches, à ses mécanos, à Odekirk ou à Dietrich, mais il ajoute toujours : « N'en parlez à personne. C'est secret. » Tout est secret. Ses chaussures, ses pensées, ses détours, ses liaisons.

Un jour, il s'envole pour le Mexique. Il arrive à Guadalajara. Il vient rendre visite à Jean Peters, qui tourne *Capitaine de Castille* avec Tyrone Power. Celui-ci vient de tomber amoureux de... Lana Turner. Jean Peters, elle, est une actrice appliquée. Quand elle ne tourne pas, elle s'assied et tricote.

Hughes arrive, elle sourit. Elle est contente de le voir.

Pour lui, c'est peut-être un moment de bonheur. Il ne le sait pas encore, mais sa descente aux enfers a commencé. Quand il revient à Los Angeles, il est sur le point d'être inculpé pour détournement de fonds. Où sont passés les 40 millions de dollars versés par l'armée ? Et, surtout, où est la fameuse oie en sapin ?

CHAPITRE 13

L'OIE EN SAPIN

De sa maison de Linden Drive, il a entendu le crash. Peu à peu, il a vu le quartier remis en état, le poteau électrique remplacé, les toits réparés. Il habite dans un palais, construit sur les conseils de son ami George Raft, auquel il a un jour montré la fausse cloison qui dissimule une sortie secrète, dans sa chambre à coucher. Bugsy Siegel est un gangster qui voit loin. C'est un tueur sans scrupules, obsédé par Hollywood et, curieusement, par ses cheveux. Toutes les cinq minutes, il vérifie que sa coiffure est parfaite, et se redonne un coup de peigne soigneux. Il a été l'amant de Jean Harlow après Hughes, de Lana Turner avant Hughes et de Rita Hayworth en même temps. Bugsy Siegel est le concepteur, le constructeur, le maître d'œuvre, le machiniste de la plus belle machine à ratisser du fric qui ait été inventée par l'homme : Las Vegas.

Le 20 juin 1947, alors qu'il est assis dans son canapé en train de lire le *Los Angeles Times*, devant les fenêtres ouvertes, un léger bruit filant se fait entendre. Bugsy Siegel ne lève pas la tête : il n'en a pas le temps. Une balle de 30/30, tirée avec un silencieux, pénètre dans son œil gauche. Quatre autres balles suivent. Bugsy Siegel est mort. Son journal glisse par terre, avec un tampon publicitaire sur la première page : « Bonne nuit. Dormez bien avec les compliments de Jack. »

Bugsy Siegel a été assassiné par Eddie Cannizzaro, un des hommes de Jack Dragna, sur l'ordre de Lucky Luciano, Meyer Lansky, Tony Accardo, Joe Fischetti, Frank Costello, Vito Genovese, Carlo Gambino, Santo Trafficante, Albert Anastasia et de tous les grands patrons des familles maffieuses, réunis à La Havane. La femme de Siegel, Virginia Hill, puise dans les fonds versés par les familles pour la construction de Las Vegas : elle a détourné combien ? Deux, trois millions de dollars ? Et l'ouverture du « Flamingo », six mois plus tôt, a été un échec. Intolérable.

Une demi-heure après la mort de Siegel, trois hommes entrent dans le hall du Flamingo, montent dans les bureaux, s'installent. Les porte-flingues de Meyer Lansky prennent la direction du casino. Un an plus tard, Lansky fait ouvrir le Thunderbird Motel ; Moe Dalitz construit le Desert Inn ; Doc Stacher, un voyou de Portland, finance le Sands et le Sahara. Quatre autres casinos vont suivre : l'Hacienda, le Riviera, le Dunes et le Royal Nevada, le Stardust.

Dans la coulisse, un « facilitateur » s'agite, tire les ficelles, arrange les coups, arrondit les angles. C'est Johnny Rosselli, qui vient de sortir de prison. À Las Vegas, Johnny est devenu le « Henry Kissinger de la Maffia ». Bientôt, il sera l'intermédiaire de Howard Hughes.

Celui-ci, pour l'instant, tente de défendre son honneur de pilote. Le Sénat, à Washington, fait les comptes de la guerre, et passe au peigne fin les contrats qui lient l'armée des États-Unis et le milliardaire. Avec d'autant plus de vigueur que le Comité d'enquête est piloté par les républicains : ceux-ci ont hâte de révéler la gabegie du président Roosevelt, un démocrate acharné. Après tout, Elliott Roosevelt n'avait pas à se mêler de ces histoires-là...

Première constatation : Hughes a reçu quarante millions de dollars pour rien. Et il est entré dans une féroce compétition contre Pan Am, la compagnie aérienne qui taille des croupières à TWA. Selon un nouveau diktat voté à la Chambre sous l'impulsion de Owen Brewster, sénateur du Maine, la Pan Am est en train de récupérer les routes transatlantiques de la TWA. Hughes, évidemment, fait de Brewster son ennemi personnel. Le 23 janvier 1947, le sénateur annonce l'ouverture d'une enquête sur le Hercules, le fameux Spruce Goose, que personne n'a jamais vu.

L'avion, lui, est en pièces détachées. Les ailes sont plus longues qu'un terrain de foot, l'aileron arrière vertical atteint 26 mètres au-dessus de la quille, les huit moteurs R-4360 Pratt & Whitney développent 3 000 chevaux pièce, et contiennent 224 cylindres et 448 bougies. Chaque moteur a quatre hélices de cinq mètres de hauteur. Quatre réservoirs de 1 600 litres sont répartis dans la masse, et l'avion a la capacité d'embarquer deux wagons de chemin de fer. Dans la partie inférieure de la coque, dix-huit compartiments étanches contiennent... des ballons de plage gonflés. Les commandes, d'une conception toute nouvelle, sont hydrauliques et multiplient le moindre mouvement du pilote deux cents fois. Le Hercules est un géant, un monstre. Il est en bois, mais peut embarquer un tank Sherman de soixante tonnes sans subir de dégâts. Pour l'instant, c'est un avion fantôme. Le sénateur Brewster se frotte les mains.

Howard Hughes, lui, ne reste pas inactif. Il commence par demander un rendez-vous à Juan Trippe, le président de Pan Am, son concurrent. Trippe accepte et écoute la proposition : Hughes estime que la Pan Am et la TWA se font du tort mutuellement. Pourquoi ne se fondraient-elles pas en une seule compagnie puissante ? Trippe ne dit pas non. Il est même, secrètement, plutôt favorable à cette idée. Premier point : le piège de Hughes est posé. Quelques semaines plus tard, il déjeune au Mayflower Hotel, à Washington, avec Owen Brewster. Ils parlent de choses et d'autres, et de la fusion éventuelle de Pan Am et de TWA. Quand ils se séparent, le temps est au beau fixe.

Mais un mois plus tard, les enquêteurs fédéraux débarquent au siège de la Hughes Aircraft Co. Ils réclament les états des dépenses, surtout celles qui ont été engagées pour procurer des gueules de bois de qualité à Elliott Roosevelt et aux généraux qui l'ont accompagné. Hughes refuse de communiquer les livres de comptes. La tension monte. Finalement, contraint et forcé, il cède. Nadine Henley, la secrétaire de Romaine Street, appelle les enquêteurs de la part de Hughes.

– Voici les indications pour votre rendez-vous. Sortez de votre hôtel, pas du côté du jardin, mais dans la rue opposée. Vous trouverez un break immatriculé en Californie. Montez dedans.

Quand Francis Flanagan, ex-agent du FBI et boss des enquêteurs du Comité, entre dans le break, il trouve

Hughes. Celui-ci l'emmène visiter le chantier du Spruce Goose. Et dit : « Je sais que ce n'est pas moi que vous visez, mais Roosevelt. » Flanagan nie avec énergie. Deux jours plus tard, Noah Dietrich intervient : « Laissez-nous tranquille. Nous vous donnerons tout ce que vous voulez, en échange, sur Elliott Roosevelt. » Flanagan s'en va avec les précieux papiers, et transmet.

Le Comité découvre alors que la note pour faire la nouba, signée par Johnny Meyer, est de 169 661 dollars. Pour payer des cocktails et des putes, c'est cher. Le Comité est outragé. Hughes, lui, lance Johnny Meyer sur la piste d'Owen Brewster : il s'agit de trouver toutes les saloperies possibles sur cette mouche qui tourne autour de la tête de Hughes. Meyer engage des avocats, des détectives, des fouines... Mais ce qu'il ignore, c'est que le FBI a remis un dossier de deux mille pages au Comité : chaque conversation de Hughes, chaque soupir d'amour, chaque pot-de-vin y est consigné.

Le Comité convoque Howard Hughes. Il doit se présenter le 28 juillet 1947 au Sénat. Hughes prend une décision : il n'ira pas. C'est un bras d'honneur à Washington. Au fond, qu'ils crèvent, ces politiciens. Hughes a autre chose à faire : les filles attendent.

Le renard est resté en chasse. Quand Artie Shaw, le mari d'Ava Gardner, la quitte, Hughes est prévenu. Il la sollicite, elle le traite de salaud. Quand Jane Greer est enceinte, il lui téléphone pour lui annoncer la nouvelle : « Ton test est positif. »

Elle est sidérée. Elle-même n'est pas au courant. Hughes, lui, continue sa collection. Il achète des toiles à Francis Taylor, marchand d'art et père d'une jeune fille aux yeux violets, Elizabeth, puis invite la famille pour un week-end royal. Il tente de régler la situation avec Linda Darnell, et se rend chez elle, pour rencontrer le mari, Pev Marley. Celui-ci propose un arrangement :

– Nous allons nous séparer. Je vais demander le divorce... à condition que vous me versiez 25 000 dollars par an jusqu'à la fin de ma vie.

– Ce n'est pas impossible.

Linda Darnell regarde les deux hommes, se lève et lance :

– Vous vous prenez pour qui ? On dirait que vous marchandez un morceau de jambon. Vous pouvez crever, tous les deux !

Et elle s'en va boire un verre.

Toute sa vie, Linda Darnell gardera l'habitude de boire, à partir de 10 heures du matin, un mélange de brandy et de lait.

Les caprices des femmes, Hughes en a assez. Il faut mettre un peu d'ordre dans ce harem. Il invente alors son « programme ». Qui doit se dérouler comme suit : quand l'un de ses limiers – R. Wayne Spector ou Johnny Meyer – a repéré une jeune femme présentable, il doit soumettre à Hughes un dossier complet, avec photos. Celles-ci doivent être variées, et soignées. Puis un examen dentaire doit être conduit au cabinet du Dr Everitt Payne, et les résultats joints au dossier. Hughes décide alors si la fille peut signer un contrat avec Caddo, sa société de production. Le cas échéant, la candidate aura un salaire, un appartement avec une bonne et deux ou quatre « surveillants ». Elle devra prendre des cours de diction, de danse, de théâtre, de chant. Son dossier sera déposé à

Romaine Street, pour l'éternité. Et elle aura droit, peut-être, à une visite du maître, qui, selon son humeur, l'honorera ou pas. Hughes taylorise le sexe.

Un soir, Esther Williams, la belle nageuse de la MGM, qui tourne la tête de ses partenaires mais « qui sent l'eau chlorée des piscines », est invitée chez son patron, Louis B. Mayer. Tandis qu'elle fait son entrée, un séducteur s'approche : Cary Grant. Élégant, suave, bronzé, il fait danser la naïade pendant quelques minutes, et laisse la place à un nouveau partenaire, Hughes. Celui-ci porte des vêtements froissés, des baskets aux pieds et un appareil auditif. « J'ai échangé Cary Grant contre *ça* ? » se dit Esther Williams. Il est vrai que le séducteur a changé d'allure : ses accidents l'ont marqué, ses soucis ont creusé des rides, sa moustache dissimule mal ses cicatrices. Il a l'air d'être largement quinquagénaire, alors qu'il a dix ans de moins. Tandis que Hughes lui fait des avances, Esther Williams s'agace :

– N'essayez rien, Howard. Je suis très sportive.

Il fait semblant de ne pas entendre. Dégoûtée par le petit manège – Cary Grant fait les travaux d'approche, Howard Hughes conclut –, Esther éjecte le millionnaire. « Quelques semaines plus tard, raconte-t-elle, je l'ai revu à un dîner : il était en train de séduire Cyd Charisse. Cyd n'aimait pas causer, et Howard n'entendait rien. C'était une symbiose si parfaite que j'ai demandé un taxi et je suis rentrée à la maison. »

À Washington, Hughes cherche à rencontrer, à nouveau, le sénateur Brewster. Celui-ci n'est pas là : il est dans l'Ohio, pour une tournée de conférences. Hughes lui téléphone : « Revenez. Nous devons parler. Un billet gratuit vous attend au comptoir de ma compagnie, TWA. » Ils se rencontrent, rien ne sort de l'entrevue. Mais la deuxième partie du piège posé par Hughes se referme. De son côté, le magnat de la presse, Randolph Hearst, met ses journaux à la disposition de Hughes. Le Comité se réunit, sous la direction de Homer Ferguson, sénateur du Michigan. L'un des nouveaux membres du Sénat, Joseph McCarthy, un alcoolique pur et dur, en fait partie. Hughes passe à la contre-offensive : « Derrière ces scandaleuses attaques contre moi, c'est la TWA qu'on vise », dit-il pour les journaux. Il continue : « D'ailleurs, j'ai déjeuné avec Juan Trippe, et il n'a pas fait mystère de son intérêt pour dévorer ma compagnie, TWA. » Hughes inverse la vérité. Il est de mauvaise foi ? Et alors ?

Il envoie une lettre au Comité : « Sénateurs, vous avez le pouvoir. Je ne suis qu'un simple citoyen. Je construis des avions depuis treize ans, et j'ai dépensé 14 millions de dollars de mon propre argent. Pourquoi ne pas dire la vérité ? Le sénateur Brewster travaille, en sous-main, pour le président de Pan Am, Juan Trippe. Et, sénateur Brewster, pendant que j'y suis, ne m'avez-vous pas demandé de voyager gratuitement sur TWA, à deux reprises ? » Ce qui est faux, mais tous les coups sont permis.

Le Comité, donc, réagit en intimant l'ordre à Howard Hughes de se présenter lui-même aux auditions. Le convoquer, c'est bien. Mais où lui faire parvenir la lettre ? Il n'a pas d'adresse.

La loi américaine est étrange : tant qu'on n'a pas remis une assignation en mains propres, elle est nulle et non avenue. Il faut que le *subpoena* (l'assignation) touche la paume du convoqué. Tout le jeu, donc, est de se soustraire à ce contact. Les sénateurs exigent de voir Hughes, impérativement, le 1er août. Les flics qui se présentent à l'adresse officielle de Hughes, à Muirfield Road, trouvent une maison vide, pleine de poussière. Les gens de Romaine Street ne l'ont jamais vu. Chez Cary Grant ? Absent. Hughes donne pourtant des interviews : il se compare à un « petit chien » et Pan Am est le « gros chien ». « Les ennuis ont commencé quand le petit chien a marché sur la patte du gros. » Le public en redemande. Ferguson, le chef des enquêteurs, présente son « superlimier » lors d'une conférence de presse : « Voici George Rossini. C'est lui qui a coincé Al Capone. »

Rossini, avec quatre hommes, cherche. Ils vont au Mocambo, au Ciro's, au Palladium, rien. Il passent à côté de la garçonnière principale de Hughes, sur Sunset Boulevard ; ils visitent les appartements de ses amis, rien. Une nuit, Hughes est réfugié chez Jean Peters, une autre chez un vague copain. Pendant trois autres soirées, il disparaît chez Cyd Charisse, la sublime danseuse de *Ziegfeld Follies*, le film de Minnelli. Il circule dans une vieille bagnole cabossée. Puis il s'exhibe avec Jean Peters... à Las Vegas. Quand la police arrive dans sa suite au Flamingo, l'oiseau s'est envolé. Finalement, après un tour chez le tailleur et chez le coiffeur, Howard Hughes monte dans son DC-3 et, le 5 août, se rend à Washington. Mais aucune des convocations n'a été délivrée. Il va là-bas, dit-il aux journaux, « pour montrer sa bonne volonté ». Quand il arrive au Carlton à Washington, où une suite l'attend, il trouve, sur la table, un épais dossier. C'est la copie de celui qu'Owen Brewster a entre les mains : le « Dossier Howard Hughes » du FBI. Hughes est foudroyé. Il comprend qu'il a été fliqué, minute par minute, depuis des années. Que rien n'a échappé aux G-Men.

Même les taches sur les draps d'hôtel ont été recensées et analysées. Brusquement, il est certain que sa chambre est pleine de micros. Elle l'est. Il y a de quoi vous rendre soupçonneux, n'est-ce pas ? Hughes va devenir le Big Parano. Même son ombre n'arrivera plus à le suivre.

Trois semaines après avoir été convoqué, Hughes entre au Sénat, le 6 août, à 14 h 42. Le cirque commence.

Un petit cirque a déjà débuté récemment. Johnny Meyer, volubile, amusant, boute-en-train, a répondu aux questions du Comité pendant trois jours. Les sénateurs, Owen Brewster en tête, le grillent :

– Les filles, à votre soirée, étaient-elles payées pour distraire Elliott Roosevelt ou les autres militaires ?

– Ce n'est pas parce qu'une fille vient à une fête et qu'on lui donne un petit cadeau qu'elle est là « pour distraire » qui que ce soit.

– Étaient-elles là pour distraire ?

– Nous étions tous là pour ça. Mais le colonel Elliott Roosevelt ne quittait pas Mlle Faye Emerson, devenue depuis son épouse.

– Y en avait-il qui étaient là spécifiquement pour Mr Roosevelt ?

– C'est dur à dire. Mr Roosevelt était tout le temps avec Faye.

– Et les autres militaires ?

– Ils buvaient avec les gens, et tout le monde est allé dîner. Les filles étaient là pour danser avec les gens.

– Vous n'étiez pas sur le chemin de Damas, quand même ?

– Je ne peux pas répondre. Je ne connais pas bien la Bible.

À la radio, où les débats sont transmis, les auditeurs rugissent de rire. Les mille cinq cents spectateurs, dans la salle d'audience, sont pliés en deux. Décidément, ces gars de Washington, quels bouffons !

Quand Hughes entre, la salle est sur les charbons ardents. Il a quarante-deux minutes de retard. À son apparition, les caméras se mettent à tourner, les flashes à crépiter, les projecteurs à éclairer. C'est la première audition télévisée : cinq mille heureux possesseurs de postes de télévision se régalent. Les femmes, dans la salle, soupirent. Homer Ferguson, qui mène les débats, est agacé : « Apparemment, l'entrée est faite. » Le public, ravi, applaudit l'aviateur. Hughes contemple le Comité avec un dédain marqué. Il prête serment. Curieusement, il a les ongles aussi longs que ceux d'une femme.

– Donnez votre nom.

– Howard R. Hughes.

– Votre adresse ?

– Domicile ou travail ?

– Les deux.

– J'ai plusieurs adresses à Houston, et mon bureau est au 7000, Romaine Street.

– Parlez près du micro. Vous êtes le président de Hughes Tool Co ?

– Correct.

– Vous êtes le seul actionnaire, aussi.

– Correct.

Quand Owen Brewster prend la suite de l'interrogatoire, le débat dégénère très vite, chacun traitant l'autre de menteur. Ferguson reprend la main.

– Savez-vous qui est Mr Meyer ?

– Meyers ?
– Meyer.
– Non, je ne vois pas.
– Il travaille pour vous, Mr Hughes.
– Pour ma compagnie, oui.
– Ça vous fait rire, Mr Hughes ?
– Je ne ris pas, sénateur.
– Vous avez ri.
– Le rire est contagieux, sénateur.
– Vous savez où est Mr Meyer ?
– Demandez-lui vous-même.
– Je vous le demande à vous.
– Quoi ?
– Je vous demande de faire venir Mr Meyer demain à deux heures.
– Non.
– Non ?
– Non.
– Avez-vous des questions, Mr Hughes ?
– J'en ai entre deux et cinq cents.
– Pouvez-vous les formuler au Comité ?
– Je les formulerai au fur et à mesure. Tout dépendra.
– Vous nous manifestez du mépris ?
– Non. J'essaie de le cacher.

Les heures passent. Puis les jours. Questionner Hughes ne mène à rien. Quand, enfin, le Comité aborde la question du Hercules, Hughes reprend l'offensive :
– Il volera.
– Vous vouliez dire autre chose ?
– Examinons ma réputation. Je suis supposé être beaucoup de choses, qui ne sont pas flatteuses. On dit de moi que je suis capricieux. On dit que je suis un play-boy, un excentrique, mais je ne suis pas un menteur. Personne n'a

jamais mis ma parole en question. Pour nous, Texans, c'est une chose importante. Or, je tiens à le dire : une grande injustice m'a été faite. Si elle n'est pas réparée, je quitterai le pays et je ne reviendrai pas.

L'un des hommes les plus riches des États-Unis chassé par l'administration ? Impensable. De plus, Johnny Meyer a bien travaillé : il est maintenant prouvé, chèques à l'appui, qu'Owen Brewster a des liens avec Juan Trippe, et qu'il est à la solde de la Pan Am. Le 11 août, Ferguson annonce une suspension de trois mois. L'enquête est enterrée. Brewster, lui, s'éclipse par la porte de secours. Hughes, entouré de journalistes, triomphe : « Le sénateur est trop lâche pour faire face », dit-il. En plus, un informateur donne un tuyau à la presse : Brewster a collé des micros dans la chambre de Hughes. C'est vraiment un homme dégueulasse. Quatre ans plus tard, à la fin de son mandat, Brewster sera défait par son opposant démocrate. Lequel, en secret, a reçu des subsides « sans limite » de Howard Hughes.

Il ne reste plus qu'une chose à faire : montrer au monde que le Spruce Goose, le fameux Hercules, est un avion formidable. Fin octobre 1947, tous les journalistes ayant assisté aux audiences du Comité reçoivent une invitation – et une caisse de très bon vin. Le cabinet Carl Byoir, celui-là même qui a naguère dressé le contrat de mariage de Howard Hughes, souhaite la présence de ces messieurs de la presse le 2 novembre, pour le vol inaugural du Spruce Goose. En supplément, chaque reporter reçoit un porte-cigarettes et un briquet assorti, en or. Quand les invités arrivent à Long Beach, une gigantesque tente est dressée, et Jean Peters, élégante, les reçoit. Cary Grant, dans un coin, prend les paris : volera, volera pas ? Les gens sont médusés : l'avion est géant, vraiment. Il peut transporter sept cents passagers. Les ailes sont si démesurées que, dans leur épaisseur, un homme peut rester debout. Le poids total de l'appareil est de 200 tonnes. Hughes n'est pas encore là. Il arrive, il arrive, ne vous impatientez pas.

Depuis trois mois, Hughes vient tous les jours surveiller l'assemblage de l'avion. Souvent, il reste la nuit, et presse Jean Peters, qui est avec lui, de s'asseoir aux commandes du géant. Mais il est anxieux. Il se bourre de laxatifs, passe la moitié de son temps assis aux toilettes, où il n'hésite pas à relire les plans, et à manger ses repas, immanquablement constitués de sandwichs à la dinde. Il surveille chaque détail, exige la résolution d'un problème hydraulique précis, balaie les arguments des assureurs, qui se souviennent qu'il n'a plus l'autorisation de faire le pilote d'essai : « Hughes est plus grand que le gouvernement fédéral, dit-il. Si Hughes veut piloter, en dépit des réticences de l'administration, il pilotera. »

Le dimanche 2 novembre, Glenn Odekirk s'arrête devant la maison de son patron, à Bel Air. Howard Hughes arrive.

– La météo ?

– Bonne, mais pas terrible.

– Odie, ça ne t'ennuie pas si tu ne montes pas avec moi ?

– Si. Je sais que vous n'allez pas vous borner à le faire flotter. Vous allez décoller.

– Non, non.

Quand les deux hommes arrivent, la salle de presse bourdonne. Il y a des rangées de téléphones, des batteries de machines à écrire Underwood, des sandwichs luxueux de chez Chasen's. Les journalistes montent dans des vedettes qui les amènent le long de l'avion, et pénètrent dans le mastodonte. Ils visitent, s'extasient. Joe Petrali est là, ainsi que d'autres : Jack Jacobsen, l'ingénieur électrique, Tom Dugdale, le mécano hydraulique, David Van Storm, le mécano systèmes... On se bouscule presque, là-dedans. Par les hublots, on peut apercevoir quelques yachts, au loin. Dans l'un d'entre eux, Nadine Henley observe. Quelques petits avions passent, pour faire des photos. Le ballon dirigeable Goodyear est à disposition. Des canots à moteur zigzaguent sur les eaux, pour repérer des débris possibles, et nettoyer la zone. Les garde-côtes patrouillent.

Howard Hughes monte dans l'appareil, vêtu de son blouson bicolore, qu'il affectionne, et coiffé d'un Borsalino identique à celui qui a brûlé. Il s'installe, et met le contact. Les huit moteurs démarrent, dans un grondement d'enfer. Hughes commence par faire trois petits passages sur l'eau, à quarante nœuds, sans décoller. Résultats excellents, déclare le boss. Les quelques reporters restés à bord sont ravis. « Volera-t-on aujourd'hui ? » demande l'un d'eux. « Non, pas avant avril », répond Hughes. Les journalistes de quotidiens débarquent donc, de peur d'être grillés par leurs confrères. Restent à bord quelques envoyés spéciaux de magazines, et James McNamara, le reporter radio de la station KLAC, qui a apporté des disques d'acétate pour l'enregistrement, des câbles, des micros gros comme des ballons de foot. Avec les techniciens, le total est de vingt-huit passagers.

Hughes fait demi-tour, boit un peu de lait d'un berlingot posé à côté de lui, positionne le Hercules vers la haute mer, et annonce :

– Paré.

Puis il donne les gaz. McNamara commente : « Cinquante. Cinquante-cinq, mer agitée. On accélère. Soixante-cinq. Soixante-dix... » Brusquement, le silence se fait. Les techniciens se regardent. Merle Coffee, un mécano, gueule : « On est en l'air ! » Sur la berge, les gens applaudissent, dansent, hurlent. Tous les bateaux font beugler leurs cornes de brume. Hughes, aux commandes, sourit. McNamara s'exclame : « Mon Dieu, nous volons ! » Pour son reportage, il obtiendra le grand prix Sigma Delta Chi, le top du journalisme anglo-saxon.

L'avion s'est élevé sans à-coups, sans clapotis. Les 24 000 chevaux ont soulevé l'appareil comme un ballon, d'un seul coup, à la grande surprise de l'équipage. En une seconde, le « bateau volant » est à 24 mètres de hauteur. Un coup de vent déséquilibre le Hercules sur la droite, Hughes corrige l'assiette, et amerrit. Il a couvert 1 600 mètres en l'air.

L'oie en sapin a volé pendant 50 secondes.

Elle ne volera plus jamais.

CHAPITRE 14

CINÉMA, MICROBES ET P'TITES PÉPÉES

C'est l'un des hommes les plus riches de la planète : Howard Hughes, en 1946, possède 520 millions de dollars, sa fortune personnelle. Noah Dietrich a bien travaillé. Hughes fait partie des 381 personnes qui ont le statut de millionnaire, aux États-Unis.

Mais il a d'autres soucis que ses avions, ses femmes, ses sous. Il y a les microbes. Ceux-ci sont partout : dans les airs, sur le sol, dans les petits pois, dans les rideaux. Il faut faire quelque chose. Gérer l'espace, contrôler le problème, édicter des règles. Celles-ci seront typiques de leur auteur : totalement irrationnelles. Pour commencer, Hughes décide de ne plus jamais serrer la main de quelqu'un : le contact, n'est-ce pas, peut être pathogène. Chaque fois qu'on s'approche de lui, Hughes fait un pas en arrière. Ou deux. Quand la personne insiste, la main tendue, il invente une excuse : « Je me suis coupé la main. »

De même, plus question de tourner des espagnolettes ou des poignées de portes. Au restaurant, il laisse passer ses compagnes devant lui, ou exige qu'un serveur ouvre la marche. Quand la situation est désespérée, il sort un mouchoir grand comme une nappe, et en couvre la poignée avant de la manipuler.

Au bureau, il impose des consignes simples : si on lui tend un document, il faut le faire avec des gants de coton blanc, des gants de croque-mort, achetés en gros dans une entreprise de pompes funèbres. Curieusement, il continue à s'asseoir sur des chaises non stérilisées, à laisser la poussière s'accumuler dans sa maison de Muirfield Road, et à manger avec des couverts banals. Il exige qu'on ne change jamais ses draps. Il le fait lui-même. Rarement.

Il commence à dicter des mémos sur ce qu'il convient de faire, et les fait distribuer à son entourage.

« Prenez six ou huit Kleenex à la fois, dans la boîte, posez-les sur la poignée de porte, puis ouvrez la salle de bains. Laissez la porte ouverte en sortant. La même poignée de Kleenex sera utilisée pour tourner les robinets de façon à obtenir une bonne puissance d'eau. » Ou : « Quand vous escortez Jean Peters au cinéma, s'il est nécessaire d'ouvrir des portes pour entrer, faites-le avec les pieds, non avec les mains. Si vous devez déplier un fauteuil pour elle, faites-le avec des Kleenex. »

Incontestablement, Howard Hughes est tombé une fois de trop sur la tête.

Son séjour à Washington l'a convaincu – avec raison – que les espions sont partout. Sa parano naturelle prend des proportions géantes : il fait acheter vingt Chevrolet. C'est la marque la plus courante, à l'époque. Il passe ainsi inaperçu, sautant d'une voiture dans l'autre, brouillant les pistes, égarant (pense-t-il) ses éventuels suiveurs. Il ne va plus jamais à Romaine Street, devenu son bureau principal : là, Nadine Henley et ses assistants mormons tiennent toutes les ficelles de l'empire Hughes, et virent des sommes colossales ou achètent des glaces à la vanille pour le maître. Un pool de chauffeurs, en bas, attend les ordres. Personne n'a le droit de pénétrer à l'intérieur, sauf sur invitation personnelle. Les Mormons, vêtus à la mode passe-partout – cravate noire, veste noire, chemise blanche –, ont le doigt sur la couture du pantalon. Ce sont des Men in Black, sans les lunettes magiques. « Ils sont intègres, dit Hughes. Ils n'acceptent pas de l'argent de l'État, et ne boivent pas. On peut leur faire confiance. »

Pendant longtemps, il aura raison. Puis les choses changeront. Les Mormons auront simplement été patients.

En mai 1948, Howard Hughes a la bougeotte, de nouveau. Il a envie de revenir au cinéma. Le plus petit des studios d'Hollywood, RKO, est à vendre. Contrairement aux mastodontes, MGM, Warner, Paramount, 20th Century Fox, Columbia et Universal, la RKO est un endroit où la qualité est privilégiée. On y a produit des films de légende, comme *King Kong*, *L'Impossible Monsieur Bébé*, les comédies musicales de Fred Astaire et, surtout, *Citizen Kane*. Un nouveau chef de production, Dore Schary, dirige la chaîne de fabrication des films : c'est un homme de fer, avec des convictions très fortement ancrées à gauche, et une vision sociale du cinéma. Il a produit *Feux croisés*, d'Edward Dmytryk, un manifeste agressif contre l'antisémitisme ; *Le Garçon aux cheveux verts*, le premier film de Joseph Losey, férocement politique, et a résisté au Comité des activités antiaméricaines, qui estime que la RKO est un « nid de communistes ». Ils n'ont pas été nombreux à le faire. Le réalisateur Leo McCarey, un anticommuniste enragé, explique pour sa part aux membres du comité que son film, *La Route semée d'étoiles*, n'a jamais été projeté en URSS. On lui demande la raison de cet ostracisme.

– Ils n'aiment pas l'un de mes personnages.

– Bing Crosby ?

– Non. Dieu.

Dore Schary, lui, hausse les épaules devant ces imbécillités. La RKO est mise sur la Liste grise, parente délavée de la Liste noire. Sur celle-ci, il y a les gens de gauche, qui doivent être interdits de travail. Sur celle-là, il y a les firmes considérées comme « de gauche » et donc boycottées. En 1947, la RKO traverse une passe difficile. Les rumeurs commencent à circuler. Howard Hughes rachètera-t-il le studio, ainsi que sa chaîne de salles de cinéma, qui en compte 199 au total ? Un journaliste estime que le marché ne sera pas conclu, « parce que la RKO ne décollera jamais ! ». Un autre pense que le seul but de Hughes, « c'est de forcer *Le Banni* à être diffusé à nouveau, contre l'avis de la censure » !

Finalement, Hughes acquiert les 929 020 actions de la RKO, pour 8 825 690 dollars. Il a un but : faire de la RKO un piège à filles. Lorsque Dore Schary envisage de donner sa démission, Hughes lui assure qu'il ne se mêlera pas du tout des affaires du studio. « Restez, voyons », lui dit-il. Puis Schary rencontre Hughes dans une maison déserte, dans Pamela Drive : c'est celle de Cary Grant. En arrivant, Schary aperçoit une fille en train de remettre son soutien-gorge. Deux heures plus tard, il sort de l'entretien, rassuré : « Je suis occupé à concevoir un nouvel hélicoptère. À la RKO, je ne toucherai à rien », a dit Hughes. C'est mal connaître le trifouilleur compulsif.

La RKO a une écurie de vedettes sous contrat. Entre autres Jane Greer, qui vient de se séparer de son mari, Rudy Vallee. Immédiatement, Hughes la contacte : pour avoir des rôles, elle doit coucher. Pas question, répond-elle. Elle ne tournera donc pas. D'autres actrices – moches – seront débarquées, sans préavis. Hughes taille dans le vif. Il se fout des films, sauf de ceux qui lui font plaisir. Il veut des seins et de l'action. Ce que les scénaristes du coin résument par : « Tits and sand » – des nichons et du sable. Puis Hughes expédie ses boys à la recherche de chair fraîche : Johnny Meyer est en chasse, avec ses acolytes Greg Bautzer l'avocat, Walter Kane l'impresario, et « Cubby » Broccoli, le futur producteur. Ils ont des instructions précises : « Trouver une silhouette et un visage parfaits ». Accessoirement, Hughes lance des détectives sur Susan Hayward, la belle rousse qui vient de divorcer. Sur Ava Gardner, pour laquelle il a toujours un faible. Sur Faith Domergue, qu'il veut récupérer.

La première fois que Hughes arrive à la RKO, Fritz Lang est en train de tourner *L'Ange des maudits* avec Marlène Dietrich. Fritz qui ? Hughes regarde, demande que le titre soit changé, et s'en va. Quand il sort du studio, il ne donne qu'un seul ordre : « Repeignez tout. » Et il remonte dans sa vieille Chevrolet.

Un mois après le rachat de RKO, 800 employés sont licenciés. Puis 1 000. En quelques jours, l'équipe est passée de 2 500 salariés à 600. Quarante-trois films sont en préparation et vingt-cinq stars sont déjà sous contrat, dont Ginger Rogers : Hughes exige qu'on taille là-dedans. Il fait vendre les droits des films les plus intéressants de la RKO : *Pension d'artistes*, *Le Mouchard*, *Gunga*

Din. Quand Hughes vient au bureau, personne ne le voit : c'est la nuit. Il s'installe dans une pièce vide, avec ses Kleenex, lit les contrats et les synopsis, laisse des instructions, et s'en va. Quelquefois, des employés le voient passer, avec un petit sac en papier – son repas – à la main. Puis il disparaît pendant des semaines. Il revient avec des suggestions pour les scénarios en cours, des remarques idiotes, des notations inutiles. Sur les quarante-trois projets de films, seuls douze seront tournés. La RKO plonge dans le rouge, gravement. Dore Schary claque la porte. Le studio est repeint de fond en comble. Avec la seule peinture disponible après guerre. RKO a viré totalement kaki.

Les Mormons commencent à tisser leur toile. Devant la folie qui a précédé les auditions au Sénat pour le Spruce Goose, Hughes a réclamé à Nadine Henley des aides de confiance. Elle a recommandé Bill Gay, un étudiant de vingt-sept ans, fils d'un pasteur protestant et mormon enthousiaste. Bien élevé, efficace, parfois obséquieux, silencieux, le visage long et peu souriant, Gay est pris à l'essai. Il voudrait devenir professeur. Il ne le sera jamais. Trois mois plus tard, il est devenu l'exécuteur en chef des hautes et basses œuvres de Hughes : il engage d'autres mormons, dont Lee Murrin, Charles Guest, Malcolm Smith. Ceux-ci prennent tout en main : la rédaction des mémos, la boîte aux lettres, les rouages quotidiens. Ils investissent Romaine Street et, de là, essaient de comprendre comment fonctionne la machine. Très vite, ils saisissent l'essentiel : tout doit être secret. Ce que la bouche dit, la main droite doit l'ignorer. Ils vont devenir la main gauche du Seigneur.

Howard Hughes fait installer à Romaine Street un central téléphonique géant. Tous les appels vont être filtrés, dans les deux sens. Désormais, impossible de remonter vers le lieu d'où Hughes téléphone : c'est un avantage sur les curieux. En revanche, le système a un défaut que Hughes n'a pas pris en compte : les Mormons sont au courant de tout. Ils sont au centre névralgique de la toile d'araignée.

Jean Peters, pendant ce temps, reste tranquille. Elle attend. Quoi ? Que Howard Hughes s'installe avec elle. Est-elle au courant de ses escapades ? Probablement. Mais pas complètement. Elle a une chose que les autres n'ont pas : le calme. Quand Hughes l'emmène pour un week-end d'amour à Palm Springs, le courant passe. Cette jeune actrice de vingt-quatre ans, lorsqu'elle observe ce vieillard de quarante-trois ans, sait qu'il a subi de nombreux chocs, et que son psychisme est un tantinet abîmé. Ce qu'elle ne sait pas, c'est que Hughes souffre. Les accidents successifs ont laissé des séquelles. Il prend des antalgiques. Il a mal à la tête, avale des comprimés de codéine. Hughes parle de la vie, de la mort, de la fortune, dans un désordre apparent. Il prétend qu'il veut mettre sa vie en ligne droite, s'occuper d'avions et d'un institut médical, voilà tout. Elle l'écoute. Louella Parsons écoute aussi. Quand les deux amants reviennent de leur week-end à Palm Springs, c'est pour lire, dans les journaux : « Vont-ils se marier ? » Décidément, c'est une obsession.

Jean Peters, entre deux films, a des occupations de vieille dame : elle coud sur sa machine, et elle soigne ses fleurs. Le reste ne l'intéresse pas.

Les filles défilent. Le système de roulement marche bien, désormais. Le matin, Hughes voit Jean Peters, qu'il a installée, avec sa famille, dans un beau quartier, à Westwood. L'après-midi, il va rendre visite à Cyd Charisse, ou à une chanteuse d'opérette, ou encore à Terry Moore, la petite actrice inconnue – mais la plus maligne. Parfois, il emmène Cyd Charisse dans son usine d'aviation : là, en mangeant des sandwichs, il lui confie ses ambitions, ses rêves, ses conceptions. Elle a même droit à une visite complète du Spruce Goose. Quand elle commence à être courtisée par le crooner Tony Martin, Hughes réagit simplement. Il tente d'acheter le prétendant. Celui-ci, agacé, redouble d'ardeur. Cyd Charisse l'épouse – et restera Mme Martin pour le reste de sa vie.

Terry Moore est un cas à part : toute jeune – vingt ans – elle a un sourire géant et des jambes à tomber. Toute sa vie, elle sera starlette, jamais star. Elle jouera dans des aventures exotiques, des drames sahariens, des westerns apaches. Quelques années plus tôt, Hughes l'a repérée, avec l'aide de R. Wayne Spector, dans un magazine : maintenant qu'il est patron de la RKO, il la fait venir, l'embarque sur son yacht, la séduit, agite des promesses sans fin. Il part avec elle, la flatte, lui offre des rubis. Il veut l'installer près de chez lui. Elle, la petite actrice, voit le renard venir : elle va le faire lanterner.

D'autres proies sont dans la ligne de mire. Mais Howard Hughes n'a plus le sex-appeal d'antan. Il a l'air froissé, comme sorti d'un placard où on l'aurait tenu plié pendant des mois. Ses chemises sentent le moisi. Ses baskets se défont. Ses ongles, longs, ne sont pas toujours propres. Il aborde les filles dans des voitures cabossées. Il ressemble plus à un battu qu'à un battant. Lorsque Janet Leigh, la future star de *Psychose* d'Hitchcock, est convoquée, elle prend ses précautions : elle vient avec son père. Quand Hughes lui propose un tour en avion, elle accepte cependant, mais avec réticence. L'appareil, au lieu d'atterrir à Culver City, touche le sol dans le Colorado. Là, une limousine attend. Le scénario est banal, rebattu, attendu. Sauf que Janet Leigh ne l'entend pas de cette oreille. Ni d'aucune autre, d'ailleurs. Furieuse, elle engueule le vieux sourd. Il la ramène. Puis la traque, la rencontre « par hasard » dans des dîners, des réceptions. L'actrice s'emporte :

– Vous voulez dîner avec moi ? Vous êtes trop trouillard pour le demander vous-même ?

– Bien. Dînez avec moi, voulez-vous ?

– Non. Jamais.

Howard Hughes est dans une phase intermédiaire. On ne le voit plus, mais il sort encore. Dans quelques années, il sera totalement reclus. Il aime aussi se faire projeter des films. Parmi ceux-ci, il voit *La Griffe du passé*, magnifique polar de Jacques Tourneur. La cigarette aux lèvres, la voix burinée au bourbon, l'imper serré à la taille, Mitchum est l'incarnation du héros fracassé, carbonisé par une femme. Hughes est admiratif : lui, l'homme timide, dur d'oreille, renfermé, maigre, il voudrait être comme Mitchum. Nonchalant, bagarreur, indifférent. Bref, cool.

En septembre 1948, Mitchum, déjà célèbre pour ses folies – il a ouvert sa braguette lors d'un dîner, arrosé sa baguette magique de ketchup et pissé sur la moquette d'un producteur agaçant –, est arrêté pour usage de marijuana. C'est le scandale. Il est la première star à tomber pour une histoire de drogue. C'est sûr, il ne s'en relèvera pas. Quand il arrive au commissariat, on lui demande son emploi, il répond : « Ex-acteur ». Hughes vole à son secours, et voit immédiatement le profit qu'il peut tirer de la situation. Il achète une nouvelle, *The Road to Carmichael's*, confie le scénario à un vieux routier, Daniel Mainwaring, et la réalisation à un débutant, Don Siegel. Titre du film : *Ça commence à Vera Cruz*. Mission : tourner en vitesse, avant que les ennuis de Mitchum ne deviennent très sérieux.

Bonne publicité : Mitchum, comme prévu, ira en taule (détenu n° 91234 à la prison du comté de Castaic) et Hughes, en signe d'affection, lui enverra des visiteurs et des barres de chocolat Hershey. Un mois plus tard, Howard Hughes en personne vient voir l'acteur : il demande alors la mise à disposition du bureau du shérif, pour éviter tout contact avec d'autres prisonniers, noirs notamment, dont il a peur.

– Bob, je suis ici pour vous assurer que la RKO est avec vous, à 100 %. Je voulais vous demander : que puis-je faire, vu les circonstances ?

– J'ai besoin de 50 000 dollars pour les frais de justice et pour acheter une maison pour ma famille.

– Je m'en charge.

Là-dessus, Howard Hughes tend au prisonnier un sac de papier, plein de cachets de vitamines. Et arrange le prêt. À 5 % d'intérêts.

En revanche, quand Robert Mitchum demande à être libéré de son contrat pour jouer le rôle du soldat Di Maggio dans *Tant qu'il y aura des hommes*, produit par Harry Cohn, Hughes refuse : « Allons, Bob. Tu ne veux pas être associé avec un Juif ! » C'est Frank Sinatra, alors au fond du trou, qui aura le rôle. Grâce à un petit coup de pouce d'un « ami d'ami », Johnny Rosselli.

Les microbes de la RKO tracassent Hughes. Il va s'installer dans les studios Goldwyn, concurrents. C'est comme si le PDG de Renault avait son bureau chez Citroën. D'une petite pièce sans attrait, il passe ses coups de fil. Et collecte ses données. Ses fouines travaillent, repèrent, mesurent, photographient. Tous les comptes rendus lui parviennent : le moindre coup de téléphone de Janet Leigh est dactylographié, la moindre confidence d'Elizabeth Taylor est retranscrite, le plus petit soupir de Cyd Charisse est enregistré. Howard Hughes est passé dans la quatrième dimension. Il emploie des détectives, des hommes de main, des ratichons. Il paie des informateurs, des flics, des voyous. Il fait passer des enveloppes aux commissaires, des places de faveur aux inspecteurs, des promesses aux petites mains. Tout lui revient aux oreilles. Fred Otash, l'un des enquêteurs les plus remuants d'Hollywood, qui sera plus tard mêlé à l'enquête sur la mort de Marilyn, est stupéfait : « Il savait tout. Tout. » La paranoïa rampante de l'époque renforce la conviction de Hughes : il y a des salauds partout, des communistes sous votre lit, des espions dans le placard. Méfiance, donc.

Hughes fait acheter des micros en forme de stylo, des appareils photographiques dissimulés dans des briquets, des téléphones indiscrets. Le top de la technique est requis. Un expert est engagé. Il se nomme Jeff Chouinard – c'est un nom qui sonne bien, pour un fouineur – et dispose d'un budget conséquent : deux millions de dollars. Tous les appartements des filles sont truffés de micros, elles sont toutes suivies de près. L'important, c'est qu'elles soient occupées : des accompagnateurs, de préférence mariés et fidèles, sont désignés pour dîner avec elles, ou les emmener au concert. La planification de ces soirées est méticuleuse : aucune de ces dames ne doit se retrouver au même endroit qu'une autre. Il faut donc établir, tous les jours, un plan de bataille précis. L'armée de chauffeurs, de *yes-men*, de surveillants, doit être une élite : pas question de céder à la tentation. Mais quand l'un des chauffeurs, soumis à forte pression de la part d'Anita Ekberg, la plantureuse Suédoise, se relâche et que la dame lui joue un air de flûte enchantée au volant de la voiture, Hughes n'apprendra rien. Les détectives, fatigués de cette surveillance idiote, feront jouer, comment dire ? l'esprit de corps.

La toile d'araignée a donc ses faiblesses. Ava Gardner, finalement, décide de se servir des boys planqués devant sa résidence et leur demande d'aller faire les courses. Janet Leigh, apprenant la surveillance dont elle est l'objet, pique une colère homérique. Et Esther Williams, simplement, vire le milliardaire.

Car celui-ci a gardé la mauvaise habitude de ne pas avoir d'argent sur lui. Il roule donc, la nuit, dans la ville déserte, et s'arrête pour téléphoner dans les restaurants. Or, Esther Williams vient d'en ouvrir un. Hughes, souvent, passe, et s'enferme dans le bureau de direction. La note est ahurissante : plusieurs milliers de dollars chaque mois, pour bavarder avec la côte Est, transmettre des instructions à Houston ou même causer avec Rita Hayworth, alors à l'étranger. Un soir, excédée, Esther Williams ouvre la porte.

– Howard, ça suffit !

– Quoi donc ?

– Ces coups de téléphone. Si vous voulez téléphoner, payez !

Howard Hughes se lève, se déplie, regarde Esther

Williams avec la tristesse d'un petit garçon pris la main dans le pot de confitures, et s'en va.

Esther Williams ne le reverra jamais. Et ne recevra pas un seul centime.

Pendant qu'il se débat avec les problèmes financiers de RKO, Howard Hughes s'intéresse à une autre comédienne sous contrat. Ingrid Bergman est adorée du public américain : pour la troisième année consécutive, elle vient d'avoir la meilleure cote de popularité des États-Unis. Elle est mariée à un médecin, elle a un visage frais, un sourire franc, un teint de rêve. Hughes a bien essayé de lui faire la cour, et, tandis qu'il dansait avec elle au El Morocco, il lui a dit :

– Je suis seul. Si terriblement seul.

Mais la belle a répondu :

– Ne faites pas l'âne, Howard.

L'affaire s'est arrêtée là.

Plus tard, il lui téléphone :

– Quand j'ai acheté la RKO, c'était pour vous. C'est mon cadeau, Ingrid. C'est votre studio.

Ingrid Bergman, qui est en train de se sécher les cheveux, entend mal.

– Oui, oui, très bien. À bientôt.

Finalement, elle lui propose un film en Italie. Hughes demande : « Vous serez belle dedans ? Vous aurez de belles toilettes ? » Ce n'est pas le cas ? Tant pis. Ingrid Bergman part pour Rome, pour rencontrer un réalisateur, Roberto Rossellini, dont elle a vu *Rome, ville ouverte* : c'est un génie. Trois mois plus tôt, elle a écrit à ce cinéaste qu'elle n'a jamais vu : « Si jamais vous avez besoin d'une actrice suédoise qui parle bien anglais, qui a oublié son allemand, qui n'a jamais parlé français et qui ne sait dire en italien que “ Je vous aime ”, je suis prête à venir et faire un film avec vous. »

Le 12 mars 1949, Ingrid Bergman commence à tourner *Stromboli*. Hughes a pris connaissance de l'histoire : une femme revient des camps, et échoue près du volcan. C'est un de ces films « d'art » que Hughes exècre. Il n'y a même pas de scénario, juste une série de vagues indications jetées sur le papier. Hughes ne prête donc pas attention aux premières rumeurs, en Italie : Rossellini et Bergman auraient une aventure ensemble. La presse romaine s'interroge : vont-ils divorcer de leurs époux respectifs ? Finalement, Hughes prend conscience du problème. Un scandale majeur est en préparation. C'est d'autant plus fâcheux que le film coûte cher – un million de dollars – et que le salaire d'Ingrid Bergman, 175 000 dollars, est élevé. En Italie, alors, on ne divorce pas. On meurt, ou on se tait. Les ligues religieuses commencent à s'émouvoir, pour le plus grand plaisir de Hughes, qui déteste toute forme de censure. Aux États-Unis, le scandale menace. Doit-on brûler Ingrid Bergman ? Le sénateur Ed Johnson, du Colorado, déclare : « Des cendres d'Ingrid Bergman naîtra un Hollywood meilleur. »

Tandis qu'il réfléchit sur les diverses façons de retirer les Kleenex de la boîte, ou de prendre des douches pour se débarrasser des germes sans toucher le robinet, Hughes reçoit un coup de téléphone alarmant : Joe Steele, chargé d'assurer la publicité d'Ingrid Bergman, presse la RKO de sortir le film plus tôt que prévu. La raison ? Avec difficulté, Steele avoue : Ingrid Bergman est enceinte de six mois. Il faut donc que le film soit sur les écrans avant la naissance du bébé. Hughes réfléchit, et promet le secret le plus total.

Dix minutes plus tard, il décroche son téléphone : « Grande nouvelle. Ingrid Bergman est enceinte de six mois. Rossellini est le père. »

Le lendemain, 12 décembre 1949, le *Los Angeles Examiner* titre : « Ingrid Bergman accouche dans trois mois ». L'article est signé Louella Parsons.

Quand Noah Dietrich fait remarquer à Hughes que l'indiscrétion n'a pas été des plus élégantes, l'autre lui répond : « Cette poule, Ingrid, elle ne sait pas comment faire de la publicité pour un film. »

Pour une fois, Howard Hughes rit.

Il rit rarement, il est vrai. Il souffre trop : il est voûté, il a mal à la tête, il est gravement constipé. Howard Hughes est insomniaque, on le sait. Il passe des nuits à regarder des films, et vient de s'installer dans un pavillon au Beverly Hills Hotel. De nouveau, il a un rêve : il veut mettre en scène des films. Or, quoi de plus nouveau, de plus extraordinaire, de plus excitant, que les avions à réaction ? C'est dit : il refera *Hell's Angels*, mais en moderne. Titre du film : *Jet Pilot*. Il engage John Wayne et Janet Leigh. Le premier sera un pilote d'élite, la seconde une espionne soviétique, qui épouse Wayne et réalise que les Russes sont des salauds de marxistes-léninistes. Le tournage commence en décembre 1949. Tout se répète : Hughes choisit un metteur en scène, Josef von Sternberg, le génie de *L'Ange bleu*. Celui-ci ne comprend pas bien ce qu'on lui demande, et, de toute façon, n'est pas prêt à faire n'importe quoi. Hughes le vire, et engage un jeune réalisateur, Nicholas Kienzle, qui, sous le nom de

Nicholas Ray, deviendra célèbre avec *La Fureur de vivre*. Puis Hughes licencie Ray, et reprend le contrôle du film. La vieille histoire recommence : Hughes traîne, attend les nuages. En un an, il accumule vingt-quatre heures de pellicule impressionnée. Il abandonne la caméra, s'occupe de ses affaires, part avec Terry Moore, revient, disparaît à Las Vegas, reprend le tournage. Quand le film sortira... en 1957, ce sera un bide noir, une sorte de documentaire sur de vieux avions hors d'usage. À la grande surprise des spectateurs, John Wayne a l'air plus jeune que dans ses deux derniers films, *La Prisonnière du désert* et *L'aigle vole au soleil*. Filandreux, mou, sans intérêt, *Jet Pilot* est l'un des grands nanars des fifties.

Un seul bon point : il y a des nuages. Roses, bleus, jaunes, blancs, plein de nuages. Ceux-ci jouent bien.

Dans sa solitude, Hughes dérive. Il se voit comme un homme de l'ombre, un docteur Mabuse tirant les ficelles des marionnettes. Il aimerait avoir un président dans sa manche. Un vrai président, un De La République. Démocrate, républicain ? Il n'en a cure. Il a jadis fait parvenir 12 500 dollars en liquide, dans une enveloppe, au candidat Harry Truman. Alors que l'avocat Neil McCarthy terminait la transaction dans une chambre du Biltmore Hotel à Los Angeles, Hughes, n'y tenant plus, s'est précipité : « Sachez, M. Truman, que c'est MON argent qu'on vous donne ! » Et il est reparti.

Depuis, systématiquement, il arrose les conseillers municipaux, les shérifs, les sénateurs, les députés, les district attorneys, les gouverneurs, les membres du Congrès, les juges, et, quelquefois, les vice-présidents. Pourquoi s'arrêter en si bon chemin ? Noah Dietrich a trouvé un moyen de contourner la loi qui interdit à des sociétés américaines de financer les candidats : la loi, en effet, ne dit mot des sociétés étrangères.

– Bonne idée ! Mettez ça en place !

Howard Hughes est enchanté. Avec un petit détour par le Canada, les sommes vont désormais tomber régulièrement dans l'escarcelle des politiciens. Près de 400 000 dollars par an, récupérés auprès des forages canadiens, vont transiter par la Bank of America. Ce système ne lui attire pas que des amis : quand Hughes envoie un messager, Jack Frye, le directeur général de TWA, demander l'aide du président Truman dans son combat contre Pan Am, la réaction ne se fait pas attendre. Lorsque Frye mentionne le don de 12 500 dollars, Truman explose. Et manque de jeter Frye par la fenêtre.

« C'est un bordel, ici ! » s'exclame Norman Krasna, l'un des producteurs exécutifs de la RKO. Des filles à gros seins défilent constamment, des mémos parviennent aux réalisateurs, pour réclamer plus de vaseline dans les décolletés, des pages de scénarios sont modifiées, des plans de tournage bouleversés, des films remontés. Pour *French Line*, la suite de *Les hommes préfèrent les blondes*, Howard Hughes bombardera le réalisateur de notes pour que Jane Russell adopte un soutien-gorge encore plus provocant. Puis il imposera un slogan ridicule : « Vous allez en prendre plein les DEUX yeux ! » La grande classe. Jane Russell apprécie mollement. Le film sera classé « péché mortel » par l'archevêque de Saint Louis, Missouri. Peu importe : le public aime ces extravagances musicales où des dizaines de créatures de rêve se dandinent derrière Jane Russell. Parmi les girls, il y a une blonde sculpturale qui fait ses débuts : Kim Novak. Elle a un décolleté d'enfer et une seule réplique : « Peux pas donner mon canapé. »

De temps en temps, Hughes file à Las Vegas, avec l'impresario Walter Kane, et assiste, de loin, aux shows des casinos. Il y a des putes, des filles qui rêvent de faire du cinéma, des chercheuses de maris, des arnaqueuses, des aventurières, des divorcées. Hughes achète quelques hectares de terre dans le Nevada, près de l'aéroport de Las Vegas. Pour quoi faire ? Il ne sait pas. De toute façon, la Hughes Tool Co possède déjà des terres un peu partout, notamment dans les Caraïbes, où quelques îlots servent à des essais de forage. À la RKO, cependant, l'inquiétude domine : réalisateurs, scénaristes, acteurs sont mal à l'aise. Il est impossible de travailler, dans ces conditions. Les décisions nécessaires ne sont pas prises. Et celles qui sont prises ne sont pas nécessaires.

Mais Hughes est déjà très occupé avec la nouvelle venue, Terry Moore. Celle-ci, qui a troqué son nom de Koford contre celui, plus passe-partout, de Moore, a deux ans de moins que Jean Peters. Elle est aussi plus remuante. Le tricot et les gardénias, très peu pour elle. Le vieux renard grisonnant a beau essayer de coucher avec elle, Terry résiste. Pas question de déflorer quoi que ce soit sans mariage, dit-elle. Il lui jure, devant le ciel étoilé, qu'elle est sa femme pour l'éternité. Elle accepte le serment, et rentre se coucher. Seule. Finalement, Hughes craque. Il invite la starlette sur le *Southern Cross*, fait route vers l'horizon, et, au large de Baja California, demande au capitaine John Flynn de célébrer l'union. Mariage à la blague ou mariage valide ? La question se posera dans vingt-six ans, après le décès de Hughes. Toujours est-il que, un soir de novembre 1949, Howard Hughes, heureux, glisse enfin la jeune femme dans son lit royal, à bord du yacht. Elle aime la musique syncopée, les pulls moulants, les blue-jeans, les voitures décapotables. Avec elle, Howard Hughes se sent en prise directe avec la jeunesse d'après-guerre, qu'il ne comprend pas. Elle part tourner en Allemagne, un film d'Elia Kazan, intitulé *Man on a tightrope*, avec Fredric March. C'est un titre qui va bien à Hughes : « L'homme sur la corde raide ». Il la veut, mais est heureux qu'elle soit au loin. Il se rabat, comme d'habitude, sur le téléphone, appareil qui filtre les microbes. Hughes appelle Terry Moore... cinq cents fois en trois mois. Avec elle, il devient carrément gâteux : il imite le son de l'alligator en rut, et elle répond sur le même mode. Le FBI enregistre tout...

Et Terry Moore, légèrement soupçonneuse, aussi.

Elle se met à enregistrer les conversations, les promesses, les serments. Elle ne reste pas tranquille, non plus. Lorsque l'acteur Robert Wagner commence à la courtiser, Hughes laisse faire : la faute de la séparation, ainsi, reposera sur les épaules de Terry Moore. Entre eux, le jeu est aigu : ils s'embrassent, en tenant des dagues derrière leur dos. En plus, Hughes n'apprécie pas qu'on souligne leur différence d'âge : un soir, un cavalier invite Terry Moore, et demande à Hughes la permission de danser « avec sa fille ». Le « père » bout intérieurement.

Finalement, Terry Moore tombe enceinte. Du moins le prétend-elle. Envoyée en catastrophe en Allemagne pour avorter, elle est accompagnée du docteur Verne Mason, le médecin personnel de Hughes. Plus tard, à la mort de Hughes, elle réclamera sa part du gâteau. Faute de preuves, elle n'obtiendra qu'une petite compensation, cependant sympathique : 350 000 dollars, grâce au soutien des Men in Black de Romain Street. Il y a une bonne raison à cette mansuétude : Terry Moore est mormone.

L'avortement se passera bien. Quant à Hughes, en sortant du cabinet du docteur Mason, il glisse sa carte de visite à Mme Mason, une jolie quadragénaire qu'il croise depuis quinze ans : « Quand vous en aurez assez de vous occuper de vos enfants, venez passer une soirée avec moi », dit-il. Patricia Mason le regarde, déchire la carte. Plus tard elle posera un jugement : « Ce type était une vraie merde. »

Dans l'Amérique puritaine d'Eisenhower, la visite de Howard Hughes à Robert Mitchum, un bad boy en prison, a eu une portée frappante : le milliardaire le plus célèbre rend un hommage à l'acteur le plus je-m'en-foutiste. Au Mexique, où il tourne, Mitchum est un vrai *hombre*. Pendant le tournage de *Ça commence à Vera Cruz*, les paysans viennent sur le plateau : « Essayez ma récolte de marijuana, señor Mitchum ! » À sa sortie de prison, au lieu d'être licencié par le studio, l'acteur est désormais auréolé du respect du big boss, Howard Hughes. Un soir, alors qu'un auteur peu connu, William Faulkner, s'approche de Mitchum pour bavarder, celui-ci résume sa situation vis-à-vis de son patron : « Voyez, je suis un chien retenu par une laisse très courte. Je peux aller pisser contre le mur, mais si je veux sauter par-dessus la palissade, je vais rester pendu. » Faulkner : « J'aime bien votre façon de parler. » La « courte laisse » en question existe, en effet : elle se manifeste par la présence d'un détective privé, engagé par Hughes pour surveiller son poulain. Kemp Niver, le privé, est un ex-flic qui ressemble à

Droopy. Il hait les communistes, s'est inventé un slogan délicieux (« Nous sommes délicats avec les indélicatesses des autres »), et se retrouve à faire le baby-sitter pour Mitchum. Il pose des micros chez l'acteur, rend compte à Hughes de tout ce qu'il voit et entend.

Quand Hughes dépèce et modifie un scénario destiné à Mitchum, ce dernier grogne, se plaint, mais s'exécute. Jamais il n'oubliera que Hughes l'a soutenu. Big Bob considère Hughes comme son ami. Il le surnomme « The Phantom ». Puis il lui trouve un autre surnom, tiré de Dashiell Hammett : « L'Introuvable ». Lorsqu'il apprend que Hughes a fait truffer les cloisons du studio et des loges de micros, Mitchum s'amuse à parler aux murs : « Tu m'entends, Fantôme, espèce de branleur sourd ? Tu veux que je répète ? » Si Mitchum raconte une blague particulièrement ordurière, Hughes ne rit pas. Mais, signe extraordinaire d'amitié, il emmènera un soir le comédien pour contempler sa création, sa merveille, son bébé : le Spruce Goose. Classé secret défense. Mitchum, un peu interloqué, est sensible à l'honneur.

En 1950, Hughes fait tourner Mitchum et Ava Gardner ensemble dans *My Forbidden Past*. Une *love story* passionnée commence aussitôt entre les deux acteurs. Elle débute comme une corrida, dans la fièvre. Mais brusquement, Mitchum se souvient qu'Ava est jadis sortie avec le patron. Il décroche son téléphone, appelle l'Introuvable, et lui demande : « Puis-je ? » Hughes, en veine d'affection, répond : « Tu devrais. Si tu ne couches pas avec elle, tout le monde va penser que tu es pédé. » Quand Ava Gardner suggère un week-end d'amour, quelque part à la campagne, Mitchum rétorque : « Demande à ma femme. » Ava Gardner passe un coup de fil à Dorothy Mitchum :

– Vous l'avez depuis dix ans, Dorothy. Laissez-le-moi un peu.

– Que dit Bob ?

– Il dit de vous demander.

– OK, vous m'avez demandé. La réponse est non.

Ava et Bob partiront quand même ensemble. Et, chose surprenante, Hughes et Mitchum resteront amis.

Mitchum tournera dix films pour la RKO.

En 1950, Hughes se démène avec les filles, avec la TWA, avec Hughes Aircraft. Il passe de plus en plus de temps dans des salles de projection, plongé dans l'obscurité, à revoir des bobines de films, quelquefois dans le désordre. Il préfère les polars violents, les aventures mouvementées, les coups de feu. Bref, il aime tout ce qu'il n'a jamais vécu. À la fin de l'année, alors que les fêtes de l'An nouveau approchent, il reçoit un coup de fil de William Randolph Hearst Jr, le fils du magnat de la presse, qui, autrefois, était un copain de bamboche. Dès qu'il décroche l'appareil, Hughes se met à chuchoter : « Une seconde. Ce téléphone n'est pas sécurisé. Je te rappelle. » Quelques minutes passent. Le téléphone sonne. C'est Hughes, toujours à voix basse :

– Je te verrai ce soir à neuf heures. Prends ta voiture, gare-toi devant ton hôtel. J'arriverai dans une Chevrolet noire. On te fera un double appel de phares. Réponds de la même manière. Puis ne bouge pas. Je vais faire le tour du pâté de maisons deux fois, histoire de voir si quelqu'un me suit. Seulement alors, je vais m'arrêter et me précipiter dans ta voiture. À ce moment précis, démarre.

– Qu'est-ce qui se passe, Howard ?

– Je te verrai ce soir à neuf heures. Prends ta voiture,

gare-toi devant ton hôtel. J'arriverai dans une Chevrolet noire. On te fera un double appel de phares. Réponds...

Howard Hughes est déconnecté. Il voit des germes partout, gueule que « les bactéries, c'est la mort ! ». Et, une fois de plus, dicte des règles de non-contamination à Nadine Henley et à ses boys mormons : « Il est essentiel que personne n'entre dans une pièce, un placard, une salle de bains ou n'importe quelle autre surface utilisée pour entreposer des choses pour moi, nourriture, équipement, magazines, stocks de papier, Kleenex. Personne ne doit ouvrir de porte menant à ces endroits, même d'un millième de centimètre, même pendant un millième de seconde. Je ne veux pas que de la poussière ou des insectes pénètrent. »

Il explique comment procéder avec les journaux et les couteaux : « H.H. veut que vous vous serviez d'un couteau tout neuf pour ouvrir une nouvelle boîte de Kleenex. Quand la boîte est ouverte, vous utilisez deux doigts de la main gauche et deux doigts de la main droite pour prendre une feuille de papier. Répétez ce geste cinquante fois, et vous obtenez une pile de cinquante feuilles, que vous disposerez sur un journal ouvert. Vous avez ainsi une protection pour une main. Faites la même chose pour l'autre main. Mr Hughes veut que vous teniez la tête à un angle de 45°, éloignée des choses que vous touchez, comme le couteau et les Kleenex. Et, surtout, évitez de respirer près de ces choses. »

Évidemment, tous ces mémos sont tapés et distribués avec des gants blancs. Pour communiquer avec l'extérieur, les Mormons de Romaine Street lancent une ficelle par la fenêtre du premier étage, et récupèrent les dossiers de surveillance de Jeff Chouinard dans un panier. Quant aux chèques, la procédure est différente : ils doivent être jetés par l'entrebâillement de la fenêtre du rez-de-chaussée. L'argent, c'est sale. Parfois, Chouinard doit courir dans la rue : un coup de vent a emporté son argent, qui roule vers Sunset Boulevard. Howard Hughes est percuté de la cafetière. Mais il a une excuse : il est pourri de dollars.

CHAPITRE 15

LE CONQUÉRANT

C'est une ville qu'il a toujours aimée. À Las Vegas, les premiers casinos commencent à casser le paysage. Les cactées qui courent à perte de vue reculent, et les vieilles maisons disparaissent dans l'ombre des hôtels géants. La cité folle rêvée par Bugsy Siegel sort de terre, mais Bugsy n'est plus là pour la voir. Sa femme, Virginia Hill, « la meilleure putain du monde », a été retrouvée en Suisse, et sommée par la Maffia de rendre l'argent qu'elle a détourné : elle ne verra pas Las Vegas non plus, et se suicidera dans une pauvreté abjecte. Howard Hughes, lui, est là. À 50 kilomètres du lac Mead. L'automne, dans la région, est exactement pareil à l'été ou à l'hiver : il fait chaud, il fait sec. Octobre 1949 n'est pas différent. Pourquoi venir à Las Vegas ? Parce que, au Nevada, les impôts locaux sont inexistants. Et s'il y a quelque chose que Howard Hughes déteste, après les microbes et les communistes, c'est bien le Trésor. Les hommes de Hughes ont donc trouvé une maison idéale, qu'ils ont louée à prix d'or : un ancien ranch, situé à proximité du Flamingo, le flamboyant casino de Vegas. D'importants travaux ont été effectués : le bâtiment a été agrandi, des filtres à poussière ont été mis partout, pour éviter de respirer du sable, que

Hughes craint. Celui-ci a exigé aussi que l'air climatisé soit déshumidifié, Dieu sait pourquoi : le désert se charge de cette tâche, gratuitement. L'ensemble des travaux a duré des mois, et a coûté 80 000 dollars.

Ici, dans le désert, Hughes peut se couper du monde et de sa rumeur inquiétante : on dit que l'US Air Force vient de conduire ses travaux sur les apparitions d'ovnis ; que l'URSS a fait exploser sa première bombe atomique ; que des Noirs ont été invités à la Maison-Blanche et acceptés dans certains hôtels au même titre que les Blancs. Il vient de neiger pour la première fois à San Diego. Rita Hayworth s'est mariée avec Ali Khan. Un bouquet de vingt-cinq roses coûte 1,98 dollar. Où va donc le monde ?

Hughes arrive à Las Vegas avec son cuisinier, Bruno. Celui-ci connaît par cœur le seul menu de son patron, et l'exécute à la perfection : une salade, un steak, des petits pois bien calibrés, du jus de tomates, de l'eau minérale de marque Poland, importée du Maine, l'État du sénateur Owen Brewster. Hughes s'assied et Bruno, instantanément, vient le servir : si le steak a simplement tiédi, le boss ne le mange pas. Tout est donc affaire de timing. Bruno pose les plats avec diligence devant Hughes.

– Bruno ? Cette nom de Dieu de salade est fanée. Il n'y en a pas de fraîche ?

– Elle est fraîche, monsieur Hughes.

– Pas possible, nom de Dieu !

Bruno court vers la cuisine. Il refait une salade. Même remarque :

– Fanée, Bruno.

Bruno recommence. Et recommence. Le steak refroidit. Il faut en cuire un autre. Paniqué, le cuisinier constate que la salade se flétrit, simplement sous l'influence du déshumidificateur, qui est l'un des plus puissants qu'on ait trouvés au Nevada. Tandis que le malheureux Bruno se démène, Hughes se lève :

– C'est trop poussiéreux, ici, de toute façon. On s'en va.

Bruno se met au volant de la voiture tandis que Hughes ferme la porte de la maison.

Sept années vont passer. Un jour, l'un des Mormons de Hughes va vérifier que la maison, toujours louée par la Hughes Tool Co, est en état : il pousse la porte et, sur la table, retrouve le repas de Hughes. Décomposé. Les quarante-cinq minutes que Hughes a passées dans cette maison ont coûté 250 000 dollars.

La bombe, en Russie, voilà un problème. Hughes a beau chercher, il ne trouve pas de question plus grave que celle-ci. Le président de la Commission des activités anti-américaines (HUAC), J. Parnell Thomas, agit de concert avec Joe McCarthy (dont l'un des assistants fera parler de lui : il s'appelle Robert Kennedy), le sénateur qui voit des Rouges partout. J. Parnell Thomas s'est donné pour tâche, pour mission sacrée, d'extirper ce fléau qui menace le pays de la libre entreprise et du dollar tout-puissant. Depuis quatre ans, le Comité enquête à Hollywood, qui est, comme on le sait, un repaire de communistes. J. Parnell Thomas, dans son travail d'inquisition, a eu de l'aide : Leo McCarey, le réalisateur de comédies américaines hilarantes ; Lela Rogers, l'omniprésente mère de Ginger, qui est une croisée de l'anticommunisme ; Louella Parsons, qui, jour après jour, appelle les foudres de Dieu sur ces incroyants. Jeff Chouinard, l'enquêteur de Hughes, a truffé les murs de la RKO de micros. Pas seulement pour entendre les soupirs d'amour des filles ; mais aussi pour détecter les Rouges, les satanés Rouges. L'un des scénaristes de la RKO, Paul Jarrico, est soupçonné par le FBI d'avoir des liens avec la gauche. Il est l'auteur de *Scandale à Las Vegas*, un film de Robert Stevenson, avec Jane Russell en vedette. Et le producteur du film, c'est... Howard Hughes. Celui-ci, apprenant que Jarrico est peut-être rouge, peut-être rose pâle, le vire immédiatement. Les techniciens du studio prennent assez mal la chose. Un jeune sénateur californien, Richard Nixon, applaudit : « Les forces de la subversion doivent être balayées ! »

Mais l'Histoire est capricieuse : Joe McCarthy sera contraint à une défaite humiliante, après avoir été publiquement traité de menteur par les plus hautes autorités ; J. Parnell Thomas se retrouvera en prison pour escroquerie ; et Nixon... Nixon, c'est autre chose.

Quelques jours après l'affaire Jarrico, Hughes affrète un avion de la TWA pour emmener cinquante-huit journalistes à la première de *Scandale à Las Vegas*. Le vol Los Angeles-Vegas dure une heure, pendant laquelle l'alcool coule à flots et chaque invité se voit remettre cinquante dollars en liquide pour aller jouer aux tables du Flamingo. Quand la projection commence, le générique est éloquent : le nom de Jarrico a été gommé. Le syndicat des auteurs, la Writer's Guild, attaque. Hughes répond : « Tant que je suis à la tête de la RKO, nous ne céderons pas. » Même si la Writer's Guild gagne en justice, Hughes précise : « Ma conscience ne sera jamais soumise à un arbitrage. » Un seul problème, cependant. Howard Hughes n'a jamais eu de conscience.

Les scénaristes bougent. Les employés de la RKO se réunissent. Sentant la grève qui pointe, Hughes décide l'arrêt total de toutes les opérations, le *lockdown*. Il licencie cent vingt-huit employés. Il se fait photographier en train de serrer la main – une main pleine de microbes ! – des plus ardents fanatiques anticommunistes. Il pose pour les journaux avec l'American Legion, les énervés patriotards les plus réactionnaires. Le Conseil municipal de Los Angeles loue Hughes pour ses qualités citoyennes : « Il se bat contre l'infiltration communiste. » Paul Jarrico intente un procès. Il le perd. Hughes, à la sortie, la veste jetée sur les épaules, le pas rapide, tente d'éviter les photographes. L'un d'eux fait un cliché. On y voit un Hughes en chemise blanche, visiblement contrarié, le cheveu lissé et la moustache bien taillée, quittant le tribunal.

À vrai dire, il est en train de quitter le monde.

C'est la dernière photo connue de Hughes. Il n'y en aura plus.

Bientôt, il va se déconnecter. Déjà, il n'ira plus jamais chez le dentiste. Et il ne se déplacera plus pour aller chez le médecin, même pour traiter une curieuse affection qu'il a contractée : un champignon qui attaque et jaunit les ongles. Une mycose qui gagne mains et pieds. Quant à sa constipation chronique, il a trouvé une solution : des lavements rectaux à l'eau minérale Poland. Il fait livrer des cartons de bouteilles, exclusivement en demi-litres.

Il continue sa collection de filles, plus que jamais. Ses rabatteurs lui proposent des starlettes. Quand elles arrivent en ville, elles sont immédiatement repérées, photographiées, fichées. Puis Hughes passe en revue les clichés, donne son accord, et la fille est engagée, logée et soumise à un rythme de travail draconien. On change son nom – Sally Bliss devient Carla Ballenda, par exemple –, on la fait danser, chanter, énoncer, parfois tricoter ou faire de l'escrime. L'idée, c'est qu'elle n'ait jamais le temps d'avoir un amant. Certaines filles ont quinze ans, d'autres vingt-cinq, rarement plus. Johnny Meyer leur promet des rôles, qui viennent parfois. Ou jamais. Elles attendent. La plupart retourneront à l'anonymat. Qui se souvient de Claire de Witt, d'Evelyn Bernard, de Marilyn Bonney, de Louise von Kories, de Libby Vernon, de Sallilee Conlon, de Helen Weir, de Joyce Taylor ? Certaines auront droit à une ou deux visites, à une ou deux nuits. D'autres ne verront jamais Hughes, qui restera le Fantôme. Les gens qui le rencontrent, parfois, sont frappés par son regard : « Franchement, il avait l'air d'un fou », se souvient Jacques Bergerac, le mari de Ginger Rogers.

Hughes jette ses filets de plus en plus loin – avec de moins en moins de succès. Quand il voit une photo de Gina Lollobrigida, c'est dit : elle doit rejoindre son écurie. Elle est flamboyante, amusante, sexy. Elle a des lavallières du tonnerre. Elle signe un contrat américain, prend l'avion, arrive à l'hôtel. Là, un envoyé de Hughes lui intime l'ordre de ne jamais quitter sa chambre, sauf instructions contraires. Quelques jours plus tard, Hughes arrive, invite Gina à dîner dans le restaurant de l'hôtel, où un orchestre joue pour eux. La belle Italienne est charmée. Mais elle remarque qu'un homme est posté devant sa porte, vingt-quatre heures sur vingt-quatre. Qu'elle ne peut pas sortir. Qu'elle est prisonnière. Va-t-elle se soumettre ? C'est mal connaître la dame. Elle commence par briser un peu de vaisselle, par injurier Jeff Chouinard, bref, elle rue dans les brancards. L'affaire va durer six semaines. Puis Gina Lollobrigida fait ses bagages et repart pour Rome. Hughes va essayer de se rabattre sur Sophia Loren. Mais, chance pour elle, il déteste le nez de la future Mme Carlo Ponti.

Howard Hughes a toujours la même façon de procéder : pour cacher son jeu, il fait venir la starlette potentielle et sa mère. Il charme la maman, lui livre des fleurs, l'invite à dîner, jusqu'au moment où la dame trouve ce monsieur vraiment très bien élevé, et accepte que sa fille fasse du shopping avec Hughes, et plus, si affinités. Il fait ratisser les meetings d'amateurs de fleurs, les conventions de maquillage, les concours de plage, les défilés de mode, les clubs de rencontres, les matchs sportifs de jeunes espoirs, les agences de casting. Tout Hollywood est au courant. Si une jeune fille s'étonne de ce flicage dément, on lui répond toujours : « Ce n'est rien. C'est Howard Hughes. » Quand il regarde un film, il note tous les visages féminins, et exige parfois de rencontrer la sixième fille à droite, dans la foule qui regarde le duel, à la troisième bobine. Des photographes travaillent pour lui. Des chauffeurs sont commis pour faire les courses. Des hommes de main s'occupent des filles. Hughes les voudrait homosexuels, mais c'est difficile. Il se contente des Mormons. Il a partout des appartements où il peut venir jouer avec ses conquêtes. Il exige que ses hommes louent un logement juste en face, de l'autre côté de la rue, à n'importe quel prix. Pour garder un œil sur ce qui se passe. Il doit tout savoir. Si la fille mange plus d'une glace par jour, il met le holà. Si elle va faire des courses en voiture, le chauffeur ne doit pas dépasser cinq kilomètres à l'heure si la chaussée est bosselée : il faut préserver les seins de ces dames, et les chocs « détendent les tissu ». Si elles dorment sur le ventre, elles doivent se retourner, de peur d'écraser leur poitrine. Elles doivent manger sainement. Pas de choses qui provoquent des ballonnements. Tous les rabatteurs, les chauffeurs, les accompagnateurs le savent : Howard Hughes déteste les filles qui pètent.

Il sort, il couche, il travaille, il ne dort pas. Hughes est-il un superman ? Phyllis Applegate, l'une de ses « pensionnaires », évente le secret : « Il prenait des médicaments. Il avait mal au dos, mal à la tête. Il résistait mieux. Il mettait plus longtemps à jouir. »

En avril 1953, le tabloïd *Confidential* publie une enquête sur Hughes. Le journal, fondé en 1952, est devenu puissant, en livrant des secrets aussi stupéfiants que : « Pourquoi Frank Sinatra est le Tarzan des chambres à coucher » (Réponse : il mange des céréales). Ou « Le nu qui vint dîner » (c'est Mitchum qui se débraguette devant ses invités). *Confidential* tire à 200 000 exemplaires et rend les patrons de studios hystériques : chaque star est menacée d'indiscrétions de plus en plus salaces. Mais il y a souvent moyen de s'arranger : contre versement d'une juteuse compensation au fonds de retraite et de vacances des anciens employés de la typogravure, la rédaction consent à mettre certains articles au panier. La transaction a-t-elle échoué ? Le journal sort avec un titre alléchant : « Le renard public n° 1 ». Dans l'article, les lecteurs peuvent découvrir que le renard – Howard Hughes – a cent soixante-quatre filles dispersées dans toute la ville.

Les Mormons sont dépêchés, en catastrophe, pour racheter tous les exemplaires de *Confidential*, un par un, dans tous les kiosques, librairies, drugstores, papeteries de L.A.

Souvent, Howard Hughes fait affaire avec le Pentagone. Parfois, c'est la CIA qui vient le contacter. Les deux organismes ont besoin de radars, d'avions, de missiles, d'équipement. Paradoxalement, les auditions du Sénat n'ont pas écorné son statut de héros de l'aviation. En outre, pour ses interlocuteurs, Hughes a un avantage : il fonctionne dans le secret le plus total. C'est ainsi que, sans que personne ne soit au courant, il a réuni quelques scientifiques pour étudier l'avenir des nouvelles armes balistiques. Très rapidement, l'équipe s'est étoffée, jusqu'à atteindre une centaine de personnes. En deux ans, ce petit laboratoire discret parvient à un résultat étonnant : la fabrication du missile Falcon, pourvu d'un radar de détection pour traquer sa cible. Quand les généraux du Pentagone voient la chose, ils sont enthousiastes. Ils signent des contrats à tour de bras avec Hughes Aircraft. En quelques années, la petite équipe va devenir immense : elle passe à... dix mille employés. Tous les concurrents, General Electric, Convair, Bell, voient leurs rangs se clairsemer. Hughes offre de bons salaires, et la fuite des cerveaux joue en sa faveur.

La guerre de Corée est un bonus : l'armée a besoin de nouveaux avions de chasse, de missiles, de bombardiers. Elle verse 200 millions de dollars par an à Hughes Aircraft. Les usines de Culver City et de Tucson tournent à plein régime. Howard Hughes voit l'argent tomber comme s'il en pleuvait. La CIA achète des avions espions, dérivés du XF-11, et des radars ultraperformants. Hughes, pour une fois, ne se mêle pas de la conduite des affaires. Il laisse les mains libres à Dietrich. Du moins, au début. Le millionnaire se réserve simplement de superviser les plans : c'est ce qui l'amuse le plus.

Tandis que la Hughes Aircraft engrange les bénéfices, la RKO plonge dans le rouge. Les films sont à l'arrêt, les projets n'ont pas d'autorisation, les techniciens-clés ont été licenciés, les stars attendent dans leurs loges. Le Fantôme a d'autres préoccupations. Maintenant qu'il n'y a plus de communistes dans son écurie, Hughes commande des films. Certains seront superbes, comme *My Forbidden Past*, ou *La Maison dans l'ombre*, de Nicholas Ray, et *Un si doux visage*, d'Otto Preminger. D'autres seront moyens : *Gambling House*, avec Terry Moore ; *Fini de rire*, avec Jane Russell ; *Macao, le paradis des mauvais garçons*, de Josef von Sternberg ; *Whip Hand*, réalisé par le décorateur de *Hell's Angels*, William Cameron Menzies (où le personnage de Hitler sera remplacé, en cours de tournage, par des communistes). D'autres seront carrément risibles, comme *Jet Pilot* et *Le Conquérant*.

The Conqueror, réalisé par un ex-danseur, Dick Powell, joué par John Wayne, est un chef-d'œuvre de kitsch. Le nanar absolu. Résumons : la princesse tartare Bortaï (Susan Hayward) traverse le désert de Gobi avec sa caravane. Soudain, un nuage de poussière : c'est le bandit mongol Tenmujin (John Wayne), accompagné d'une horde de figurants passés au brou de noix. Tandis que ses gardes sont massacrés, Bortaï tombe dans les bras de Tenmujin, qui lui propose le mariage. Elle hésite, il la kidnappe donc. Il déclare : « Je suis Tenmujin ! Un barbare ! Je me bats ! J'aime ! Je fais des conquêtes ! Le monde ? Je le prendrai ! Cette femme ? Je la domestiquerai ! » Il emmène la nana regarder des danses, exécutées par des girls qui sortent visiblement du Flamingo. La maman de Tenmujin (Agnès Moorehead, qui a trois ans de plus que Wayne) n'est pas d'accord. C'est grave. John Wayne, costumé avec une chemise esquimau et des pantalons de skate, porte parfois un casque allemand à pointe et un collier sans doute mexicain. Il braille : « J'écoute mon sang, et mon sang me dit : prends cette femme tartare ! » Bref, il y a des batailles terribles, avec plein de figurants sortis de l'imagination d'un scénariste qui a fumé la moquette.

Comment un tel film a-t-il pu voir le jour ? Sur le souhait de Wayne, tout simplement, qui avait envie de jouer un néo-Gengis Khan, et qui aimait l'idée d'un western oriental. Hughes a mis toute la gomme : des moyens colossaux, des lieux de tournage magnifiques (Saint George, Utah, lieu où la bombe atomique a été testée), des routes fabriquées sur mesure, une équipe de 560 techniciens, 900 chevaux, 500 vaches, 200 chèvres, 12 serpents, 4 pumas, 2 chameaux, un léopard noir et un ours dressé. À la première projection, Howard Hughes adore le film. Il exige qu'on le lui montre plusieurs fois de suite. Wayne, lui, a une idée : la présentation aura lieu à Moscou, pourquoi pas ? Le film est donc envoyé en URSS, où le comité de censure visionne la chose. Et refuse. Pourquoi ? Officiellement, parce que c'est un film capitaliste décadent, exemple typique de l'impérialisme pourri. Officieusement, parce que les amours d'une Tartare et d'un Mongol sont politiquement incorrectes : il n'y a pas de minorités ethniques, dans la patrie du socialisme.

Plus tard, Hughes dépensera 12 millions de dollars pour racheter chaque copie existante, et refusera énergiquement qu'on passe *Le Conquérant* à la télé. En attendant, il concocte un slogan grandiose : « Un des GRANDS films de ces vingt dernières années ! » Et exige qu'on vende des produits dérivés. Rouge à lèvres du Conquérant, cravate avec douze barbares dessinés, nouvelle coiffure Conquérant, et, surtout, bikini en lamé or du Conquérant.

Revu aujourd'hui, *Le Conquérant* est un des films les plus rigolos qui existent.

C'est aussi le dernier à porter la fameuse phrase, au générique : « Howard Hughes présente ».

Hughes est devenu un homme de la nuit. Il ne sort plus que sous le couvert de l'obscurité. Il évite les gens connus, choisit des restaurants que personne de son cercle ne fréquente, va d'appartement en appartement, de fille en fille. Il n'habite nulle part, il ne s'attache pas. Un soir, il voit une chanteuse au Hollywood Bowl : elle a une silhouette toute en courbes, et fait une belle carrière de soprano au cinéma, où elle vient de jouer – et de chanter – dans *Le Chant de la Louisiane* et *Show Boat*. Immédiatement, Hughes tombe sous le charme de Kathryn Grayson. Il la met sous surveillance. On ouvre un dossier sur elle, sous son vrai nom, Zelma Heddick.

Les rencontres « par hasard » commencent. Si Kathryn Grayson est invitée à une soirée, Howard Hughes est là. Si elle est conviée à un dîner, le Fantôme se manifeste dans la rue. Si elle reste chez elle, il déambule, la nuit, sous sa fenêtre. Kathryn Grayson, qui a été mariée deux fois, se méfie. Papa Heddick décide de menacer l'importun avec son fusil. Mais le renard est encore malin : il engage une conversation avec le père. Celui-ci, finalement, trouve que Hughes est un bon gars. Et la machine s'enclenche : Hughes envoie des brassées de roses, se fait inviter par la famille, et, parfois, la soirée terminée, dort dans la chambre d'amis. Là, il se sent en sécurité. Personne n'est au courant. Il passe ses nuits au téléphone, réglant ses histoires avec la TWA et les avions, s'installant de plus en plus. Quand Bill Gay, le chef de Mormons, cherche Hughes, il ne sait plus où le trouver. Finalement, le secret est éventé : les fleurs arrivent à la MGM. Ava Gardner, qui partage l'affiche de *Show Boat* avec Kathryn Grayson, voit d'un mauvais œil cette cour intense. La belle Kathryn, doucement, commence à songer à l'avenir. C'est le moment que choisit Hughes pour prononcer le mot fatal : « mariage ». Et il dépose sur le canapé un attaché-case contenant... deux millions de dollars en diamants. Kathryn Grayson ramasse les bijoux, les emballe dans un sac en papier et les expédie à son propre avocat, avec mission de les rendre.

Jean Peters, dans son coin, entre ses fleurs et ses tricots, commence à fatiguer. Elle attend depuis sept ans.

Le naturel a repris le dessus : Howard Hughes commence à se mêler de la gestion et du travail de son labo de recherches. Il agace les directeurs. Il donne des instructions aberrantes. Il entre et sort à toute heure de la nuit. Dix-sept ingénieurs décident de s'en aller. La raison ? « Trop excentrique », explique l'un des démissionnaires. Très vite, le problème devient préoccupant pour le Pentagone et pour la CIA. Si des collaborateurs s'en vont, ils s'en vont avec des secrets. Il faut remettre de l'ordre là-dedans.

Mais que se passe-t-il, au juste ? Les généraux en appellent au FBI. Les G-Men mettent à jour leur dossier, et fournissent un diagnostic à leur patron, J. Edgar Hoover : « Howard Hughes est déséquilibré, sa capacité de raisonner s'est détériorée au point qu'il est capable de suicide et de meurtre. » Évidemment, personne ne remarque que l'ordre des actions est encore plus étrange : on se suicide rarement *avant* de commettre un meurtre.

Les conclusions de l'enquête, transmises aux généraux, sont prises en considération. Et la question se pose, pour la première fois : faut-il interner Howard Hughes ? Lui mettre une camisole de force ? Le placer dans une cellule capitonnée ? Le lobotomiser ?

Hughes attend. Il a d'autres priorités. Ainsi, il n'arrive pas à décider si, oui ou non, il faut installer le laboratoire à Las Vegas. Les scientifiques voient là un déplacement idiot. Hughes, lui, veut tout simplement échapper aux impôts sur le revenu en Californie. Il a vendu la maison de Muirfield Road, et n'est plus qu'un SDF de luxe. Les agents du Trésor le traquent parfois, mais abandonnent assez vite : le Fantôme est introuvable. Il donne des rendez-vous dans ses voitures, à deux heures du matin, ou dans des salles de bains dont il fait couler les robinets. Il demande que les journaux soient achetés en trois exemplaires, et qu'on les lui serve en sandwich : il ne prend alors que celui du milieu, le moins contaminé. Il ne se rase plus qu'un jour sur trois, porte des vêtements sales, et distribue des mémos : « Toutes les vestes doivent être nettoyées et pendues ensemble. Tous les pantalons doivent être nettoyés et pendus ensemble. Mais les vestes et les pantalons ne doivent pas être ensemble. Une stricte ségrégation doit avoir lieu. »

Le Pentagone envoie un émissaire. C'est Harold Talbott, le secrétaire à la Défense chargé de l'aviation. Il explose, face à un Hughes métamorphosé en ectoplasme.

– Vous êtes en train de détruire une machine de production superbe ! Je me fous de ce qui vous arrive, mais le pays a besoin de votre entreprise. Nous avons commis une erreur en vous faisant confiance !

Hughes ne dit rien. Puis rétorque :

– Si vous voulez détruire mon affaire, Mr Talbott, simplement parce que des employés licenciés m'accusent, alors vous introduisez le socialisme ou, pis, le communisme !

– Vous vendez Hughes Aircraft Co ou vous acceptez un nouveau directeur, que je désignerai, et qui aura les pleins pouvoirs !

Noah Dietrich, dans un coin, prend la parole. Il réclame trois mois pour remettre la situation en ordre. Hughes reste silencieux, prostré.

Le Pentagone a gagné ? Voire.

Le renard va être génial. Trois mois plus tard, la Hughes Aircraft Co est absorbée par le Howard Hughes Medical Institute, une œuvre de charité située à Las Vegas, dont le but officiel est « la promotion du savoir humain dans le domaine des sciences et de leur application pour le bénéfice de l'humanité ».

D'une pierre, Hughes fait deux coups : il apparaît comme un philanthrope grandiose, un grand cœur dévoué. Même le 34e président des États-Unis, le genéral Eisenhower, est enthousiaste. Mais, en réalité, personne n'a compris le marché : secrètement, l'institut médical est tenu de racheter la Hughes Aircraft pour 74 millions de dollars. Comme l'institut n'a pas d'argent, il doit emprunter. À qui ? À la Hughes Tool Co. Et il devra payer – très cher – pour la location des bâtiments et des terrains à Culver City. Qui appartiennent à Howard Hughes. Cerise sur le gâteau : Hughes est l'unique actionnaire de la fondation médicale, dont le président est le docteur Verne Mason. Et le groupe bénéficie d'une déduction d'impôts de deux millions de dollars. C'est le contribuable américain qui finance donc, en partie, les activités de Hughes.

Au total, pour chaque dollar reçu, l'institut devra en rendre deux et demi. Howard Hughes vient de mettre échec et mat le Pentagone, l'État de Californie et l'État fédéral. Il a inventé la parfaite machine à blanchir de l'argent. Le bénéfice de l'humanité ? Ne riez pas.

Mais Hughes se sent de plus en plus traqué. Par les actionnaires minoritaires de la TWA, qui s'agitent. Par les filles, qui veulent se marier. Par l'État, qui veut lui faire cracher des impôts. Par des mères insatisfaites, des maris jaloux, des fiancés enragés. Par les généraux. Par les syndicats. Il sent que, dans l'ombre, on consulte des psychiatres. Il y a forcément un moyen de se tirer d'affaire et, surtout, d'éviter l'internement. Il devrait rééditer le coup de sa jeunesse : se marier. Il y songe sérieusement. Son sang lui dit : prends une femme, tartare ou pas.

Et quelle candidate est la mieux préparée ?

Jean Peters, évidemment.

L'ennui, c'est qu'elle va justement se marier. Avec un autre.

CHAPITRE 16

NAPPERONS ET DIAMANTS

C'est dit : Charlie Chaplin est un communiste, une ordure de Rouge. La preuve : il a naguère refusé de témoigner devant la Commission des activités antiaméricaines. En conséquence, Howard Hughes bannit *Les Lumières de la ville* du circuit de salles de la RKO. Et puis, au diable cette société de cinéma qui ne lui rapporte que des ennuis et des dettes, un nid de vipères communistes ! Les actionnaires font connaître leur mécontentement : les actions sont passées de 9,5 à 2,5 dollars en quatre ans. Hughes a produit des nanars, s'est mis à dos l'Église catholique avec l'affaire des seins de Jane Russell, a viré tous les chefs de production, et une série de procès se profile à l'horizon. Il décide de vendre. Alors que les lois antitrust entrent en action, et que les studios resserrent les rangs pour garder le contrôle de leur système intégré (production, distribution, salles), Hughes, à la grande surprise des producteurs, brise la solidarité des patrons. Il brade la RKO pour 7 345 940 dollars dans un premier temps, à des hommes d'affaires douteux, qui sont, en fait, des gangsters. Mais il ne vend pas les salles. Celles-ci, cédées à part, rapportent 3,4 millions de dollars. Quelques mois passent. Les gangsters se révèlent insolvables – ce que, sans doute, Hughes savait, grâce à son réseau de renseignements. Il garde donc le dépôt de garantie et remet la RKO sur le marché. Il vient de rafler 1,2 million de dollars gratuitement. Deux ans plus tard, il vend le cadavre de la compagnie pour... 25 millions de dollars. Une fois de plus, Hughes est gagnant. Mais RKO ne se remettra jamais d'avoir été gérée par ce patron erratique : la compagnie fondée par Joe Kennedy en 1927 est morte. À l'époque, Louella Parsons avait salué en Kennedy le « Napoléon du cinéma ». Avec Hughes, la RKO a subi son Waterloo.

L'appel de Louella Parsons est un coup de tonnerre. Elle a d'abord tenté de parler avec Hughes, en s'adressant aux Mormons de Romaine Street. Comme d'habitude, ceux-ci ont répondu qu'ils ignoraient où était le Fantôme. En désespoir de cause, elle s'est entretenue avec Greg Bautzer, l'un des avocats du millionnaire : « Savez-vous que Jean Peters va se marier ? Cette semaine ? »

Depuis longtemps, les bruits courent sur Jean Peters. Chacun sait que Hughes est infidèle. Certains chiens galeux aimeraient en profiter. Ainsi, pendant le tournage de *Viva Zapata !*, Marlon Brando a fait une cour éhontée à Jean Peters : il a lancé des pierres dans ses fenêtres, est grimpé dans les arbres devant sa chambre à coucher, lui a donné la sérénade au beau milieu de la rue. L'atmosphère a été d'autant plus chaude que, au beau milieu d'une scène délicate, une blonde brûlante a fait son apparition : Marilyn Monroe, qui couche avec le metteur en scène, Elia Kazan. Howard Hughes garde un œil sur tous les plateaux où Jean Peters travaille. Plus tard, quand Samuel Fuller tourne *Le Port de la drogue*, le réalisateur note un étrange ballet : « Une grosse bagnole arrivait à la Fox et

Jean Peters en descendait tous les matins à l'heure pile. Pendant que Jean répétait, le chauffeur restait au volant, lisant des journaux. Il portait toujours des lunettes de soleil. Je ne voyais pas son visage, mais je savais que le type ne lisait pas. Il ne perdait pas Jean de vue. Quand nous avions fini, Jean sortait et s'en allait avec lui. Dès le deuxième jour, il était évident pour moi que le type était son boyfriend... C'était Howard Hughes. Nom de nom, l'un des hommes les plus riches et les plus puissants du monde servait de chauffeur à Jean, et gardait un œil attentif sur elle ! » La *love story* semble parfaite. Mais le temps passe.

Jean Peters a vingt-huit ans, et elle attend toujours que Howard Hughes se décide.

La TWA va causer des maux de tête à Hughes. L'aviation commerciale, comme il le sait, est en train de passer à l'ère de la propulsion à réacteur. En 1954, Boeing présente son nouvel avion, un jet longue distance, le 707. Et Douglas aligne le DC-8. Il est temps de prendre une décision ; mais Hughes déteste de plus en plus trancher. Il se réfugie dans la position qu'il préfère : le silence. La Pan Am achète toute une flotte de DC-8, et la TWA commence à perdre des clients. Perçue comme une compagnie aérienne obsolète, elle ne fait plus face à la concurrence, très dure. Tandis que Noah Dietrich court de Houston à Los Angeles, tente tant bien que mal de pallier l'immobilisme ambiant, Hughes s'enferme dans son bungalow du Beverly Hills Hotel, désormais loué à l'année. Les mois passent, puis les années. Le haut commandement de TWA se révolte, comme naguère les ingénieurs de Hughes Aircraft. Quand Hughes émerge de sa léthargie, il téléphone à Dietrich pour lui dire : « On essaie de me déposséder de ma compagnie aérienne. » Sa paranoïa atteint des proportions démesurées. Est-ce la syphilis ? Est-ce la suite de ses accidents répétés et mal soignés ? Il décroche son téléphone et passe commande de cent quatre-vingt-huit 707 et de trente Convair 880. C'est une bonne décision. Mais il n'en avertit personne.

La facture s'élève à 487 millions de dollars.

Mémo : « Avant d'ouvrir la porte, le premier homme doit tenir un journal plié dans sa main droite, et l'agiter rapidement afin d'empêcher les mouches d'entrer. En utilisant huit Kleenex de la main gauche, il frappe à la porte. Quand H.H. répond, l'homme doit ouvrir la porte, en utilisant ses Kleenex. La porte ne doit jamais être ouverte de plus de vingt-sept centimètres et jamais plus longtemps que dix secondes. Ceci permet à un deuxième homme d'entrer. »

Dans le bungalow n° 19, Howard Hughes vit en ermite. Sur le terrain de l'un des hôtels les plus prestigieux du monde, il mène une existence de cinglé. Personne n'a le droit d'y entrer, ne serait-ce que pour faire le ménage. Les fenêtres sont scellées avec des bandes adhésives, les bouches d'air conditionné sont condamnées, la moisissure gagne les zones humides. Le salon a été transformé en salle de cinéma : au milieu de la pièce, trône une chaise longue en Skaï blanc, derrière laquelle deux appareils de projection sont installés. Des piles de journaux jonchent le sol, arrangées selon un ordre incompréhensible. Dans les allées de ce labyrinthe étrange, des Kleenex froissés tapissent le plancher.

Dans un second bungalow, adjacent, les aides veillent. Ils sont là pour faire des courses, projeter les films, contacter les filles, aller chercher la codéine dont Hughes fait un usage permanent. Ils n'entrent dans le bungalow 19 que s'ils y sont invités. Là, dans une chaleur étouffante, Howard Hughes jongle avec ses téléphones et avec ses sociétés. Il ne s'habille plus. Parfois, il porte une chemise sale, c'est tout. D'autres fois, il est nu, et, allongé sur sa chaise longue, il ne se vêt que d'un napperon rose. Brodé, le napperon.

Quand Noah Dietrich se présente, un attaché-case à la main, l'un des Mormons l'arrête devant la porte.

– Que voulez-vous ?

– Vous me connaissez. Je suis Noah Dietrich. Howard m'a demandé de venir.

Le Mormon se tourne vers la porte d'entrée, fermée. Il crie :

– Mr Dietrich est là, pour vous voir.

– Est-il en position ?

Le Mormon s'approche de Dietrich et lui désigne un carré tracé à la craie par terre :

– Pouvez-vous prendre position dans le carré ?

– Prendre position ?

– Juste vous tenir dans le carré, là, monsieur.

Noah Dietrich obtempère. Le garde élève la voix :

– Mr Dietrich est en position !

La porte s'entrouvre. Howard Hughes pointe le nez et lance :

– Entrez vite, Noah.

La porte se referme derrière Dietrich. Celui-ci est stupéfait de l'apparence de son patron. Décharné, hagard, il donne l'impression de sortir du caniveau. Il sent mauvais. Dietrich pose son attaché-case, et va s'asseoir. Hughes sursaute.

– Noah, faites-moi plaisir. Ne posez plus jamais votre attaché-case.

– Pourquoi ?

– C'est que, Noah, l'air que vous remuez en le posant soulève des microbes.

Dietrich tente de parler des affaires en cours. D'abord, Howard Hughes a acheté des avions sans en avoir le pouvoir légal, puisqu'il ne siège pas au conseil de direction de la TWA. Il n'est que l'actionnaire principal, détenteur de 78 % du capital. Ensuite, il s'est engagé pour des sommes que la TWA ne possède pas. Enfin, il refuse absolument de vendre la moindre action.

Howard Hughes a cependant une ligne de défense en béton :

– Ce n'est pas vrai, Noah. Je n'ai jamais donné l'ordre d'acheter des jets. Vous pouvez me dire ce que vous voulez. Je n'ai rien fait.

Parfois, Howard Hughes se rend au studio Goldwyn, pour visionner ses dernières productions. Il circule la nuit. Il donne des rendez-vous dans des parkings déserts. « Je joue aux échecs avec les gens », dit-il. Ainsi, quand il a appris qu'Ava Gardner a épousé Frank Sinatra, en 1951, il a tout fait pour briser le couple, qui n'avait pas besoin de cette aide. Lorsque Terry Moore s'est mariée avec le footballeur Glenn Davis, la même année, Hughes s'est démené pour provoquer un divorce. Il a d'ailleurs gagné avec l'assistance de Luella Koford, la mère de Terry Moore, qui, une nuit, dans un garage, a remis à Hughes l'alliance de sa fille dans une enveloppe. Quelques jours plus tard, Hughes est face à Glenn Davis, qui lui inflige le traitement à la batte de base-ball jadis proposé par

Oleg Cassini. Mais cette fois-ci, les dégâts sont nettement plus importants : le nez et le menton brisés, les côtes fracturées. Retour à la clinique, donc. Jean Peters, en lisant la rubrique de Louella Parsons, apprend l'« accident ». Et entre en furie. Howard Hughes lui avait juré que Terry Moore, c'était une affaire classée.

Greg Bautzer est abasourdi. Il file au Beverly Hills Hotel, demande à Howard Hughes de se mettre en contact avec sa vieille alliée, Louella. Quand celle-ci, au téléphone, confirme la nouvelle, Hughes fait semblant de prendre la chose avec froideur : il continue à bavarder, de choses et d'autres. Peut-être songe-t-il que la réalité va se dissoudre dans la codéine ?

Mais la réalité est persistante. Le 29 mai 1954, à Washington, Jean Peters épouse Stuart Cramer III, propriétaire de la Mineral Wells Texan Petroleum Company, qui a travaillé pour la CIA en Corée et à Istanbul. Jean Peters l'a rencontré pendant le tournage de *La Fontaine des amours*, à Rome. La cérémonie est grandiose, l'assistance fournie, les fleurs somptueuses. La mariée, dit-on, est soûle. Elle le restera quelques jours.

Howard Hughes engage un nouvel homme de main, un personnage sanguin, nerveux, qui a collaboré avec le FBI et la CIA, et qui adore travailler dans l'ombre : Robert Maheu. C'est un « honorable correspondant ». Il est chargé par Hughes de récupérer les brebis égarées pour Hughes.

La mariage de Jean Peters va durer trente-trois jours.

Robert Maheu est un descendant de huguenots. Il a l'entêtement, la volonté, l'ardeur d'un homme qui veut mettre le monde à genoux. En quittant le FBI, il a ouvert une petite agence d'enquêtes, Robert Maheu Associates, à Los Angeles, et se charge, entre autres, des missions que les agences d'État refusent de toucher du bout des doigts. Il file des diplomates, fait le lien entre la Maffia et la CIA, enquête sur des personnages publics, et sait trouver la faille qui mettra l'adversaire à terre. Il est sans scrupules. Il est capable de remonter à la Maison-Blanche pour trouver un indice, de graisser la patte à un juge pour obtenir un simple *yes*, ou de soulever des montagnes pour sauver un client. Il a produit un faux film porno, pour la CIA, afin de compromettre le président indonésien Soekarno, par exemple. Il a engagé des putes pour la visite du roi Hussein de Jordanie aux États-Unis : le souverain est tombé amoureux d'une jeune actrice, Susan Cabot, qu'il a emmenée chez lui. Hélas, il sera révélé que Susan Cabot est juive. Robert Maheu se chargera, en silence, d'exfiltrer l'incroyante.

Howard Hughes vient de trouver son pittbull.

Maheu, dès la première minute, est jeté dans le monde fou de Hughes. Celui-ci a demandé à l'enquêteur deux actions simultanées. La première consiste à vérifier si Stuart Cramer III est un agent de la CIA. En deux coups de fil, Maheu connaît la vérité : c'est non. La deuxième enquête est plus compliquée : Hughes veut de nouveau Ava Gardner. La star est en train de se séparer de Frank Sinatra : bagarres, gueules de bois, bagarres, bourbon, bagarres. Hughes vole au secours de la belle éplorée : il l'installe dans un hôtel au Nevada, et demande à ses avocats de mettre en route un divorce pour Miss Gardner. Comme d'habitude, Hughes impose une surveillance de tous les instants. Les bois qui entourent le Cal-Neva Lodge, où demeure Ava Gardner, grouillent d'espions à la solde de Robert Maheu Associates. Impossible de lancer un caillou dans les fougères sans entendre un cri sourd. Quand Ava Gardner va faire un tour en barque avec Sinatra sur le lac Tahoe, un Man in Black les suit, en barque aussi. Le résultat est sans surprise : Frank Sinatra lui fait casser la gueule par ses propres hommes. Et apprend, la colère au cœur, que Howard Hughes est derrière toute cette mascarade. Furieux, il s'en va.

Hughes, lui, apparaît aussitôt. Il emmène Ava faire une promenade poétique au bord de l'eau, lui susurre des tendresses, compare la couleur du lac à ses yeux, et lui tend une bague de saphir grosse comme un boulon du Hercules. La pierre est entourée de diamants de la plus belle eau. Ava Gardner, elle, a tendance à voir le monde à travers une bouteille de gin. Elle écoute donc le play-boy vieillissant, et s'amuse de son embarras. Celui-ci commence à réciter la liste de ses possessions terrestres, usines, affaires, comptes en banque, propriétés, actions. Il lui fait des promesses éternelles, des contrats de cinéma, des yachts, des avions, des planètes. Il désigne la constellation du Grand Sioux, et s'écrie, dans une envolée digne des mélos de la RKO : « Ma chérie, elle est à toi. Épouse-moi. »

Ava Gardner tourne les talons. Et donne à Hughes la réponse qu'il utilise lui-même : « Attendons. »

Hughes, qui rêve de rendre la monnaie de sa pièce à Jean Peters, et de se garantir contre un éventuel internement psychiatrique, en est pour ses frais.

Les espions de Frank Sinatra, derrière chaque arbre, n'ont pas perdu un seul mot de l'affaire.

Kathryn Grayson prépare son grand tour de chant à New York. Elle vit dans une fièvre terrible : les dernières heures de préparatifs sont source de tension. Ce jour-là, quand elle rentre chez elle, Howard Hughes est assis dans l'obscurité, se balançant dans un rocking-chair. Depuis quelques jours, il la presse de l'épouser. Elle est favorable à sa proposition, mais elle se demande ce que signifient ces disparitions soudaines, ces absences, ces coups de sang. Howard Hughes apparaît à volonté, puis semble se dématérialiser. Quand il remet sur le tapis l'affaire du mariage, Kathryn Grayson réagit avec vivacité :

– Pas maintenant, Howard.

– Si. Maintenant. Kathryn, j'ai une excellente raison d'être si pressé !

Il le lui a répété plusieurs fois : la cérémonie est prévue pour le lendemain, les fleurs commandées, les témoins retenus.

– Howard, nous en discuterons quand je reviendrai.

Elle est agacée, mais rien ne la prépare à ce qui va venir. D'un seul coup, Hughes se retourne, et gifle Kathryn Grayson à la volée. Celle-ci, sonnée, trébuche. Une fureur rouge l'envahit. Elle s'empare d'un tabouret pour le frapper. Elle regarde Hughes, hagard, et repose le tabouret.

Sans un mot, elle ramasse ses vêtements, les fourre dans une valise, et se retourne. Howard Hughes, assis dans l'ombre, se balance dans le rocking-chair. Elle lui dit :

– Ne sois pas là que je reviendrai.

Ils ne se reverront jamais.

Finalement, après mûre réflexion, le Trésor a décidé que l'Institut médical Hughes n'est qu'un système d'évasion fiscale. Howard Hughes plonge dans la dépression. Il s'enferme dans son bungalow, seul, dans le noir. Tandis que ses avocats attaquent le Trésor, il se bourre de codéine. Il a mal au dos, mal à la tête, mal au cœur. Le docteur Verne Mason lui rend visite, mais ne peut le toucher. Il peut, en revanche, constater l'état de la tanière, avec les Kleenex jonchant le sol, et les piles de journaux qui délimitent un petit labyrinthe. Hughes a passé ses journées à dessiner et à concevoir un petit appareil utile. Il est sûr que la Hughes Aircraft en vendra des milliers : un écarteur de doigts de pied. En effet, les ongles de Hughes, en poussant, le gênent. Au lieu de les couper, il préfère inventer un écarteur. Tandis que les directeurs de la TWA attendent une décision qui va engager tout l'avenir de la compagnie – comment financer les jets ? – Hughes se fait projeter six fois de suite *Vacances à Venise*, un film interprété par Katharine Hepburn. Il a écrit un mémo à ce sujet : « Quand vous apportez les bobines de film, ne marchez jamais sur l'herbe. Ni dans le caniveau. Ouvrez la porte avec les pieds... » Pas facile.

Il passe des journées ainsi, allongé, avant d'aller jusqu'à la salle de bains où, assis sur le trône, il combat sa constipation chronique. Parfois, il pense à ses chéries, à Terry Moore qui, aux dernières nouvelles, a épousé un homme d'affaires mystérieux, Eugene McGrath, et s'est installée au Panama. Il songe à Ava Gardner. À Jean Peters. Et à ses deux nouvelles conquêtes, Susan Hayward et Yvonne Shubert.

La première est une rousse de feu. Arrivée à Hollywood en espérant obtenir le rôle de Scarlett O'Hara dans *Autant en emporte le vent*, la jeune Edythe Mariner s'est trouvé un joli pseudonyme, Susan Hayward, et fait une carrière magnifique. Quand elle rencontre Hughes, qui l'engage pour jouer dans *The Conqueror*, elle est sur le point de divorcer. Le renard, retrouvant ses instincts de chasseur, lui joue la comédie de la romance. Il l'emmène en avion dîner dans des villes lointaines, joue avec ses deux fils, Timothy et Gregory, lui fait parvenir des roses par camionnettes. Elle le surnomme « Mr Magic ».

Quant à Yvonne Shubert, elle n'est qu'une recrue parmi les autres, repérée sur photo par Walter Kane, l'un des maquereaux de Hughes. Elle a quinze ans et une silhouette spectaculaire. Lorsque Hughes rencontre Yvonne, celle-ci arrive accompagnée de sa mère. Laquelle, très vite, est séduite par cet homme si courtois et... si riche. Elle autorise donc sa fille à entrer dans le programme de formation Hughes : cours de chant, de danse, de diction, bref, toute la lyre. Puis Hughes lui donne une culture cinématographique dans la salle de projection des studios Goldwyn, toujours en compagnie de maman Shubert. Un soir, Walter Kane emmène la mère d'Yvonne, et Hughes reste en tête à tête avec la jeune fille.

– Yvonne, allez dans le bureau à côté, et, quand le téléphone sonnera, décrochez.

Elle s'exécute. Le téléphone sonne. Elle décroche. C'est Hughes. Au téléphone, il n'est plus sourd. Et elle ne voit pas ce qu'il fait, le cochon. Ils se parlent pendant une heure. Le lendemain, deux heures. Le surlendemain, trois heures. Pendant des mois, ils bavardent ainsi. Il oublie la différence d'âge. Elle le considère comme un père, voire un grand-père. Mais il arrivera à coucher avec elle. En lui promettant le mariage.

Mr Magic a encore de beaux restes.

Dans son bungalow, Howard Hughes mène ses affaires. Quand le millionnaire Laurence Rockefeller, associé avec un agent immobilier, William Zeckendorf, et un armateur grec, Aristote Onassis, fait une offre pour le rachat de l'empire Hughes – sans la TWA – pour 400 millions de dollars, Hughes prête une oreille attentive. Les tractations ont eu lieu, pendant des semaines, par téléphone. Peut-être est-ce le bon moyen de se débarrasser de ses soucis ? Hughes, finalement, capitule. Rendez-vous est pris pour le 12 novembre 1954. Rockefeller et Zeckendorf arrivent à Los Angeles avec les documents et les contrats, et s'installent au Berverly Hills Hotel, à cinquante mètres du bungalow de Hughes. Le lendemain, une limousine interminable vient les chercher. Ils montent, et le chauffeur les emmène vers un parking désert. Là, il leur indique une vieille Chevrolet cabossée, sale, dans laquelle ils doivent s'asseoir et attendre. Au bout d'un moment, un deuxième chauffeur apparaît et met le contact. La Chevrolet vibre, et prend la route. Une heure plus tard, arrivés dans une banlieue crépusculaire, Zeckendorf et Rockefeller s'aperçoivent qu'ils sont dans un terrain vague, entouré de vieilles usines et de bâtiments décrépits. Au bout du terrain, il y a le Mason Hotel, un établissement qui a connu de meilleurs jours. La porte d'entrée pend sur ses gonds, les murs sont gondolés, le papier peint se décolle et les fenêtres sont cassées. Quelques Mormons, en noir, les accueillent. L'ambiance est celle d'un peloton d'exécution.

Tout le monde se dirige vers le quatrième étage. Au bout d'un couloir moisi, où les cafards sont rois, les deux acheteurs s'arrêtent devant une porte. Un Mormon frappe, selon un rythme secret. La porte s'ouvre, révélant un canapé dont les ressorts sont à nu, deux chaises, et trois baignoires rouillées. Hughes, debout, porte une chemise sale, un pantalon froissé et une paire de baskets déchirées. Il n'est pas rasé.

Les deux hommes tendent les contrats. Hughes s'assied, et, sous une toile d'araignée, les lit calmement. Une heure passe. Finalement, Zeckendorf, massif et impatient, prend la parole :

– C'est ce que vous aviez demandé, Mr Hughes ?

– Oui.

Hughes les regarde, et laisse le silence s'installer. Les cafards courent. Puis il ajoute :

– Sauf une chose.

– Quoi donc, Mr Hughes ?

– Le prix. Ce n'est pas assez.

– Ah. Quel prix aviez-vous en tête, Mr Hughes ?

– Je ne peux pas vous le dire.

Zeckendorf ouvre de grands yeux. Rockefeller, élégant et mince, enchaîne :

– Vous voulez bien vendre, Mr Hughes ?

– Sous certaines conditions.

– Lesquelles ?

– Le prix.

– Nous sommes prêts à monter à 450 millions.

– Pas assez.

– Bien. 500 millions. À prendre ou à laisser.

Hughes scrute le mur, compte les cafards, regarde par la fenêtre cassée. Puis :

– Je laisse.

Il se lève et s'en va.

Howard Hughes veut que l'achat des avions à réaction soit réglé. Finalement, il s'est rendu à l'évidence : c'est bien lui qui a signé les bons de commande. Il faut donc trouver l'argent : « Sinon, Noah, on va dire que je n'ai pas les moyens. »

Dietrich a déjà siphonné la totalité des bénéfices de la Hughes Tool Co, soit 100 millions de dollars. Si bien que lorsqu'il se rend au bungalow n° 4, où il a été convoqué, Dietrich espère que Hughes a quelques solutions en vue. Il s'assied dans la pièce vide, et attend. Il a laissé son attaché-case dans son bureau de Romaine Street, cette fois-ci. Le téléphone sonne.

– Allez à la salle de bal de l'hôtel, Noah.

Dietrich, qui commence à être habitué aux excentricités de son patron, est au courant de la rencontre avec Zeckendorf et Rockefeller. Il sait que Hughes ne l'a acceptée que pour connaître la valeur de son entreprise sur le marché. Mais il n'a jamais eu l'intention de vendre. Quand le téléphone sonne dans la salle de bal, Dietrich décroche :

– Allez à la salle de réunion « Havana ».

Dietrich suit les instructions. La sonnerie retentit. Il décroche :

– Dirigez-vous vers le salon « Bornéo ».

Là, même scénario. Mais cette fois-ci, Howard Hughes est disposé à parler.

– Excusez-moi, Noah. Mais je suis espionné, vous savez.

Tout se passera par téléphone. Noah, le fidèle Noah, est exaspéré. Il n'a pas vu Howard Hughes, retranché dans son bungalow, depuis des mois. Celui-ci donne des instructions fermes : il faut « gonfler » les profits de la Hughes Tool Co.

– Et pourquoi ne pas faire entrer de nouveaux capitaux, Howard ?

– N'introduisez pas de nouveaux sujets de conversation, Noah, sauf si je vous le demande. Je ne peux pas me concentrer sur plusieurs choses à la fois. Gonflez les profits à Houston.

– Bien, Howard. Je veux bien retourner à Houston, mais...

– Mais quoi ?

– Depuis des années, Howard, vous me promettez une participation. C'est le moment. Pas besoin d'un contrat compliqué. Un simple mémo signé de votre main suffira.

– Je n'aime pas ça, Noah. Vous m'acculez.

– Depuis quinze ans, vous me faites miroiter cette participation. Nous travaillons ensemble depuis trente-deux ans. Il est temps.

– Nous en parlerons plus tard.

– Non. Maintenant ou jamais.

– Plus tard, Noah.

– D'accord, Howard. Ne me téléphonez plus. Je m'en vais.

– Bon Dieu, Noah, vous ne pouvez pas faire ça ! Noah ! Je n'existe pas, sans vous ! Noah !!!

Noah Dietrich raccroche. Immédiatement, Hughes téléphone à Bill Gay :

– Changez toutes les serrures de Romaine Street. Toutes. Mr Noah Dietrich est désormais un inconnu.

Ava Gardner est installée dans une belle villa, à Miami, louée par Howard Hughes, qui demeure dans une autre villa, toute proche. Avec sa bonne, Reenie, la star se repose au bord de la piscine et récupère de son mariage orageux avec Frank Sinatra. Doit-elle épouser Hughes ? Elle regarde, parfois, la magnifique bague, saphir et diamants, un cadeau digne d'une tsarine. Et le collier de perles et de diamants, d'une valeur inestimable, que

Howard lui a donné, un soir de grande passion. Pendant qu'elle ferme les yeux, au soleil, sa bonne entame une conversation avec le jardinier noir. Celui-ci, au bout d'un moment, lui raconte sa vie. Et ses préoccupations :

– Faites quelque chose. Pourquoi votre patronne ne veut-elle pas coucher avec Mr Hughes ? J'en ai marre d'être ici, à surveiller cette satanée bague qui a appartenu à la tsarine ! J'en ai marre d'être au soleil, sans rien faire, avec un pistolet dans ma poche ! Et ça dure depuis dix jours !

Reenie raconte tout à Ava. Celle-ci, une fois de plus, est espionnée, traquée, fliquée ! Elle se lève, fait ses bagages, dans un désordre né de la colère. Mais c'est la nuit. On attendra donc l'aube. Aux petites heures du matin, les deux femmes se dirigent vers la villa voisine. Quand elles arrivent devant le porche, la porte s'ouvre. Hughes, habillé, souriant, a tout entendu : il a mis la maison d'Ava sur écoute. Il murmure :

– Où vas-tu ?

– La Havane.

Ava Gardner lui jette le collier et la bague au visage. Tsarine ou pas, elle s'en fiche. Elle est en rage. Elle s'en va. Hemingway l'attend à Cuba.

Le temps qu'elle arrive à l'aéroport, Howard Hughes a fait annuler tous les vols à destination de La Havane.

« Je crois que le moment est venu de faire interner Howard. » Le docteur Verne Mason ne sait plus à quel saint se vouer. Il a constaté, chez son unique client, la résurgence des symptômes de la syphilis. Howard Hughes en est au stade secondaire, où le système nerveux central est attaqué. Verne Mason a prescrit des injections de pénicilline, mais à de telles doses qu'elles n'agissent plus. Il cherche quelqu'un à qui se confier, dans le plus grand secret. Il n'y pas si longtemps, il a parlé de ses doutes à Noah Dietrich, mais celui-ci n'est plus là. En désespoir de cause, il s'en est ouvert à Bill Gay et à Nadine Henley. Très vite, Howard Hughes est informé. Il régit comme l'éclair : il convoque un coiffeur, se fait couper les cheveux, raser et parfumer. Il prend une douche. Il passe une chemise fraîche et un napperon propre. Puis il s'assied, le cul nu, et réfléchit. Il revient à sa solution idéale. Il faut se marier. Kathryn Grayson, Ava Gardner ne veulent pas. Comment s'en sortir ? En jouant aux échecs avec les femmes. Howard Hughes a une idée. Il passe un pantalon neuf.

Le 10 septembre 1956, Rupert Hughes meurt. Quand on demande à Howard Hughes s'il faut envoyer des fleurs, il répond : « Je ne l'ai jamais aimé. Et il ne m'a jamais aimé. C'est un peu tard... » Les derniers liens avec la famille sont coupés. La route est libre pour fonder, qui sait ? une nouvelle famille.

Noël approche. Maintenant qu'il a décidé de se marier, Hughes se met en mouvement. Il explique à Bill Gay et à Jeff Chouinard son grand plan. Chaque détail doit être exécuté avec la plus extrême minutie, chaque mouvement de la chorégraphie démente que Hughes décrit doit être millimétré. Le scénario est digne d'un film de la Panthère rose : l'inspecteur Clouseau, « of ze French Sécurité », n'aurait pas imaginé mieux.

Howard Hughes veut dîner, le soir du réveillon, avec trois femmes. Séparément et en même temps. Jean Peters, Yvonne Shubert et Susan Hayward ne doivent se douter de rien. Chacune doit penser qu'elle est la seule, l'unique, la vraie. Chouinard et Gay écoutent attentivement. Les arrangements pratiques seront discutés pendant trois semaines, toutes affaires cessantes. La TWA ? Oubliée. Les menaces d'internement ? Balayées. Le départ de Noah Dietrich ? Qui est-ce, Noah Dietrich ?

Quand Jean Peters, qui a laissé tomber son mari de quelques jours, arrive au Crystal Room, la salle de restaurant du Beverly Hills Hotel, le soir du 31 décembre, elle est en beauté. Et en avance. Vêtue d'une robe blanche qui lui sied à merveille, elle se dirige vers la table que le maître d'hôtel, courbé jusqu'à terre, lui désigne. Une bouteille de Dom Pérignon 1947 et une brassée de gardénias l'attendent. Elle s'installe, tandis qu'une douzaine de serveurs stylés, tous des Mormons en service commandé, l'observent. Elle se demande si, ce soir, Howard Hughes lui demandera, officiellement, sa main...

Dans une autre aile de l'hôtel, Susan Hayward se présente dans le deuxième restaurant, le Polo Lounge, moins formel, plus chaleureux, mais aussi plus exclusif. Elle ne passe pas inaperçue : à trente-huit ans, c'est une femme splendide et fière, et elle est connue. Son rôle dans *Les Neiges du Kilimandjaro*, sa performance dans *Demetrius et les Gladiateurs* et, surtout, sa composition étonnante d'une alcoolique dans *Une femme en enfer* l'ont placée au rang des plus grandes stars. À la table centrale, qui lui est assignée, trône déjà un immense bouquet de roses et, sous la serviette, une étonnante bague avec un saphir aussi gros qu'un boulon, un bijou digne d'une tsarine. Elle est aux anges.

Yvonne Shubert, elle, est dirigée vers l'un des bungalows de l'hôtel, dans le jardin tropical. La maisonnette a été décorée pour elle avec une multitude de fleurs, et une carte spéciale est posée sur la table, avec un menu soigneusement composé. Elle écoute la musique douce, ajuste son décolleté, se remet un petit trait de rouge à lèvres.

À dix heures, Howard Hughes pénètre dans la salle de restaurant principale. Vêtu d'un smoking impeccable, il passe entre les tables et, du haut de ses deux mètres, vérifie : ses hommes sont en position. Quand il s'assied à la table de Jean Peters, il embrasse l'actrice et bavarde quelques minutes avec elle, son Sonotone en batterie. Puis il lui tend un écrin : un bracelet de saphir et de diamants attire tous les regards. Jean Peters le passe à son poignet, tandis que le maître d'hôtel verse le champagne dans les coupes et que Howard Hughes annonce :

– J'ai des coups de fil à passer. Urgents. Excuse-moi, Jean. Je reviens tout de suite.

Il se lève et disparaît.

Dès qu'il est sorti, Howard Hughes presse le pas. Il se dirige vers le Polo Lounge. Dans les allées obscures du Beverly Hills Hotel, il aperçoit des hommes en noir qui, le talkie-walkie vissé à l'oreille, murmurent des instructions. Susan Hayward, qui est passée entre les mains de la costumière la plus talentueuse d'Hollywood, Edith Head, porte une robe parsemée de perles noires, profondément décolletée. Elle lève sa coupe à la santé de Mr Magic. Ils s'embrassent. La soirée promet d'être charmante et, qui sait, le bijou qu'elle a trouvé sur la table permet d'espérer une proposition de mariage à minuit, d'autant plus qu'elle vient de divorcer.

– Excuse-moi, Susan. J'ai des coups de téléphone très urgents à donner. Je reviens dans la minute.

Hughes s'éclipse, et file vers le bungalow où l'attend Yvonne Shubert, en robe de soie conçue pour elle par le chef costumier de la MGM. Là, les plats attendent, sous le regard diligent de Bruno, le cuisinier personnel de Hughes. Des chandeliers en argent donnent une touche romantique, et des roses jaunes sont disposées partout. Hughes embrasse la jeune fille, qui s'est décidée à faire une carrière de chanteuse, boit une gorgée de champagne, et disparaît : « Des coups de fil, Yvonne. »

Le premier plat est servi à la table de Jean Peters : des asperges. Hughes, lui, se fait servir un steak et des petits pois. Le premier plat arrive sur la table de Susan Hayward : du foie gras. Hughes contemple son assiette, steak et petits pois. Il jette un coup d'œil sur les hors-d'œuvre avec Yvonne Shubert, et mange une bouchée de steak-petits pois.

Et tout recommence. Dinde aux truffes pour Jean Peters, une bouchée de steak pour lui. Chapon aux morilles pour Susan Hayward, une bouchée de petits pois pour Hughes. Bœuf Strogonoff pour Yvonne Shubert, une bouchée de salade verte pour le maître de céans. Tout se passe bien. Mais Susan Hayward est agacée par ces coups de téléphone incessants. Elle regarde Hughes, et quelque chose lui met la puce à l'oreille. Quand Hughes se lève, elle le suit. Celui-ci a inversé l'ordre des préséances, en fonction de l'impatience de ses élues. Il revient donc vers Jean Peters, qui, stupéfaite, voit Susan Hayward, rouge de colère, s'avancer vers elle :

– Bonsoir, Jean. Tu es l'invitée numéro deux ? Eh bien moi, je suis la numéro un !

Les deux femmes se lèvent, se toisent, agrippent leurs

sacs à main, et s'en vont. Les autres clients de l'hôtel regardent avec incrédulité cette scène de feuilleton, digne d'un *soap*.

Howard Hughes, lui, ne se démonte pas. Il rejoint Yvonne Shubert et, à minuit, l'embrasse sous le gui. Il lui offre un bracelet de saphirs.

Quand il rentre dans son bungalow, en passant en dix secondes dans l'entrebâillement de la porte, ouverte par un Mormon aux mains enveloppées de Kleenex, Howard Hughes songe qu'il n'a pas perdu sa soirée. Il veut épouser Jean Peters.

Quant à la bague en saphir et diamants de la Cour de Russie, il ne la reverra jamais.

CHAPITRE 17

LA CORDE AU COU

Le bâtiment est typique d'Hollywood : il est blanc, occupe tout un pâté entre Orange Drive et Sycamore Avenue. La façade principale se situe sur Romaine Street, numéro 7000. De style Art déco, le building possède des portes d'entrée surmontées de vagues en fer forgé, et se compose de cubes juxtaposés, dont les plus hauts atteignent deux étages. C'est là, depuis que le laboratoire couleur a été désaffecté en 1930, que Howard Hughes a installé le centre nerveux de son empire. Noah Dietrich y a eu un bureau, désormais fermé à clé ; Nadine Henley, Bill Gay et les chauffeurs attendent un signe de Dieu. Ils filtrent les appels, regroupés par un standard téléphonique sous le numéro OL 4-2500. Tous sont mormons. Personne n'a jamais vu physiquement Howard Hughes, qui a fait déposer là toutes les reliques de sa vie passée : copies de films, dossiers sensibles, lettres de famille, vélo d'enfance, maquettes d'avions, plans d'usines, contrats de pétrole, photos. Pas un ordre de Hughes qui ne passe par Romaine : les cuisiniers, les bonnes, les hommes de main, les détectives, les fouines, tous prennent leurs ordres ici. Personne ne peut entrer sans y avoir été invité : le personnel autorisé possède des clés, et, pour chaque clé, il y a, de surcroît, une fermeture à combinaison.

L'intérieur est aussi banal que l'extérieur : des couloirs gris distribuent des pièces sans attrait, où, naguère, on montait des films couleur. Dans l'une d'elles, on peut voir le blouson bicolore que Howard Hughes a porté lors du vol du Spruce Goose ; dans une autre, est rassemblée la totalité des livres de bord des vols effectués par Hughes ; dans une autre encore, on trouve des dizaines de cadeaux de Noël, encore emballés, jamais ouverts. Au rez-de-chaussée, une salle spéciale sert de salon d'attente pour la quinzaine de chauffeurs employés à temps plein.

Les cadres travaillent au premier étage : les comptables, les chercheurs de filles, les fonctionnaires, tous sont groupés autour du bureau de Nadine Henley qui, au cours des ans, est devenue la cheville ouvrière, avec Bill Gay. Au fond, on aperçoit l'entrée de salles de projection, dont personne ne s'est servi depuis des années. À Romaine, on ne boit pas, on ne fume pas, on ne jure pas : les Mormons l'interdisent.

La machine fonctionne avec efficacité. Personne n'a accès directement à Hughes, et Hughes peut jouer au fantôme à sa guise. Banquiers, journalistes, solliciteurs, maîtresses, tout est concentré là. Des hommes en noir, diligents, prennent le message, le tapent sur une demi-feuille et l'archivent. Cette note mentionne très précisément la date, l'heure, la minute, la seconde, les mots employés. Pour informer Howard Hughes de la teneur des messages, il faut suivre une procédure bien déterminée : « Le message doit être lu lentement et clairement, avec des pauses naturelles. Si l'insertion de mots qui n'y figurent pas peut rendre le message plus clair, n'hésitez pas. »

Une classification des messages par ordre d'urgence est strictement maintenue : il y a les messages prioritaires, top prioritaires, very top prioritaires ou, simplement, importants. Le top du top est classé « secret », et, dans ce cas, seul Bill Gay est autorisé à prendre connaissance du contenu. Le courrier, lui, est porté à Hughes muni d'un sceau à la cire à cacheter, estampillé « H.H. ». Tous les papiers inutiles, tous les brouillons sont détruits, jour après jour. Et, ajoute une directive : « Dites-en le moins possible à votre épouse. »

Le premier avantage de cette stratégie de l'araignée est d'assurer un secret permanent. Le deuxième avantage, c'est que la main gauche ignore ce que fait la main droite. Le désavantage, c'est que Nadine Henley et Bill Gay, en silence, prennent le contrôle de tous les leviers de commande. L'Empire est entre leurs mains.

Quand Jean Peters a quitté Stuart Cramer III, au bout d'un mois de mariage pendant lequel elle a sombré dans l'alcool et la dépression, celui-ci a été effondré. Il n'a pas compris que Robert Maheu et Jeff Chouinard ont surveillé chacun de ses mouvements, qu'ils l'ont filmé pendant ses ébats avec Jean, qu'ils sont intervenus auprès d'elle pour la faire divorcer. En fait, elle aime Howard Hughes, d'un amour incompréhensible, réel, dévoué. Elle n'a qu'un rêve : vivre avec lui, dans leur foyer, tranquillement, avec un jardin. Jean Peters, star, voudrait être une bobonne. Toutes les bobonnes du monde rêveraient d'être star. Dans le monde biscornu de Howard Hughes, il n'y a là rien d'étonnant.

Avant de reprendre sa liberté, elle a écouté Stuart lui faire une dernière déclaration : « Je t'aime, Jean. Si le temps passe et que Howard ne t'épouse pas, reviens. Je t'attendrai, quelles que soient tes conditions. »

Cinq ans plus tard, Stuart Cramer III épousera Terry Moore.

Jean Peters a repris la vie telle que Howard Hughes la conçoit. Elle est entourée de chauffeurs, de bonnes, de garçons de course, de détectives. Elle abandonne peu à peu sa carrière. On vient de la voir dans deux westerns, *Bronco Apache* avec Burt Lancaster et *La Lance brisée*, avec Spencer Tracy. Dans une grande maison avec vue sur l'océan, elle passe ses journées seule, attendant Howard Hughes. Qui, lui, se résout peu à peu à un mariage. Un soir, il demande à Jean :

– Tu ne laisserais personne me placer en hôpital psychiatrique, n'est-ce pas ?

– Bien sûr que non.

Finalement, Hughes franchit le pas. Il prévient les Mormons, qui prennent les choses en main : Bill Gay, Nadine Henley et deux nouveaux venus, George Francom et Roy Crawford, sont chargés d'une nouvelle mission abracadabrante. Le mariage, selon les vœux de Howard Hughes, doit avoir lieu sous de faux noms. Au Nevada. L'affaire est « top-top secret ». Le 12 janvier 1957, enfin, les choses se déclenchent. Utilisant des cabines téléphoniques réparties dans toute la ville, Hughes organise les choses : il prévient chaque Mormon séparément, convoque un avocat et demande à chacun d'entre eux de se déguiser en chasseur, de ne pas se raser, et de le rejoindre à l'usine de Culver City. Là, un Constellation TWA de 120 places attend, moteur en marche. Direction : Tonopah, dans le Nevada.

À mi-chemin entre Reno et Las Vegas, Tonopah est une minuscule ville fantôme. Fondée en 1900 par un chercheur d'or, la cité a été construite en quelques semaines, lors de la découverte de riches gisements d'argent, à présent épuisés depuis des années. Désertée en quelques mois dans les années 1930, Tonopah est, en 2005, le lieu préféré des amateurs d'*extreme paintball*, qui s'y livrent des guerres féroces à coups de balles colorées. En ville, nul ne mentionne le fait que Tonopah a été choisie comme site de plusieurs essais nucléaires, en 1951.

Quand les cinq faux chasseurs débarquent à Tonopah, avec une star, il n'y a personne pour les accueillir. Hughes, en chapeau de brousse, s'avance vers le terminal, un vieux bâtiment croulant. Jean Peters, elle, refuse de se ridiculiser pour son mariage et a opté pour une superbe robe. Quand la petite troupe arrive au Mizpah Hotel, le seul établissement du coin, il y a là un juge qui, *manu militari*, marie G.A. Johnson et Marian Evans. La cérémonie expédiée, les chasseurs remettent leurs casquettes, et repartent vers le Constellation. En arrivant à Los Angeles, Howard Hughes serre la main à tous les invités – un immense signe de confiance – et dépose Jean Peters chez elle. Celle-ci porte une belle alliance au doigt, avec un rubis éclatant.

Kathryn Grayson, trois jours plus tard, appelle Hughes pour le féliciter. Celui-ci s'étonne :

– Non, non, je ne suis pas marié. C'est une rumeur.

Deux mois plus tard, Hughes autorise Louella à publier un entrefilet. Rien de plus. « En ce qui me concerne, ils ont été mariés par un pasteur nommé Louella », murmure un journaliste, agacé du scoop de sa consœur. Yvonne

Shubert se précipite, le journal à la main, pour la grande scène du deux. Hughes fait le naïf :

– Tu sais comment sont les journalistes. Ils inventent n'importe quoi. Dès que je serai dégagé de mes problèmes avec la TWA, je t'épouse, juré.

Moyennant quoi, il reprend ses visites chez elle, sous le regard attentif des fouines de Jeff Chouinard, qui ont même percé un trou dans le mur pour surveiller la chanteuse. Et qui en profitent, le cas échéant, pour faire les voyeurs.

Les paparazzi se lancent sur la piste conjugale, mais rien ne filtre. Mr et Mrs Hughes sont déjà installés au Beverly Hills Hotel, selon de nouveaux arrangements. Howard Hughes change de bungalow, et s'installe au n° 4. Non loin de là, le 19, nettoyé, est réservé à Jean Peters. Le bungalow n° 1 est destiné aux aides mormons, et un autre bungalow sert à stocker les réserves de Kleenex, d'eau minérale Poland et de papier hygiénique.

Mais cet arrangement ne satisfait pas Jean Peters. Elle veut son coin de paradis. Son mari l'emmène donc à Palm Springs, dans une maison isolée, où les jeunes mariés s'installent pour quelques semaines. Hughes fait arrêter la pompe de la piscine qui, en quelques jours, verdit. Exige l'arrachage des buissons pleins de microbes qui bordent la maison.

Quand Howard Hughes apprend qu'Yvonne Shubert est enceinte, il ordonne un avortement. Elle a dix-sept ans, et le choc est immense pour elle. Il la console au téléphone : « Attends-moi. J'arrive. »

Puis il sort, la nuit, dans le désert à Palm Springs, et se promène, la main dans la main, avec Jean Peters Hughes. Ils se disent des petits riens, se confient des serments d'amour, regardent le ciel qui fourmille d'étoiles. Un avion clignote doucement dans la nuit. Jean, sous le charme, montre la petite lumière qui s'éloigne :

– Regarde, Howard.

– Ah oui. C'est un DC-4.

Le monde continue à tourner. Lana Turner vient de divorcer de son quatrième mari, Lex Barker, et sort désormais avec un gangster, Johnny Stompanato, dit « The Stomp », aux ordres de Mickey Cohen, maffieux notoire. Humphrey Bogart est mort d'un cancer, deux jours après le mariage de Howard Hughes. Ava Gardner, qui vient de tourner *La Comtesse aux pieds nus*, sort avec un toréador, Luis Dominguin. Frank Sinatra se console de son divorce avec Ava dans les bras de Lauren Bacall, veuve depuis peu. Longy Zwillman, le gangster du New Jersey qui sortait avec Jean Harlow, s'est pendu. James Whale, le réalisateur des séquences sonores de *Hell's Angels*, s'est suicidé lui aussi, en plongeant dans sa piscine vide. Il est enterré à côté de Jean Harlow. Frank Costello, le boss des casinos, qui possède le Tropicana à Las Vegas, est victime d'une tentative d'assassinat à Manhattan. Johnny Rosselli, toujours dans l'ombre, reprend le Tropicana. Son sponsor, Sam Giancana, lui confie les rênes de cette machine à pognon : presque un million de dollars par mois. Giancana est content : « Nous avons de la chance d'avoir Johnny à Las Vegas », dit-il.

Howard Hughes attend les résultats de son appel, en ce qui concerne ses démêlés avec le Trésor. Sa fondation médicale sera-t-elle classée dans les profits non-imposables ? Il l'espère. En attendant, il décide de forcer un tantinet le destin. Quand Dwight Eisenhower, républicain bon teint, est réélu pour un deuxième mandat, Hughes se réjouit. Car le vice-président, Richard Nixon, est connu pour sa vénalité. Qui dit vénal, dit influençable. Or, Hughes préfère débourser des sommes folles pour acheter un homme plutôt que de payer – moins cher – ses impôts. Si bien que le jour où Donald Nixon, le frère cadet du vice-président, demande à Bill Gay un prêt de 205 000 dollars pour ouvrir trois restaurants fast-food, Hughes donne son accord immédiatement. Les fonds vont être versés sur le compte en banque de madame mère Nixon, qui va hypothéquer un minuscule terrain dans la petite banlieue de Whittier, non loin de Los Angeles. Mais les « Nixonburgers » périclitent très vite. Tandis que Donald Nixon, le bon à rien de la famille, plaide pour un deuxième emprunt, une bonne nouvelle arrive : le Trésor a changé de position. Finalement, oui, la fondation médicale Hughes est défiscalisée. La vie est belle.

À la TWA, les problèmes deviennent sérieux. Tous les trente jours, Hughes doit payer 80 millions de dollars pour respecter les termes de l'achat des avions qu'il a imprudemment commandés. La Hughes Tool Co génère moins de profits que d'habitude : le marché du pétrole est, temporairement, en récession. Que faire ? Emprunter ? Il faut prendre une décision. Depuis que Noah Dietrich est parti, Howard Hughes ne sait plus quoi faire. Il décide alors... de ne rien décider. Il passe ses soirées dans son bungalow, n'en sortant que rarement pour dîner avec sa femme. Jean Peters, elle, a abandonné sa carrière cinématographique après un dernier film, *Au service des hommes*. On ne la verra plus à l'écran jusqu'en 1970, date à laquelle elle refera une apparition dans *Little Big Man*, le beau western d'Arthur Penn. Pour combler ses journées, elle jardine, avec l'aide de huit jardiniers à plein temps, puis elle tricote. Parfois, son mari la convie à une séance de projection aux studios Goldwyn. Elle, constamment, répète la même question : « Howard, quand aurons-nous une maison pour nous ? Un vrai foyer ? »

Il ne répond pas. Il s'enferme dans un monde cotonneux, avec l'aide de la codéine. Quand il rentre dans son bungalow, il trouve mille messages qui l'attendent. Les banques s'agitent, le marché monte, puis descend. Les actions de la TWA sont au plus mal. Le dernier directeur, lassé des ordres et des contrordres de Hughes, a démissionné. En plus, Noah Dietrich fait un procès à son ex-employeur. La pression est insupportable. Hughes, comme d'habitude, se met la tête dans le sable. Il fuit.

Il se met aux commandes d'un Constellation de la TWA, et, avec deux Mormons, s'envole. Direction : Montréal. Officiellement, explique-t-il, c'est un voyage d'étude. Il s'agit de tester les nouveaux avions Vickers Discount et Bristol Britannia. Officieusement, il disparaît purement et simplement. Il s'installe au Ritz-Carlton, avec ses aides de camp à portée de main. Les règles sont les mêmes qu'en Californie : pas de microbes, plein de Kleenex et aucune visite. John Holmes, le favori de Hughes, apporte les repas, sur une table roulante qui ne pénètre jamais dans les cuisines, de peur qu'un cafard ne se colle sous les roues. Steaks, petits pois et crème glacée à la vanille forment l'unique menu, comme d'habitude. Le moindre écart est un éboulement. Le jour où Hughes repère une trace de framboise sur sa glace vanille, il demande que l'hôtel change de fournisseur.

Les jours passent. Jean Peters n'a aucune idée de l'endroit

où se trouve son mari, qui appelle rarement. Celui-ci, à Montréal, fait venir de la compagnie : Yvonne Shubert passe quelques nuits avec lui. Quand elle repart, Hughes constate qu'il est à Montréal depuis trois mois. Il est temps de bouger. Il reprend l'avion – qui, immobilisé, manque cruellement à la TWA pour ses opérations quotidiennes – et s'envole. Direction : Nassau, capitale des Bahamas. Là, il convoque Jean Peters et Robert Maheu. Il instruit ce dernier : « Je veux investir dans ce pays. »

L'ennui, c'est que « ce pays » est plein de Noirs. Hughes change d'avis et revient à Los Angeles. La crise menace tout l'Empire.

Toujours sous le joug, Yvonne Shubert suit à la lettre l'emploi du temps concocté par Hughes et Bill Gay. Elle se rend aux projections qui lui sont proposées, se voit offrir un caniche (qui doit être logé ailleurs les jours où Howard Hughes vient coucher avec sa protégée), prend des leçons de chant et commence à se sentir un peu étouffée. Les hommes de Chouinard l'observent en grimpant sur des poteaux électriques, déguisés en ouvriers, l'écoutent sur son téléphone, la suivent partout. Malgré tout, elle réussit parfois à s'échapper. Comment rencontre-t-elle Johnny Rand ? Celui-ci est un ex-Marine sans job défini. Très vite, Chouinard prévient Hughes. Quand le millionnaire appelle Yvonne, celle-ci hurle comme une harengère : « Vieux salaud ! J'en ai marre d'être une putain de prisonnière dans cette putain de maison ! Je me tire ! »

Hughes envoie un messager mormon, qui est accueilli par un ex-Marine en colère, un Colt à la main. Maheu est chargé de la délicate mission de faire dégager le gêneur.

Comment faire ? La chance va aider Howard Hughes. Maheu constate que Johnny Rand se rend souvent sur un champ de tir, pour garder la main. Là, un jour, son Colt se bloque. Rand regarde dans le canon, le mécanisme se décoince et la balle arrache la moitié de la calotte crânienne du curieux. Hughes est ravi. Maheu a beau protester de son innocence, rien n'y fait.

– Je savais que vous étiez bon, Bob. Mais à ce point-là, franchement, je ne m'en doutais pas. Bravo.

– C'est un accident, Howard.

– Comme vous voulez, Bob. Mais vous êtes le meilleur.

Là-dessus, exaspéré par Yvonne et son langage de virago, Hughes décide de couper les ponts. Bill Gay reçoit des instructions : « Vous ne devez même plus reconnaître sa voix au téléphone. Traitez-la comme une étrangère absolue. »

L'« étrangère absolue » reverra une fois Hughes. Il lui demande de passer au Beverly Hills Hotel, et lui dit :

– C'est plus simple, maintenant que Johnny est mort.

– Comment peux-tu être aussi cruel, Howard ?

Hughes regarde Yvonne, se lève et lui administre une paire de claques retentissantes. Puis, voyant que sa victime cherche un objet contondant pour lui casser les dents, n'écoutant que son courage qui ne lui dit rien, Hughes s'enferme dans la salle de bains.

Il reste à régler un léger petit problème. Avec l'aide de Maheu, Hughes fait simuler un braquage dans l'appartement de la fille. Les pseudo-voleurs récupèrent un bracelet de diamants, un collier d'émeraudes, un bracelet en saphirs. Le vol, dûment déclaré à la police, est couvert par l'assurance.

Désormais, tout est codifié. Les mémos se succèdent, à grande vitesse. « Préparer la table : un journal non ouvert sera ouvert au milieu et déployé sur la table. Ce journal peut être l'un de ceux que H.H. ne lit pas. » Ce n'est que la première indication des procédures à respecter pour ouvrir une boîte de conserves. Il faut : 1) acheter une boîte (une demi-page d'instructions) ; 2) laver la boîte (deux pages d'instructions) ; 3) sécher la boîte (une page) ; 4) se laver les mains (deux pages) ; 5) ouvrir la boîte (trois lignes) ; 6) sortir les fruits de la boîte (une page). Et sont même prévus les accidents : si un fruit tombe à côté de l'assiette, il est nécessaire de s'assurer qu'« aucune partie du corps ne surplombe l'assiette ». Il faut alors apporter l'assiette au pâtissier, « sans tousser, sans parler, sans se racler la gorge ou remuer les lèvres. Interdit de parler avec le pâtissier. Les fruits doivent juste changer de mains, en silence et sans aucun signe de la main. La boîte et le journal sont alors jetés. L'opération, dès lors, est terminée ».

Il y a des règles millimétriques à observer pour relever un siège dans les toilettes, prendre un message, parler, manger, dire bonjour ou garder le silence. Les Mormons, sans discuter, obéissent. Et livrent douze boîtes de Kleenex par jour, de quatre cents mouchoirs chacune.

L'un d'entre eux est un jeune homme d'une vingtaine d'années. Il se nomme Ron Kistler. Sa tâche est bien spécifique : il est là seulement pour chasser les mouches. Tandis que Hughes, nu, repose sur sa chaise longue, uniquement habillé d'un napperon rose, Kistler scrute les rideaux pour voir si, d'aventure, une mouche n'a pas pénétré dans le saint des saints. Hughes interdit l'usage d'une bombe insecticide, et exige qu'on lui montre le cadavre de la bête. Très vite, Kistler prend l'habitude d'avoir une mouche morte dans sa poche.

Hughes décide de ne plus lire les journaux, car ils sont contaminants. La télé, aussi, émet des rayons inquiétants. Hughes s'éloigne de sa femme, qui ne le voit plus que très rarement. Pour leur premier anniversaire de mariage, cependant, il consent à faire la fête : il invite Jean Peters à le rejoindre pour une session-marathon de projection, au studio Goldwyn. Là, il a fait installer une chaise longue en Skaï blanc et, pour sa femme, une chaise de couleur blanche.

– C'est plus joli. C'est assorti.

La position des chaises est déterminée au millimètre près. Hughes arrive dans une vieille Chevrolet, accompagné de Ron Kistler, qui ne doit jamais dire un seul mot et reste à l'extérieur de la salle. Quand le film est terminé, on enchaîne avec un autre ou, encore mieux, on revoit le même. Au bout de deux films, Jean Peters rentre dans son bungalow. Dès qu'elle est partie, Hughes se dirige vers les toilettes, pisse par terre, et s'élance dans les couloirs briqués, pour glisser sur le carrelage comme un enfant dans la neige. Puis il se met à astiquer, avec des Kleenex, les poignées de porte, les accoudoirs, les cadres. La projection reprend. Dans un vieux film, Hughes repère une jeune fille dont les seins lui plaisent. Il lance Walter Kane sur sa piste. Quelques jours tard, quand Kane revient, il a une mauvaise nouvelle. La fille vit dans le Sud, et c'est une grand-mère. Là, dans l'obscurité de la salle de projection, Hughes réfléchit, semble-t-il. La TWA attend. Les mois passent. Brusquement, Hughes note que, la veille, quelqu'un a projeté, dans cette même salle, un autre film : *Porgy and Bess* d'Otto Preminger. C'est un opéra uniquement joué par des Noirs. Des NOIRS ? « Dans MA salle de projection ? » Il ne remettra jamais les pieds dans cette salle souillée par des nègres.

L'ancien PDG de TWA avait une habitude agaçante. Il se plaignait de tout. Des mauvais résultats, des emprunts que Hughes faisait dans le parc d'appareils disponibles, du manque d'apports financiers. Il a donc été viré. Le remplaçant, Charles Thomas, a été secrétaire d'État à la Marine, et possède une expérience non négligeable. Et, en plus, il a joué au golf une fois avec Hughes, en 1929. C'est donc exactement l'homme qu'il faut, se dit Hughes. Il l'engage. Tout le monde a prévenu Charles Thomas : le patron est un homme crispant, qui se mêle de tout et de rien, et qui contredit systématiquement les ordres de la hiérarchie. À sa grande surprise, Charles Thomas constate que Hughes ne donne pas signe de vie. Pendant six mois, pas mot, pas miette. Un fantôme.

La TWA, sous la direction de Thomas, commence à remplacer sa flotte vieillissante. Les jets tant attendus sont livrés. La publicité suit le mouvement : la compagnie aérienne renoue avec les bénéfices. Charles Thomas met sur pied un plan de financement sophistiqué. Il réunit un tour de table. Banques, assurances, établissements financiers, tous mettent la main à la poche. La seule condition du gigantesque emprunt que le consortium consent à TWA, c'est que les structures de management restent en place, et que Charles Thomas ne bouge pas. Pendant que les avocats fignolent les contrats, relisent les notes en toutes petites lettres en bas de page, corrigent les adjectifs et dynamitent les virgules, les actions remontent. Pour la première fois depuis des années, TWA renoue avec la croissance. Travaillant dix-huit heures par jour avec enthousiasme, Thomas peaufine son architecture financière : les problèmes vont disparaître. Le PDG, content de l'allure que prend toute l'opération, appelle Howard Hughes.

– Howard, les nouvelles sont bonnes. Nous sommes sortis de l'ornière. Les banques nous soutiennent.

– À quelle hauteur, Charles ?

– Elles nous prêtent 168,8 millions de dollars !

– Excellent.

– J'aimerais vous demander une faveur, Howard.

– Oui ?

– Je voudrais des stock-options.

– Je vais y réfléchir, Charles.

C'est tout réfléchi. Il n'en est pas question. Hughes suit toujours les conseils de son père, gravés dans le marbre. Pas de partenaire. Il refuse de se défaire d'une seule parcelle de son pouvoir. Quelques semaines plus tard, soit deux jours avant la signature de l'accord définitif, Hughes fait connaître à Charles Thomas sa décision. Non, non et non. Thomas, ulcéré, démissionne.

Dans la foulée, les banques reviennent à la clause de non-changement du management. Et annulent toute l'opération. Que fait Hughes ? Il s'endort. Pendant trois jours et trois nuits. Puis, réveillé, il demande un nettoyage complet de son bungalow. Les femmes de ménage débarquent, et, dans un premier temps, reculent devant la puanteur du lieu. Puis elles s'y mettent : elles lavent les murs et la moquette, désinfectent les rideaux et la salle de bains, grattent la moisissure des canalisations, jettent quarante-neuf cartons de saloperies diverses et passent l'éponge sur la chaise longue en Skaï. La décharge municipale Hughes redevient un lieu à peu près humain.

Pendant quelques jours, Hughes ne vivra plus dans une bauge.

Puis la raison l'emporte, pendant un bref instant : Howard Hughes se démet de ses pouvoirs pour les remettre aux instances de crédit. Les banques prennent le contrôle de la TWA. C'est gagné ? Hughes est sur la touche ? À Wall Street, on applaudit. Mais c'est mal connaître le renard. Il a plus d'un tour dans son sac, le barjo.

Howard Hughes a changé de salle de projection. Il a trouvé un nouveau lieu, sur Sunset Boulevard : la salle privée d'un producteur, Martin Nosseck. Quand il s'y enferme, entouré de trois assistants dont Ron Kistler, tout le monde s'attend à ce qu'il y passe deux ou trois jours. C'est le rythme normal. Les hommes organisent donc un roulement entre eux. Hughes demande au projectionniste, Carl, de commencer par *I was a teenage werewolf* (J'étais un loup-garou adolescent). Quand le film lui plaît, Hughes regarde volontiers jusqu'au bout. Quand il ne lui plaît pas, il interrompt la projection, parfois à cinq minutes de la fin. Cette fois-ci, il regarde deux films, puis convoque ses fidèles Mormons :

– Messieurs, je suis content de votre présence Je vous connais tous personnellement, et je sais que je peux vous faire confiance. Nous allons être ici pour un moment. Arrangez votre emploi du temps de telle façon qu'il y ait toujours quelqu'un de disponible. Personne ne doit savoir où je suis. Vous n'avez pas le droit de me parler, même pour me répondre.

Hughes se rassied dans sa chaise longue. Derrière lui, l'un des Mormons prend position, dans une chaise à dos droit. Les autres sortent. Dans un silence religieux, Hughes se penche, et commence à arranger des boîtes de Kleenex selon des motifs géométriques. Deux heures se passent :

– Vous pouvez sortir.

Le Mormon sort. Par la vitre de la cabine de projection, Ron Kistler observe son patron. Quand Kistler entre, Hughes lui demande :

– Y a-t-il des mouches ici ?

Il n'y en a pas. Hughes continue à classer ses boîtes et, de temps en temps, à boire du lait. Au bout de deux jours, il arrête. Il demande à manger. Il exige d'être servi dans des sacs en papier kraft, achetés par cartons. Les cartons sont censés rester dans le bungalow des accessoires, au Berverly Hills Hotel, pendant deux ans, avant d'être utilisés : c'est, selon Hughes, la durée de vie d'un microbe.

John Holmes, le Man in Black chargé d'aller à l'épicerie, revient, tend le sac ouvert à Hughes, lequel met la main dedans, lentement, pour ne pas toucher le papier, et en retire deux barres de chocolat Hershey et un sachet de noix. Le repas – qui dure quatre heures ! – terminé, Hughes reprend son activité. Les jours passent. Les assistants commencent à sentir mauvais. Ils s'éclipsent pour se doucher et se changer. Hughes se contente de tapisser de Kleenex le sol de la salle de bains. Puis il pisse par terre. Les assistant, eux, sont priés de faire leurs besoins dans un seau à champagne.

Après une semaine, on projette un nouveau film : *Arènes sanglantes*, de Rouben Mamoulian, avec Tyrone Power, Alla Nazimova, l'ancienne propriétaire du Garden of Allah, Linda Darnell et Rita Hayworth. Hughes se jette de l'eau sur le visage, va se rasseoir et, tandis que sur l'écran, le film continue, il téléphone. Il est en relation permanente avec Romaine Street et Bill Gay. Il commande des barres de chocolat, dicte une lettre pour la TWA à Ron Kistler, et reprend la séance de cinéma. Il pue. La premier mois se termine ainsi : la salle est jonchée de papiers de chocolat, de coques de noix, de berlingots de lait, de Kleenex. Les aides se relaient pour dormir où ils peuvent. Hughes se manifeste brusquement :

– Vous avez vu quelque chose, Ron ?

Kistler fait non de la tête. Il n'a pas le droit de parler.

– Une mouche ?

Non.

– Une mite ?

Non.

– Un cafard ?

Non.

– Une araignée ?

Non.

– Un crapaud ?

Non.

– Un lézard ?

Kistler, qui vient d'en voir un dehors, au soleil, fait oui.

– Je l'ai vu aussi. Mais je n'ai rien dit. Vous m'auriez pris pour quelqu'un de bizarre.

Dans cette salle au sous-sol de Sunset Boulevard, plus personne n'a conscience du temps. Dehors, le bruit court qu'on y fait des tests pour un abri anti-atomique. Parfois, Hughes s'installe sur le trône des W.-C., se balance, grogne et dicte par la porte du courrier pour la TWA. Mais sa constipation chronique le fait souffrir. Une fois, il reste vingt-six heures sur le pot. Puis il se met à se torcher comme un forcené, et utilise d'un seul coup six rouleaux de papier hygiénique. Le reste de la nuit est consacré à enrober chaque objet de la salle de bains – les robinets, le savon, les poignées – de papier.

Ses vêtements sont crasseux. Il les enlève, et reste là, nu, sur sa chaise longue. Ses cheveux poussent. Sa barbe aussi. Il maigrit. Il se voûte. De temps en temps, il appelle sa femme et ses anciennes petites amies. Il leur explique que sa santé est mauvaise, et qu'il a été obligé d'aller à l'hôpital. « Où ? » s'écrient-elles, alarmées. Il répond : « L'infirmière arrive. Elle va me faire un lavement. Je raccroche. » Jean Peters, qui supporte mal les Mormons, est dans le noir absolu : personne ne lui dit rien. À force d'insister auprès de Nadine Henley, elle obtient une réponse. C'est un mémo écrit à la main : « Chérie, je suis ici pour – si c'est ce que les Chinois font, je ne sais pas. Je pense qu'on pourrait obtenir le même résultat en demandant à votre femme de vous frapper sur la tête avec un gros livre. Peut-être le camphre l'a-t-il gâché... As-tu aimé le show ? Je t'envoie mon amour et dis-moi si tout va bien. Howard. »

Les mois passent, les saisons changent.

Au printemps 1958, Howard Hughes commande des vêtements propres, s'habille et s'en va. Il a perdu vingt-cinq kilos. Il est resté cinq mois et vingt-deux jours dans le noir.

CHAPITRE 18

KENNEDY

En août 1960, un étrange rendez-vous a lieu au Brown Derby, l'un des restaurants les plus à la mode de Los Angeles. Dans un brouhaha joyeux, les impresarios vont de table en table, pour bavarder avec les stars, séduire les clients, appâter les producteurs. Un peu à l'écart, Johnny Rosselli, les cheveux blancs soigneusement ramenés sur le dessus du crâne, impeccablement habillé, attend. Désormais, le « Henry Kissinger de Las Vegas » ne fait que passer à Hollywood, lieu de ses anciens méfaits. Il est sous la surveillance constante du FBI, qui le soupçonne de profits illicites dans les casinos, mais Rosselli fait profil bas. Toujours gangster, mais de haut vol. Il ne se salit plus les mains. Lesquelles sont, d'ailleurs, soigneusement manucurées. C'est la première chose que remarque Bob Maheu en arrivant. Il note aussi les chaussures italiennes, cirées à la perfection. Les deux hommes déjeunent ensemble, évoquent leur première rencontre à Las Vegas, où Maheu était en mission pour Hughes. Parvenus au café, alors qu'ils sirotent leurs espressos, Maheu en vient à sa proposition. Tout d'abord, il demande l'absolu secret sur ce qui va se dire. Rosselli acquiesce. L'opération que Maheu va décrire est classée dans la catégorie « Pour vos yeux seulement ». À savoir : la CIA est derrière, mais l'agence fédérale ne doit pas apparaître. Et si les honorables correspondants se font prendre, tant pis pour eux. La CIA ne les connaît pas. Et ne veut pas les connaître. Tout d'abord, Rosselli manifeste son étonnement :

– Moi ? Vous voulez me faire travailler pour l'oncle Sam ? Les fédéraux me suivent partout. Ils vont même chez mon tailleur, pour relever mes factures. Bob, vous êtes sûr... ?

Bob est sûr. La CIA est déjà au courant : elle a fait vérifier les contacts maffieux de Rosselli. Il est l'homme de la situation. Maheu explique l'affaire :

– Johnny, vous engagez qui vous voulez, et l'oncle Sam ne vous connaît pas. Moi non plus. Si vous parlez de moi, je dirai que vous êtes dingue.

Assis sur leur banquette, dans une alvéole du Brown Derby, les deux hommes mettent au point un scénario si invraisemblable qu'aucun des scénaristes présents dans la salle n'aurait pu l'imaginer.

La guerre froide bat son plein. Quelques mois plus tôt, le pilote d'un avion espion, Gary Powers, a été abattu au-dessus de l'URSS. Khrouchtchev, le premier secrétaire du PC soviétique, est en rage. Les dangers se précisent. Il faut se battre, de préférence dans l'ombre. Rosselli et Maheu conviennent de se revoir à Miami.

Là, quelques jours plus tard, Maheu est mis en présence de deux hommes élégants, Sam Gold et Joe. Le premier, en réalité, est Sam « Momo » Giancana, le parrain de Chicago. Joe est Santos Trafficante, ex-boss de La Havane, l'homme le plus puissant du Sud. Ils ne sont pas là pour fournir une aide quelconque, mais juste pour donner leur accord. La bénédiction des parrains est plus nécessaire que la grâce de Dieu.

Nixon, l'homme de Howard Hughes, vient de perdre les élections. Un nouveau venu, John Kennedy, s'installe à la Maison-Blanche. Hughes, immédiatement, a pris des dispositions : il veut mettre le nouveau président dans sa poche. Il fournit gracieusement les avions de la TWA pour transporter les invités de la cérémonie d'intronisation. Pendant que Frank Sinatra serre la main du Président, Maheu retrouve Giancana dans une suite de l'hôtel Fontainebleau. Celui-ci lui demande simplement de dresser une liste de tout ce dont il a besoin. Le FBI, lui, n'étant pas dans la confidence, se demande à quoi riment ces rendez-vous. Tandis que Giancana se gave de caviar et d'œufs finement hachés, il émet une suggestion :

– Un tueur, c'est trop risqué. Il faudrait un poison.

– Une pilule, ça irait ?

– Oui. Ça ferait l'affaire.

Quelques jours plus tard, les chimistes de la CIA ont mis au point une pilule ronde, soluble, qui contient des germes botuliques. Il suffit de la glisser dans une boisson. Robert Maheu prend livraison du poison, le transmet à Johnny Rosselli. Celui-ci est la cheville ouvrière du plan. L'assassinat de Fidel Castro n'est plus qu'une question d'heures.

Revenu dans son bungalow du Beverly Hills Hotel, Howard Hughes est repris par son obsession la plus chère, la plus délicieuse : il veut de la chair fraîche. Alors que ses traqueurs de filles ont déposé les armes, et que l'organisation s'est peu à peu démantelée, voici que le patron exige de recommencer. Il demande instamment que les concours de beauté, les défilés de plage, les rassemblements de jeunes débutantes soient surveillés, filtrés. Un jour, il souhaite qu'on lui livre Miss Belgique, Miss France, Miss USA. Des contrats sont établis pour des films. Des appartements, préparés. Des voitures, remises en circulation. Mais le cœur n'y est plus. Les filles arrivent, s'installent, s'ennuient, repartent. Aucune ne verra le Fantôme. Hughes sombre dans une apathie due à la codéine. Il préfère se concentrer, jour et nuit, sur les tactiques possibles pour reconquérir la TWA, sur ses jeux de pouvoir. Sa femme ne le voit presque plus. Il se nourrit par à-coups. Il téléphone pour dire :

– Servez-moi un repas. Un steak, cette fois-ci.

Comme si le menu était différent des dix mille fois précédentes ! Puis il rappelle :

– J'ai changé d'avis. Je mangerai plus tard.

En effet, il rappelle plus tard. Deux jours et demi plus tard. On lui livre donc un steak, saignant au départ, mais qui continue à cuire sur un brûleur, le temps que le serveur arrive de la cuisine de l'hôtel jusqu'au bungalow. Si la porte ne s'ouvre pas immédiatement, le steak est trop cuit. Et refusé. Il arrive que ce ballet se répète dix fois de suite. Les serveurs, exaspérés, prennent des mesures de rétorsion. L'un d'entre eux, livrant exceptionnellement un ragoût de bœuf, gratte au passage de la fiente de moineau et la mélange avec la sauce. Mais, la plupart du temps, Hughes réussit à avaler deux ou trois steaks, un litre de lait, trois ou quatre pots de crème glacée, et six cookies qui doivent contenir seize pépites de chocolat, pas une de plus ou de moins. Parfois, les commandes de Hughes sont encore plus spécifiques : « 3 steaks, 1 patate, 1 hamburger, 9 petits pois, 1 tomate en tranches. » Puis, une fois repu, il passe deux heures à essuyer le fil du téléphone avec ses Kleenex. Son médecin, Verne Mason, ne dit rien. Il se contente de lui prescrire un nouveau médicament, la Ritaline, un stimulant nerveux.

Les résultats sont spectaculaires : Howard Hughes, brusquement, passe en surmultipliée. Il remplit des pages et des pages de considérations sur la TWA, s'habille et même – miracle ! – ouvre les rideaux de sa fenêtre. Puis il commande un gâteau à l'ananas comme dessert. Ayant avalé ses petits pois et ses steaks, il attaque le sucré. Et note que, sous la soucoupe, il y a l'addition. Celle-ci est libellée : « Gâteau commande spéciale H. Hughes : 3,75 dollars ». Immédiatement, Hughes se cabre. Il écrit sur la facture : « Absurde ». D'habitude, le gâteau coûte 1,50 dollar. Hughes téléphone au directeur de l'hôtel, à Bill Gay, puis il déménage. Il déserte ses trois bungalows, ses dix chambres d'hôtel, malgré les supplications du patron du Beverly Hills Hotel : « Nous ne facturerons pas le gâteau, Mr Hughes. Nous vous en faisons cadeau ! » Il ne remettra pas les pieds dans cet antre d'escrocs. Mais continuera à payer les loyers pendant sept années. Les bungalows, inoccupés, vont moisir.

Howard Hughes sort, et demande qu'on prenne la direction de San Diego, Californie. Là, les Mormons lui ont trouvé une maison, le Rancho Santa Fe. C'est une luxueuse demeure provinciale, où l'on a installé deux grands lits côte à côte pour satisfaire Jean Peters, trois téléphones avec des amplificateurs, et où les fenêtres sont masquées par d'épais rideaux noirs, collés contre les montants. Jean Peters est ravie de ce changement d'adresse : enfin, un foyer conjugal ! Une maison à elle ! Elle en rêve depuis si longtemps... Dès qu'elle arrive, elle ouvre les fenêtres, malgré l'opposition de son mari. Elle installe ses deux chats. De l'air frais, de la verdure, de la lumière. Pour elle, si ce n'est pas le bonheur, ça y ressemble.

Dans son hangar construit à grands frais, le Hercules attend. Quoi ? Nul ne sait. Des vigiles montent une garde constante, l'avion géant se détériore lentement, malgré des révisions ponctuelles. Howard Hughes dépense 100 000 dollars par an, juste pour la location du terrain de Long Beach où, régulièrement, la municipalité veut construire de nouveaux buildings. Mais Hughes ne se laisse pas déposséder. L'ennui, c'est que le hangar repose sur un remblai : le sol s'enfonce de vingt centimètres par an. L'eau de mer menace, et, en 1953, a carrément envahi les locaux, endommageant l'appareil en bois. Glenn Odekirk s'est chargé de la remise en état, et le Spruce Goose repose maintenant sur un berceau qui, en principe, le maintient au sec. Même un tremblement de terre ne lui ferait rien : des coussins d'air ont été disposés tout autour. Deux fois par semaine, Hughes exige que les moteurs tournent, et que l'huile soit régulièrement changée. Doucement, le Hercules est en train de devenir une relique. Howard Hughes aussi.

La TWA lui appartient. Personne ne lui dictera ce qu'il doit faire, il en est intimement convaincu. On lui a pris ses pouvoirs ? Il va tout faire pour les reconquérir. D'abord, sous l'effet électrique de la Ritaline, Hughes engage des avocats. Il y en aura exactement cinquante-six, qui vont se battre sur tous les fronts. La moindre faille est exploitée. Le moindre vacillement de la loi est mis en évidence. Onze États fédéraux seront mis à contribution, et les frais atteignent 25 millions de dollars. L'avocat principal, Chester Davis, est un homme jovial, rond, très dangereux, qui a été recommandé par Floyd Odlum, le mari de l'aviatrice Jacqueline Cochran, jadis rivale de Hughes pour le record de vitesse. Davis, qui a fait ses études à la Harvard Law School, est une épée. De son vrai nom, il se nomme Caesar Simone : il est né à Rome. Il aime les Martini très dry, les idées en vrac, les affaires juteuses. Il lance une attaque tous azimuts. Il est prêt à se battre pendant un siècle, s'il le faut. Il conteste la validité de la démission forcée de Hughes.

L'avocat de la TWA, John Sonnett, est un as des stratégies fines. Son argument est solide : la Hughes Tool Co, en finançant les manques de la TWA pour l'achat des avions, a faussé le jeu du marché et a contrevenu à la loi antitrust. Sonnett étudie le dossier Hughes, et conclut par une observation acérée : le problème, dit-il, n'est pas la mauvaise gestion, les irrégularités financières, les montages hasardeux. C'est Hughes lui-même. Il faut donc le contraindre à faire ce qui lui demande le plus d'efforts : se montrer. Sonnett convoque Hughes, pour qu'il témoigne devant le tribunal. La perspective de sortir, d'affronter d'autres être humains, terrifie Hughes.

Le plus drôle de la situation, c'est que Hughes, en tant qu'actionnaire principal de TWA, paie les avocats de la partie adverse, en plus des siens.

Le tribunal lance une assignation à comparaître envers Howard Robard Hughes.

La quête commence. Où doit-on remettre l'assignation ? Il est obligatoire de le faire en mains propres. Or,

Hughes n'habite plus au Berverly Hills Hotel. Sa maison de Muirfield Road a été vendue. Les notaires, les coursiers, les shérifs font chou blanc. La TWA réagit en engageant des détectives privés, des anciens agents du FBI, des informateurs. La Cour supérieure du Maryland, où se déroule la première manche judiciaire, exige la présence du témoin. Et les banques qui soutiennent la TWA veulent aussi assister à la mise à mort du type qui leur pourrit la vie depuis des années. Une prime de 50 000 dollars plane sur la tête de Howard Hughes. Robert Maheu regarde tous ces préparatifs de guerre, et rit. Il va transformer le Fantôme en homme invisible.

D'abord, Maheu engage un acteur, un sosie de Howard Hughes. Il le fait apparaître au lac Tahoe, à Reno, à San Francisco, à Beverly Hills, au Mexique. Les notaires arrivent ? L'acteur s'éclipse. Quand le faux Hughes réapparaît à Squaw Valley, c'est la ruée. Mais il s'est de nouveau évaporé. Lorsque les détectives se mettent à suivre Maheu lui-même, notre homme se met en colère. Il gare sa voiture, sort, et s'adresse au suiveur :

– Votre job, c'est de trouver Hughes. Vous n'y arriverez pas en me suivant. D'ailleurs, vous êtes employé par la TWA, et comme Hughes possède 78 % des actions, il finance 78 % de votre salaire. Faites du bon boulot.

En quinze années de collaboration, Bob Maheu ne verra jamais Howard Hughes. Il résumera cette période par une simple constatation :

– Ceux qui disent l'avoir vu ne l'ont pas vu ; ceux qui l'ont vu ne disent rien.

Finalement, deux anciens G-Men, Furth et Leckey, reçoivent un bon tuyau. Howard Hughes serait au Rancho Santa Fe, à 120 kilomètres de Los Angeles. Ils sautent dans leur voiture et, arrivant le soir à San Diego, vont s'installer à l'hôtel. Ils ne parlent à personne, font profil bas, ressemblent à des VRP. Le matin, quand ils descendent prendre leur petit déjeuner, certains d'être passés inaperçus, un serveur noir s'approche d'eux.

– Cherchez Mr Hughes ?

– Euh...

– Ben, il n'est pas là.

Quand les deux flics se présentent au Rancho Santa Fe, ils trouvent porte close. Quelques Men in Black sont là, qui gardent la maison. Ils n'ont qu'une seule phrase à la bouche : « Ceci est une propriété privée. »

Déprimés, Furth et Leckey rentrent à Los Angeles.

Dix hommes se déploient. Ils arrivent à Palm Springs.

– Oui, Mr Hughes était là hier soir.

Mais il est reparti. L'équipe se renforce : trente-cinq hommes. Ils vont à Acapulco. Rien. À Mexico. Rien. Ils lancent des chasseurs de prime. Rien. Chaque fois, Bob Maheu et Howard Hughes ont un temps d'avance. Quand les enquêteurs veulent lancer des bombes fumigènes sur une résidence de Bel Air, et pénétrer avec les pompiers, John Sonnett intervient. « Nous ne sommes pas dans un comédie de Laurel et Hardy », dit-il. Tout le monde est frustré. Mais, au fond, une question se pose : Howard Hughes est-il encore en vie ?

Il l'est, incontestablement. Au Rancho Santa Fe, il a fait refermer les fenêtres que Jean Peters avait ouvertes. Il revient à sa haine des microbes. Personne n'a le droit d'entrer dans la chambre à coucher, qu'il partage avec sa femme. Mais celle-ci est effondrée devant les amas de poussière et de Kleenex qui traînent partout. Finalement, en désespoir de cause, elle tente un coup de force. Puisqu'ils sont dans leur maison, celle-ci doit être propre. Elle entre avec un aspirateur. Howard Hughes, terrifié, se jette sous les couvertures. Elle le console : « Non, Howard. Je vais juste faire pénétrer le tuyau de l'aspirateur, pas le moteur. »

Tandis que son patron se terre dans un coin de la chambre, John Holmes, l'un des aides, se démène avec la manche d'aspiration, dans le noir absolu. À l'aide d'une torche électrique, il nettoie le dessous du lit, la moquette et la salle de bains. Il doit cependant contourner le poste de télé, pour ne pas le contaminer : Hughes a vaincu ses craintes, et regarde des films la nuit. Quand le nettoyage est terminé, Holmes s'agenouille au pied du lit et Hughes lui dicte une lettre dans le noir. Puis il se couche. Mais il empêche Jean Peters de dormir, car il fait cliqueter les ongles de ses doigts de pied. Elle trouve la parade : à défaut d'une machine pour les écarter, elle lui insère tous les soirs des boules de papier entre les orteils. Désormais, le silence règne.

Durant cinq mois, alors que les traqueurs se perdent sur la piste d'un sosie, un semblant de bonheur s'installe. Jean Peters vaque à ses occupations, Howard Hughes se gave de Ritaline et passe de frénétiques coups de fil. À force de se droguer, il est victime d'hallucinations : delirium tremens ? Il voit, il sent des cohortes d'insectes sur son corps. Il tente de s'arracher la peau des bras. Il se griffe. La crise passe.

Les Mormons, pendant ce temps, s'organisent. Sans le dire à Hughes, Bill Gay ouvre des bureaux à Encino, l'une des banlieues de Los Angeles. Il gère les problèmes de la Hughes Aircraft Co, de l'Institut médical, et voit passer sur son bureau de juteux contrats avec l'armée, pour la fabrication de missiles Polaris et pour la conception de satellites artificiels. La somme totale de ces contrats s'élève à 379 millions de dollars. De quoi donner des idées à un honnête homme... Le Gang des Mormons en a plein, des idées.

Ce jour-là, Jean Peters est devant la télé, à regarder un de ces *soaps* interminables, qu'elle adore. La soirée s'annonce calme, avec juste les aides qui montent la garde, et les coups de téléphone de Romaine Street. Un visiteur s'annonce : c'est le shérif de San Diego. Veut-il voir Howard Hughes ? Non. Jean Peters Hughes ? Pas plus. Mais de quoi s'agit-il ? Il apporte une assignation à comparaître.

Pour le propriétaire de la maison.

Jean Peters comprend qu'elle a été flouée. Le Rancho Santa Fe n'est pas à elle, c'est une location. Elle entre dans une colère immense. Elle s'emporte. Elle crie :

– Comment as-tu pu ?

Howard Hughes se tourne vers elle, l'air absent. Puis :

– Chérie, tu préférerais être à l'hôtel ?

Johnny Rosselli est chargé d'une mission déplaisante, mais nécessaire. L'un des anciens associés de Joe Kennedy, Gus Greenbaum, survivant de l'époque Capone, s'est installé à Las Vegas. Dès la première année de sa gestion, le Flamingo rapporte 4 millions de dollars. Autoritaire, précis, Greenbaum a une règle : si un employé pique dans la caisse, on lui fracasse les doigts à coups de batte de baseball. Finalement, Greenbaum décide de prendre sa retraite et d'abandonner Las Vegas. Mais la Maffia ne l'entend pas de cette oreille : deux tueurs sont dépêchés en Arizona pour le convaincre de revenir. Il refuse. Par un de ces hasards dont l'Histoire est féconde, le frère de Greenbaum est retrouvé mort, suicidé d'une balle dans le dos. Gus Greenbaum comprend où est son intérêt. Il revient. Il remonte le Riviera et en fait son royaume. Trois ans plus tard, un mystérieux investisseur fait une offre pour racheter le casino. « Pas question, rétorque Greenbaum. Cette ville est dans mon sang ! » Un ultimatum lui est gentiment adressé. Il hausse les épaules.

Le lendemain, son corps est retrouvé dans son salon. Il a été décapité, sa femme a été égorgée. Johnny Rosselli est horrifié, et le fait savoir haut et fort. Quelques jours plus tard, il inclut le Riviera dans sa liste d'établissements « protégés ».

Les casinos, au début des années 1960, rapportent 250 millions de dollars. C'est la somme officielle. Il faut y ajouter cinq millions par établissement, somme qui disparaît sans laisser de trace dans les poches de la Maffia. C'est ce qu'on appelle l'« écrémage ».

La tentative d'assassinat contre Castro a lamentablement échoué. Le débarquement de la baie des Cochons aussi. John Kennedy, le président des États-Unis, et son frère Robert, ministre de la Justice, ont mis au point un projet de contre-révolution à Cuba : l'opération Mongoose. L'un des hommes-clés de cette opération se nomme Johnny Rosselli. La base de départ sera une île, Cay Sal, qui a été louée à la CIA via une société pétrolière, Zapata

Off-Shore. Celle-ci est dirigée par un homme qui monte : George Bush Sr. Le propriétaire de l'île n'est autre que Howard Hughes.

John Kennedy est le digne héritier de son père. Il consomme des femmes comme d'autres boivent un verre d'eau. Sans un mot, il lui arrive de baiser – il n'y a pas d'autre mot – une femme contre une porte, de s'en aller, puis de rejoindre une autre maîtresse dans une chambre du Watergate, l'immeuble non loin de la Maison-Blanche. Howard Hughes le hait, ce blanc-bec. C'est un Kennedy, point final.

Rosselli, lui, s'est occupé de respecter les volontés de Sam Giancana. Il a commencé par présenter à Kennedy une jeune femme particulièrement sexy, Judith Campbell. Autrefois, Rosselli a joué au golf avec Joe Kennedy : les présentations sont donc faciles, au Sands où Frank Sinatra donne un tour de chant. Kennedy, immédiatement, s'intéresse à cette sirène voluptueuse, et couche avec elle. Il se trouve – voyez comme le sort arrange bien les hommes de bonne volonté – qu'elle est aussi la maîtresse de Sam Giancana. Elle est également celle de Johnny Rosselli. Judith Campbell va servir d'intermédiaire : régulièrement, elle va porter des enveloppes bourrées de dollars à Kennedy.

Howard Hughes et la Maffia partagent alors un même intérêt : gagner les bonnes grâces du Président.

« C'est en 1961 que Hughes m'a harponné, et que j'ai tout gobé : la ligne, le flotteur et l'hameçon », se souvient Bob Maheu. En effet, cette année-là, Hughes fait à son enquêteur favori une offre impossible à refuser : Maheu n'aura plus qu'un seul client, Hughes. Il travaillera en exclusivité. « Vous serez mon alter ego, Bob », dit Hughes au téléphone. Celui-ci dit oui immédiatement. Une nouvelle maison attend déjà, avec quelques joujoux : un *cabin cruiser* de six places, deux avions d'affaires, un salaire mirobolant, 500 000 dollars par an. En échange, Hughes lui accorde sa confiance : il estime les qualités de débrouillardise de Maheu, et son manque de scrupules moraux. Maheu se sent pousser des ailes. Il est convaincu d'être le Prince élu, le Successeur désigné. Hughes vit dans une tombe, mais il a la fortune. Maheu va vivre au grand soleil, mener une existence de pharaon, et, peut-être, hériter de l'Empire.

La confrontation avec les Mormons est inévitable.

Ceux-ci entourent Howard Hughes, ne s'étonnent de rien. Hughes, revenu du Rancho Santa Fe, s'est claquemuré dans une demeure obscure de Bel Air. Tandis que les notaires courent à sa recherche, il reste dans la nuit totale. Oui, il est vivant. Mais à peine. Depuis le départ de Noah Dietrich, Bill Gay et Nadine Henley sont les maîtres à bord. Les Mormons ont débuté comme chauffeurs ou coursiers et, peu à peu, se sont élevés dans la hiérarchie de l'Empire. Il y a là un ancien exploitant de cinéma, un gérant de scierie, un ouvrier d'atelier de couture, un paysan, un boxeur. Une seule chose les lie : le silence. Ils n'ont pas le droit de parler en face de Hughes. Pour leur faire signe, leur patron, au début, a utilisé une clochette en argent. Très vite, il est passé à un moyen plus discret : il fait claquer ses doigts contre un sac en papier kraft. Le sac doit obligatoirement venir de chez Smart & Final et, après usage, être jeté.

Ses ongles poussent, ses cheveux et sa barbe aussi : Hughes ne supporte plus d'être séparé d'une partie de lui-même. Son intégrité physique est en jeu. Son coiffeur personnel, salarié, ne lui a coupé les cheveux qu'une seule fois. Depuis, il attend. Il attendra dix-sept ans, avant d'être licencié pour avoir comparé son client à Moïse, dans une interview. Hughes conserve son urine, ses ordures, ses poils, ses pensées. Quand il veut parler à ses aides, il enlève son Sonotone, et, d'une voix forte, demande qu'on calfeutre les bas de porte avec des serviettes, pour que personne n'entende, au-dehors. Sans ses Mormons, Hughes est totalement perdu. Son seul contact avec un autre être humain est avec Jean Peters. Hughes surveille attentivement tout ce qu'elle fait. Il dicte des mémos, dans lesquels elle est surnommée « Major Bertrandez » : « Lavez vos mains quatre fois avec beaucoup de savon avant de la toucher », ou : « Si le Major Bertrandez est malade, il est formellement interdit de l'emmener à l'hôpital sans en avoir parlé avec H.H. avant. » Jean Peters Hughes, pourtant, s'accroche.

Les Mormons la détestent. Elle contrecarre leurs projets, met en doute la validité de leurs actes, interfère. Mais elle ne voit Hughes que quelques heures, puis quelques dizaines de minutes par jour. Elle n'a plus le droit de le toucher. Elle se contente de lui parler, de raconter l'éclosion de ses fleurs, la vivacité de ses chats, l'arrivée d'une mésange. Dans les yeux de son mari, agrandis, elle ne lit que la peur.

Elle tente parfois de le sortir de sa prostration, qu'elle ne comprend pas. Pourtant c'est simple : plutôt que de discuter avec Hughes, les Mormons préfèrent le gaver de drogues. Le docteur Verne Mason a établi une ordonnance pour des quantités astronomiques de Valium. La codéine, de surcroît, assomme Hughes. Il ne sort plus de sa chambre, pisse dans des bocaux dont il exige qu'on les garde précieusement, scellés, dans une autre pièce, et boit des litres d'eau minérale Poland en regardant des films à la télé. Il a une préférence pour les westerns, notamment ceux de Randolph Scott, l'ancien amant de Cary Grant. Désormais, Hughes s'injecte les médicaments, et dissimule les seringues dans des boîtes de Kleenex vides. Ses douleurs, nées de l'accident du XF-11 en 1946, ne se calment pas. Il prend de plus en plus de produits chimiques. Il est dépendant. Non seulement des drogues, mais aussi du Gang des Mormons.

En échange de ses largesses, Howard Hughes demande une attention constante, de chaque instant. Bob Maheu, au beau milieu d'un dîner avec des sénateurs, des banquiers, des financiers, reçoit l'ordre de s'occuper, séance tenante, de prolonger le bail du hangar du Spruce Goose. Il doit affiner ses contacts à Washington. Il est sommé de trouver la meilleure marque de poste de télévision, de faire du lobbying pour la TWA, de tirer les ficelles de Las Vegas, de contrecarrer la menace d'une pénalité de 385 millions de dollars pour refus d'apparaître devant le juge Metzner. Il est aussi commis pour surveiller l'expansion de l'Empire, dont la valeur vient de passer le premier milliard de dollars. Hughes fait acheter deux autres lignes aériennes, Northeast Airlines et Atlas, et doit batailler ferme avec la Commission aéronautique, qui voit d'un mauvais œil ce regroupement. Quel est le sbire qui va graisser les pattes ? Bob Maheu.

Bob Maheu est devenu indispensable. Du moins, presque.

Le vendredi 22 novembre 1963, le président Kennedy est abattu. Des milliers d'Américains, effondrés, pleurent. La police est débordée. Un suspect est arrêté : Lee Harvey Oswald. Un autre homme abat Oswald d'une balle dans le ventre : Jack Ruby. D'où sort-il, celui-là ?

De Chicago. Jack Rubinstein est né en 1911, et a débuté comme garçon de courses pour Al Capone. Plus tard, il a été employé comme briseur de grève et, de 1947 à 1963, il a possédé quelques night-clubs minables. Arrêté neuf fois en seize années, il n'a jamais été inculpé. En revanche, il a monté un trafic d'armes avec Cuba. Son client : Fidel Castro, alors jeune révolutionnaire caché dans la Sierra Maestra.

Deux mois avant l'assassinat de Kennedy, deux hommes se sont rencontrés dans des motels de Miami, à deux reprises : Jack Ruby et Johnny Rosselli. Celui-ci, dit-on, se trouvait auprès du tireur embusqué à Dallas, derrière le « monticule herbeux », le fameux monticule qui a tant fait couler d'encre. C'est lui qui aurait fait disparaître l'arme.

Signe du destin ? La salle de cinéma où a été arrêté Lee Harvey Oswald, le Texas Theater, a été construite dans les années 1930. Par Howard Hughes.

Tandis qu'il glisse dans la nuit, Hughes est de plus en plus la proie de deux organisations parfois rivales, parfois associées : la CIA et la Maffia.

En engageant Maheu, il a fait un pacte avec ces deux diables.

CHAPITRE 19

VEGAS

Le 27 novembre 1966, à quatre heures du matin, un défilé de voitures quitte Las Vegas. Entre les hôtels et les casinos illuminés, deux grosses Chevrolet noires, une camionnette, un break Ford passent dans Carey Avenue et se dirigent vers le désert. Là, dans l'obscurité tiède, les véhicules s'arrêtent, à quelques dizaines de mètres d'une voie ferrée. Les chauffeurs coupent les moteurs, éteignent leurs lumières et, dans le silence le plus total, attendent. Ils ne fument pas.

Quelques instants plus tard, une locomotive diesel, attelée à trois wagons, arrive lentement. Le train s'arrête dans un grincement de métal. À la seconde où la rame est stoppée, une activité frénétique s'empare des chauffeurs : ils se précipitent sur le wagon de queue, et sortent des caisses, des cartons, des dossiers et tout un équipement médical. Personne ne parle. Les passagers du train, eux, restent dans leurs compartiments. L'opération arrive à sa fin. C'est alors que deux hommes en noir débarquent une civière, où on distingue une forme inerte, dont le visage est recouvert d'un drap.

L'un des cheminots jette un coup d'œil et demande à son compagnon, à voix basse :

– Tu crois que c'est un macchabée ?

– Non. Si c'en était un, il serait dans un cercueil. Cela dit, le gars doit être vachement malade.

Dix minutes plus tard, tout est achevé. Les chauffeurs remontent, l'opération est terminée. La nuit se referme. Les deux derniers hommes se regardent, et se dirigent vers leur véhicule. Joe Breen Jr, le fils de Joe Breen, le successeur de Will Hays au comité de censure à Hollywood, demande :

– Tu crois que tout va bien ?

– Tout va bien. Tout va aller encore mieux.

Johnny Rosselli allume une cigarette.

Howard Hughes est arrivé à Las Vegas.

Six mois plus tôt, Hughes a émergé de son état végétatif, s'est levé, s'est lavé, s'est habillé. Puis il a crié : « Je sors de mon cercueil ! » Il a tenu à voir Jean Peters, pour lui faire une promesse : il va se mettre à la recherche d'une maison pour eux, d'un vrai foyer, quelque part. Où ? Nul ne sait. Mais les raisons de cette fuite sont multiples : Howard Hughes doit partir de Californie, où son statut de non-imposable est menacé. Malgré ses armées d'avocats qui retardent toutes les procédures, il a perdu sur tous les fronts. La TWA risque de lui coûter des centaines de millions de dollars. Les juges, en plus, sont ulcérés par son refus de comparaître. Dans cette affaire, Howard Hughes est son propre ennemi. Il manifeste un mépris extraordinaire pour les autres, tous les autres. L'humanité est constituée de cancrelats, et tous les cancrelats sont contre lui. Ce qui n'est pas faux. Tout le monde le déteste, à commencer par ses employés. Et, tandis qu'il se bat sur le front financier, contredisant ses avocats, lançant des assignations sans effet, accumulant des rapports sans intérêt, son Empire, peu à peu, lui échappe. Bob Maheu, colérique et mordant, est en train de prendre le pouvoir et, par son intermédiaire, la CIA utilise cette machine immense pour ses opérations secrètes. Qu'il s'agisse de Castro ou des Soviétiques, Hughes offre, sans le savoir, un masque commode. Sa société touche à tous les domaines dits sensibles : la défense nationale, le commerce, les flux financiers.

La Maffia, grâce à Johnny Rosselli, fait de même : la Hughes Corporation peut abriter des trafics, des assassinats, de l'argent sale. Et, surtout, les voyous veulent profiter de cette manne de fric qui va s'abattre sur Las Vegas. Il suffit de se baisser, les dollars tombent comme s'il en pleuvait.

Maheu a trempé dans le complot contre Castro. Rosselli dans celui contre Kennedy.

D'un côté, un pharaon tenu en laisse par la Central Intelligence Agency. De l'autre, un Iago aux ordres de la Cosa Nostra.

Entre les deux, Hughes est maintenu dans une ignorance totale.

Jean Peters a entendu ces promesses mille et mille fois. Elle pose une seule condition : qu'ils partent ensemble. Hughes refuse. Il invente des prétextes, se dissimule derrière des charades, change d'avis. Il va, dit-il, dans une clinique. Il affirme que, dans la région de Boston, son avocat, Chester Davis, est en passe de trouver une belle ferme. Jean Peters n'en croit pas un mot, pas une syllabe.

Le 15 juillet, Howard Hughes instruit Bob Maheu, par téléphone :

– Nous quittons la Californie dans deux jours. Trouvez-moi le train le plus confortable.

– Combien de wagons ? Un pour vous, un pour Mrs Hughes ?

– Mrs Hughes ne vient pas.

Quelle direction ? Mystère. Quel but ? Mystère. Pourquoi en train, et pas en avion ? Mystère.

Tandis que les aides de Hughes déménagent sa précieuse chaise longue en Skaï, emmènent son Borsalino brûlé et ses projecteurs de cinéma, Jean Peters attend. Elle aimerait un mot, un signe, une explication, un au revoir. L'obscurité tombe, ses fleurs se ferment. Assise devant le bungalow n° 4, elle sent la fraîcheur de l'air, et contemple la nuit qui s'insinue entre les palmiers. À Hollywood, le moment est toujours magique : même la rumeur lointaine des voitures semble s'apaiser. Jean Peters voit l'un des Mormons qui passe, John Holmes. Il est le dernier de la caravane. Il ne reste plus rien, sinon quelques Kleenex froissés. Howard Hughes est parti.

Jean Peters pleure.

« J'ai plus tard réalisé qu'il était totalement incapable de comprendre les autres », dira-t-elle. Vingt années sont passées depuis leur première rencontre. Il ne demeure rien, sinon de rares souvenirs, et une vie gâchée.

Peut-être vaut-il mieux gâcher sa vie que n'en rien faire.

Depuis des années, maintenant, le conflit avec la TWA s'est envenimé. Le juge Metzner est prêt à frapper un grand coup, malgré les objections de Chester Davis, qui se bat comme un lion. L'amende – de 145 millions de dollars ! – pour non-comparution devant la cour va entraîner l'écroulement du château de cartes : Hughes va être condamné par défaut. Il choisit de prendre les devants, comme un guerrier. Il demande à son avocat de Houston, Raymond Cook, de mettre en vente ses actions chez Merrill, Lynch, Pierce, Fenner & Smith. À peine les transactions ont-elles commencé que tout est vendu. En une poignée de minutes, les six millions d'actions se sont évaporées, pour une somme astronomique : 546 549 171 dollars. Les cours se sont envolés, depuis que Hughes a été démis de ses pouvoirs.

C'est le plus gros chèque jamais établi aux États-Unis. Kay Glenn, le second de Bill Gay, dépêche un Mormon pour prendre livraison du précieux document. Chuck Waldron, l'heureux élu, se précipite à l'aéroport de Los Angeles, saute dans un avion TWA pour New York, atterrit pour recevoir l'enveloppe sur le tarmac et remonte dans l'appareil. Il doit se rendre à Houston, où un avocat l'attend. Chemin faisant, Waldron doit livrer une délégation de pouvoir, qui sera expédiée par Air Express. Ce qu'il fait.

En arrivant à Houston, il fouille ses poches. Pas de chèque. Paniqué, il entreprend la fouille de l'avion d'Air Express, arrivé peu de temps après lui. Chuck Waldron a des sueurs froides. Trois fouilles successives ont lieu. Finalement, une enveloppe tombée par terre est découverte. Elle a été piétinée, salie, mais elle est là. Que serait la vie sans un petit suspense de temps en temps ?

Pour Hughes, le suspense ne fait que commencer. Car cette vente, qui a généré une immense plus-value, n'a pas échappé aux inspecteurs du Trésor. Or, Hughes n'a pas l'intention de céder à ce « viol légal ». Si sa main entre en contact avec ce chèque dans l'État de Californie, le prix à payer sera très lourd. Hughes a choisi la meilleure solution. Sa main sera à Boston, son chèque à Houston. Messieurs du Trésor, débrouillez-vous.

Donc, direction Boston ? C'est mal connaître Hughes. Déjà, sur le chemin de la gare, il a changé d'avis :

– Nous allons à Tucson, Arizona.

Dès qu'il est au courant, Bob Maheu se met au travail. Il réserve des maisons à Tucson, place des gardes de sécurité autour d'elles, étudie le réseau routier, loue des voitures, fait installer des lignes téléphoniques. La gare est à peine en vue que le milliardaire a une nouvelle idée :

– Et si on allait à Montréal ?

Maheu décroche son téléphone à nouveau, réserve le dernier étage du Ritz-Carlton Hotel à Montréal, et, malin, décide de couvrir ses arrières. Où est allé Hughes, autrefois ? Aux Bahamas. Maheu loue aussitôt tout un étage de l'Emerald Beach Hotel à Kingston.

Hughes, lui, a une nouvelle illumination :

– Boston.

Retour à la case départ, donc. Bob Maheu s'arrache les cheveux. Il prévoit un changement de train en route, avec des wagons aux fenêtres obscurcies, prend contact avec les présidents des diverses sociétés de rail, Santa Fe, Union Pacific, Quincy Railroad, et loue un étage du Carlton, fait poser des lignes téléphoniques, exige qu'on enlève les poignées de portes, et que l'ascenseur soit programmé pour s'arrêter un étage plus bas, sauf pour le locataire du dernier étage. Mine de rien, Bob Maheu réussit un tour de force logistique. Car, simultanément, personne ne doit savoir que le Fantôme, c'est Howard Hughes.

Finalement, Howard Hughes s'adresse au chauffeur :

– On rentre à la maison.

Pendant dix jours, le scénario va se répéter. Hughes se décide, puis annule. Les chemins de fer sont désorganisés. Les hôtels attendent. Le personnel est sur les dents. À la neuvième annulation, Maheu fond en larmes.

Quand Hughes entend son homme de main pleurer au téléphone, il s'élance. Il change de chemise, et sort.

Les ennuis ne s'arrêtent pas là. Les horaires sont décalés, les lignes de chemin de fer occupées, et, de surcroît, il faut nourrir le passager. Maheu, enfiévré, appelle un copain à Cleveland. Les steaks, les petits pois, les bananes sans taches noires, les gâteaux à la vanille et tout le bazar sont livrés à l'arrêt. Puis, après le repas, Hughes se bourre de Valium. Quand il se réveille, il est dans une suite obscure du Ritz-Carlton à Boston. Les fenêtres sont hermétiquement closes, la chaise longue en Skaï est en place, la télé braille, et les Mormons sont au garde-à-vous. Hughes, qui ne demande même pas où il est, se lève et se dirige vers les toilettes.

Là, il pisse par terre.

C'est l'âge d'or de Las Vegas. La ville est en plein boom. Elle s'agrandit à vue d'œil. On construit des hôtels, des autoroutes, des parkings, des églises, des restaurants, des officines de bookmakers, des piscines. Les joueurs se précipitent, en hordes compactes, pour écouter Frank Sinatra, pour regarder les filles, pour claquer du fric. Les chambres sont gratuites, les boissons offertes, les tables ornées de soucoupes pleines de dollars à la disposition de la clientèle. Chaque femme reçoit un petit sac en soie, chaque homme, un portefeuille en cuir qui contient un billet de cent dollars. Bugsy Siegel avait imaginé une oasis en plein désert. Il n'avait pas conçu Byzance.

Johnny Rosselli est le pape de l'endroit. On le croise sur le green du Desert Inn, dans le bain de vapeur du Tropicana, ou au volant de sa Cadillac Coupe de Ville. Il reste discret, dans l'ombre, et manipule les visiteurs. Comme, jadis, Hughes. Rosselli se dissimule derrière une agence artistique, Monte Prosser Productions. Il a un contrat en platine iridié avec la chaîne Hilton, et, en sous-main, réunit les tours de table pour financer de nouveaux hôtels, de nouveaux casinos. À vrai dire, il ne va pas chercher loin : il utilise les fonds de pension des Teamsters, que le leader syndical Jimmy Hoffa lui a confiés. Hoffa finira englouti dans un bloc de ciment, contribution involontaire à la construction d'une ville nouvelle.

Rosselli paie la police, a ses informateurs au FBI, et sait tout sur tout. Il répartit les machines à glaçons dans les hôtels, loue des automates à cigarettes, et s'attache scrupuleusement à faire régner la paix. La paix des cimetières, peut-être.

Le moindre kidnapping, le plus petit hold-up, l'infraction la plus insignifiante sont immédiatement sanctionnés. Le coupable est retrouvé, et généralement pendu à un croc de boucher avant d'être plongé – lentement –, au choix, dans une cuve à béton ou dans un hachoir à viande. L'argument est de poids. En général, le délinquant ne recommence pas.

Les corps, comme celui de Gus Greenbaum, sont enterrés dans le comté voisin. Il y a des règles administratives.

Les connaisseurs nomment cette quiétude confortable : la Pax Rosselli.

Comme tout le monde, Jean Peters a appris que son mari est à Boston, et qu'il mange des bananes sans taches noires. « Mystère résolu : Howard Hughes est ici », titrent les gazettes locales, tandis que des gardes interdisent à quiconque d'approcher du dernier étage du Ritz-Carlton. Les journalistes rôdent, le public en redemande, l'affaire est un vrai roman feuilleton. Lui, dans le silence de son étage, écrit des mémos à Jean Peters : « Je devais partir. Je ne voulais pas remettre mon départ. Mais je ne veux pas que tu sois préoccupée. Love. Howard. » Ou : « J'espère que c'est le chemin de la réconciliation, pour nous. Coupe-toi la tête. » Ou encore : « Je vais faire ce que tu demandes. J'ai l'impression que tu ne veux pas que je continue dans cette voie. »

Il donne ses mémos aux Mormons, pour qu'ils les expédient. Les fidèles aides se contentent de les jeter à la poubelle. Hughes reconstitue son petit royaume. Il cesse à nouveau de se laver, de s'habiller, recommence son labyrinthe de Kleenex sur lequel la poussière descend doucement. La pièce, en cinq mois, ne sera jamais nettoyée.

Dans un coin, à part, s'entassent des documents. Légaux, financiers, personnels. Howard Hughes passe son temps à les arranger en carrés bien nets, au millimètre près, puis allume la télé. Allongé sur sa chaise longue, il regarde les nouvelles, les westerns, les feuilletons, tout en nouant et dénouant ses doigts de pieds aux ongles immenses, dans un cliquetis sans fin.

Cinq mois passent. Jean Peters arrive. Elle va rester trois semaines. Ils parlent. De loin : elle n'a pas le droit de franchir le pas de la porte. Hughes, de nouveau, jure ses grands dieux qu'il va acheter une propriété à Westchester, dans l'État de New York. « Ce sera comme un rêve », dit-il. Mais les Mormons le savent : leur boss n'a aucune intention de s'installer ailleurs qu'à Las Vegas. Il l'a déclaré tout de go à Bob Maheu : « Je veux devenir le plus grand propriétaire dans la capitale du jeu. » Maheu est ravi : Howard Hughes blâme Bill Gay qui, dit-il, « a ruiné mon mariage ».

Le mariage, en effet, est délabré. Jean Peters, en quittant Boston, a pris sa décision. Elle cesse de se battre.

Tout est possible à Las Vegas, même l'arrivée d'un milliardaire qui ne boit pas, ne fume pas, ne couche pas, ne joue pas.

Le voyage ne s'est pas fait tout seul. Quand Howard Hughes a expliqué son projet, Bob Maheu a commencé par louer le dernier étage du Desert Inn, puis a établi des plans compliqués pour amener un train à Vegas. Surtout que Hughes a une idée bien précise : pas question d'arriver là-bas en plein jour. Quand Maheu embarque son patron dans le *Spirit of Los Angeles*, il espère que tout se passera bien. Bref espoir : le train tombe en panne à Ogden, Utah. La réparation va prendre quatre heures. Des dizaines d'autres trains doivent être déroutés, retenus. Et l'aube approche. Pas question de rester en carafe à Ogden. Maheu commande une autre locomotive, à Salt Lake City, patrie des Mormons. Il crache 17 000 dollars, mais réussit son pari.

Quand Hughes est débarqué, l'aube pointe à peine.

Au neuvième étage du Desert Inn, les fenêtres ont été condamnées, les portes scellées, le couloir d'entrée qui mène de l'ascenseur à la chambre de Hughes a été muré. La fête de Thanksgiving bat son plein. Aux États-Unis, c'est sacré. Pas question d'arracher qui que ce soit à la dinde. Maheu, lui, a soulevé des montagnes. Il est le roi du monde. Ou, du moins, de Las Vegas.

Dix fois, quinze fois par jour, Howard Hughes, de sa chambre, s'entretient avec Maheu. Celui-ci est son Premier ministre. Il a délégation de pouvoir, il signe, ordonne, met en route, condamne. Il habite un étage en dessous de celui de Hughes, mais ne le voit jamais. Maheu utilise toutes ses ressources pour satisfaire son patron. Il a des contacts continus avec la Maffia, avec les Teamsters, connaît Jimmy Hoffa et quelques autres parrains. Il a le bras long, très long.

Quand la direction du Desert Inn, agacée par ce client étrange, demande à la caravane de déménager pour libérer des chambres à Noël, Maheu monte sur ses grands chevaux. Il sait que le vrai propriétaire de l'hôtel est Morris « Moe » Dalitz, un adjudant de Lucky Luciano. Venu de Cleveland, Moe Dalitz est l'un des derniers survivants de la Maffia juive : depuis qu'il est à Vegas, il fait des affaires en or. L'argent de Howard Hughes lui importe peu. Il intime l'ordre à celui-ci de décamper.

Maheu appelle Jimmy Hoffa. Celui-ci a grandi dans le même quartier que Dalitz. Le problème est réglé. Pour les fêtes. Mais, peu après, Moe Dalitz recommence. Il se fait pressant. Puis menaçant. Inutile d'en arriver au stade où des rotules vont être brisées, se dit Maheu. Il téléphone à deux hommes. Le premier, Ed Morgan, est un ex du FBI. Depuis la guerre, il a fondé une agence juridique, peuplée de compagnons de route. Le second ? Johnny Rosselli. Les choses s'arrangent. Puis Hughes a une idée. Il donne des instructions, très claires :

– Ils veulent nous chasser ? Achetez l'hôtel.

Howard Hughes change d'habitudes alimentaires. Brusquement, il n'aime plus les steaks ni les petits pois calibrés. Comme il regarde la télé, il préfère les plateaux-TV. Dans les années 1960, ceux-ci sont devenus un *must* de la culture américaine : dans trois barquettes en aluminium prémoulé, on trouve diverses pâtées futuristes qu'on mange avec des couverts en plastique. Hughes exige la marque Swanson (aucun rapport avec Gloria). Mais il y a un détail qui le chiffonne : dans la barquette destinée à la dinde, le fabricant mélange la viande blanche et la viande foncée. Et, pour le dessert, il y a une pomme Melba. Hughes voudrait une pêche Melba. Il demande que l'usine Swanson soit prévenue. Gerry Thomas, l'inventeur du *TV-dinner*, explique que tout changement est impossible : il écoule dix millions de plateaux par an, à 98 cents pièce. Mais, déjà, Hughes a changé d'idée : il veut maintenant des sandwichs au rosbif, provenant de la chaîne Arby's. Puis il revient à ses petits pois, pour lesquels il fait fabriquer une fourchette spéciale, qui fait râteau : les gros pois sont ainsi triés, et éliminés. De même, quand il reçoit sa portion de gâteau au chocolat, il la mesure avec un double décimètre. Un millimètre de plus ou de moins, et le gâteau repart en cuisine. On imagine le nombre de fois où le cuisiner a craché dans les plats.

Le point d'orgue sera la saga Baskin-Robbins : la crème glacée banane-noix est brusquement la favorite des menus de Hughes. Il en exige à tous les repas. Mais Maheu apprend que le fabricant va arrêter ce parfum. Panique chez les Mormons : Hughes insatisfait ? Impossible. Maheu fait acheter tout le stock qui reste, soit 1 500 litres. Tout est entreposé dans des chambres froides spéciales, à Las Vegas. Au bout de trois jours, Howard Hughes revient à sa vieille habitude : la glace à la vanille. Il ne mangera plus jamais de banane-noix.

Maheu commence à négocier l'achat du Desert Inn. Ruby Kolod, l'associé de Moe Dalitz, se renseigne : il apprend que Hughes continue à payer son loyer au Beverly Hills Hotel. Donc, forcément, il n'envisage pas de s'installer à Las Vegas et ses offres de rachat sont du vent. Mais Maheu, de son côté, sait que Kolod est un voyou, et qu'il est sous contrôle judiciaire. La licence de jeu qui est accordée au Desert Inn risque de sauter d'un instant à l'autre. Des deux côtés, donc, la donne est truquée : Hughes fait une offre de 15 millions de dollars, Kolod accepte, Hughes propose 14,5 millions de dollars, Kolod accepte encore, Hughes descend à 14 millions de dollars et Kolod étouffe de rage. Il insulte Maheu. Finalement, alors que Kolod est près de devenir fou lui aussi, Maheu signe un chèque de 13,25 millions de dollars. C'est cher. Mais c'est signé. Ou presque. Tandis que Maheu se prépare à sortir avec sa femme pour fêter cet achat historique, le téléphone sonne. C'est Hughes.

– Baissez le prix, Bob.

– De combien, Howard ?

– De 13 000 dollars.

Maheu est sur le point de fondre en larmes. Ou de tuer quelqu'un. Ivre de rage, il se précipite au Desert Inn, passe les lignes de sécurité, s'arrête dans le salon qui jouxte la chambre de Hughes, et écrit une note : « Je me suis engagé. Vous vous amusez pour des cacahuètes. Je ne veux plus travailler avec vous. »

Le premier Mormon refuse de donner le message. Puis,

devant la colère de Maheu, il cède. Dix minutes plus tard, l'accord est signé. Maheu a gagné. Du moins, il le pense.

Les deux plus grands casinos de Las Vegas, le Caesar et le Dunes, sont en ligne de mire : la police des jeux enquête. Des sommes hallucinantes sont « écrémées » tous les jours, et n'apparaissent pas dans les comptes. Elles sont confiées, en liquide, à des hommes de main qui bourrent le coffre de leur voiture et livrent ces beaux billets à qui de droit. Sam Giancana est soupçonné d'être l'instigateur, et le bénéficiaire, de ce système ingénieux. Momentanément affaibli, Giancana se fait oublier au Mexique. La guerre de succession se profile.

Johnny Rosselli va s'interposer.

La Maffia a besoin de protéger ses opérations d'écrémage. Howard Hughes s'est trouvé une nouvelle mission : acheter des casinos. Rosselli est un intermédiaire rêvé.

Dans la coulisse, il a négocié avec Maheu et Kolod. Son arbitrage a un résultat génial : Hughes devient le propriétaire de l'hôtel (450 chambres) et du casino, donc le responsable en titre. Mais la machine elle-même reste aux mains de Kolod et Dalitz. Quant au terrain, il est la propriété de Leona Helmsley, la Thénardier de l'hôtellerie de luxe, qui ne cède rien. L'affaire est donc bizarre. Hughes est-il manipulé ? Probablement. Apprenant que le millionnaire cherche un homme de confiance pour surveiller la comptabilité, Rosselli propose E. Parry Thomas, le directeur de la Las Vegas Bank. Un « ami d'amis ». Dans la pègre, Thomas est connu pour avoir « géré » les fonds de pension des Teamsters. C'est un banquier loubard. Maheu, lui, a d'autres buts. Il doit tout d'abord garder l'estime des maffieux. Quand il rencontre Kolod, il lui saisit le poignet et, devant tout le monde, lui dit :

– Tu n'as pas quelque chose à me dire, avant de me serrer la main ?

– ...

– Messieurs, regardez votre patron. Il m'a insulté. Il doit avoir quelque chose à me dire, non ?

– ... Je suis désolé, Bob.

Maheu a établi son autorité. Il redresse le menton.

Le 31 mars 1967, le Desert Inn devient un hôtel Hughes.

Rosselli va devenir riche.

Jean Peters est méfiante. Howard Hughes a chargé Bob Maheu d'acheter un ranch de luxe, pour elle. Une propriété en vente, aux abords de la ville : c'est la maison de Vera Krupp, la veuve du marchand de canons allemand. L'endroit est extraordinaire : vue sur les glaciers des montagnes proches, décoration glamour, et, petit bonus, passages secrets bâtis par Vera Krupp pour pouvoir s'échapper le cas échéant. C'est là que la riche veuve garde le fameux « diamant Krupp », une gemme de 33,19 carats qui sera vendue en 1968 à Elizabeth Taylor. Hughes fait prendre des photos et les expédie à Jean Peters. Celle-ci hésite. Son mari ira-t-il s'installer à quarante kilomètres de son hôtel, alors qu'il lui coûte de marcher de son fauteuil jusqu'au lit ? Elle consent à faire le voyage jusqu'à Vegas, ville qu'elle déteste, et qui symbolise à ses yeux l'échec de son mariage. Quand elle arrive, on l'installe dans une suite à l'étage en dessous de Hughes. Là, elle attend quatre jours. Puis elle rentre à Los Angeles.

Jean Peters demande le divorce. Le motif ? Depuis des

années, explique-t-elle, « nous avons un mariage téléphonique ». Quand le juge s'enquiert du montant de la pension alimentaire demandée, l'avocat répond : « 70 000 dollars par an ». Officieusement, elle aurait obtenu 120 millions de dollars. Vrai ou faux ? Nul ne le saura. Même remariée avec un producteur de la 20th Century Fox, Stan Hough, elle ne parlera jamais de son mariage avec Hughes. Jusqu'à la fin du siècle. Jusqu'à la fin de sa vie.

Hughes prend de la codéine, en injections. Il prend des « Blue Bombers » – du Valium 10. Il s'enfonce. Les Mormons lui fournissent obligeamment les médicaments. Il émerge, se rendort, regarde des films à la télé, s'assied sur le trône dans la salle de bains, et mange parfois. Il lit les journaux d'un œil peu attentif. Quand il aperçoit le titre d'une gazette qui décrit son monde comme un cauchemar absolu, le produit de la folie d'« un millionnaire paranoïaque et mentalement dérangé », il gueule :

– Nom de Dieu, je suis milliardaire ! Pas millionnaire !

Les Mormons, silencieux, regardent cette lente déchéance d'un homme qui n'a plus que quelques instants de lucidité par jour. Hughes n'arrive plus à surveiller la gestion de son empire. Il est capable d'exploser parce que l'hôtel où il habite organise, à Pâques, une chasse aux œufs en chocolat pour les enfants : « Des ennemis partout », et oublie totalement de s'informer des derniers contrats de la Hughes Tool Co, qui participe à la fabrication et au lancement d'Apollo. Il apprend par la télévision que la mission a été un succès : il dépêche immédiatement Bob Maheu pour organiser une somptueuse réception à Cap Canaveral, en Floride, en présence du président Nixon – qui ne viendra pas – et du vice-président Spiro Agnew, l'homme « le mieux coiffé d'Amérique » (et l'un des plus douteux) – qui, lui, viendra. L'un des invités est un vieil homme, qui porte encore beau, et que Hughes, jadis, a détesté : Charles Lindbergh.

À force de voir Maheu être l'ombre de Hughes, les autorités s'interrogent de nouveau : le patron est-il vivant ? Paul Laxalt, le gouverneur de l'État du Nevada, s'inquiète. Normalement, la Commission des jeux, qui attribue la licence, doit rencontrer le propriétaire en chair et en os. Dans le cas de Hughes, c'est évidemment impossible. On fera une exception, donc. Les Mormons diminuent la dose de tranquillisants pendant quelques jours, et arrangent un contact téléphonique avec le gouverneur. Laxalt est convaincu. Il trouve la conversation « un peu bizarre, provoquant le malaise », mais tout s'arrange.

Tout s'arrange très bien, même : alors que le Trésor allait remettre son nez dans les comptes de Howard Hughes, soulignant qu'on ne peut se réfugier derrière l'avenant S4 bis concernant les sociétés, Maheu trouve la solution. Si l'on inclut les bénéfices du casino dans les revenus de Hughes, ceux-ci ne sont plus classés dans la rubrique « bénéfices passifs », mais dans la colonne « bénéfices actifs ». Du coup, tout est non-imposable. Hughes, en apprenant la nouvelle, laisse éclater sa joie : « Combien d'autres casinos sont à vendre ? On achète tout ! »

De nouveau, le succès monte à la tête de Maheu. Pourtant, la veille, dans un moment d'intense lucidité, Howard Hughes lui a livré son credo personnel : « Souvenez-vous, Bob. Il n'y a pas un homme sur terre que je ne puisse détruire ou acheter. »

CHAPITRE 20

PRÉSIDENT PAR CONTUMACE

Le 5 juin 1968, à 12 h 14, Karl Uecker, maître d'hôtel à l'Ambassador Hotel, à Los Angeles, fend la foule. Dans les cuisines, tout le personnel, vêtu de blanc, le regarde passer. Certains apprentis, le sourire aux lèvres, font le V de la victoire. Des gardes du corps se sont postés aux quatre coins du bâtiment, des hommes des services secrets parlent dans des talkies-walkies, et Robert Kennedy, qui vient de gagner les primaires de Californie, quitte la grande salle de l'hôtel, où ses supporters enthousiastes l'applaudissent encore. John Frankenheimer, le réalisateur de *Sept jours en mai*, film qui raconte une tentative de coup d'État contre la Maison-Blanche, est à ses côtés. Karl Uecker a reçu des instructions : il faut faire avancer Kennedy sans s'arrêter. Voyant que son client ralentit, Uecker le prend par la main, et lui indique la porte de sortie des cuisines. Au moment où Bobby Kennedy opine, un homme s'avance. Il a le teint mat, il semble dans un état second. Il tend le bras, et tire huit balles de son revolver calibre 22. La première pénètre dans le crâne de Kennedy derrière l'oreille droite. La deuxième, dans la cage thoracique, sous l'aisselle droite. La troisième légèrement en dessous de la précédente. Tandis que Robert

Kennedy commence à s'effondrer, Karl Uecker se précipite sur le tireur, Sirhan Sirhan, un jeune Palestinien, qui est ceinturé. Cinq personnes sont blessées. Kennedy est immédiatement emporté vers l'hôpital le plus proche, le Good Samaritan. Vingt-quatre heures plus tard, il est mort. L'Amérique, incrédule, regarde à la télévision la répétition de la tragédie qui s'est déroulée cinq ans auparavant. Les Kennedy, décidément, sont une famille maudite.

Devant son poste, à Las Vegas, Howard Hughes exulte. Il crie, tape du pied, hurle de rire. Il est tellement content qu'il ne va pas se lasser de regarder la télé pendant vingt-quatre heures d'affilée. Puis il prend son stylo et écrit un mémo à Maheu : « Bob, je ne veux pas avoir l'air d'être rapide à la détente, mais je vois là une occasion qui ne se reproduira pas de toute la vie. Je n'aspire pas à être président, mais je veux du pouvoir politique. Je veux dire le genre d'organisation qui ne se souciera pas d'un petit problème comme la loi antitrust – même en cent ans. Et je veux dire le genre d'arrangement qui pourrait, si nous le voulions, placer le gouverneur Laxalt à la Maison-Blanche en 1972 ou 1976. Il me semble que les gens dont nous avons besoin viennent de tomber entre nos mains. »

Un deuxième mémo précise : « Les Kennedy ont toujours été une plaie dans mon flanc. Nous devons placer un candidat à nous, un qui connaît les réalités de la vie. »

Howard Hughes veut acheter tout le staff, l'organisation, la structure du candidat décédé. Président par contumace ? Il dirigera le pays le plus puissant du monde comme un marionnettiste. Il a été un manipulateur toute sa vie, il passera simplement à la vitesse supérieure. Idée dingue ? Certes. L'ennui, c'est qu'avec beaucoup d'argent, elle est réalisable. Nous sommes en Amérique.

Howard Hughes veut d'abord nettoyer Vegas. Son argent doit fructifier, et l'image d'une ville du diable, comme la décrivait jadis Rupert Hughes, est contrariante : « C'est ici la fabrique centrale de Satan et de ses démons, l'ennemi des foyers, le corrupteur des jeunes hommes et des jeunes femmes – l'école du crime. Si la cité ne se réforme pas, et vite ! il est inévitable qu'au nom de Dieu, l'océan l'engloutisse ! » Hughes ne croit pas en Dieu, mais il veut chasser les prostituées, purifier les casinos. En conséquence, il demande à Maheu, stupéfait, de réciter les grâces avant ses repas d'affaires. Las Vegas, se dit-il, doit devenir une cité familiale. Il écrit à Maheu : « J'aime imaginer Las Vegas avec un homme en smoking et une belle femme avec des bijoux et une fourrure, alors qu'ils sortent d'une belle voiture. » Howard Hughes donne des instructions précises : il veut s'offrir tout Las Vegas.

Il achète le Sands pour 23,6 millions de dollars ; le Castaways, pour 3,3 millions ; le Frontier, pour 23 millions ; le Silver Slipper, pour 5,4 millions ; le Stardust, pour 30,5 millions ; le Landmark, pour 17,3 millions. Il acquiert la légende de Vegas, les néons, les paillettes, les scènes et les bars où le Rat Pack, la bande de Frank Sinatra, a fait rire des milliers de spectateurs. Il est désormais le possesseur d'un aérodrome, d'une ligne aérienne locale, de terrains entourant la ville. Une nuit, alors qu'il regarde la télévision, qui est devenue son narcotique le plus puissant, il note que l'émission des « Z'amours » est vraiment plaisante. Tous ces jeunes gens et ces jeunes filles qui se rencontrent, se marient ou pas, c'est vraiment drôle.

Soudain, Howard Hughes reste bouche bée, de stupéfaction : l'un des candidats est… mais oui… il est noir !

Hughes somme immédiatement Bob Maheu de mettre bon ordre à pareille atteinte aux droits du spectateur : « Achetez une chaîne de télé », écrit-il à son prince régent. Qui débourse sur-le-champ 3,6 millions de dollars pour KLAS-TV. Désormais, Howard Hughes pourra regarder des westerns et des polars toute la nuit. Il est le grand programmateur. Il met aussi les choses au point, en ce qui concerne les Noirs : « Bob, je ne répéterais pas en public ce que je vous confie. Néanmoins, je voudrais résumer mes vues sur l'emploi de nègres en disant que c'est une merveilleuse idée pour quelqu'un d'autre, ailleurs. Je sais que ce n'est pas une opinion admirable, mais il me semble que les nègres ont fait assez de progrès, et ça devrait leur suffire pour les cent prochaines années. Car il ne faut pas en faire trop. »

Cette année-là, deux mois avant Robert Kennedy, Martin Luther King a été assassiné.

Hughes fait apporter des cartes géographiques dans sa chambre, pour contempler ses possessions à Las Vegas. Les Mormons ont du mal à dérouler les plans : la chambre est encombrée de cochonneries. Même les Kleenex qui jonchent le sol ne doivent pas être touchés. Quand il y en a trop, on les ramasse, puis on les place dans un carton scellé. L'endroit sent l'étable : Hughes interdit qu'on change les draps. Il se couche dans des serpillières grises. Peu importe : le nouvel empereur crayonne ses cartes, rêve d'acheter encore, prévoit l'arrivée d'avions supersoniques, puis pisse dans des bocaux, qu'on stocke dans une pièce adjacente. Des centaines de litres d'urine s'accumulent ainsi.

Parfois, il change de menu, et demande de la soupe Campbell, au poulet. Bien chaude, de préférence. Hughes gobe les petits morceaux de poulet d'abord, exige un deuxième bol, dont il transfère, un à un, les morceaux dans le premier bol. Puis fait réchauffer le tout à nouveau. Comme il lui faut huit heures pour manger les deux bols, les aides prévoient des dizaines de boîtes.

Les médicaments jouent un rôle de plus en plus important : les Mormons notent tout, minute après minute, dans des cahiers. Hughes se couche à 4 heures du matin, se lève à 7 heures, regarde un film à 9 heures, mange parfois un morceau, se recouche, s'injecte de la codéine diluée dans de l'eau, prend du Valium, reprend son film, écrit des mémos à Maheu. Ainsi, en trois semaines, il revoit *Dix petits indiens* quarante fois. Et il édicte un nouvelle contrainte : « Ne me laissez pas dormir dans la salle de bains. »

Les édiles, les commerçants, les joueurs, tout le monde est ravi de la présence de Hughes à Las Vegas. Outre le fait que ses fenêtres scellées sont devenues une attraction touristique – « Regardez, c'est là ! » –, la pluie d'or qui s'abat sur la ville est la bienvenue. Pourtant, il existe un résident mécontent : Frank Sinatra. Le millionnaire reclus lui fait de l'ombre. En plus, Hughes a jadis couché avec Ava Gardner, ce que Sinatra ne pardonne pas. Au Sands, le chanteur est chez lui. Quand il apprend que le Fantôme est en train d'acheter l'établissement, il voit rouge. Il joue, perd, demande du crédit. Qu'on lui refuse. C'est insultant. Sinatra, traité comme le dernier des loquedus ? Il casse des verres, arrache des lignes de téléphone, renverse une table de black-jack et injurie Carl Cohen, le croupier en chef. Carl, qui est d'un naturel calme et placide, pèse 130 kilos et possède des avant-bras gros comme des tatous. Il met une petite droite à Sinatra qui, allongé, regarde ses deux incisives par terre. Pour un crooner, avoir un sourire en touches de piano – sans les blanches – est une affaire ennuyeuse. Sinatra s'éclipse sans demander son reste. Quand l'incident est rapporté à Hughes, celui-ci répond : « Frank qui ? »

Au Sands, ce soir d'inauguration, les gens jouent, mangent, jouent, mangent, jouent et boivent. Parfois, ils se suicident, mais c'est mal vu. Robert Mitchum se promène, la main dans la poche, entre les tables. Il ne joue pas. Il boit. Il revient du Vietnam, raconte à tout le monde qu'il y est allé « pour des opérations discrètes patronnées par le gouvernement » et s'invente des missions secrètes pour la CIA. Les journalistes le croient ; Mitchum s'amuse. Un reporter lui demande quel serait son plus beau rôle, s'il pouvait choisir. Réponse : « La Dame aux camélias. On est dans un lit et on tousse pendant vingt bobines. »

Mitchum s'ennuie vaguement. Mais, pour son vieil ami Howard Hughes, il a fait l'effort d'être présent. Hughes, visiblement, est tombé sur la tête. Il veut que les filles aient des décolletés plus chastes. Le dîner de gala s'ouvre avec des grâces, récitées par Bob Maheu : « Bénies soient ces nourritures, Seigneur... », entend-on par-dessus les verres de champagne et les plats d'« ondines aux crevettes ». Décidément, c'est le monde à l'envers.

Un discret garde du corps s'approche de Mitchum. Il murmure :

– Mr Hughes souhaiterait vous voir, monsieur.

– Où ?

– Là-haut. Suivez-moi.

Mitchum pose son verre et suit. Il traverse la salle de jeux, entre dans un ascenseur privé qui, au dernier étage, s'ouvre sur un couloir. Mitchum passe devant des gardes et pénètre dans un salon doré. Vide. Il attend. Une porte s'ouvre, et un fantôme s'avance. Vieux, émacié, fatigué, décharné, frêle. C'est l'ombre de l'ombre d'Howard Hughes. Il ne reste que le regard : fou.

– C'est bon de se revoir, Howard.

Le fantôme sourit tristement. A-t-il seulement entendu ? Il ouvre la bouche, où l'on distingue des dents pourries et des gencives malades. Hughes murmure :

– Bob, excuse-moi. Je dois donner un coup de fil, si ça ne t'ennuie pas d'attendre.

Là-dessus, Howard Hughes tourne les talons. Et referme la porte derrière lui.

Dans le salon vide, Mitchum attend. Le temps passe. L'acteur s'approche de la porte, écoute. Rien. Il frappe, d'abord doucement, puis un peu plus fort. Rien. Il entrouvre la porte. Rien. Il entre dans la pièce, silencieuse et vide. Une autre porte lui fait face, à quelques mètres. Mitchum tente de l'ouvrir. Elle est fermée à clé. Il revient dans le salon doré, tourne en rond, va pisser aux toilettes, et s'en va. Il ne reverra jamais Howard Hughes.

À vrai dire, personne ne le reverra. Sauf un dictateur sud-américain et des Mormons.

À Romaine Street, les choses sont calmes, très calmes. Nadine Henley et Bill Gay, qui se sont vu reprocher le divorce avec Jean Peters, sont sur la touche. L'immeuble ne sert plus qu'à stocker des papiers, à entreposer de nouveaux documents, à archiver des contrats. Le téléphone sonne rarement. Il n'y a plus de filles à gérer, plus de chauffeurs qui attendent dans la rue, plus de messagers auxquels on lance des chèques par la fenêtre du premier étage, plus de plans machiavéliques pour dîner avec trois actrices à la fois. Chester Davis, l'avocat de Hughes, est également relégué au second rang. Pour l'instant, tout se passe à Las Vegas, ville devenue le centre du pouvoir. Pour les Mormons, Maheu est l'ennemi à abattre.

Tout d'abord, il est flamboyant. Il apparaît partout, il se pavane, il a une flottille de voitures luxueuses et un pool d'avions à sa disposition. Avec sa femme, il fait la tournée des meilleurs restaurants, et se comporte comme un rajah en bordée. Maheu a fondé un bureau – Hughes Nevada Operations – et il s'est autoproclamé grand manitou. Tous les jours, il parle avec Hughes pendant des heures, décrypte ses mémos, les exécute. Il se croit divin, il n'est qu'un boy de service. L'argent coule à flots, et Maheu en prend sa portion : notes de frais colossales, salaire cosmique. Il est aux ordres. Quand Hughes indique qu'il n'est pas question de continuer le fameux tournoi de tennis des Champions, au Desert Inn, Maheu doit simplement s'exécuter, bien que le tournoi soit un événement considérable, générateur de recettes importantes. Quand le boss rêve d'un nouvel hôtel, Maheu tente de comprendre de quoi il s'agit, et se penche sur le mémo.

« Cet hôtel sera une ville en soi. Il y aura un étage pour les magasins, ouverts 24 heures sur 24, un étage pour les distractions familiales, avec une immense piste de bowling, des billards, une piscine, une patinoire, une salle de jeux vidéo, une salle de cinéma en exclusivité, un green de golf électronique, si perfectionné qu'un *slice* sera analysé par l'ordinateur. »

Maheu a cependant un problème : les jeux vidéo n'ont pas encore été inventés, et il n'a pas la moindre idée de ce dont il s'agit. Hughes, lui, a vu l'avenir dans un brouillard de Valium.

Maheu étend l'Empire, pour des motifs qui tiennent à la fois de l'intoxication du pouvoir et du besoin de disposer d'un parapluie suffisamment vaste pour servir la CIA partout. Il fonde donc des sous-sociétés : Radiarc, Xenotec, Kyle Canyon, Guyama Land, M.F. Timber. Il achète, en son nom propre, une station de ski, des restaurants, des boîtes de nuit. Maheu engage des copains partout. Des ex du FBI, des employés de la CIA, des « honorables correspondants » revenus de Moscou ou de Cuba. Chemin faisant, il prend une grosse participation dans le journal local, le *Las Vegas Sun*, dont le directeur, Hank Greenspun, lui mange dans la main. D'autres alliés sortent de nulle part : Maheu distribue des fonds aux collaborateurs du maire, du gouverneur, passe des enveloppes chez les policiers, les politiciens, les administratifs. Il joue au tennis avec le gouverneur Paul Laxalt, qui devient un ami personnel.

Puis il se fait bâtir un palais, avec une cuisine de cinq fourneaux et un patio pour recevoir cinquante personnes. Il sponsorise la YMCA, les Boy Scouts of America, l'American Foundation for Oecumenical Studies, la Nevada Southern University et la Las Vegas Symphony Society. Maheu se transforme en pieuvre.

Parallèlement, une nouvelle folie s'empare de Hughes : il achète des vieilles mines, dont la région est truffée. Souvent, les touristes vont dans le désert, pour visiter ces villages fantômes où il reste des pics, des bouteilles de bière et, parfois, un colt rouillé. Hughes, lui, les acquiert, avec avidité. En mars 1969, il possède 770 mines, achetées pour 10,5 millions de dollars. La plupart se trouvent aux alentours de Tonopah, le village où Jean Peters est devenue Mme Hughes. Pourquoi ces achats ? Nul ne sait. Hughes espère-t-il régénérer les filons ? Un expert lui fait miroiter des gisements d'or non exploités. Hughes est sur un petit nuage.

Mais son paradis est menacé par une bombe.

Dans l'ombre de Bob Maheu, Johnny Rosselli suit avec intérêt les transactions de Hughes. Pour chaque hôtel ou casino vendu, il touche un pourcentage confortable, qu'il partage avec son lieutenant, Joe Breen Jr. Pour la Maffia, Maheu est le pigeon idéal : il s'est construit une façade respectable pour la Central Intelligence Agency, mais cette façade est aussi utile aux gangsters qui n'ont plus besoin de trouver des prête-noms pour la Commission des jeux. Le gouverneur Laxalt n'a-t-il pas déclaré : « Tout ce que Howard Hughes fait est bon pour le Nevada » ? Certes. Mais c'est surtout bon pour les voyous. Car Hughes, éloigné des opérations quotidiennes dans les casinos, ne peut rien contrôler. Quant à Maheu, il est trop absorbé par ses rêves de grandeur pour mettre son nez dans la comptabilité qui, de toute façon, est truquée. Il a nommé un vieil ami, Ed Nigro, général de l'Air Force en retraite, à la tête de la société de jeux. Mais Nigro n'y comprend rien. Il n'est pas de taille, face à des « opérateurs » qui sont là depuis vingt ans. Le comble, c'est que les comptables dépêchés par Maheu se voient barrer l'entrée des bureaux. Ils tournent les talons, et ne reviendront pas.

La vérité, c'est que Howard Hughes perd de l'argent, à Las Vegas. Ses mines sont une escroquerie, menée de main de maître par un petit voyou qui s'en tirera les poches pleines. Ses casinos sont déficitaires : le Sands et le Desert Inn, la première année, ramassent cinq millions de dollars, ce qui est moins que ce qu'ils rapportaient les années précédentes – tous les mois. La fréquentation n'a pas diminué, les machines à sous tournent à plein, mais, bizarrement, l'argent s'évapore. Par millions de dollars. Les gangsters ne résistent pas : le « pigeon avec le pognon » est un cadeau du ciel. Sam Giancana fait puiser dans les coffres, dans les caisses, partout. Il n'y a plus de contrôle, plus aucune retenue. La rapacité nue règne.

Le Trésor, de nouveau, se réveille. Mais la tâche est ardue. On ne s'attaque pas à l'un des hommes les plus riches d'Amérique comme à un vulgaire loubard de banlieue. Le FBI, sollicité, fournit un témoin : Salvatore Piscopo, un soldat de la Cosa Nostra. Piscopo, dans ses dépositions sur l'activité de la Maffia, commet une erreur : il mentionne Rosselli. Ce dernier demande immédiatement à Sam Giancana l'autorisation d'effacer le témoin. Giancana ne donne pas le feu vert, signe d'un agacement de sa part. Un deuxième témoin apparaît : George Search, un voleur de gouttière. Cette fois-ci, Rosselli ne demande rien, et expédie son homme de main, Jimmy « The Weasel » Fratianno, régler la question.

Quand le FBI convoque Rosselli pour déposer, celui-ci a une défense en béton : « Je suis un patriote. Vérifiez dans vos dossiers sur Cuba. J'ai travaillé pour la CIA. » Le FBI vérifie. Tout est vrai. Consulté, le directeur de la CIA, Richard Helms, prévient Bob Maheu : « Si Rosselli est en délicatesse avec la justice, nous ne le couvrirons pas. » Mauvais calcul : Rosselli déballe tout sur la tentative d'assassinat contre Castro. Il se confie au journaliste le plus célèbre des États-Unis, Jack Anderson. Le scandale est énorme. Une fois de plus, le nom de Howard Hughes est mêlé à une sale affaire.

Johnny Rosselli n'a pas compris que l'époque a changé. Que Robert Kennedy, devenu attorney général, a lancé avant sa mort une enquête en profondeur sur les liens de l'Empire Hughes avec la Maffia. Même Giancana, dans l'ombre, n'a pas su prendre le virage : la Cosa Nostra fonctionne à vue, comme un business antique, comme une petite épicerie sicilienne. Le seul qui tire son épingle du jeu, c'est Santo Trafficante, l'ancien pape de La Havane, le compagnon de route de Rosselli. Trafficante s'est lancé dans le trafic d'opium en Asie du Sud-Est, avec la bénédiction de la CIA.

L'Empire Hughes commence à se craqueler.

Nu, les cheveux pendants, la barbe grise, la poitrine creuse, Howard Hughes s'allonge et ouvre le *Las Vegas Sun*. Il lit les gros titres avec une loupe. Celui-ci lui déplaît : « Important test atomique, à Las Vegas ». La bombe A ? C'est impossible. On fait donc des essais atomiques dans le royaume Hughes ? Sans le consulter ? L'article précise : « Toute personne se situant dans un rayon de 350 kilomètres du lieu de la détonation pourra observer une petite secousse terrestre, en particulier dans les étages supérieurs des bâtiments. » Hughes se précipite vers sa table, où il écrit frénétiquement à Maheu : « C'est la goutte d'eau. Je lis à l'instant qu'on va procéder à la plus grosse explosion atomique jamais tentée aux USA. Je veux que vous appeliez sur-le-champ le gouverneur, les sénateurs, les membres du Congrès. S'ils n'annulent pas cet essai, je m'adresserai directement au Président pour demander la délocalisation de tout le programme. »

Maheu comprend aussitôt que, pour Hughes, cette affaire est un cauchemar. Car le boss a une nouvelle obsession : la contamination des nappes phréatiques. Et les Kleenex ne fourniront jamais une protection suffisante contre les radiations. D'autres mémos, affolés, suivent : « Toute cette affaire me fait vomir. Je ne comprends pas pourquoi Laxalt permet à ces salauds de désacraliser et de polluer des kilomètres et des kilomètres de terre vierge du Nevada. Ils vont salir les entrailles mêmes de la terre sur laquelle nous vivons. » Puis : « Pourquoi le Nevada accepte-t-il avec un sourire des poisons radioactifs plus horribles que les excréments humains ? » Encore : « Nous devons trouver un moyen de mettre fin à cela. » Pour finir : « L'eau est polluée. Le problème, c'est l'impureté. C'est comme servir un steak luxueux dans une belle assiette, et, au lieu de garnir avec un demi-citron et un brin de persil, imaginez qu'on place une merde molle sur l'assiette. Même si, techniquement, la merde ne touche pas le steak, ne pensez-vous pas que le client n'aura pas tellement de plaisir à déguster sa viande ? »

La bombe « Boxcar » a cent fois la puissance de celle d'Hiroshima.

Howard Hughes est terrifié.

Maheu se met en mouvement : il envoie des émissaires au Capitole, paie des agents d'influence à Washington, se démène comme un beau diable. Rien n'y fait. Howard Hughes écrit une lettre au président Lyndon Johnson, réclamant un délai de quatre-vingt-dix jours, le temps de compiler un document scientifique prouvant la nocivité de l'essai. « Même les citoyens des îles Aléoutiennes ont été écoutés, et les Russes ont déplacé leurs essais », écrit-il. Il ajoute : « Les techniciens de l'Agence atomique assurent qu'il n'y aura pas de conséquences nocives, mais je me demande où seront ces techniciens dans dix ou vingt ans ? » Lyndon Johnson, à la Maison-Blanche, reçoit le courrier, s'interroge et le fait classer sans réponse. Il note que c'est une missive étrange, provenant de l'un des plus gros fournisseurs du complexe militaro-industriel.

La détonation aura lieu le jour fixé. Tous les trépignements de Hughes n'auront rien changé. Quand il ressent le souffle de l'explosion, Hughes, allongé, se vomit dessus. Il s'essuie vaguement, secoue sa main et jette le vomi sur la moquette qui, de toute façon, est crasseuse. Le reclus se bourre de drogue, sombre dans un sommeil lourd, se réveille deux jours plus tard et écrit à Maheu : « La vie est trop courte pour ce genre de choses. » Il ajoute : « Il m'est égal de savoir qu'ils se détruisent entre eux. Qu'ils ne le fassent pas ici, c'est tout. » Howard Hughes, le grand altruiste.

Il donne l'ordre à Maheu de prendre contact avec Hubert Humphrey, le vice-président et candidat démocrate pour la prochaine élection présidentielle en remplacement de Robert Kennedy. Désormais, le duel Hughes-USA a franchi un cap. C'est la guerre.

Parfois, Hughes téléphone à Jean Peters. En apprenant qu'elle fréquente Stan Hough, son futur mari, il retrouve les réflexes des années 1940 et 1950 : il fait fliquer les deux amants. Bill Gay reçoit l'ordre de louer la maison en face de celle de Hough, et de livrer des rapports quotidiens. L'idée de Hughes, c'est de faire dérailler cette histoire d'amour qui lui déplaît. Mais lui non plus n'est plus en phase avec son époque : en 1968, personne ne s'intéresse à la liaison d'une ex-actrice d'âge mûr avec un cadre supérieur d'une maison de production. Hughes s'enlise dans des plans financiers invraisemblables : il veut acheter Lockheed, acquiert une ligne aérienne pourrie, Air West (surnommée « Air Worst ») ; la Hughes Aircraft dépense des sommes folles, avec la construction de nouveaux hélicoptères pour la Défense nationale. Le Fantôme a perdu 20 millions de dollars dans l'escroquerie aux mines d'or, et la Hughes Tool Co traverse une mauvaise passe. Sans compter la Maffia, qui utilise les casinos comme pompe à finances. Ce qui n'empêche pas Hughes d'être classé l'homme le plus riche d'Amérique par le magazine *Forbes* : il est le premier milliardaire jamais recensé par la publication.

Physiquement, Howard Hughes est l'ombre de lui-même : ses reins fonctionnent mal, sa consommation de drogues a augmenté, il souffre d'anémie et exige des transfusions sanguines fréquentes (en établissant l'origine du sang : pas question d'avoir des globules de « nègres ». La plupart du temps, Hughes obtient du sang d'un Mormon), ses dents tombent une à une, et ses os pointent sous la peau. Il se fait faire ses lavements sous anesthésiant, pour surmonter la douleur, et souffre de l'estomac. Ses brefs moments de lucidité lui permettent de comprendre ce qui se passe, mais pas d'y remédier : l'Empire se délite. Bill Gay, le Mormon-en-chef, propose de placer Hughes sous tutelle, pour incapacité. Il a peur que le patron ne meure, et que, brusquement, tout s'écroule. Il est tenu informé, jour après jour, par les aides de Hughes, à Las Vegas, qui détestent Maheu. Bill Gay donne un tour de vis : désormais, dit-il, aucun message ne doit arriver sous les yeux de Hughes sans avoir été lu par le Mormon de Romaine Street. Gay commence à cloisonner. Sans le savoir, Hughes va être coupé du monde.

Il sombre. Il se saisit d'une feuille de papier et écrit : « De l'obscurité vers les ombres ». Il répète la phrase vingt, puis trente, puis cinquante fois. La bombe atomique l'a fait basculer dans la terreur la plus pure.

Bob Maheu emploie Robert Humphrey, le fils de Humbert, dans sa firme de composants électroniques, Radiarc. Vice-président des États-Unis pour quelques mois encore, Hubert Humphrey est un homme peu imposant : retiré dans son bureau à Washington, il fait semblant de travailler, mais, en fait, il est inutile. Car Lyndon Johnson le tient en défaveur : pour lui, Humphrey est un bouffon grotesque. C'est tout juste s'il lui adresse la parole. Humphrey en est réduit à comploter. Après tout, ça passe le temps.

Sur ordre de Hughes, Maheu rencontre en secret Humphrey à Denver, Colorado. Il plaide pour l'arrêt des essais nucléaires. Humphrey s'engage à y travailler, dès qu'il sera élu président. Maheu glisse discrètement 100 000 dollars au candidat. Lequel sourit, de cet étrange sourire béat et presque idiot qui le caractérise. Car, contrairement aux candidats précédents, Humphrey est fauché. Eisenhower, Johnson, Kennedy avaient des ressources propres. Pas Humphrey. Il est dans la même situation que le prochain président, Richard Nixon. Ce sont des pauvres.

Quand Maheu reçoit les nouvelles instructions de Hughes, il est atterré : acheter toute l'organisation de

Robert Kennedy ? Comment est-ce envisageable ? D'autant plus que la famille Kennedy semble disposer d'une réserve inépuisable de candidats : le prochain, dans l'ordre de succession, est Ted Kennedy, un jeune homme buveur et charmeur, maladroit et jouisseur. Maheu répond à Hughes : « Mission difficile. Les Kennedy ont tout l'argent dont ils ont besoin. » Mais Hughes n'est pas prêt à lâcher le morceau : les Kennedy l'ont violemment agacé toute sa vie, il va cracher sur leurs tombes. « Achetez qui il faut », écrit-il.

Bob Maheu se met en chasse, comme un chien fidèle. Il a très vite une idée : contacter Larry O'Brien, l'un des conseillers les plus proches du président Kennedy, un homme fin et agréable, qui a été le directeur de campagne de John Kennedy, puis de Robert. Depuis la mort de celui-ci, il est à la dérive. Hughes décide de salarier discrètement cet homme précieux, à hauteur de 1 500 dollars par mois, par le biais d'une société au nom pittoresque : Joseph Napolitano Associés. Maheu fixe un rendez-vous. Le but, explique-t-il, est d'avoir un agent d'influence à Washington, agissant pour le compte de Hughes. Parallèlement, le milliardaire tente d'acheter la chaîne de télé nationale ABC, pour « soutenir le candidat présidentiel de notre choix ». Une fois de plus, la loi antitrust entre en action : déjà possesseur d'une chaîne locale, Hughes ne peut cumuler. Il enrage. Il appelle ses avocats, tout en se passant de l'alcool à 90° sur la peau, pour se débarrasser des radiations atomiques. L'affaire devient colossale : tandis que la justice est saisie, Wall Street suspend ses cotations. Le juge exige l'apparition de Hughes au tribunal. Au dernier moment, ce dernier plie. Il ne viendra pas. Il n'achètera pas ABC. Il déplie une feuille de papier et écrit : « Out ». Plusieurs dizaines de fois. Pendant plusieurs heures.

À Los Angeles, Maheu assiste à un dîner de levée de fonds pour soutenir la candidature de Hubert Humphrey. Après le dessert et les discours, Maheu rejoint Humphrey dans sa limousine, et, derrière les vitres fumées, lui tend une enveloppe de 50 000 dollars. Puis il revient à son hôtel, et regarde les nouvelles à la télévision : mauvais sort ! Nixon, le candidat républicain, mène dans les sondages. La guerre du Vietnam, pour laquelle Hughes fournit des tonnes d'équipement de pointe, sera fatale à Humphrey. Hughes instruit Maheu : il faut verser 100 000 dollars de contribution pour la campagne de Nixon. Une moitié, en chèques de petit montant, est légale. L'autre moitié, en espèces, ne l'est pas. *No problemo* : il suffit de déposer l'enveloppe à Key Biscayne, chez le copain de Nixon, Charles « Bebe » Rebozo, un ex-pompiste devenu banquier en Floride. C'est un bon investissement. Une fois Nixon élu, il suffira de tirer sur la ficelle. Howard Hughes est persuadé qu'avec cet argent, il aura tous les droits à la Maison-Blanche, et qu'il sera même consulté sur les embauches.

C'est presque vrai. Quand John Mitchell est nommé au poste de ministre de la Justice, Maheu écrit à Hughes : « Il est très acceptable pour nous, et je suis très heureux de sa nomination en vue de nos affaires avec la loi antitrust. » Mais, pour le milliardaire reclus, ce n'est pas suffisant : « Je vous ai dit, Bob, que je voulais aller aussi loin que possible pour être écouté par cette nouvelle administration. Mais je n'ai aucune assurance quant à l'avenir. » Avec Nixon, Hughes est tombé sur aussi fort que lui : le nouveau président n'a aucune intention de céder. Il a même peur d'être publiquement associé avec ce fou. Nixon se souvient d'un petit scandale qui lui a coûté l'élection en 1960 : l'affaire du prêt consenti par Hughes à Donald Nixon, le frère imbécile des « Nixonburgers », est ressortie dans la presse. À l'époque, Richard Nixon avait eu l'air d'un vendu. Il en est un, certes, mais il importe de ne pas apparaître comme tel. L'ère de l'image politique est arrivée. L'ère des faux-semblants à la télévision.

Hughes devient, peu à peu, le prince d'un royaume des ombres. Il sent confusément que son Empire lui échappe. Il a trouvé le coupable : Bob Maheu. En douce, les Mormons vont précipiter la chute du dauphin. Ils croient en Dieu, certes, mais tout ce bon pognon qui attend, c'est tentant. Forcément, il y a là un signe divin. Hughes a raison, quand il écrit « Out ». Il ne l'est pas encore, mais presque.

CHAPITRE 21

LANDMARK ET GLOMAR

Howard Hughes est un clochard et un pacha. Le premier Hughes, réfugié à l'hôtel, dans l'obscurité et le silence, effrayé par les mouches et les microbes, vit coupé de tout. Le second Hughes se nomme Maheu, c'est l'ombre portée du premier, en plus flamboyant. Deux affaires successives vont provoquer le divorce entre ces deux hommes.

La première est une question d'ego, comme souvent avec Hughes. Quand il apprend que Kirk Kerkorian, le millionnaire qui vient de vendre TransAmerican Airlines, veut s'installer à Las Vegas, le Fantôme s'agace. Kerkorian est un self-made man, un oligarque brutal, qui ne prend pas de gants et qui possède déjà l'hôtel de Bugsy Siegel, le fameux Flamingo des débuts.

À la fin des années 1960, Kerkorian annonce qu'il va construire le plus grand hôtel du monde à Las Vegas : mille cinq cents chambres. Maheu est envoyé pour stopper cette invasion. Il cherche à rencontrer Kerkorian, à ralentir les travaux, rien n'y fait. Il contacte ses « amis d'amis », mais la Maffia a elle-même quelques problèmes, et les voyous sont en train de plier bagage, après avoir fait fortune sur le dos de Hughes. Kerkorian assiste à tout ce tapage, et laisse filer. Ce n'est pas un fou mal lavé qui va l'empêcher de réussir. Publiquement, il se moque de Hughes, et invite le reclus à assister à l'ouverture de son hôtel, le 4 juillet 1969. Pour Hughes, c'est carrément un affront.

Il faut réagir. Hughes ordonne à Maheu d'acheter le Landmark Hotel, une tour pointue qui ressemble à une fusée Goldorak revue par Starck, et qu'on aperçoit dans *Les diamants sont éternels*, un James Bond produit par l'ex-assistant de Hughes, « Cubby » Broccoli. À l'intérieur de l'hôtel, c'est du pur style Vegas kitsch : des fresques de science-fiction jouxtent des panneaux vaguement incas, des statues italiennes en béton prémoulé côtoient la tour Eiffel ou Big Ben. Le Landmark n'a jamais marché : sa structure en aiguille entrave le service sur les trente et un étages, l'ensemble est d'une laideur qui fait fuir les clients, et, de procès en procès, l'établissement a fini par fermer. Il présente un avantage, cependant, il fait face à l'International de Kerkorian. Premier problème : Hughes possède déjà une collection d'hôtels, il enfreint donc la législation antitrust. Deuxième problème : il a obtenu, à grand-peine, des licences de jeu en nombre supérieur à la limite autorisée. Il ne faut pas pousser le bouchon, se dit Maheu. Lequel n'a pas le temps de se retourner, Hughes a déjà acheté le Landmark pour 17 millions de dollars. Maheu sent-il que quelque chose va mal ? Sans doute pas. Il a la tête trop grosse, il est certain qu'il peut manipuler le boss malgré ses incertitudes. Il ne sait pas que Bill Gay a fait parvenir un message à son patron : « Bob Maheu vous vole », dit-il en substance. Pour un parano comme Hughes, c'est la sirène d'alarme. La Maffia s'envole avec la caisse, il ne voit rien. Mais qu'un collaborateur fasse de la gratte, voilà qui passe les bornes.

Kerkorian a prévu Barbra Streisand pour l'inauguration de son hôtel, qui va se dérouler, dit-on, dans des conditions fastueuses. Il y aura du beau linge, des fêtes grandioses, des feux d'artifice dans le désert. Hughes veut faire mieux, gâcher la surboum de Kerkorian. Il voudrait Dean Martin sur la scène. Maheu renchérit : pourquoi pas Frank Sinatra ? Pourquoi pas Sammy Davis Jr ? Ou Bob Hope ? Peu importe, répond Hughes. Il faut taper fort. Et ouvrir le 1er juillet, trois jours avant le concurrent. Pour Maheu, c'est un pari excitant. Mais il n'a pas compté avec la valse-hésitation de Hughes, qui lui écrit : « Bob, je vous demande humblement de ne rien dire au sujet du 1er juillet. C'est toujours la deuxième fête dont les gens se souviennent... » Maheu n'en fait qu'à sa tête. Il compile une liste de quatre cents invités, qu'il soumet à son patron. Il a un mois pour tout préparer. Ces trente jours, il le sent, vont être chèrement payés. Il se met à picoler, dans la solitude de son bureau.

Chacun son trip : tandis que Maheu se gargarise au pur malt vingt ans d'âge, Hughes se bourre de Blue Bombers, ses pilules de Valium. Il recommence à délirer : « La porte du placard doit être ouverte en utilisant un minimum de quinze Kleenex. Il ne faut pas la claquer, pour la poussière, et ne pas laisser des insectes. Rien, dedans, ne doit être touché. S'il faut prendre quelque chose, utilisez quinze Kleenex pour chaque main. Seul le centre du mouchoir en papier doit entrer en contact avec l'objet. »

Puis il se chausse avec les boîtes vides de Kleenex pour se déplacer dans sa chambre. On imagine le tableau : un clodo, la barbe gluée, les cheveux crasseux, les bras constellés de piqûres, nu, se déplaçant dans sa chambre avec des boîtes en carton aux pieds. Un milliardaire de science-fiction. Désormais, Hughes envoie ses mémos à Romaine Street. Le fil est renoué. Tandis qu'il regarde pour la centième fois *Dix petits indiens*, Hughes apprend une nouvelle terrible : une bombe A va être testée dans le désert du Nevada, en sous-sol. Le cauchemar recommence.

Maheu est expédié, séance tenante, à Key Biscayne, pour rencontrer Charles « Bebe » Rebozo, le copain du président Nixon. Il doit offrir un million de dollars en échange de l'arrêt des essais. Il faut du doigté. Rebozo sent les ennuis arriver. Il en réfère à Nixon, qui propose une rencontre en tête à tête avec Hughes. Ce qui, évidemment, est hors de question. Un président ne déjeune pas à Camp David avec un type qui se balade avec des napperons roses en guise de feuilles de vigne.

L'accès à la Maison-Blanche est d'autant plus crucial que le gouvernement vient de promulguer une nouvelle loi, le Tax Reform Act, qui déclasse certains établissements défiscalisés. Ainsi, alors que Hughes n'a pas payé d'impôts sur le revenu depuis une vingtaine d'années grâce au Howard Hughes Medical Institute, les choses risquent de changer. L'un des députés, président du Banking Committee, Wright Patman, a repéré que le principal fabricant de satellites, d'avions, de missiles, est étiqueté « institution charitable ». Or, Patman a compris que la seule charité de Hughes concerne Hughes : elle est bien ordonnée. Comment Patman a-t-il l'œil attiré sur le cas Hughes ? Par une lettre « anonyme » adressée à John Dean, un conseiller de Nixon, qui indique que, pour chaque million de dollars que la Hughes Tool Co donne à l'Institut médical Hughes, celui-ci paie 2,5 millions de dollars à son fondateur. John Dean lâche les chiens du Trésor sur Hughes.

Maheu a son arme secrète : Larry O'Brien, l'ex-directeur de campagne de Robert Kennedy. Il le lance dans une entreprise de lobbying géante. O'Brien frappe aux portes, glisse des enveloppes, fait des promesses, suggère des récompenses, flatte des médiocres, caresse dans le sens du poil des deuxièmes couteaux, et obtient un magnifique résultat. La rédaction finale du Tax Reform Act, qui compte 225 pages, comprend une phrase, une seule, qui change tout : « Sont exemptées les organisations de recherche médicale. » Pour Hughes, c'est du sur mesure. Il est le seul, aux États-Unis, à bénéficier de cette phrase. Les autres, la Ford Foundation, la Rockefeller Foundation, le Carnegie Endowment, ainsi que trente mille institutions diverses, tombent sous le couperet. Le Howard Hughes Medical Institute ne sera jamais inquiété : en 1974, il recevra 3,5 millions de dollars, soit 0,4 % des bénéfices de la Hughes Tool Co (812,3 millions de dollars), et fera transiter le reste. Sur les 3,5 millions, l'Institut devra payer, en plus, un million au titre des intérêts de l'emprunt. Hughes, grâce à Larry O'Brien (et, sans doute, secrètement, grâce à la CIA), reste non-imposable.

Nixon, lui, ne s'en tire pas si bien. En 1970, il paie 792,81 dollars d'impôts. Tout président qu'il est, le Trésor va s'occuper de son cas.

« Me voici en train d'essayer d'engager Dean Martin, d'enrôler le gouverneur, de faire une liste d'invités, et vous ne m'avez toujours pas donné de date », écrit amèrement Bob Maheu. Hughes répond : « J'ai lu avec attention votre liste d'invités, et je crois qu'il faut éliminer les gens venus d'autres villes que Las Vegas, les présidents de studios de cinéma, les syndicalistes, et la plupart des représentants de l'hôtellerie. Cette liste est trop longue, Bob. » Les échanges de mémos continuent, trois ou quatre fois par jour, durant trois semaines. Pas une bouteille de champagne n'a été commandée, pas une tranche de jambon préparée, pas un grain de caviar pondu. Maheu pète les plombs : « En ce moment, Howard, je me fous de savoir si on va faire une fête le 30 juin ou le 1er juillet, ou même si on va ouvrir le putain d'hôtel. Ma recommandation, c'est qu'on oublie tout le machin, et quand vous serez décidé, vous ferez votre ouverture, pour laquelle je vous souhaite un grand succès. » Hughes, ravi de cette explosion, en rajoute une petite couche : « Bob, je pense honnêtement que vous pouvez réviser votre liste d'invités. Dites-moi quels sont les concessionnaires automobiles qui sont invités. » Vingt-quatre heures avant la date prévue, Hughes, finalement, donne son accord pour quarante-quatre invités. Soit un et demi par étage du Landmark. Nouvelles négociations, nouveaux délais. Deux heures avant le gala, Hughes écrit : « Bob, je vous serais reconnaissant de garder le buffet garni au minimum... » Enfin, tandis que les premiers invités arrivent, à sept heures du soir, Maheu reçoit un petit mot : « Bob, bonne chance. Y a-t-il quelque chose que je puisse faire pour vous être utile ? »

Bob Maheu, finalement, a engagé un comique, Danny Thomas, pour la soirée de gala du Landmark. C'est mince, face à la soirée Barbra Streisand offerte par Kerkorian. Comme le remarque un producteur : « Je ne vois pas pourquoi on a pris Danny Thomas pour faire venir les gens. Hughes aurait eu un franc succès simplement en annonçant qu'il allait passer dans la salle. Même sur une civière. » Maheu n'a pas compris que la star du show, ce n'est pas Sinatra, Dean Martin ou qui que ce soit. La star, c'est Howard Hughes, l'homme invisible. Hughes est « le plus inoubliable des hommes jamais rencontrés », titre *Newsweek* avec ironie.

La bombe n'est pas une illusion qu'on peut effacer d'un coup de baguette magique. Hughes incite Maheu à « utiliser tous les moyens, à revenir sur toutes les faveurs qu'on nous doit », pour annuler ce nouvel essai atomique. Nixon demande à Henry Kissinger de se rendre à Las Vegas. Hughes refuse. Il insiste pour que Maheu obtienne un rendez-vous avec Nixon lui-même. Il écrit au Président : « Après soixante-quatre années de dévouement au pays, je devrais pouvoir obtenir dix minutes d'attention. » Il propose des brouettes de billets. Rien n'y fait. La six centième explosion atomique du monde a lieu, Hughes ou pas. C'est aussi la plus puissante. Les bâtiments de Las Vegas tremblent. Caché dans sa salle de bains, Hughes, terrifié, refuse de sortir. Plusieurs heures plus tard, alors qu'il rejoint enfin son lit et s'injecte ses 200 milligrammes de Valium et de Librium, il saisit un crayon et, furieux, envoie un message à Maheu : « Si l'homme le plus riche des États-Unis quitte le pays, chassé par les militaires, que va penser le public ? Voilà qui ferait une bon article pour les journaux. » Nixon a trahi Hughes.

Les Mormons, eux, ne restent pas inactifs. Bill Gay et Nadine Henley, aidés par Chester Davis, font parvenir à Hughes des nouvelles alarmantes. Pour l'année 1970, écrivent-ils, les pertes des casinos vont s'élever à 13 millions de dollars (Johnny Rosselli et Sam Giancana sont passés par là). Les réserves de liquide sont basses : 111 millions de dollars, dont 75 sont immobilisés par la cascade de procès consécutifs à l'affaire TWA, laquelle atteint des proportions cosmiques : 800 pièces à conviction, un dossier de 60 000 pages. Hughes lui-même a besoin de 30 000 dollars par jour. Les deux conjurés soulignent que l'argent dépensé par Maheu relève du caprice, « on ne sait jamais s'il va acheter une machine à se torcher de la main gauche ou de la main droite ». Maheu court à sa perte, mais il l'ignore.

Sa chute, curieusement, viendra de sa maison mère, la CIA. Howard Hughes adore les histoires d'espionnage : il a une dilection particulière pour les films comme *L'espion qui venait du froid* ou *Ipcress danger immédiat*. Depuis la guerre, il fournit à l'agence des satellites, des réseaux de communication, et même des fausses dents équipées de micros. Quand les Américains apprennent qu'un sous-marin nucléaire soviétique a coulé quelque part entre Hawaï et Midway, ils se frottent les mains : c'est l'occasion rêvée de connaître les systèmes, les codes, les ordres. Il faut aller chercher ce sous-marin, qui se trouve à une profondeur extraordinaire : 5 000 mètres. Le « projet Jennifer » est lancé.

Bob Maheu doit-il servir de contact ? D'entrée de jeu, la CIA refuse. « Il est trop impliqué dans d'anciens projets », note un rapport. En d'autres termes, il en sait trop. D'ailleurs, les tentatives d'assassinat commanditées par la CIA contre Castro commencent à filtrer dans les journaux. Il est urgent, pour l'Agence, de se démarquer de Maheu. La CIA change de canal : elle va passer par Bill Gay. Le chef des Mormons est désormais sacré espion suprême. Le projet Jennifer est hallucinant : la CIA veut faire construire une grue maritime colossale et, sous une couverture banale – le forage du sous-sol marin pour des gisements pétroliers –, récupérer l'épave soviétique. Hughes se lève de son lit, signe le contrat avec l'Agence, et certifie qu'il « est d'accord pour servir de façade et que le projet restera un secret classé secret-défense ». William Colby, le directeur de la CIA, insiste : « Maheu est un risque », dit-il.

Le « Glomar II », l'engin fabriqué par la CIA au prix astronomique de 250 millions de dollars, jauge 5 500 tonnes, et mesure 89 mètres de long. Officiellement, sous l'égide de la société Global Marine LTD, le Glomar part à la recherche de poches de pétrole, ou, éventuellement, de gisements de manganèse, de cuivre, de cobalt, de nickel. Le sous-marin soviétique – 100 mètres de long, quatre-vingt-six hommes d'équipage – n'est pas, comme on l'a cru, un engin nucléaire. En fait, il a vingt ans d'âge. Mais peu importe. Avec l'aide de tous les anciens espions, G-Men, porteurs de valises et flics engagés par Maheu dans l'organisation Hughes, la CIA se lance dans une tâche quasi impossible. Le chef de chantier se nomme Howard Hunt, et il a passé vingt ans en qualité d'honorable correspondant à Montevideo et à Tokyo, souvent chargé de *black ops*, de coups tordus. Il a été l'un des hommes-clés de l'invasion ratée de la baie des Cochons. Hunt a tout fait : il a placé des micros dans des chambres d'hôtels, cambriolé des bureaux à la recherche de documents « sensibles », établi des faux, bref, à cinquante-deux ans, c'est une barbouze à l'ancienne mode. Il sait se servir d'une clé à molette, d'un Beretta, d'un pic à glace et d'un sourire désarmant. Il est associé à Robert Foster Bennett, un républicain obscur spécialisé dans la manipulation des médias.

Bill Gay marque des points.

On retrouvera Howard Hunt en vedette dans une opération spectaculaire, en Technicolor et Dolby stéréo : le Watergate.

À Las Vegas, on vient de changer les draps de Hughes. C'est la cinquième fois en trois ans.

L'Empire bascule. À la fin des années 1960, l'Amérique entre dans un autre univers. La guerre du Vietnam s'enlise, toute une génération s'est reconnue dans *Easy Rider*, le Flower Power est l'idéologie du jour, les Khmers rouges font le siège de Phnom Penh, et le crime organisé change de nature. Des hommes comme Giancana et Rosselli sont désormais des gangsters préhistoriques. Les vrais voyous sont plus flamboyants. Charles Manson est leur héros. Celui-ci a fait assassiner par ses fidèles l'épouse de Roman Polanski. Enceinte, elle a reçu des dizaines de coups de poignard. Avant de mourir, elle a été pendue, puis éventrée. Le drame s'est déroulé dans une maison que Hughes connaît bien : c'est celle de Paul Bern où, il y a des siècles, Jean Harlow a découvert le corps de son mari suicidé.

Jimmy Hoffa est en prison. Johnny Rosselli est pensionnaire à McNeil Island, un pénitencier au large de Washington. Une époque s'achève.

Les Mormons n'ont plus qu'à parachever leur piège. Ils apprennent que Maheu a acheté une ligne d'hélicoptères, Los Angeles Airways, pour trois millions de dollars. L'ennui, c'est qu'il n'a pas consulté Hughes pour cet achat. Il a beau dire que le boss lui a donné l'autorisation verbalement, rien n'y fait. Hughes, d'une mauvaise foi de dentiste, nie. Que faire ? Maheu est ennuyé. Il n'a d'autre recours que de demander la médiation de Bill Gay et de Chester Davis. Lesquels accourent, évidemment, pour aider un vieux copain. La Los Angeles Airways est le cadet de leurs soucis. Il y a un deuxième deal, plus vicieux, qui se profile : Maheu a posé une option sur l'achat du Dunes Hotel. Le propriétaire, Sidney Wyman, a besoin d'une infusion rapide de cash. Maheu lui avance quatre millions de dollars. Hughes, de nouveau, râle. Gay et Davis arrondissent les angles, écoutent Maheu, lui mettent la main sur le dos, et jurent que tout va s'arranger. Moyennant quoi, pendant que Chester Davis joue son rôle de grand frère qui console, son copain file au Desert Inn où il glisse un mot à Hughes : « C'est confirmé. Le prêt non autorisé de quatre millions de dollars a bien eu lieu. »

La goutte d'eau qui mettra le feu aux poudres – dans le monde de Hughes, la métaphore n'est pas si bête qu'elle en a l'air – viendra, encore une fois, de la famille Kennedy. Alors que le sénateur Ted Kennedy est en ville pour un meeting politique, Maheu est chargé de l'accueillir au nom de l'Empire Hughes. On doit lui fournir ce qu'il veut, filles, alcool, hôtel. Maheu prend les instructions au pied de la lettre : il trouve une fille si belle que, lorsqu'elle passe, les hommes ouvrent des yeux gros comme des phares de Cadillac Coupe de Ville. Le hic, c'est que Teddy Kennedy n'est pas spécialement discret. Il se pavane. Le lendemain, un tabloïd publie la photo du sénateur avec la blonde avantageuse. Pour Hughes, une fois de plus, Maheu a raté son coup. Au lieu de faire du sénateur un allié, il l'a mis dans l'embarras.

Howard Hughes, désormais, coupe toute communication avec Bob Maheu. Celui-ci bombarde son patron de mémos, de coups de fil, rien. Il écrit : « Howard, les choses vont mal. Il faut répondre aux banques, qui vont nous attaquer. C'est le chaos. » Rien. Il insiste : « Je pense que le moment est venu pour vous de descendre de votre étage pour affronter le monde, dehors. Peut-être aurez-vous alors une once de sympathie pour celui qui affronte le monde pour vous et qui va se coucher ce soir, une fois de plus, en se sentant isolé sur une satanée île solitaire. » Le vingt ans d'âge pur malt donne du style à Maheu.

Pendant ce temps, Nixon s'inquiète des menées de Larry O'Brien, l'homme de Hughes, devenu le président du Democratic National Committee, donc un homme à abattre à tout prix. Les Mormons s'inquiètent, eux, des menées de Maheu, dont on ne sait comment il va réagir. Nixon veut frapper : « Il est temps de faire savoir que Larry O'Brien est à la solde de Hughes », écrit-il à son chef de cabinet, H.R. Haldeman. « Il faut s'appuyer sur Robert Foster Bennett », ajoute-t-il. Ce dernier, qui est désormais un homme de la CIA, est aussi mormon. C'est un personnage pittoresque, grand, mince, toujours avec une plaisanterie aux lèvres, et toujours avec « un bon tuyau » qu'il communique volontiers à ses journalistes favoris – à condition de ne pas être cité. Bill Gay voit en Bennett son nouveau correspondant à Washington. La toile du Gang des Mormons se tisse. Nixon en rajoute : « Trouvez les preuves de la concussion d'O'Brien », ordonne-t-il. Avec l'approbation de Nixon, Haldeman transmet la mission à John Dean, l'un des conseillers du Président, le destinataire de la lettre de dénonciation « anonyme » envoyée au Trésor. Dean s'abouche avec Charles Colson, un autre conseiller « spécial ». Robert Foster Bennett est envoyé en chasse. Il écrit : « Il n'y a aucun doute qu'O'Brien est à la solde de Howard Hughes et que son contrat est toujours valide. Nous allons obtenir les informations nécessaires par l'intermédiaire des hommes de Hughes, avec l'assurance que ces informations ne seront pas utilisées si elles doivent gêner Hughes. »

Le contact de Bennett chez Hughes, c'est évidemment Bill Gay. Ils se rencontrent. Quand Bennett revient à la Maison-Blanche faire son rapport, il provoque l'inquiétude. Selon Gay, Maheu possède des documents sur les rapports de Donald Nixon, le frère du Président, avec la société Hughes. De plus, c'est un ami d'O'Brien. Il faut donc se débarrasser de Maheu avant tout. D'autant plus, ajoute Bennett, que « Maheu est impliqué avec des gangsters notoires. Il est souhaitable de lancer une enquête criminelle contre lui ».

John Dean, en lisant le rapport, a un haut-le-cœur. « C'est un nid de rats », dit-il. Il ne peut rien faire : il y a les 100 000 dollars dans le coffre de Bebe Rebozo. Il y a l'affaire des Nixonburgers. Nixon ne touche pas à Larry O'Brien. Échec et mat.

Mais des alliances se sont forgées, des intérêts communs sont nés, des connexions sont faites. La Maison-Blanche s'appuie sur Bennett, qui va inventer un audacieux moyen de financer la prochaine campagne présidentielle par l'industrie laitière. Au lieu de faire virer une seule grosse somme, il crée des centaines de comités sous des noms divers – « Les Américains unis pour un gouvernement décent », « La Ligue des électeurs dévoués », « L'Organisation des Américains modérés » – pour faire transiter de petites sommes, autorisées par la loi. L'un de ces comités est présidé par Dorothy Hunt, l'épouse de Howard Hunt. Tout reste en famille.

Bill Gay est prêt à passer à l'acte deux de son plan. Maintenant qu'il a disqualifié Maheu, il lui reste à prendre les rênes. Il explique à Levar Myler, l'un des aides de Hughes, qu'il va servir d'intermédiaire pour le grand coup : faire signer à Hughes une délégation de pouvoir qui va donner à Bill Gay, Chester Davis et Nadine Henley toute autorité sur l'Empire. Pendant que Myler se livre à de délicates manœuvres pour circonvenir son patron alité, Gay contacte Intertel, une agence de Washington dirigée par deux anciens fonctionnaires du ministère de la Justice, Robert Peloquin et William Hundley. Peloquin a été le chef de la Organized Crime Strike Force à Buffalo, et a recruté des dizaines d'ex-membres du FBI, du ministère, du Trésor, de la CIA. Intertel est une sous-division de Resorts International, une société possédant des casinos et des hôtels aux Bahamas. Logiquement, donc, Intertel est qualifiée pour enquêter sur les casinos et les hôtels de Las Vegas, et ainsi trouver les preuves de la culpabilité de Maheu. Les recherches vont se concentrer sur deux points : les détournements supposés de Maheu, et son association, même vague, avec la Maffia. Deux mois plus tard, l'enquête effectuée, Peloquin a un dossier en béton. Il rencontre Bill Gay et Chester Davis, et, de but en blanc, demande une part du gâteau. Intertel sera associée à toutes les opérations de changement de direction. Difficile de refuser : Gay se doute qu'Intertel est une officine de la CIA. Maheu est officiellement relevé de toutes ses fonctions.

Le dimanche 15 novembre 1970 est une date fatale pour Maheu. Ce jour-là, à 10 h 30 du matin, un fax tombe devant Levar Myler. Il le lit. C'est la délégation de pouvoir. Il la fait signer, devant un autre témoin, par Howard Hughes. Celui-ci, trop faible, essaie, rate, reprend la feuille, réussit à la signer. Désormais Chester Davis et Bill Gay sont maîtres à bord. Ils ont toute autorité pour « toute action en rapport avec la gestion et la direction de toutes les affaires de Howard Hughes ».

Pour Maheu, les carottes sont cuites. Il ne lui reste plus qu'une seule carte : Hughes lui-même.

Mais celui-ci n'est plus au Desert Inn. Il s'est évaporé.

CHAPITRE 22

LES CHAROGNARDS

Le 26 novembre 1970, Bob Maheu se prépare à découper une dinde de 17 kilos, sur la table familiale, dans son chalet du mont Charleston, en présence de Larry O'Brien. Tandis que Maheu prend le couteau, sa femme Yvette soulève le combiné téléphonique, et le tend à son mari. Celui-ci passe un doigt sur la dinde et goûte la farce qui est, dit-il, divine. Puis il écoute ce que son interlocuteur, Jack Hooper, le chef de la sécurité du Desert Inn, lui dit :

– Le Mec est parti.

Maheu reste bouche bée. Il reprend :

– Tu as vérifié ?

– Rien de rien. Ils sont partis.

Maheu raccroche. Il est abasourdi. Que se passe-t-il ? Tandis que sa femme sert la dinde, Maheu retourne dans sa tête les scénarios possibles. Le plus probable, se dit-il, c'est que Bill Gay et Chester Davis ont enlevé « le Mec ». Il commence par téléphoner à tous les hôpitaux de Las Vegas, demande à Hooper de visiter les différentes maisons de Hughes, y compris celle avec la salade fanée de Bruno. Quarante-huit heures plus tard, toujours aucune nouvelle, même pas une misérable demande de rançon.

L'opération « Gros Coup » a fonctionné.

Celle-ci a été imaginée par Howard Hughes, et mise en œuvre par le Gang des Mormons. À la veille de Thanksgiving, Howard Hughes a été placé dans une civière et transporté sur neuf étages par l'escalier de secours extérieur. Sous une couverture, le milliardaire a été enfourné dans une camionnette, puis emmené à l'aéroport militaire de Las Vegas, qui est moins fréquenté que l'autre. Le docteur Norman Crane, qui a pris la succession de Verne Mason, s'est joint au petit groupe, dans le Jet Star, un petit avion discret. L'appareil s'envole. Destination inconnue.

Les téléphones, désormais, sont muets. Maheu, sur les dents, décide d'aller vérifier ce qui se passe au Desert Inn. Quand il arrive au neuvième étage, il découvre la vérité : les bureaux ont été enlevés, les documents passés à la broyeuse, les portes ouvertes, les lits défaits. Il n'y a plus de mémos, plus de médicaments, plus de placards pleins de bocaux de pisse, plus de bobines de films. Il vérifie partout : Boston, Montréal, Los Angeles. Chou blanc.

Toujours persuadé que Bill Gay est l'auteur d'une sinistre machination, Maheu se précipite chez Hank Greenspun, le patron du *Las Vegas Sun*. Le 6 décembre, le journal titre : « Howard Hughes disparu ! Mystère, selon ses collaborateurs ». Hughes est-il entre les mains du docteur Mabuse, ou est-il mort ? se demande le journaliste. Maheu apparaît à la télévision, pour lancer un appel : « Howard, s'il vous plaît, appelez-moi. »

Le lendemain, un coup de téléphone réveille le gouverneur Laxalt. C'est Hughes lui-même. Il est aux Bahamas et son homme de confiance, Bill Gay, va se charger de clarifier la situation. Il a les pleins pouvoirs. Mais l'affaire ne s'arrête pas là. Jane Russell, qui a les pieds sur terre et un solide bon sens paysan, se doute que les Mormons ont joué une vilaine partition. Elle téléphone à Jean Peters. Celle-ci se met à enquêter, et finit par parler à son ex-mari. Il est donc bien en vie.

En fait, Howard Hughes est nulle part. Dans une chambre aux fenêtres voilées par d'épais rideaux, il pourrait être dans une mine d'étain aux Aléoutiennes, dans une prison à Tombouctou ou dans un bordel à Pigalle. Il est au Britannia Beach Hotel de Paradise Island, l'un des palaces les plus luxueux des Caraïbes, sous l'étroite surveillance des Mormons qui, pour la circonstance, ont embauché des gardes avec des chiens. Aux Bahamas, le temps est idéal, la vue grandiose, le paysage magnifique : Howard Hughes n'en sait rien. Bourré de Valium et de Librium prescrits par le docteur Norman Crane, il ne s'occupe que de son stock d'eau minérale Poland. Comment s'en procurer ? Les aides mormons trouvent la solution : il suffit de remplir des bouteilles vides avec l'eau du robinet. Howard Hughes ne s'aperçoit de rien. Il dérive doucement, en essayant d'oublier les escarres sur son dos, qui lui font mal, et le souci que lui cause cette villégiature imprévue, dans un pays de nègres. De plus, cette mauvaise affaire avec Maheu l'agace : il faut se débarrasser de l'homme qui est le successeur de Noah Dietrich. Bill Gay, couard et roublard, n'a pas envie d'être confronté à Maheu, qui peut devenir un bouledogue. Il dépêche donc Ed Morgan, l'homme qui a balancé Maheu. La réponse de Maheu est celle qu'on attendait :

– Dis à Bill Gay qu'il peut aller se faire foutre. S'il veut m'appeler, il a mes numéros de téléphone.

Le lendemain, Gay et Davis arrivent à Las Vegas. Ils s'installent au Sands, tandis que Maheu se retranche au Frontier. Les premiers envoient des gros bras d'Intertel pour saisir la comptabilité et prendre possession des salles de comptage des casinos. Maheu expédie des costauds pour jeter les gars d'Intertel. Il a obtenu une décision-éclair de la justice qui lui donne le droit de gérer les opérations Hughes au Nevada. Hughes, furieux, rédige un mémo incendiaire : « Maheu ne croit pas une seconde que je suis mort ou kidnappé. Stoppez-le. » Bill Gay, qui n'est pas un vaillant, ne sait pas quoi faire. Hughes insiste : « Mettez fin à ces problèmes. Je veux un rapport complet sur les fonds ou les propriétés que Mr Maheu a eus entre les mains. » Les édiles de Las Vegas ne savent plus à quel saint se vouer. L'un d'entre eux se plaint : « Au moins, quand la Maffia était aux manettes, les choses fonctionnaient bien. Maintenant, on ne sait plus. » Le chaos s'installe.

Hughes, aux Bahamas, s'endort sur la cuvette des W.-C.

Le mardi 7 décembre, à 6 h 45 du matin, Howard Hughes mange un morceau de blanc de poulet et se met à regarder, une fois de plus, *Dix petits indiens*. Il s'injecte huit pastilles de codéine délayées dans de l'eau (Poland ?), puis avale 25 milligrammes de Valium et s'endort. Au même moment, Albert Leventhal, le PDG de la maison d'édition McGraw-Hill, annonce au cours d'une conférence de presse qu'il a acquis les droits d'un manuscrit précieux : les mémoires de Howard Hughes. Il précise que ce gros livre – plus de mille pages dactylographiées – a été réalisé au cours d'une centaine d'entretiens par Clifford Irving, un jeune auteur prometteur, qui vit à Ibiza. Le livre sera mis en vente le 27 mars 1972, et le magazine *Life* en publiera des extraits pendant trois semaines de suite. Albert Leventhal lit alors une déclaration de

Howard Hughes lui-même : « Il me semble qu'il y a plus de mensonges écrits sur moi que sur n'importe quel autre homme vivant – en conséquence, mon but est de publier un livre qui donnera la vérité. » Il s'agit de se presser, car une autre biographie, signée James Phelan, est en cours d'écriture.

L'Empire Hughes réagit au quart de tour. Les autorités du Nevada aussi. La justice, dans le dossier TWA, également. Car si Hughes a pu rencontrer cent fois un écrivain, pourquoi ne s'est-il pas présenté devant la Commission des jeux, à Las Vegas ? Et devant le juge qui a demandé sa comparution pour l'affaire TWA ? Les avocats de Hughes protestent. « Ils ne sont au courant de rien », répond Clifford Irving, en riant. Il n'a pas tort. Irving a touché une petite somme pour la rédaction du livre, et a reçu de son éditeur un chèque de 750 000 dollars à l'ordre de H. Hughes, chèque qu'il est censé transmettre à son interlocuteur invisible. Bill Gay et Chester Davis ont beau agiter le spectre d'une action judiciaire colossale, rien à faire. McGraw-Hill ne recule pas. Pendant ce temps, Hughes gobe des Blue Bombers et regarde des westerns. Que faire ? Impossible de le forcer à comparaître. Gay et Davis ont une idée : pourquoi ne pas faire une conférence de presse par téléphone ? La proposition, aussitôt, fait mouche.

Le 7 janvier 1972, après avoir regardé trente minutes de *Mes funérailles à Berlin*, un film d'espionnage, puis avoir revu ces trente minutes, Hughes s'injecte huit cachets de codéine et, à 18 h 45, décroche le téléphone. À l'autre bout de la ligne, sept journalistes ayant connu Hughes sont rassemblés dans un salon de l'Universal Sheraton, à un jet de pierre d'Hollywood. Le seul sujet qu'ils n'aborderont pas, c'est convenu d'avance, c'est Jean

Peters. Pendant deux heures et demie, ils vont poser question après question, pour s'assurer que le Fantôme est toujours en vie. Et, surtout, ils veulent l'identifier. La vieille histoire des faux Hughes employés par Maheu n'est pas oubliée. Jim Bacon, l'un des reporters, constate : « C'est lui. C'est bien lui. »

On demande à Hughes de décrire la structure de l'Hercules. Il répond :

– Je me souviens du cockpit en bois stratifié. Et je me souviens de mes plaintes continuelles en ce qui concerne la largeur et la verticalité de la vitre du pare-brise. Moi, j'étais inquiet pour la visibilité, tandis que les ingénieurs de Lockheed voulaient un meilleur aérodynamisme...

– Et le H-1, vous vous en souvenez ?

Il s'en souvient bien, Hughes. Il en parle huit minutes d'affilée. Une éternité, en radio. Hughes fournit des détails techniques à la pelle. En revanche, il ne se souvient pas des gens.

– Vous rappelez-vous l'objet porte-bonheur qu'a placé une femme sur votre avion, pour votre tour du monde ?

– Non.

– Il s'agit d'un chewing-gum collé sur la queue de l'appareil.

– Je ne m'en souviens pas.

Et l'interview continue. Comment se nommait le mécano qui a surveillé les hélices du XF-11 ? Trou de mémoire. Comment se nommait le copilote du Constellation, en 1934 ? Oublié. Est-il vrai que Hughes s'est laissé pousser les cheveux et les ongles ? C'est faux. D'ailleurs, il se coupe les ongles lui-même. Pourquoi a-t-il si peur des microbes ? Pas peur du tout. Fera-t-il encore du cinéma ? « C'est en cours. » Volera-t-il encore dans des avions ? « Absolument. » Et Clifford Irving ?

– Je n'ai jamais rencontré ce monsieur. Je n'ai jamais entendu parler de lui.

Et Maheu ?

– Je l'ai licencié parce que c'est un salaud, et qu'il m'a volé comme au coin d'un bois. L'argent est parti, et c'est lui qui l'a.

Et l'argent donné à Nixon ?

– Je n'ai jamais donné d'argent au Président. J'ai plutôt essayé de ne pas l'ennuyer depuis qu'il a pris ses fonctions, et je ne suis pas entré en contact avec lui.

Pour finir, Jim Bacon pose la dernière question :

– Pourquoi portiez-vous des baskets avec vos smokings ?

– C'était des chaussures fabriquées avec un matériau non stratégique, pendant la guerre. On a cru que c'était des tennis. Ce n'en était pas, vu que je ne jouais plus au tennis.

Logique. L'interview s'est bien passée. Elle est répercutée dans tous les médias, dans le monde entier. Bob Maheu dépose plainte pour diffamation, et réclame 17,5 millions de dollars.

Clifford Irving est assailli, à New York. Il rétorque calmement. Où a-t-il rencontré Hughes ? « Dans divers motels et dans des parkings disséminés un peu partout. » Où a eu lieu la première interview ? « Le 13 février 1971, à Oaxaca, au Mexique. » La deuxième ? « Le 4 mars, à Porto Rico. » La dernière ? « Le 10 décembre 1971, dans l'île de Sainte-Croix. » Pendant que l'auteur se défend, Chester Davis se rend au Crédit suisse de Zurich. Là, il rencontre le Dr Joseph Morger, le directeur, qui consent, malgré ses réticences, à l'éclairer sur un certain chèque de 750 000 dollars déposé à l'intention de « H. Hughes », sur le compte n° 312 627. Davis fait venir la caissière, Frau Sonhild Schaffner.

– Pouvez-vous me donner une description de Mr Hughes ?

– Mr Hughes ? Il n'y pas de Mr Hughes. C'était une dame, pas un monsieur.

L'affaire s'éclaire. « H. Hughes » est en fait Helga Hughes. Robert Peloquin, le directeur de Intertel, enquête sur cette mystérieuse femme. Très vite, il découvre le pot aux roses. Notre Helga, c'est Edith Irving, l'épouse de Clifford Irving. Elle devient « The most wanted woman in the world ». Henry Kissinger, l'âme damnée de Nixon, persifle : « Si une blonde entre dans ma banque et prétend être Helga Kissinger, elle est la bienvenue. » L'escroquerie est mise au jour. Avec un ennui supplémentaire pour Clifford Irving : Intertel révèle que, pendant qu'Irving était à Oaxaca, il était accompagné. Par une autre blonde, Nina Van Pallandt, une chanteuse danoise de trente-neuf ans. Pour Irving, c'est un sale coup. Pour elle, c'est de la bonne publicité. Nina Moller, épouse du baron Frederik Jan Gustav Floris Van Pallandt, devient célèbre en un instant. Elle fera une jolie petite carrière. Son mari, lui, finira avec une balle dans la tête aux Philippines.

La vérité éclate enfin. Sous l'inspiration d'un faussaire reconnu, Elmer de Hory, sujet d'un de ses livres (et plus tard d'un film d'Orson Welles, *F for Fake*), Cifford Irving a piqué le manuscrit de James Phelan, qui traînait chez un éditeur. Il l'a simplement mis à la première personne. Phelan, mis au courant, réagit avec humour : « Il aurait dû intituler son livre : *Son of Fake* ! »

Le seul contact qu'Irving ait jamais eu avec Howard Hughes est lointain : il l'a aperçu sur le plateau du *Banni*, autrefois, lors d'une visite guidée sur le plateau. Clifford Irving avait alors neuf ans.

« Je ne suis pas très heureux », a concédé Howard Hughes durant l'interview. Il réclame à ses aides des brochures sur les bateaux à vendre aux Bahamas. A-t-il envie de revoir la mer ? Les Mormons s'occupent de le dissuader : « Vous ne pourriez pas être protégé. Maheu serait capable de vous kidnapper. » Et ils lui refilent du Valium et de la codéine. Du coup, la constipation de Hughes augmente. On lui fait des lavages. Son courrier, désormais, est trié. Gay et Davis engagent l'ex-chef de la sécurité du président Nixon, James Golden. Celui-ci quitte Intertel pour être adopté par les Mormons.

Aux Bahamas, c'est une année électorale. Le Premier ministre, Lynden Pindling, est l'objet de vives critiques : il a outrepassé la loi en donnant à Hughes l'autorisation de demeurer sur Paradise Island sans visa. Le Free National Movement part en guerre. Des Noirs ? Hughes panique. Quand la police, dépêchée sur les lieux, force la porte de Hughes pour le contraindre à se plier aux formalités administratives, le milliardaire n'est plus là. Ses aides l'ont déménagé à l'étage inférieur. Le lendemain, les Mormons louent un bateau, le *Cygnus*, et font jurer le secret au capitaine, Robert Rehak. Quand celui-ci voit arriver son passager, un squelette hagard en robe de chambre, avec des ongles jaunes de vingt centimètres et une barbe de vagabond, il est effrayé. Howard Hughes aussi. Rehak note qu'apparemment, Hughes n'a pas pris de bain depuis des mois. Il est pitoyable. « Où va-t-on ? » demande-t-il sans cesse. « Que se passe-t-il ? » répète-t-il. Les Mormons le bourrent de Dramamine. Où aller ? Hughes n'a pas de passeport, puisqu'il refuse d'être pris en photo. Turner Shelton, l'ambassadeur nommé par Nixon au Nicaragua, arrange les choses. Grâce à la protection du président Somoza, tout est réglé. Howard Hughes s'installe à Managua, au neuvième étage de l'Intercontinental. Il n'a aucune idée de son état. Il ne s'occupe même plus de ses affaires. Il regarde des films. Cinéma, Valium, cinéma, Valium. Quelques jours après son arrivée, des tee-shirts font leur apparition dans la ville : « Welcome Howard Hughs », lit-on dessus (avec une faute d'orthographe). Aux États-Unis, un film porno sort, intitulé *Helga and Howard*.

À Managua, le peuple est ravi de l'attention ainsi générée. À la radio, un commentateur se laisse emporter par l'enthousiasme : « Voici qui va nous faire exister. C'est aussi important que la visite de Nixon en Chine ! » Tous les hommes d'affaires, tous les banquiers, les assureurs, les journalistes et les parasites se précipitent à l'Intercontinental. Un reporter coince le directeur de l'établissement.

– Pourquoi l'ascenseur n'accède-t-il pas au huitième étage, ni au neuvième ?

– Je ne sais pas.

– Howard Hughes est-il chez vous ?

– Je ne sais pas.

– J'ai une lettre pour Mr Hughes. Où puis-je la déposer ?

– Donnez-la à la réception.

– Donc, Howard Hughes est là ?

– Je ne sais pas.

La situation devient difficile. Il faut songer à repartir. Mais Somoza, qui espère que l'argent de Hughes viendra alimenter ses comptes en banque, obtient qu'avant de partir, le milliardaire investisse dans une ligne aérienne « pour le bien du pays ». Hughes consent. Somoza veut remercier son bienfaiteur personnellement. Une rencontre est arrangée sur le tarmac de l'aéroport. Pour la circonstance, Hughes est lavé, peigné, manucuré, vêtu de neuf. En plus, il serre la main de Somoza...

Le dictateur est le dernier non-mormon au monde qui aura vu Hughes de son vivant. Mais, à la réflexion, peut-être Somoza était-il mormon aussi ?

Bill Gay, Chester Davis, Nadine Henley et Raymond Holliday, devenu président de la Hughes Tool Co, mettent en vente les dernières actions de TWA détenues par Hughes. Celui-ci refuse, puis, gavé de douze Valium de dix milligrammes, accepte. Le Gang des Mormons se fait des balloches en or. Pourvu que Hughes reste là-bas ! Car les conjurés ont un nouveau plan : ils fondent l'Empire Hughes en une seule entité, rebaptisée Summa. Ils en sont les principaux actionnaires, les dirigeants incontestés, les anges gardiens. Ils ont vendu le cœur du royaume, la Hughes Tool Co, et ont gardé tout le reste, les hôtels, les casinos, la chaîne de télé, la ligne aérienne Air West, la société de fabrication d'hélicoptères, les milliers de kilomètres carrés de terrain, les sociétés immobilières et, de façon générale, tous les investissements. Un jour, Hughes demande : « C'est quoi, la Summa Corporation ? » Le lendemain, il donne l'ordre de rebaptiser la société : « HRH Inc. », ordre qui ne sera jamais exécuté. Bill Gay est « executive vice-president » de la Summa. Il a le plus haut poste d'un royaume qui fonctionne à coups de millions de dollars. Et il est à la tête du Hughes Medical Institute, superbe machine à dollars. Gay est, désormais, le king. Le surlendemain, alors que Hughes regarde

Goldfinger, Managua est pratiquement rayée de la carte. Un terrible tremblement de terre détruit une grande partie de la ville : six mille morts. Hughes réagit comme un pro : « Je suis plus en sécurité ici que dans la rue », dit-il. Mais on le force à s'habiller, à monter dans une voiture, à respirer la poussière « pleine de germes ! » puis à monter dans un avion. Destination : Miami.

Le 17 juin 1972, cinq hommes ont été arrêtés à 2 h 30 du matin, alors qu'ils installaient des micros dans les bureaux du Democratic National Committee dans un immeuble à Washington. L'événement, minime, a été relégué dans la colonne des faits divers, dans la plupart des journaux. Le lendemain, le président Nixon a appris la nouvelle alors qu'il se baignait dans la piscine de son ami Bebe Rebozo, à Key Biscayne.

– C'est quoi, cette histoire ? lui demande Bebe Rebozo.

– Du diable si je sais !

Les deux hommes éclatent de rire.

Quelques semaines plus tard, alors que Hughes, de Miami, est allé à Londres, il apprend par la télé que son nom est cité dans une sombre affaire de cambriolage. Il ne comprend pas. Il ne connaît même pas l'immeuble où les visiteurs ont été pris sur le fait : le Watergate. Hughes demande à son tour :

– C'est quoi, cette histoire ?

Il n'obtient pas de réponse.

En fait, tout est affaire de gros sous. Nixon, persuadé que tout le monde complote contre lui, est certain que

Hughes a laissé des documents compromettants. Documents qui risquent d'émerger quelque part, grâce à Larry O'Brien, salarié de l'organisation Hughes.

Quand Larry O'Brien s'est manifesté, en 1971, à la tête du Democratic Committee, Nixon a pris peur. Il n'y avait pas de quoi : il sera réélu triomphalement le 7 novembre 1972, enterrant son opposant, le démocrate George McGovern, sénateur du Dakota du Sud. Mais l'annonce de la publication des mémoires de Howard Hughes a jeté un froid : Nixon reste convaincu que Hughes, O'Brien et leurs associés sont au courant des 100 000 dollars qui dorment dans le coffre de Bebe Rebozo. Et Clifford Irving a sous-entendu, dans ses déclarations à la presse, qu'il pourrait y avoir 400 000 dollars qui gisent quelque part (ce qui est faux), dans une enveloppe, de la part de Howard Hughes, destinés à « Tricky Dick », Nixon-le-tricheur.

Le président répète à ses conseillers, à ses aides, à ses proches : « Larry O'Brien doit être neutralisé. » Finalement, à force d'entendre cette antienne, le ministre de la Justice, John Mitchell (celui-là même que Maheu trouvait « acceptable pour nous »), ordonne à ses « plombiers » de cambrioler le bureau d'O'Brien, dans l'immeuble du Watergate. Mission : placer des micros, chercher des documents sur Nixon, se renseigner sur Hughes, et visiter le bureau voisin d'un psychiatre contestataire, Daniel Ellsberg, auteur des *Pentagon Papers*. Les cinq plombiers font le travail, mais oublient la partie « Hughes » du job. Ils reviennent le lendemain, avec la ferme intention de copier le « dossier noir » sur Nixon. Dix minutes plus tard, ils sont pris la main dans le sac par un gardien de nuit. Les hommes sont Bernard Barker, un agent de la CIA, mouillé dans l'histoire de la baie des Cochons ; Virgilio Ganzales, un serrurier cubain ; James McCord, CIA ;

Eugenio Martinez, CIA ; Frank Sturgis, CIA. Ils ont deux chefs : G. Gordon Liddy, conseiller du comité de réélection du Président ; et Howard Hunt, employé d'Intertel. Celui-là même qui a été à la barre du fameux Glomar, le détecteur de sous-marins soviétiques.

Quand les nouvelles deviennent graves, Nixon convoque son conseiller, Haldeman. Il lui dit : « J'ai insisté pour qu'on cloue au pilori Larry O'Brien et qu'on se renseigne sur le deal avec Hughes. » Le malheur, c'est que Nixon enregistre toutes les conversations. L'autre malheur, c'est que lorsque les enquêteurs lui réclament les cassettes, il a effacé, « tout à fait par hasard », les dix-huit minutes concernant O'Brien et Hughes. Le général Haig, chef de cabinet du Président, déclare qu'« une force sinistre » a gommé les dix-huit minutes.

Nixon est dans la gadoue. Un informateur secret organise des fuites en direction des journalistes : « Gorge profonde ». Deux reporters du *Washington Post*, Bob Woodward et Carl Bernstein, recueillent avec intérêt ces confidences, qui vont casser la baraque.

Le 8 décembre 1974, menacé d'un *impeachment* qui le destituerait, Richard Nixon démissionne, dans des conditions ignominieuses. L'affaire du Watergate – le plus gros scandale politique du XXe siècle aux États-Unis – lui a coûté sa réputation, sa santé, son poste. Il est le premier président américain à démissionner.

Qui est « Gorge profonde », la balance qui a provoqué un coup d'État silencieux ? Certains pensent que c'est le général Haig, qui se voyait calife à la place du calife.

Nixon, lui, est convaincu qu'il s'agit de Robert Foster Bennett, le Mormon. Le copain de Bill Gay.

La CIA est contrainte d'évacuer, dans l'urgence. L'un des agents liés à Intertel a tourné casaque, et a balancé aux Soviétiques tout le scénario : l'histoire du Glomar, la façade utilisée par la CIA à l'intérieur de l'Empire Hughes, tout. Par chance, un deuxième agent, niché à Moscou dans les plus hauts échelons du Kremlin, a appris la défection du premier. Faut-il fermer Intertel ? Ce serait avertir les Soviets de l'existence d'une taupe chez eux. En revanche, il suffit de vider les lieux, de rendre la société aussi creuse qu'une coquille de noix véreuse. La CIA se retire donc, pronto. Ralph Winte, le chef de la sécurité chez Hughes, est un employé de la CIA : il est prévenu de la retraite. Ainsi que Maheu, malgré son bannissement. Quant à Bill Gay, que sait-il ? Il sera interrogé dans le plus grand secret par le comité d'enquête sur le Watergate. Son témoignage reste, encore aujourd'hui, classé « secret-défense ». Désormais, l'Empire est « propre ». Les espions ont plié bagage.

Et la Maffia ? Peu à peu, les gangsters ont été éliminés. Par bêtise, par lucre ou par vieillesse, ils ont pris des retraites forcées, quelquefois avec des chaussures en béton. La Cosa Nostra n'existe plus au sein de l'organisation Hughes, rebaptisée Summa.

La CIA et la Maffia, les fausses barbes et les vrais gangsters ont fui. Il ne reste en piste que le Gang des Mormons. Ceux-ci vont étendre leur royaume sur Terre, en attendant gentiment celui des cieux.

Howard Hughes, inconscient, dans les vapes, regarde *Destination Zebra, station polaire*, son film favori.

Il ne reste plus qu'à solder les comptes, avant la fin.

CHAPITRE 23

NUAGES, NUAGES

Howard Hughes vient d'avaler sept Blue Bombers, des cachets de Valium 10. Soit vingt-huit fois la dose recommandée. Il sombre pendant cinq heures dans un sommeil pesant, avant de reprendre la projection d'un film débile, *Opération opium*, qui semble le fasciner. Dans ses instants de lucidité, il ne s'occupe plus de ses sociétés, ni de ses affaires financières. Il coule. Il ne sait même pas que ses hommes ont vendu la Hughes Tool Co : il n'y a pas mis les pieds depuis 1938, ne connaît aucun des cadres, et n'a pas rencontré un seul employé de la compagnie depuis plus de quinze ans. Malgré tout, il a toujours considéré que Tool Co était l'héritage de son père, le cœur de l'Empire. Les Mormons, pressés de gagner de l'argent, ont fait place nette.

Les journées s'écoulent, semblables à elles-mêmes. Hughes va du lit à sa chaise longue, mange un dessert, regarde *Shanghai Express* ou *Les Canons de Navarone*, enchaîne sur *Le Kid de Cincinnati*, s'injecte un peu de codéine, dort, exige parfois un lavement rectal, et recommence. Il voyage, aussi : il est à Vancouver pour quelques mois, puis revient à Managua, passe par Miami, s'établit à Londres. Sait-il même qu'il change de fuseau horaire, de latitude, de pays ? Parfois, il émerge. Cloîtré dans une chambre de l'Inn on the Park, à Londres, il se souvient qu'il faut envoyer des fleurs à Ava Gardner pour son cinquantième anniversaire. De petits détails lui reviennent, mais le reste lui échappe. Il ignore totalement que l'Empire est soumis à une multitude d'enquêtes, et d'examens.

Le fisc est en train de passer au crible ses dossiers financiers, dans plusieurs États ; les autorités de l'aviation civile veulent scruter ses contrats, pour comprendre les conditions dans lesquelles il a acquis Air West, compagnie boiteuse ; Robert Maheu le poursuit, avec une acrimonie hargneuse ; le comité d'enquête sur le Watergate réclame les documents concernant les relations entre Nixon, Rebozo et Hughes ; la CIA fouine, change les données, dissimule. Chacun a ses intérêts à protéger, ses chiens à lâcher.

Hughes ne pense qu'à une chose : il est terriblement constipé. Il faut déboucher sur une solution.

Le 5 juin 1974, les bureaux de Romaine Street sont cambriolés. Ce mercredi-là, à une heure du matin, le garde de service, Michael Davis, ouvre une porte pour faire sa tournée. Il doit simplement jeter un coup d'œil sur les salles où sont entreposés les milliers de documents de Howard Hughes : il y a là ses 475 livres de bord, ses trophées, sa correspondance personnelle et administrative, ses films, ses contrats, ses coupures de presse, ses mémos. Tandis que Michael Davis glisse la clé dans la serrure de la porte d'entrée, il est soudain immobilisé par-derrière : « Du calme. Te retourne pas », entend-il. Il ne se retourne pas. Deux hommes le ligotent, lui masquent les yeux, scotchent sa bouche et ses chevilles. Il a le temps d'apercevoir deux bouteilles d'acétylène. Les visiteurs se mettent au travail sur un coffre Mosler, un modèle ancien. Une fois leur tâche achevée, ils passent dans les bureaux, raflent soixante mille dollars en espèces, et se mettent à trier les papiers. « Regarde ça », dit l'un. « Laisse tomber ce truc », dit l'autre. Les deux hommes savent ce qu'il faut prendre. Ils négligent les lettres d'Ava Gardner, celles de Katharine Hepburn, les cartes postales de Rita Hayworth, les télégrammes d'Ella Rice. Ils piétinent le plan de tournage de *Hell's Angels* et les photos de Jean Harlow. Ils répandent les centaines de rapports de surveillance compilés par les fouines de Hughes, à l'époque de ses dizaines de garçonnières.

Après avoir visité les bureaux du rez-de-chaussée, ils passent au premier étage. Ils découpent au chalumeau un deuxième coffre, puis visitent le bureau de Nadine Henley. Ils sortent de là avec des dossiers, et un bol tibétain. Ils se dirigent alors vers les salles de stockage, où d'autres dossiers sont classés et indexés. Ils reprennent leur tri, en séparant ce qui les intéresse, et placent leur butin dans des cartons. Ils prennent soin de placer le dossier CIA, où sont compilées les conversations et les observations de Hughes et de Nixon, dans un carton à part. Un mémo s'échappe, et tombe à terre : plus tard, on s'apercevra que c'est un résumé des confidences de Robert Preston Bennett, qui estime que les dix-huit minutes manquantes sur les fameux enregistrements du Watergate ont été effacées par Nixon lui-même. Davis, qui est forcé de les accompagner à l'aveuglette, essaie de comprendre de quoi il s'agit. Puis tout le monde redescend. Michael Davis est contraint de s'allonger sur le sol, et l'un des hommes lui dit : « Reste ici. » Il reste. Puis il donne l'alarme.

Prévenu, Hughes donne deux instructions : énumérer ce qui a été volé, et ne pas laisser les assureurs fouiner. Dix jours se passent. La police se perd en conjectures, terme sibyllin qui signifie qu'elle a d'autres chats à fouetter. Le 17 juin, l'un des employés de Romaine Street reçoit un coup de fil : une voix demande à Nadine Henley de se rendre au 16944, Ventura Boulevard, où une enveloppe l'attend, sur une poubelle. La police et la patrouille de déminage se précipitent. Dans l'enveloppe, un mémo de Hughes, daté de juin 1969. Trois jours plus tard, le même correspondant mystérieux parle à Nadine Henley :

– Miss Henley, nous désirons un million de dollars. En deux versements.

– Mmm, mmm.

– S'il y a le moindre soupçon, les négociations seront coupées. Nous ne vous recontacterons pas.

– Il me faut du temps. Ce n'est pas une somme que j'ai sous le coude.

– Débrouillez-vous, Miss Henley. Nous appellerons encore une fois, une seule. Merci.

Le lendemain, le téléphone sonne. La secrétaire de Nadine Henley décroche :

– Miss Henley est en rendez-vous.

– Bien. Merci.

Le mystérieux correspondant ne rappellera plus jamais.

Dans sa chambre aux Bahamas, Howard Hughes se décide à subir un lavement. Il a beau se gaver de Surfak, un puissant laxatif – il en prend vingt cachets à la fois, au lieu d'un seul –, il reste constipé. L'ennui, c'est que le Mormon chargé de cette tâche, Mell Stewart, est absent.

Cet ancien coiffeur est employé permanent depuis 1968, et il passe le plus clair de son temps à attendre. Il attend que Hughes ait besoin d'une coupe de cheveux, ce qui n'est arrivé qu'une fois, à Managua, pour rencontrer Somoza. Deux fois par mois, il donne un lavement rectal à Hughes. Mais, depuis que le milliardaire est aux quatre coins du monde, Stewart est absent de chez lui, où sa femme, excédée, menace de divorcer. Déchiré entre son job et son épouse, le pauvre Mell est au bord de la dépression. Il se trouve donc à Salt Lake City, ville mère des mormons, en train de consoler sa femme, quand Howard Hughes décide que, dans les six heures qui suivent, il doit être purgé. Il demande qu'on offre 500 dollars par jour à Stewart. L'aide arrive donc, séance tenante. Mais Hughes a changé d'avis. Deux jours s'écoulent. Puis quatre. Les autres aides commencent à s'inquiéter de ce salaire indécent, comparé à leurs rémunérations, pourtant très confortables. Deux semaines passent. Rien. Des mémos partent chez Hughes, pour lui faire part de la révolte qui gronde dans son personnel. Hughes rétorque : « Dites-lui de rester. » Le temps passe.

Les policiers sont convaincus que l'auteur du cambriolage est quelqu'un qui travaille à Summa, dont les bureaux sont à Encino, une banlieue chic de Los Angeles. D'autres théories se font jour : pour certains, c'est un coup de la CIA. Pour d'autres, une machination du Trésor. Finalement, tout le monde se met d'accord : les auteurs du coup sont deux personnages de quatrième rang. Un acteur, Leo Gordon, spécialisé dans les rôles de traîtres, de salauds, d'hypocrites. Il a été le chauffeur louche dans *L'Homme qui en savait trop*, d'Hitchcock, le Dillinger mesquin de *Baby Face Nelson*, le visiteur américain de *L'Arme à gauche*, et le prince tartare dans... *Le Conquérant*, produit par Howard Hughes. Visage taillé à la serpe, yeux tombants, Gordon est le méchant par excellence : il a même fait quatre ans de taule dans sa jeunesse, avant d'écrire des scénarios de série Z. Son complice, Donald Woolbright, est un vendeur de voitures d'occasion, originaire de Saint Louis, Missouri. C'est un petit malfrat, voleur et faussaire, qui a été inculpé une douzaine de fois. Leo Gordon va voir Sidney Korshak, l'avocat le plus maffieux de Los Angeles : il a notamment défendu un gangster de haut vol, Charles « Cherry Nose » Gioe, l'ancien acolyte de Rosselli. Quand Korshak voit un mémo de la main de Hughes sur les essais nucléaires du Nevada, il donne un conseil gratuit :

– Laissez tomber. C'est de la dynamite.

Gordon se tourne alors vers un de ses copains, un agent de la CIA, Frank Hronek. Quand Woolbright observe la tournure des événements, il téléphone à Gordon :

– Je suis en route pour le Texas. Je te rappelle.

Il ne rappellera jamais.

Le cambriolage a-t-il été commandité par la CIA ? La machine à brouiller le téléphone de Bill Gay est dérobée, dans son bureau d'Encino. Celui qui la possède peut décrypter les messages codés enregistrés sur des écoutes illégales. En l'occurrence, l'indiscret se nomme Robert Hall, un détective privé qui a collaboré avec la CIA. Deux ans plus tard, Hall est assassiné chez lui. Les investigations du FBI ne donnent rien. La CIA, évidemment, ne trouve rien non plus. Le Comité d'enquête du Watergate ne comprend pas. La police de L.A. piétine. Diverses hypothèses se font jour : il s'agit du Glomar ; non, c'est le fisc qui cherche quelque chose ; et puis non, c'est forcément la relation trouble de Maheu et de la Maffia qui est en cause, ou l'assassinat de Robert Kennedy, ou les Martiens qui envahissent la Californie...

Donald Woolbright, le petit truand, s'est retiré dans le Missouri, où il a acheté une maison en vitesse. Les vendeurs, deux hommes, prétendent qu'ils vont s'installer au Canada. Plus tard, on s'apercevra que l'argent versé par Woolbright pour la maison est réapparu dans une banque en Californie, dont de nombreux clients sont des anciens des services secrets britanniques. De plus en plus bizarre...

Le cambriolage de Romaine Street, jusqu'aujourd'hui, n'a pas été élucidé. Mais Michael Davis, le gardien de nuit, se souvient avoir aperçu, sur l'une des bonbonnes d'acétylène, l'indication : « United States Navy ».

L'Empire a perdu son maître, puis ses hôtes parasitaires. Il vient aussi de perdre la mémoire.

Howard Hughes vit au jour le jour. Il ne sait même pas que ses satellites équipent l'armée américaine, que ses F-14 Tomcats sont les avions les plus performants de la Navy, que les câbles Hughes équipent les télés de Los Angeles et que les passagers des lignes aériennes américaines écoutent de la musique enregistrée par Hughes Systems. Il n'a aucune conscience d'avoir trente-six mille employés à la Hughes Aircraft Co, qui fait des bénéfices d'enfer, tandis que les autres sociétés, regroupées dans Summa, accusent des pertes colossales. Des millions et des millions disparaissent : 137 000 dollars par jour s'envolent quelque part. Les Mormons sont-ils de mauvais gestionnaires, ou simplement d'habiles voleurs ? Hughes n'en a cure. Tous les jours, on lui fait signer de nouveaux documents, de nouvelles lettres. Emprunts à la Texas Commerce Bank, investissements au Nicaragua, achats d'hôtels, permis de construire un aéroport, achat d'un Havilland 125 jet... Les demandes pleuvent, il signe tout, pour avoir la paix pendant qu'il se shoote. Les Mormons le laissent pourrir.

Il a une tumeur maligne sur la tête, au-dessus de son oreille gauche ; il pèse 50 kilos, et sa peau est comme du parchemin ; il a un ulcère à l'estomac ; sa prostate est énorme ; ses reins ont rétréci ; ses dents sont moisies, ses gencives ulcérées, avec du pus qui coule ; ses bras sont couverts de cicatrices de piqûres. Physiquement, il a vingt ans de plus que son âge réel.

Howard Hughes a une nouvelle marotte, une idée fixe.

Il veut voler.

Ce soir-là, Sam Giancana se prépare à se rendre à une convocation du Select Committee on Intelligence Activities, sous l'égide du Sénat, pour témoigner sur les activités « les plus infâmes de la CIA ». Il dîne tranquillement avec sa fille Francine, son beau-fils, Jerome DePalma, et ses deux gardes du corps, Chuckie English et Butch Blasi. Après le dessert, il se retire dans sa chambre en sous-sol, protégée par des portes blindées. Il a une petite faim. Il se fait un frichti, avec des saucisses. Vers minuit, un visiteur se présente. Tandis que Giancana se penche sur sa poêle pour vérifier la cuisson, il reçoit une balle de 22 dans le crâne. Le sang gicle sur les saucisses. Le tueur retourne le cadavre de Giancana, et lui tire six autres balles : une dans la bouche, les autres en cercle sous le menton. C'est un message traditionnel : silence. Le commanditaire du meurtre, Santo Trafficante, aime la quiétude et les bouches closes.

Le prochain témoin convoqué commence à avoir des vapeurs. C'est Johnny Rosselli.

Howard Hughes ? Voler ? Les Mormons sont incrédules. Le Fantôme est résolu, cependant : il veut prendre l'air. Il passe commande pour des sandwichs au poulet, avec un berlingot de lait, comme autrefois. On est en mai 1973, à Londres. Il est dans un piteux état. Il n'a même plus de vêtements. Les Mormons se décident alors à faire du shopping dans Bond Street ; ils achètent des chemises, un pantalon, un blouson de cuir et un Borsalino à l'ancienne manière. Excité, Hughes retrouve quelques couleurs. Il demande des précisions sur les commandes du Hawker Siddeley 128, qu'il compte acheter. Puis, un beau matin, il se lève et s'habille. Une voiture l'amène à Hatfield Airport, au nord de Londres. Là, il rencontre Tony Blackman, le copilote, qui représente la firme Hawker Siddeley. Hughes sort de la voiture, fait lentement le tour de l'avion, observe que certains rivets ne sont pas incrustés, mais dépassent du fuselage. On lui explique que ces rivets ne modifient pas l'aérodynamisme de l'ensemble. Hughes monte dans l'appareil, et s'installe dans le siège du pilote. Blackman le regarde : Hughes sourit. Puis il enlève son blouson, déboutonne sa chemise, la fait glisser sur ses hanches, dégrafe sa ceinture, et fait tomber son pantalon sur ses chevilles. Nu, il agrippe le manche à balai.

L'avion décolle. Blackman, délicatement, dirige le vol en sous-main. Dès que Hughes dérive, son copilote le remet dans le droit chemin. Mais Hughes n'est intéressé que par deux choses : les atterrissages et les décollages. Il monte, il descend. Ses atterrissages sont parfois hasardeux. Il s'amuse quand même. Éveillé, alerte, Hughes semble revivre. Quand la journée s'achève, il note une cabane en lisière d'un bois. Il dit :

– J'aimerais la visiter. Nous pourrions vivre là.

Blackman, les yeux ronds, vérifie que la métamorphose a lieu : la momie est en train de redevenir un être humain. À l'arrivée, Hughes contemple un autre avion, dans un hangar. Il prend rendez-vous pour le lendemain.

Quatre jours de suite, Howard Hughes renoue avec sa vie passée : son histoire d'amour avec le ciel recommence. Ses aides mormons, effrayés, se demandent où les caprices du vieil homme vont les emmener. Surtout, il devient moins contrôlable. Qui sait s'il ne va pas se mettre en tête de vérifier les comptes, de reprendre en main les rênes de son Empire ? Chez les Mormons, panique à bord.

Par chance, un événement bête vient remettre de l'ordre. Le 9 août, Howard Hughes glisse dans sa salle de bains et se fracture le col du fémur. Le docteur anglais qui l'examine est effaré par l'état du patient : il est émacié, déshydraté, couvert de Kleenex. Selon le docteur Young, il ressemble « à une détenu de guerre dans un camp japonais ». Quand on l'opère pour insérer une broche, les anesthésistes manifestent leur inquiétude : les incisives qui restent dans la bouche de l'opéré sont si branlantes qu'il risque d'en avaler une. Celle-ci, alors, peut pénétrer dans les poumons.

Dès son réveil, Hughes insiste pour qu'on le ramène dans sa chambre de l'Inn on the Park. Pendant sa convalescence, on pose une plaque à son nom au mur de l'Aviation Hall of Fame, dans l'Ohio. Désormais, Howard Hughes figure dans la liste des héros des airs, en compagnie des frères Wright, de Floyd Odlum, de William Mitchell, de Jacqueline Cochran et de l'agaçant Charles Lindbergh. La pose de la plaque est accompagnée d'un discours du général Ira Eaker, qui décrit Hughes comme « un homme modeste, solitaire, souvent incompris, parfois caricaturé par des associés malintentionnés ou des petits hommes rapaces ».

À Miami, un pêcheur taquine le poisson-chat dans les eaux peu profondes de Dumfoundling Bay. Jim Blundell s'ennuie. Le poisson ne mord pas, il fait humide et chaud, et le paysage est peu varié. Tout d'un coup, Blundell repère un baril en acier, à fleur d'eau. Il s'approche, et voit que de grosses chaînes enserrent le baril. Il jette un coup d'œil dans l'un des trous qui parsèment le métal, et aperçoit vaguement une chemise rose, d'où se dégage l'odeur unique de la mort.

La police, prévenue, ouvre le baril, sous les yeux d'une douzaine d'enquêteurs de la section homicides. L'ensemble est alors hissé sur un plateau de camionnette, et transporté au service médico-légal de Dade County. Là, le cadavre est examiné. La mort n'a pas été agréable. La victime a d'abord été bâillonnée : on a fourré une serpillière dans sa bouche, puis des bandes adhésives ont été collées par-dessus. Une cordelette blanche enserre le cou. L'homme a été touché d'une balle dans l'estomac, et le projectile a été extrait avec la pointe d'un couteau. Le torse a été ouvert, depuis le nombril jusqu'au cou. Les jambes ont été tranchées à mi-cuisse à la tronçonneuse, et placées verticalement à côté du corps, dans le baril. Ensuite, la victime est morte d'asphyxie.

Les deux détectives chargés de l'enquête, Charles Zatrepalek et Julio Ojeda, sont étonnés : Johnny Rosselli, même mort, semble élégant.

Son assassin ne sera jamais découvert.

Les Mormons s'agitent. Howard Hughes décline. Surgit alors la question essentielle : y a-t-il un testament quelque part ? La version de 1947, rédigée par Nadine Henley, n'a jamais été signée. Inquiète, Henley envoie un mot à Howard Hughes, en septembre 1975 : « Noah Dietrich est mentionné parmi vos légataires, et il est nécessaire de réévaluer ce testament. J'attends vos instructions. » Quand il reçoit cette lettre, Hughes entre dans une violente colère : « On a le temps ! » dit-il. Il n'est pas encore mort, et la seule pensée qu'on puisse le considérer comme tel suffit à le faire vivre. Momentanément.

De nouveau, on le transporte. Il est où ? Dans une chambre noire du Xanadu Princess, aux Bahamas, persuadé que les agents du Trésor américain l'attendent pour le jeter dans un cul-de-basse-fosse. Les Mormons le lui ont dit. Il va où ? Dans une chambre noire de l'Acapulco Princess Hotel, au Mexique. Il a ses drogues, il abandonne le monde et ses tracas. En avril 1976, deux mois après son arrivée à Acapulco, il a perdu huit kilos, ne mange plus guère et ne reconnaît plus ses aides. Il fonctionne avec 150 milligrammes de Valium par jour et quelques injections de codéine. Un soir, il se met à pleurer : il se souvient d'un Noël à Houston, autrefois. Il murmure : « Il y avait des bougies. Et une bicyclette rouge sous le sapin. » Il songe à sa mère : « Comme j'ai aimé ce Noël... Comme j'ai aimé ma mère... » Il s'endort.

Lorsque son nouveau médecin, Lawrence Chaffin, lui fait une prise de sang, Hughes murmure : « Je veux qu'on me laisse tranquille. » Le 28 mars, il écrit : « Je ne veux pas qu'on me dérange. Sauf si je fais appel à vous, je ne veux pas être dérangé, sous aucun prétexte. » Ce seront ses derniers mots.

Le 5 avril 1976, il est placé dans un avion, en direction de Houston, Texas. La journée est magnifique, le ciel est bleu. Howard Hughes vient de s'envoler pour la dernière fois.

Il meurt quelque part entre le Mexique et les États-Unis, entre deux nuages, ces nuages qu'il attendait si longtemps dans ses films.

Il suffit de ne plus bouger, et il entre dans la mort comme dans un uniforme. Le visage jaune, les yeux enfoncés, Hughes a un regard de noyé. S'il avait une âme, elle s'est évaporée comme une buée sur la vitre. À l'arrivée, il n'y a plus qu'un corps encollé de papiers Kleenex, un fantôme qui a aimé les Billie Doves et qui n'a aimé personne. Un courant d'air agite le napperon sur sa face. Il a été modeste, solitaire, incompris ? Il se voyait comme tel, dans un océan de petits hommes rapaces. Il est mort, et il ne reste rien.

D'ailleurs, bientôt on découvrira qu'il n'est pas né à Noël, mais le 24 septembre.

Toute sa vie n'a été qu'un mensonge, donc ?

CHAPITRE 24

TOUCHEZ PAS AU GRISBI

Peut-être y a-t-il une justice. Peut-être la vie est-elle comme un western, avec les bons, les méchants et le shérif. Le bon, dans cette affaire, est une femme, Annette Gano Lummis, la tante de Howard Hughes, une vieille dame du Sud, courtoise et inflexible ; le méchant, forcément, c'est Bill Gay, le chef du Gang des Mormons, sournois et grappilleur ; le shérif est un nouveau venu. Bill Lummis, le fils d'Annette, est un avocat poupin, gentil et tranquille. Il a l'air d'un labrador. Tout le monde pense que ce provincial silencieux est bête à brouter de l'herbe. Fausse impression : c'est lui qui aura la peau des Mormons.

Cinq minutes après la mort de Hughes, chacun se précipite. L'Empire est immense, et vaut entre trois et cinq milliards de dollars. Il compte des casinos, des hôtels, une chaîne de télé, une société d'eau et de retraitement des eaux ; des compagnies d'aviation, des terres à Reno, à Las Vegas, des ranchs, des mines d'or et d'argent, des hôtels aux Bahamas, une usine d'hélicoptères (d'où est issu le fameux Apache), des avions, des films, des terrains de golf, des maisons, des actions, des pierres précieuses. Dans un coffre, on découvre une alliance avec trente-quatre diamants. Puis un mémo portant ces mots : « Qu'est-ce que le Watergate ? » Dans un autre coffre, une pince à billets gravée : « Happy Days, Cary ».

L'ennui, c'est qu'il n'y a pas de testament.

Il y a des promesses de testament, des brouillons de testament, des testaments annulés (dont celui de 1925), des projets non signés. Donc, rien. Que faire ? Bill Lummis, mandaté par sa mère, entre au conseil de direction de Summa. Là, il s'aperçoit que les Mormons font n'importe quoi. Il regroupe les héritiers familiaux, douze cousins de lignée maternelle, quatre cousins éloignés, trois cousins paternels et deux cousins adoptés (les enfants de Rupert), et porte le legs Hughes devant la justice. Puis il lance une recherche totale : tous les bureaux sont fouillées, tous les coffres ouverts, tous les comptes en banque recensés, des centaines d'employés sont interrogés. Bill Gay et Nadine Henley, dans l'espoir de dénicher un testament en leur faveur, convoquent un voyant, Peter Hurkos. On lui confie de vieilles chaussures. Il voit quelque chose, oui : une banque. Mais il ne sait pas où elle se trouve. Un signe particulier, pourtant : cette banque possède des coffres.

En attendant, des centaines d'héritiers imaginaires jaillissent de nulle part : trois Noirs prétendent être les fils naturels de Hughes ; une femme arrive avec un testament signé d'un juge qui n'existe pas ; un bizarre, Joseph Michael Brown, jure être le fils du défunt. La preuve : il communique avec lui par une miniradio implantée dans son cerveau. Dwayne Clyde Byron, un autre excentrique, affirme avoir été conçu par Hughes dans une soucoupe volante. Alyce Hovsepian Hughes, une rouquine fofolle, déclare se nommer, en réalité, Jean Peters : elle a été violée par Hughes sous les yeux de Sam le Juif. Elle demande réparation. Claire Benedict Hudenberg certifie être la fille du millionnaire. La preuve ? On lui a dit qu'elle lui ressemble. Une autre femme, qui travaille au *Who's who*, se présente devant le tribunal et assure, après avoir étudié toutes les photos existantes de Howard Hughes, qu'il existe des quadruplés Hughes, des enfants naturels. Elle les connaît. Une fille venue d'Alabama raconte son histoire : elle est la reine secrète de Russie, d'Égypte et d'Israël, et sa mère n'est autre que l'aviatrice Amelia Earhart, qui a eu une aventure, dit-elle, avec Howard Hughes. Faux, réplique une autre dame : « J'ai été inséminée artificiellement avec la semence de Howard Hughes, à l'âge de soixante-quatre ans. » D'ailleurs, au lit, Hughes était « brutal », et il n'avait « qu'un pied », ayant perdu l'autre dans un accident d'avion. Une nouvelle venue reste sereine : elle a découvert sa filiation avec Hughes, dit-elle, quand elle a été hypnotisée par le FBI. Elle conclut : « Les autres, tous les autres, sont des escrocs. Le monde est plein de rapaces. »

Vingt avocats, six cents prétendants. Tout le monde veut le grisbi de Howard Hughes.

Lummis agit discrètement. Les Mormons le bousculent, lui donnent des ordres, se moquent quand il gare sa voiture lui-même, au lieu de la confier au voiturier. Il écarte Bill Gay, Nadine Henley et Chester Davis du comité directeur de la Summa. Chester Davis réagit bien : il meurt. Lummis examine les testaments dits « mormons », qui apparaissent comme par enchantement. L'un de ceux-ci livre les clés de l'Empire à un pompiste nommé Melvin Dummar, qui, débouté, affirme avoir chanté avec Hughes dans le désert du Nevada. Lummis fait inculper les médecins de Howard Hughes, pour « négligence criminelle ». Puis il restructure Summa, qui perd de l'argent à la pelle sous l'égide des Mormons. Brusquement mieux gérée, la société fait d'immenses bénéfices. Quand on demande à Annette Gano Lummis ce qu'elle pense de son neveu défunt, elle ment : « Il était charmant. » Elle n'a pas vu Howard depuis trente-neuf ans. Elle meurt en 1979.

Bill Lummis s'attaque au Medical Institute, la pompe à fric, toujours entre les mains des Mormons. Il les fait virer. Nadine Henley lui rend service : elle s'éteint à son tour. Le juge Pat Gregory, en charge de l'affaire au Texas, est indécis. Terry Moore, la prétendue épouse de Hughes, a-t-elle droit à quelque chose ? Le temps que le juge se décide, Bill Lummis règle la question : il alloue 350 000 dollars à l'ex-actrice, pour avoir la paix. Celle-ci, ravie, pose nue pour *Playboy*. Reste la délicate question des impôts : le fisc réclame 275 millions de dollars. La demande est certainement fondée. Mais sous quelle loi ? Celle de Californie, du Nevada ou du Texas ? Où Hughes était-il résident ? Au Nevada, il n'y a pas d'impôt sur les successions. Finalement, un accord sera trouvé entre la Californie et le Texas. Bill Lummis vend certaines branches de l'Empire pour payer. Et, surtout, il redresse le Hughes Medical Institute, qui, brusquement, devient un centre de recherches performant, recevant un milliard de dollars par an pour ses travaux sur la génétique et le système nerveux.

En 1985, les tantes et neveux survivants touchent enfin l'héritage : 90 millions de dollars, qu'ils se partagent équitablement. Le reste demeure investi dans la Summa, qui a changé de nature : la Hughes Aircraft a été vendue, les lignes aériennes aussi. Bill Lummis recentre tout sur l'immobilier. En 1996, la vente de la société rapporte 520 millions de dollars, qui sont de nouveau partagés. Chacun y trouve son compte.

Noah Dietrich est mort, victime d'un Alzheimer terrible. Bob Maheu végète dans le Nevada, en vieillissant doucement. Bill Gay, avec ses économies substantielles, disparaît de l'horizon et ne fera plus jamais parler de lui.

Sur la tombe de Howard Hughes, à Houston, des roses rouges apparaissent régulièrement. Des bouquets simples, retenus par un ruban de soie. Le temps passe. Un jour, en 2000, il n'y a plus de bouquet. Jean Peters vient de mourir.

Pendant longtemps, le Spruce Goose a été exposé à Long Beach. Pour un dollar, on pouvait visiter le *Queen Mary*, à l'ancre pour toujours, et l'avion mythique de Hughes. En 1992, la compagnie Walt Disney, propriétaire de l'appareil, décide de le vendre, pour céder le terrain à la ville, qui désire installer des réservoirs de pétrole. Vendu aux enchères, le Spruce Goose est acquis par un fou d'aviation, Del Smith, qui possède un musée à McMinnville, dans l'Oregon. Démonté, l'avion est acheminé comme autrefois par la route : 1 600 kilomètres parcourus en cent trente-huit jours. Chaque pièce, enveloppée dans du plastique bulle, a fait l'objet d'un soin particulier. Le remontage a pris des mois.

Dans une pittoresque odeur de barbe à papa, de pins maritimes et de colle à bois, l'oiseau immense déploie ses ailes face à vingt-huit autres avions de légende. Les petits enfants le regardent : le ciel est-il donc si grand, qu'il puisse accueillir ce jouet pour Titans ? Ils battent des mains, et rêvent d'étoiles merveilleuses, de nuages en forme de Père Noël, et de voyages au bout de la constellation du Nez de Clown. Ils deviennent solennels en comptant les moteurs sur leurs doigts – huit.

Devant le Spruce Goose, ils apprennent le lyrisme et le rêve. Puis ils s'en vont, pour manger un petit pain au chocolat.

BIBLIOGRAPHIE

Bashful Billionaire, de Albert B. Gerber, Dell Book, 1967.

Howard Hughes in Las Vegas, de Omar Garrison, Lyle Stuart, 1970.

Mrs Howard Hughes, de Raymond Strait, Holloway House, 1972.

Howard Hughes, de John Keats, Random House, 1972.

Howard, the Amazing Mr Hughes, de Noah Dietrich et Bob Thomas, Fawcett, 1972.

Hoax, de Stephen Fay, Lewis Chester et Magnus Linklater, Viking Press, 1972.

HRH, de Sylvie Genevoix, Plon, 1972.

Just about Everybody vs Howard Hughes, de David B. Tinnin, Doubleday, 1973.

Howard Hughes, his Silence, Secrets & Success, de Jerry Bell, Hawkes publishing, 1976.

I Caught Flies for Howard Hughes, de Ron Kistler, Playboy Press, 1976.

Howard Hughes : the Hidden Years, de James Phelan, Random House, 1976.

His Weird and Wanton Ways, the secret life of Howard

Hughes, de Richard Mathison, William Morrow éditeur, 1977.

Empire, The Life, Legend and Madness of Howard Hughes, de Donald Barlett et James B. Steele, W.W. Norton éditeur, 1979.

Howard Hughes and his Flying Boat, de Charles Barton, Charles Barton éditeur, 1982 ; édition révisée, 1986.

The Beauty and the Billionnaire, de Terry Moore, Pocket Books, 1984.

Howard Hughes in Hollywood, de Tony Thomas, Citadel, 1985.

Citizen Hughes, de Michael Drosnin, Holt, Rinehart and Winston, 1985.

All-American Mafioso, the Johnny Rosselli Story, de Charles Rappleye et Ed Becker, Doubleday, 1991.

Next to Hughes, de Robert Maheu et Richard Hack, Harper Collins, 1992.

Howard Hughes, the Secret Life, de Charles Higham, Putnam, 1993.

Howard Hughes, the Untold Story, de Peter Harry Brown et Pat Broeske, Dutton, 1996.

The Money, de James Phelan et Lewis Chester, Random House, 1997.

Rupert Hughes, a Hollywood Legend, de James O. Kemm, Pomegranate Press, 1997.

Hughes, the Private Diaries, Memos and Letters, de Richard Hack, New Millenium Press, 2001.

Howard Hughes and Me, de Verl Frehner et Chuck Waldron, Trafford, 2002.

TABLE DES MATIÈRES

Direction littéraire
Huguette Maure

Assistée de
Françoise Clausse

Crédits photographiques
Bettmann-Corbis

Impression réalisée sur CAMERON par

BRODARD & TAUPIN

GROUPE CPI

La Flèche

pour le compte des Éditions Michel Lafon
en décembre 2004

Imprimé en France
Dépôt légal : janvier 2005
N° d'impression : 26943
ISBN : 2-7499-0215-0
LAF 520